高职高专"十三五"规划教材

新能源汽车构造原理与维修

崔金明　郑为民　主编

雷源春　副主编

姜海燕　主审

双色版

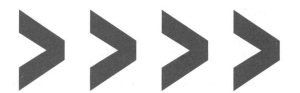

化学工业出版社

·北京·

本书按照新能源汽车的发展历程，介绍了纯电动汽车、混合动力汽车、燃料电池汽车、气体燃料汽车、醇燃料汽车及太阳能汽车六类车型的结构原理与检修和故障诊断等内容。本书文字精练、流畅、逻辑性强、符合教材规范要求，插图正确，文图配合恰当，内容阐述循序渐进。本书共有七个教学项目、三十个教学任务，每个项目都配有知识目标、技能目标、相关知识点、项目总结和思考与练习等内容，并配有相关的教学课件、电子教案、试题等资料，以便于师生的教学和自学。

　　本书可作为高职高专新能源汽车技术、汽车检测与维修、汽车营销与服务、汽车运用技术等专业的教材，也可作为职业技能培训机构用书，还可作为汽车修理工、汽车修理技师和汽车行业管理人员的工具书。

图书在版编目（CIP）数据

　　新能源汽车构造原理与维修/崔金明，郑为民主编. —北京：化学工业出版社，2017.12
　　高职高专"十三五"规划教材
　　ISBN 978-7-122-31198-6

　　Ⅰ.①新… Ⅱ.①崔… ②郑… Ⅲ.①新能源-汽车-构造-高等职业教育-教材②新能源-汽车-车辆修理-高等职业教育-教材 Ⅳ.①U469.7

　　中国版本图书馆 CIP 数据核字（2017）第 312513 号

责任编辑：韩庆利　　　　　　　　　　　　　文字编辑：张绪瑞
责任校对：王　静　　　　　　　　　　　　　装帧设计：史利平

出版发行：化学工业出版社（北京市东城区青年湖南街13号　邮政编码100011）
印　　装：中煤（北京）印务有限公司
787mm×1092mm　1/16　印张17½　字数455千字　2018年3月北京第1版第1次印刷

购书咨询：010-64518888（传真：010-64519686）　　售后服务：010-64518899
网　　址：http://www.cip.com.cn
凡购买本书，如有缺损质量问题，本社销售中心负责调换。

定　　价：39.80元

前言
FOREWORD

随着世界汽车保有量的急剧增长，传统的内燃机汽车在促进社会繁荣与进步的同时，也给人类的生存环境带来严重的危害，环境保护已经上升到法律法规的范畴。另外世界上石油储量也日益短缺，迫使人们必须重新选择未来汽车的动力源，加快汽车节能减排技术进步，积极发展节能和新能源汽车，已是世界潮流；各大汽车强国都已纷纷立法和投资，促进新能源汽车的建设和发展。

新能源汽车，特别是电动汽车和混合动力汽车在结构、原理上与传统汽车差别很大，涉及很多电池、电机和控制器等方面的新知识、新技术。而这些方面的内容在现有的汽车类专业课程中涉及得很少，难以满足人们对新能源汽车维修技术的需求，尤其是新能源汽车结构原理与维修方面的教材，版本更少。为了满足越来越多的职业院校开设新能源汽车结构原理与维修课程的需要，我们参考了众多的新能源汽车技术资料，重新组合和提炼，编写了本教材。

本书按照新能源汽车的发展历程，介绍了纯电动汽车、混合动力汽车、燃料电池汽车、气体燃料汽车、醇燃料汽车及太阳能汽车六类车型结构原理与检修和故障诊断等内容。按照国家"十三五"规划的要求，燃料电池汽车，将是未来新能源汽车发展的主流。

本书力求做到文字精练、流畅、逻辑性强、符合教材规范要求，插图正确，文图配合恰当，内容阐述循序渐进。本书共有七个教学项目、三十个教学任务，富有启发性，每个项目都配有知识目标、技能目标、相关知识点、项目总结和思考与练习等内容，并配有相关的教学课件，以便于师生的教学和自学。

本书由广州华夏职业学院崔金明、郑为民主编，广州科技职业技术学院雷源春副主编，参加本书编写的有广州华夏职业学院崔亚楠、卢鑫琪、李锦新、廖艳辉、徐小山、阮禄健、何秋萍、孙祖宝、郭平、杜光汉，广东工贸职业技术学院刘文苹、彭鹏峰、刘少伟、胡应坤，广州铁路职业技术学院张晓东、郑毅，广东机电职业技术学院岳江、王广海，广州工程技术职业学院产文良、徐小平，广州欧纬德教学设备技术有限公司龙纪文，广州科技职业技术学院何建威、戚金凤、彭宇玲，广州城建技工学校贺永威，广东外语外贸大学覃大佳，佛山职业技术学院龙志军、刘顺祥、陈永康、李兵建，江门市工贸职业技术学院利凌霄，中国一汽深业店魏相权，中国电器科学研究院叶岗，江门市汽车检测站李志君等。本书由广东机电职业技术学院姜海燕主审。

本书编撰过程中得到广州华夏职业学院、广东工贸职业技术学院、广州科技职业技术学院、广东机电职业技术学院、广州工程技术职业学院、广州铁路职业技术学院、佛山职业技术学院、广州欧纬德教学设备技术有限公司、中国电器科学研究院的专家教授和有关领导的大力支持，在此向所有对本书编写有帮助的各位同仁致以诚挚的感谢。

本书可作为高职高专新能源汽车技术、汽车检测与维修、汽车营销与服务、汽车运用技术等专业的教材，也可作为职业技能培训机构的参考书，还可作为汽车修理工、汽车修理技师和汽车行业管理人员的工具书。

本书有配套电子课件、电子教案、试题等资料，可赠送给用本书作为授课教材的院校和老师，如果需要，可发邮件至 hqlbook@126. com 索取。

在本书编写过程中，我们查阅参考了大量的书籍和文献资料，在此谨向相关书籍和文献资料的编著者们表示衷心的感谢。

由于本书所涉及的技术内容较新，范围较广，一些技术尚处于发展阶段，且我们水平有限，故此书中概括的内容难免有不完善和不妥之处，亦恳请各位专家读者不吝赐教和指正。

编 者

项目三　混合动力汽车结构原理与检修　　**80**

项目四　燃料电池汽车结构原理与检修　　158

项目五　气体燃料汽车结构原理与检修　　191

项目六　醇燃料汽车结构原理与检修　　241

项目七 太阳能汽车结构原理与检修 260

参考文献 271

项目一

新能源汽车认知

知识目标 》》》

1. 认知了解新能源汽车的基本概念。
2. 认知了解新能源汽车的分类方法。
3. 认知了解新能源汽车的发展方向。

技能目标 》》》

1. 能够分辨新能源汽车与传统汽车。
2. 能够分辨新能源汽车的种类。
3. 掌握新能源汽车燃料的种类。

相关知识点 》》》

1. 新能源汽车特点。
2. 世界新能源汽车发展状态。
3. 我国新能源汽车发展政策。

任务一 了解新能源汽车

一、新能源汽车的定义

新能源汽车的定义：新能源汽车英文为 New Energy Vehicles，因国家不同其提法也不相同。在日本通常被称为"低公害汽车"，2001 年日本国土交通省、环境省和经济产业省制定了"低公害车开发普及行动计划"。该计划所指的低公害车包括 5 类，即：以天然气为燃料的汽车、混合动力汽车、电动汽车、以甲醇为燃料的汽车、排污和燃效限制标准最严格的清洁汽油汽车。

在美国通常将新能源汽车称为"代用燃料汽车"。

我国 2009 年 7 月 1 日正式实施了《新能源汽车生产企业及产品准入管理规则》。此规则明确指出：新能源汽车是指采用非常规的车用燃料作为动力来源（或使用常规的车用燃料、采用新型车载动力装置），综合车辆动力控制和驱动方面的先进技术，形成的技术原理先进，具有新技术、新结构的汽车。

新能源汽车，包括纯电动汽车（EV，包括太阳能汽车）、混合动力汽车（HEV）、燃料电池电动汽车（FCEV）及其他新能源（如超级电容器、飞轮等高效储能器）汽车等。非常规的车用燃料指除汽油、柴油、天然气（CNG）、液化石油气（LPG）、乙醇汽油（EG）、甲醇、二甲醚之外的燃料。

二、新能源汽车前景

在人类历史长河中，已经经历了两次交通能源动力系统变革，每一次变革都给人类的生产和生活带来了巨大变化，同时也成就了先导国或地区的经济腾飞。第一次变革发生在 18 世纪 60 年代，以蒸汽机技术诞生为主要标志，是煤和蒸汽机使人类社会生产力获得极大的提升，开创了人类的工业经济和工业文明，从而引发了欧洲工业革命，使欧洲各国成为当时的世界经济强国。

而第二变革发生在 19 世纪 70 年代，石油和内燃机替代了煤和蒸汽机，使世界经济结构由轻工业主导向重工业转变，同时也促成了美国的经济腾飞，并把人类带入了基于石油的经济体系与物质繁荣。

今天，人类再次来到了交通能源动力系统变革的十字路口，第三次变革将是以电力和动力电池（包括燃料电池）替代石油和内燃机，将人类带入清洁能源时代。

在能源和环保的压力下，新能源汽车无疑将成为未来汽车的发展方向。如果新能源汽车得到快速发展，以 2020 年中国汽车保有量 1.4 亿计算，可以节约石油 3229 万吨，替代石油 3110 万吨，节约和替代石油共 6339 万吨，相当于将汽车用油需求削减 22.7%。到 2030 年，新能源汽车的发展将节约石油 7306 万吨、替代石油 9100 万吨，节约和替代石油共 16406 万吨，相当于将汽车石油需求削减 41%。届时，生物燃料、燃料电池在汽车石油替代中将发挥重要的作用。

三、新能源汽车简介

新能源汽车根据所用燃料的不同，可以分为以下几大类。

1. 纯电动汽车

纯电动汽车就是不使用内燃机而是用电动机作为驱动装置的汽车，其英文缩写为 EV 即 Electric Vehicle。图 1-1 为北汽 EV200 纯电动汽车。

纯电动汽车以电池作为动力，其优点如下：

① 没有尾气污染。

② 噪声很低。

③ 行驶平稳、乘坐舒适。

④ 安全性高。

⑤ 驾驶简单轻便。

⑥ 可使用多种能源，机械结构多样化等。

其缺点如下：

图 1-1 北汽 EV200 纯电动汽车

① 低的电池能量密度。

② 过重的电池组。

③ 有限的续驶里程与汽车动力性能。

④ 电池组昂贵的价格及有限的循环寿命。

⑤ 汽车附件的使用受到限制。

2. 混合动力汽车

混合动力汽车是指拥有至少两种动力源，使用其中一种或多种动力源提供部分或者全部动力的车辆，车辆的行驶功率依据实际的车辆行驶状态由单个驱动系统单独或多个驱动系统共同提供。

目前的实际情况，混合动力汽车多采用发动机和电动机作为动力源，通过混合使用热能和电力两套系统开动汽车。图 1-2 为丰田普锐斯二代混合动力汽车。

混合动力汽车介于纯电动汽车和传统汽车之间，相对来说具有以下优点：

图 1-2　丰田普锐斯二代混合动力汽车

① 采用混合动力后可按平均需用的功率来确定内燃机的最大功率，此时处于油耗低、污染少的最优工况下工作。需要大功率内燃机功率不足时，由电池来补充；负荷少时，富余的功率可发电给电池充电，由于内燃机可持续工作，电池又可以不断得到充电，故其行程和普通汽车一样。

② 因为有了电池，可以十分方便地回收制动时、下坡时、急速时的能量。

③ 在繁华市区，可关停内燃机，由电池单独驱动，实现"零"排放。

④ 内燃机可以解决耗能大的制冷、取暖、除霜等纯电动汽车遇到的难题。

⑤ 可以利用现有的加油站加油，不必再投资。

⑥ 可让电池保持在良好的工作状态，不发生过充、过放，延长其使用寿命，降低成本。

缺点如下：

① 技术不成熟，相关产品定价过高，电动机和内燃机两套动力系统的造价远比一套动力系统的成本高。

② 长时间高速或匀速行驶不省油。

3. 燃料电池汽车

燃料电池电动汽车是利用氢气和空气中的氧在催化剂的作用下在燃料电池中经电化学反应产生电能，并作为主要动力源驱动的汽车。

燃料电池电动汽车实质上是电动汽车的一种，在车身、动力传动系统、控制系统等方面，燃料电池电动汽车同普通电动汽车基本相同，主要区别在于动力电池的工作原理不同。

图 1-3　本田氢燃料电池汽车

燃料电池的化学反应过程不会产生有害产物，因此，燃料电池车辆是无污染汽车，燃料电池的能量转换效率比内燃机要高 2～3 倍，因此，从能源的利用和环境保护方面讲，燃料电池汽车是一种理想的车辆。图 1-3 所示为本田氢燃料电池汽车。

燃料电池汽车与传统汽车相比优点如下：

① 能量转化效率高。燃料电池的能量转换效率可高达 60%～80%，为内燃机的 2～3 倍。

② 零排放，不污染环境。燃料电池的燃料是氢和氧，生成物是清洁的水。

③ 氢燃料来源广泛，可以从可再生能源获得，不依赖石油燃料。

燃料电池汽车的缺点如下：

① 燃料电池造价较高。

② 反应和启动性能稍差；启动速度尚不及发动机。

③ 碳氢燃料无法直接利用；除甲醇外，其他的碳氢化合物均需要通过转化器、一氧化碳氧化器处理产生纯氢气后，方可供燃料电池使用。

④ 氢燃料基础建设不足。

4. 气体燃料汽车

气体燃料汽车主要包括天然气汽车和液化石油气汽车。天然气汽车又被称为"蓝色动力"汽车，主要以压缩天然气（CNG）、液化天然气（LNG）、吸附天然气（ANG）为燃料，常见的是压缩天然气汽车（CNGV）和液化石油气汽车（LPGV）。

图 1-4　吉利金刚双燃料汽车

气体燃料汽车的优点：

① 成分单一、纯度高，与空气混合均匀，燃烧完全。

② CO 和微粒的排放量较低，燃烧温度低，NO_x 排放较少。

③ 稀燃特性优越，低温启动及低温运转性能好。

气体燃料汽车的缺点：

① 储运性能比液体燃料差。

② 发动机的容积效率较低、着火延迟期较长。

这两类汽车多采用双燃料系统（见图 1-4），即一个汽油或柴油燃料系统和一个 CNG 或 LPG 系统，汽车可由其中任意一个系统驱动，并能容易地由一个系统过渡到另一个系统。最有代表性的是康明斯公司与美国能源部合作开发的名为"先进往复式发动机系统"的新一代天然气发动机，根据开发目标，该发动机的热效率达 50%，NO_x 排放量低于 0.1g/km，维护费用低于 0.01 美元/(kW·h)，在满足这些目标的同时，发动机仍具有较高的可靠性。

5. 氢燃料汽车

氢是清洁燃料，采用氢气作为汽车燃料，只需将常规火花塞点火式发动机略加改动，其燃烧效率比汽油高，混合气可以较大程度地变稀，所需点火能量小，有利于节约燃料。氢气也可以加入到其他燃料（如 CNG）中，用于提高效率和减少 NO_2 的排放。氢的质量能量密度是各种燃料中最高的一种，但体积能量密度最低，其最大的使用障碍是储存和安全问题。宝马汽车公司一直致力于氢发动机的研制，开发出了多款氢发动机汽车，其装有 V12 氢发动机的 7 系列轿车是世界上首批量产的氢发动机，该发动机可使用氢气和汽油两种燃料。氢燃料汽车目前在世界上应用的还比较少，氢气的大量制造与储存仍处于研发阶段，但其前景十分的美好，是未来汽车的发展方向。图 1-5 为雷克萨斯氢燃料

图 1-5　雷克萨斯氢燃料汽车

汽车。

6. 醇类汽车

醇类汽车是以甲醇、乙醇等醇类物质为燃料的汽车，使用比较广泛的燃料是乙醇，因为乙醇来源广泛，制取技术成熟。最新的一种利用纤维素原料生产乙醇的技术，其可利用的原料几乎包括了所有的农林废弃物、城市生活有机垃圾和工业有机废弃物。目前醇类汽车多使用乙醇与汽油或柴油以任意比例掺和的灵活燃料驱动，既不需要改造发动机，又起到良好的节能、降污效果，但这种掺和燃料要获得与汽油或柴油机相当的功率，必须加大燃油喷射量，当掺醇率大于15％～20％时，应改变发动机的压缩比和点火提前角。乙醇燃料的理论空燃比低，对发动机进气系统的要求不高。辛皖值高，有较高的抗爆性，挥发性好，混合气分布均匀，热效率较高，汽车尾气污染可减少30％以上。图1-6所示为吉利海景甲醇汽车。

7. 太阳能汽车

太阳能属于清洁能源，绿色环保，它具有许多优点：太阳能是一种巨大的能源，每天到达地球表面的太阳辐射能大约相当于215亿万桶石油，太阳能可以再生；在工业

图1-6　吉利海景甲醇汽车

越来越发达而环境污染越来越严重的今天，太阳能却是清洁能源；太阳能可以在当地取得，大大节省了在使用矿物燃料时所需的运输费用。对太阳能的直接利用，代表了人类文明发展的新水平，有利于人类社会的可持续发展。因此太阳能电动车被人类称之为"未来汽车"。

但是太阳能能量的大小随着时间的变化，天气情况和地理位置的不同而变化。在北美洲，明亮晴朗的下午太阳能密度将在大约 $1000 \mathrm{W/m^2}$，但是在早上和晚上或者天空阴暗的时候，太阳能密度将降至 $0 \mathrm{W/m^2}$。

另外太阳能是一种低密度、间歇性能源，这就对太阳能的收集与应用提出了更高的要求，成本问题也是太阳能推广应用中的重要障碍之一。同时，太阳能应用是一门综合性的科学技术，因为受到各种条件的限制，目前还有许多课题等待解决。总的来说，需要解决三个问题：提高太阳能的收集效率与集光比的问题；降低太阳能应用装置成本与提高使用寿命的问题；解决低成本、高效率的储能手段问题。

太阳能汽车由于其零污染、能源丰富，代表了汽车发展的新水平，和传统汽车不同，太阳能汽车已经没有发动机、底盘、驱动、变速器等构件，而是由电池板、储电器和电动机组成，但因其造价昂贵、动力受太阳照射时间限制及承载能力差等特点而无法普及。图1-7所示为纯太阳能动力汽车。

图1-7　纯太阳能动力汽车

新能源汽车是正在发展中的车种，各类新能源汽车的技术状态，还不是十分的完善，除了油电混合动力汽车，其他类的新能源汽车还不够普及，目前市场上主要新能源汽车的特点如表1-1所示。

表 1-1 主要新能源汽车的特点

车型	纯电动汽车	混合动力汽车	燃料电池汽车
驱动方式	电动机驱动	内燃机＋电动机驱动	电动机驱动
能量系统	蓄电池	内燃机，蓄电池	燃料电池
能源和基础设施	电网充电设备	加油站/电网充电设备	氢气
排放量	零排量	低排量	超低排量或零排量
主要特点	续航里程短/初始成本高	续航里程长/仍部分依赖汽柴油	能源效率高/续航里程长/成本高
商业化进程	有销售,但未规模化	已规模化量产	仍处于研发阶段
主要问题	电池安全及效率/充电网点	蓄电池效率/电池管理系统	成本高昂/制氢技术有待突破

任务二 了解新能源汽车的发展

一、国外新能源汽车的发展概况

美国早在 2012 年就启动了电动汽车国家创新计划《EV Everywhere》,通过提高对高性能锂离子电池材料、插电式车辆技术、轻量化技术等关键技术的支持。德国 2012 年也已经发布《国家电动汽车平台计划第 3 次评估报告》,进一步要求建立以用户为中心,基础设施技术、动力系统技术、先进制造技术等关键技术全方位的研发体系,实现成为世界电动汽车领先国;日本也于 2010 年就发布了《下一代汽车计划》,重点支持先进锂离子动力电池研发。

为定义未来新能源汽车标准,大众汽车推出全新的 MEB 平台。据介绍,MEB 平台的电动汽车将以 350km 续航里程为基础,最高续航里程达 600km。I. D. CROZZ 是大众 I. D. 家族的第三款汽车,也是 I. D. 家族首款 SUV 车型。I. D. CROZZ 续航里程达 500km,并采用四轮驱动,提供 225kW 的功率输出,最高时速达 180km/h。图 1-8 所示为大众 I. D. CROZZ SUV 全自动驾驶汽车。

图 1-8 大众 I. D. CROZZ SUV 全自动驾驶汽车

日本最新发布新能源汽车发动机的核心方向是蓄电池、氢燃料电池和清洁柴油三方面;美国则倾向于在电动汽车方面的研究。无论是氢动力还是电动,世界各大汽车企业在研究各种新能源的核心技术方面都已经取得了一些进展,而且对于新能源汽车的研究仍然在持续不断地进行中。

日本汽车公司在积极开展和推进各种新能源汽车研究和市场化工作,其混合动力汽车处于世界领先地位。目前日本的弱混合动力汽车可以节能 38%,而且为了适应未来新能源汽车的发展,日本已经开始进行道路、周边设施的改造,包括居民住宅设施。日产汽车在电池方面也已取得实质性的成果。

丰田汽车公司作为新能源车型的积极倡导者,早在 1993 年就开始在公司内部商讨发展混合动力技术,一年后制定项目计划,1995 年开始研发,1997 年推出第一代混合动力汽车,

2005 年推出第二代车型上市。目前丰田汽车公司将混合动力的许多技术都申请了专利技术，是这一领域内名副其实的领军者，新款混合动力卡罗拉轿车如图 1-9 所示。

图 1-9　新款混合动力卡罗拉轿车

美国通用汽车公司全面开展氢燃料电池、混合动力、生物燃料、柴油机、天然气等新型汽车的研发。在 2008 年通用汽车公司百年庆典上，通用汽车公司推出了雪佛兰 Volt 量产车型，这是一款有电池动力，同时有后备汽油发动机及动力系统的"全级复合动力车型"。福特汽车公司全面开展混合动力、充电式混合动力、清洁柴油、氢气内燃机和燃料电池汽车的开发。图 1-10 所示为新款通用 Colorado ZH_2 燃料电池军车。

图 1-10　新款通用 Colorado ZH_2 燃料电池军车

欧洲汽车公司选择性地开展新能源汽车研究，主攻柴油机、生物燃料、氢燃料市场化工作。在德国，根据大众集团已经规划好的新能源战略，在短期内，解决能源节能环保的基本供给方式，是进一步优化汽油机、普及推广采用先进的清洁柴油技术；从中期规划来讲，大众汽车公司正在做电动汽车、混合动力汽车或其他一些替代能源，包括生物燃料等。目前德国已有了依靠风能发电并制造出氢能的技术，这种完全绿色的制造氢气的方法对于宝马汽车一直致力于的氢动力汽车具有很大的积极作用。宝马汽车公司从 1978 年便开始氢动力的研究工作，是目前在这领域内做得最成熟的厂家。其中最引人注目的是它推出的 7 系氢动力版轿车，其尾气排放是完全无污染的。但就现在的技术而言，氢燃料无法普及，只能寻找其他更简单有效并且可行性强的办法。目前，宝马汽车公司正在研究几种不同类型的替代燃料，电动汽车和生物燃料这两个新的研究方向在这方面具有很大的市场潜力。图 1-11 为宝马将推出的燃料电池汽车。

在 2017 日内瓦展上，韩国现代发布了一款新能源概念车 FE Fuel Cell，如图 1-12 所示，该车以氢燃料电池为能源，最大续航里程可达 800km。该车采用现代第四代氢燃料技术，相比之前的燃料电池车减重 20%，同时动力效率提高 10%，燃料电池堆功率密度增加了 30%。

图 1-11　宝马将推出的燃料电池汽车

图 1-12　新款现代氢燃料汽车

在积极研发新能源汽车的同时，各国政府还提供了大量的优惠政策。

二、我国新能源汽车的发展概况

国家新能源汽车产业规划2015～2020从数量上给出了未来新能源汽车销量增长的明确目标，制定了一系列补贴优惠的扶持政策，从国家战略层面赋予了新能源汽车产业大力发展的绝对高度，体现了其坚定的决心和态度。从全国政策推广情况来看，大部分地方政府与中央保持着较高的一致性步调，体现了在产业政策的落实上，地方对国家政策的高度执行力。政策补贴从下游需求端推升新能源汽车的产业景气度，推动新能源汽车的生产、销售和运营，推动了动力锂电池的研发、生产和商业化，从全维度拉动了整个新能源汽车产业链的火爆，是整个新能源汽车产业一开始就得以快速发展的最直接、最根本、最强有力的原因和最重要的外部因素。也是迅速提高我国新能源汽车产销量的重要途径。

1. 纯电动汽车

目前已批量生产和应用。北京理工大学等"产学研"研发的4种车型40辆公交车已投入北京121路公交线和密云区进行载客示范运行，其等速百公里耗电仅70kW·h。天津清源电动车辆股份有限公司与天津汽车集团等单位联合研制的纯电动轿车最高车速超过120km/h，一次充电续驶里程达252km。该公司已有112辆纯电动轿车出口美国。"十五"期间，我国完成了三项纯电动汽车整车标准和两项电动机标准的制定，纯电动汽车技术标准已基本齐全。以混合动力和多种燃料为主体的新能源汽车将出现产业化高潮。纯电动汽车将在特定区域、特定路线以及特种车辆市场方面得到发展；燃料电池汽车开始进入成熟期和商业化运营阶段；电动汽车保有量占汽车总保有量的5%～10%，年产销电动汽车达到150万辆以上。到2030年，电动汽车保有量占汽车总保有量的50%以上，年产销电动汽车达1000万～1950万辆。

2015年我国新能源汽车呈现爆发式增长，产量37.9万辆，同比增长3.5倍，中国也成为全球最大的新能源汽车的增量市场。图1-13为比亚迪e6纯电动车。

2. 混合动力汽车

混合动力汽车有两个动力源：发动机和电动机。启动和中速以下行驶时，因发动机效率低，仅由电动机驱动车辆；常规行驶时，发动机作为主动力源；加速时，电池组为电动机供电，增强输出功率；减速或制动时，车轮惯性驱动电动机，将电动机变为发电机，为电池组充电。

目前，国内主要汽车企业均已进入混合动力领域。东风电动车辆股份有限公司自主研发的20辆混合动力公交车在武汉已运行了50万公里，载客100多万人次，并已通过验收；一汽红旗HQ3已下线，具备了小批量生产能力，获得了国家汽车产品公告，一汽丰田公司生产的普锐斯轿车已上市；长安、奇瑞、东风等混合动力轿车开始陆续投放市场。图1-14为

图1-13　比亚迪e6纯电动车　　　　　　图1-14　上汽荣威550混合动力轿车

上汽荣威 550 混合动力轿车。

3. 燃料电池汽车

燃料电池汽车由氢燃料罐和电池组成新型驱动装置，替代传统的发动机。它改变了汽车对石油的依赖，水是唯一的排放物。燃料电池有多种类型，用于汽车的主要是质子交换膜燃料电池。

我国电动汽车的研究始于 20 世纪 80 年代。1998 年 4 月，国家电动汽车试验示范区在广东汕头南澳正式建成。2002 年 8 月，我国第一家电动汽车产业化基地在武汉兴建。2003 年 3 月，中国燃料电池客车商业化示范项目在北京和上海启动。目前，研发企业已逾百家。

由清华大学牵头研发的燃料电池公交车最高车速为 86km/h，在 40km/h 等速运行条件下百公里氢燃料消耗 3.3kg 约合 12.4L 汽油，而同类柴油车的油耗则为 20L。同济大学牵头研发的燃料电池小客车尽管比先进国家起步晚了 10 年，但目前已与先进国家达到同一水平，在性能方面甚至开始超越它们。我国燃料电池发动机研发进步显著，已成为世界上少数几个掌握车用百千瓦级燃料电池发动机制造及测试技术的国家之一。自主品牌的燃料电池在额定功率下发动机的氢燃料效率不小于 50%，质量比功率不小于 16W/kg。

4. 气体燃料汽车

气体燃料汽车的燃料包括 CNG、LPG 和氢气。目前世界上在用的这两种车辆超过了 500 万辆，约占世界汽车总保有量的 0.7%，占新能源燃料汽车保有量的 80%。CNG 汽车和 LPG 汽车也是我国清洁汽车行动计划的主角，2008 年在 21 个城市和地区推广，保有量超过 24.3 万辆，其中 CNG 汽车占 52%。中国现有车用气体燃料加注站约为 710 座以上，其中 CNG 加注站约为 400 座。在以川渝地区为代表的天然气资源丰富的地区，加注站分布密度上升很快，已经初步形成了加注网络。不过，同全国 82000 座传统加油站相比，CNG 和 LPG 加注站的不足仍然制约着传统车用气体燃料作为大规模替代燃料的发展前景。目前主要的 CNG 汽车保有者仍然是营运类的公交车和出租车。图 1-15 为奇瑞旗云甲醇燃料汽车。

图 1-15　奇瑞旗云甲醇燃料汽车

从汽车结构来分，使用气体燃料的汽车分为两类：气体燃料与传统汽、柴油并用的双燃料汽车和单一燃料的气体燃料汽车。中国目前在用的 CNG 和 LPG 汽车多数为双燃料汽车。这些双燃料汽车当中，有些是改装的燃油汽车，但大部分属于专门生产的双燃料汽车。

氢气作为车用的替代能源被政府和工业界广泛重视，发动机上改用氢燃料时，原则上不需要发动机作较大的改动就可以极大拓宽稀燃范围，提高汽车的燃料经济性，降低 NO_x 和 HC 的排放，不过氢气燃烧后会产生大量水蒸气，气缸材料、润滑系统和点火系统都需要使用新设计或者新材料。氢能源的来源及加氢网络将长期制约氢燃料汽车的推广，现在主要通过制造氢燃料电池来解决氢能源应用危机。

5. 醇燃料汽车

醇燃料汽车的燃料主要有乙醇和甲醇。借助现代发酵技术和现代化工分离技术，能将农作物的秸秆、玉米、甘蔗、棉籽、林灌木、树枝等农林产品以及畜牧业的废弃物等转化为优质的电、油和气。其中，利用生物制取的燃料乙醇是一种更清洁的能源，添加到车用燃料中的比例可达到 10%、20%、50%、85%，甚至汽车可完全使用燃料乙醇。

我国对甲醇燃料的研究起步于 20 世纪 70 年代初期，"六五"期间，国家科学技术委员会（简称"国家科委"）就组织交通部负责将 M15 甲醇汽油研究列入国家重点攻关项目，并在山西省组织实施，在山西省进行了 M15～M25 甲醇燃料的研究实验。2002 年 3 月，国家八部委联合颁布了车用乙醇汽油使用试点方案和实施细则，组织实施了车用乙醇汽油的使用试点工作。2003 年 6 月，车用乙醇汽油的使用试点工作在河南、黑龙江两省五市圆满结束，在车用乙醇汽油使用试点期间，有 20 余万辆汽车和 5 万余辆摩托车使用了近 20 万吨车用乙醇汽油。2004 年，国家在乙醇汽油的使用上进行了试点推广工作。2004 年 2 月 24 日，国家发展和改革委员会（简称"国家发改委"）等国家 8 个部委联合下发了《关于印发〈车用乙醇汽油扩大试点方案〉和〈车用乙醇汽油扩大试点工作实施细则〉的通知》，扩大车用乙醇汽油在全国范围内的试点。根据该通知要求，到 2005 年年底，黑龙江、吉林、辽宁、河南、安徽 5 省及湖北、山东、河北和江苏省的部分地区已基本实现了用车用乙醇汽油替代其他汽油。图 1-16 为国产乙醇汽油汽车。

图 1-16　国产乙醇汽油汽车

近几年，我国甲醇汽油研究更是突飞猛进，不但有关技术难题得以突破，其实际应用更是迅猛发展。2009 年 11 月 1 日，我国首个《车用燃料甲醇》国家标准颁布实施；2009 年 12 月 1 日起，《车用甲醇汽油（M85）》标准正式实施。在技术上，目前大比例甲醇燃烧技术攻克了甲醇热值低导致动力不足、冷启动难、热气阻、遇水分层、稳定性差、腐蚀溶胀、高温润滑七大难题，车用甲醇燃料发展到第三代催化燃烧甲醇燃料，已达到世界先进水平。

当前，我国生物燃料乙醇产业按照"定点生产、定向流通、封闭运行"的原则布点发展，乙醇汽油的消费量已占全国汽油消费量的 20% 左右，成为世界上继巴西、美国之后第三大生物燃料乙醇生产国和消费国。

6. 太阳能汽车

1984 年 9 月，中国首次研制的"太阳号"太阳能汽车试验成功，并开进了北京中南海的勤政殿，向中央领导报喜，这也表明了中国在研制新型汽车方面已达到世界先进水平。在 2016 年的广州车展上，一家名为汉能的新能源汽车企业，推出了多款太阳能汽车。

2016 年我国新能源汽车销量总计则达到了 51.7 万辆，其发展态势显而易见。表 1-2 所示为近几年我国主要新能源汽车厂商和主要车型。

表 1-2　近几年我国主要新能源汽车厂商和主要车型

生产企业	产品简介	产品类型
上海通用	别克君威	HEV 轿车
比亚迪	E6	纯电动轿车
	F3DM	双模混合动力轿车
天津清源电动车公司	哈飞纯电动微客	纯电动
重庆长安	CV11	混合动力轿车
奇瑞	奇瑞 eQ	纯电动微型轿车
	艾瑞泽 7e	混合动力，油耗 100km/1.9L
	E85	甲醇灵活燃料汽车
上汽集团	荣威 550	HEV 轿车
	帕萨特	燃料电池汽车
一汽轿车	B70HEV	HEV 奔腾轿车
一汽海马	福仕达	纯电动轿车
北汽集团	EU260	纯电动汽车
	勇士	混合动力
北汽福田	BS6123C7B4D	混合动力客车
东风电动车公司	EQ6100	HEV 客车
	M85	乙醇汽油灵活燃料汽车

总　结

1. 新能源汽车定义。我国 2009 年 7 月 1 日正式实施了《新能源汽车生产企业及产品准入管理规则》。此规则明确指出：新能源汽车是指采用非常规的车用燃料作为动力来源（或使用常规的车用燃料、采用新型车载动力装置），综合车辆动力控制和驱动方面的先进技术，形成的技术原理先进，具有新技术、新结构的汽车。

2. 新能源汽车分类。纯电动汽车、混合动力汽车、燃料电池汽车、气体燃料汽车、醇类汽车和太阳能汽车。

3. 世界各汽车大国对新能源汽车的推广使用政策。

4. 国外新能源汽车发展情况。

5. 我国新能源汽车发展政策。

6. 我国新能源汽车的发展概况。

课程训练

1. 分辨新能源汽车与传统汽车。

2. 分辨纯电动汽车和混合动力汽车。

3. 识别太阳能汽车。

项目二

纯电动汽车结构原理与检修

 知识目标 ▶▶▶

1. 认知了解纯电动汽车的基本构造与工作原理。
2. 认知了解动力电池的分类、基本结构与工作原理。
3. 认知了解驱动电动机的分类、基本结构与工作原理。

 技能目标 ▶▶▶

1. 掌握纯电动汽车的正确使用与维护方法。
2. 掌握动力电池和驱动电动机的一般检测方法。
3. 掌握纯电动汽车电子控制系统的故障诊断方法。

 相关知识点 ▶▶▶

1. 电动汽车有何特点?
2. 电动汽车与混合动力汽车有何关系?
3. 电动汽车维修与常规汽车修理有何异同?

任务一 纯电动汽车认知

一、纯电动汽车定义

纯电动车是指完全由动力蓄电池提供电力驱动的电动车。车载电源为动力,用电动机驱动车轮行驶,符合道路交通、安全法规各项要求的车辆。

纯电动车由于对环境影响相对传统汽车较小,其前景被广泛看好,但当前技术尚不十分成熟。在纯电动车控制系统中,主要包括 4 个节点,即主控制器 ECU(Electronic Control Unit,电子控制单元)、电机控制 ECU、电池控制 ECU 及 CAN 总线监控单元。

（1）主控制器 ECU　主控制器 ECU 相当于纯电动车的大脑，它起到了控制全局的作用。主控制器 ECU 接收汽车上传感器的信息，经过 A/D 转换后计算、编码为 cAN 报文，发送到总线上控制其他节点的工作。同时，将一些整车相关信息（车速、电池容量、踏板位置等信息）在组合仪表上显示出来。其中最核心的就是通过传感器的输入值与系统当前状态及汽车工况等条件计算出合适的电机扭矩值，通过 CAN 总线发送到电机控制系统，指挥电机正确工作。另外，主控制器 ECU 还控制主继电器的开关，使得整个系统上电和断电。

（2）电机控制 ECU　电机控制 ECU 相当于纯电动车的四肢。它的主要工作是以主控制器发送扭矩值为输入值，采用双闭环控制来调速电机，使电机工作在需要的转速下。还有，根据电机的温度变化控制电机的冷却水泵和冷却风扇，从而有效地调节电机的温度。

（3）电池 ECU　纯电动车的电池是由几十块单体电池成组供电的，并能保证在不供电时电池不成组，每块电池的电压不超过 5V。这样由于单个电池性能的差异，就需要在电池充放电过程中经常要均衡电池电压，保证电池性能。电池均衡问题由电池 ECU 来承担。电池 ECU 相当于纯电动车的血液循环系统。它提供系统需要的能量，同时，还提供给主控制器电池的信息及电池充放电能力最大值，供主控制器计算电机扭矩时用。

（4）CAN 总线监控单元　CAN 总线监控单元主要是在不干扰总线数据传输情况的下，对总线上传输的数据进行实时监控，实时记录和实时报警，还提供了离线分析功能及在纯电动车调试阶段对主控制器主要计算参数进行标定的功能。

二、纯电动车的特点

电动汽车（EV）可分为纯电动汽车、混合动力电动汽车和燃料电池电动汽车三大类，纯电动汽车是电动汽车的技术基础。纯电动汽车就定义来说是指单纯用蓄电池作为驱动能源的汽车，它是涉及机械、动力学、电化学、电动机学、微电子和计算机控制等多种学科的高科技产品。

纯电动汽车的特点如下：

① 节能、不消耗石油。

② 环保、无污染、噪声和振动小。

③ 能量主要是通过柔性的电线而不是刚性联轴器和转轴传递，各部件的布置具有很大的灵活性。

④ 驱动系统布置不同会使系统结构区别很大。

⑤ 采用不同类型的电动机（如直流电动机和交流电动机）会影响到纯电动汽车的质量、尺寸和形状。

⑥ 不同类型的蓄能装置也会影响电动汽车的质量、尺寸及形状。

⑦ 能源效率高，多样化。

⑧ 不同的补充能源装置具有不同的硬件和机构，例如蓄电池可通过充电器充电，或者采用替换蓄电池的方式。

⑨ 结构相对简单，生产工艺相对成熟，使用维修方便。

⑩ 动力电源使用成本高，续驶里程短。

纯电动汽车与内燃机汽车性能和用途比较见表 2-1。

表 2-1　纯电动汽车与内燃机汽车性能和用途比较

项目	性能						用途							
	机动性	废气排放	噪声振动	操作难易	能源补给	购置费用	维修费用	大范围作业	连续作业	不通风场所	低噪声场所	狭窄场所	易燃爆场所	低温场所
电动汽车	○	○	○	○	★	☆	○	☆	★	○	○	○	○	○
汽油汽车	○	☆	★	★	○	○	☆	○	○	★	★	☆	☆	☆
柴油汽车	○	★	☆	★	○	★	★	○	○	★	☆	☆	☆	☆

注：○—好（适用）；★—一般；☆—差（不适用）。

三、纯电动汽车的分类

纯电动汽车有多种分类方法，可按所选用的蓄能装置或驱动电动机的不同来分类，其中又可有许多不同组合；也可按驱动结构布局或用途的不同来分类。

1. 按蓄能装置分类

纯电动汽车目前所采用的蓄能装置主要有：①铅酸蓄电池；②锂蓄电池；③镍氢蓄电池；④钠硫蓄电池等。其中，铅酸蓄电池技术较成熟，价格也较便宜，但其性能和使用寿命都要差些。其余几类均属于正在研究改进的蓄电池，其性能都比铅酸蓄电池好很多，但目前价格也较贵，随着生产工艺技术的成熟及批量的扩大，其性价比一定会有较大的提高。由于纯电动汽车以蓄电池作为唯一的能源，所以蓄电池的各项性能指标很大程度上决定了汽车的行驶性能。如纯电动汽车的续驶里程和加速（或爬坡）的动力性能分别与蓄电池的比能量和比功率有关。

2. 按驱动电动机分类

纯电动汽车的驱动电动机主要有：①直流电动机；②交流电动机；③永磁无刷电动机；④开磁阻电动机四类。考虑到蓄电池是以直流电源供电，直流电动机具有控制较简单、成本较低、技术成熟等优点，但直流电动机由于具有电刷，因此存在换向火花、电刷易磨损、需定期维护等缺点。交流感应电动机本身具有坚固耐用、效率高、体积小、免维护等优点，并且整个驱动系统具有调速范围宽、能较有效地实现再生制动，但其驱动控制器由于必须通过逆变器并采用矢量控制变频调速，其线路较复杂，价格也较高。永磁无刷电动机包括无刷直流电动机和三相永磁同步电动机，由于采用永久磁铁励磁，所以具有能量转换效率高、过载能力强、免维护等优点，但目前尚存在着成本较高、功率受限等缺点，可靠性也需改进。开关磁阻电动机驱动系统是一种新型的典型机电一体化装置，具有结构简单、坚固可靠、制造成本低、调速性能好、效率高、能有效地实现发电回馈制动等优点，并具有高启动转矩、低启动电流，即特别适于汽车起步和蓄电池驱动的特性要求，其缺点主要是振动及噪声较大，需通过相应的技术措施来改进，由于目前普及率还不高，有待进一步推广与改进提高。

3. 按驱动结构布局分类

这实际上是按驱动传递方式来分类，由于电动机驱动的灵活性可以有多种组合方式，归纳其典型的基本结构主要有四种：①传统的驱动模式；②电动机-驱动桥组合式驱动方式；③电动机-驱动桥整体式驱动方式；④轮毂电动机分散驱动方式。如图 2-1 所示。

由于汽车转弯时，外侧车轮的转弯半径比内侧车轮大，所以需要通过差速器来配合两侧车轮转速不同的要求。前两种需采用具有行星齿轮结构的机械式差速器；第三种的差速器可用机械式或电控式；而第四种即可实现电子差速控制。

4. 按用途分类

纯电动汽车按其用途的不同来分，目前主要有电动公交车和电动轿车两类。由于纯电动汽车的能量不富裕特点，它也较适合于某些性能要求不高的特定车辆，如游览观光车、高尔

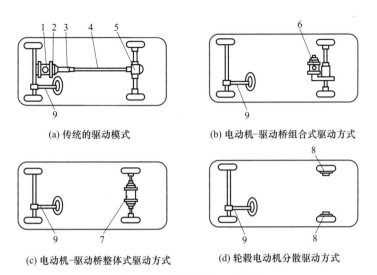

(a) 传统的驱动模式　　　　　(b) 电动机-驱动桥组合式驱动方式

(c) 电动机-驱动桥整体式驱动方式　　(d) 轮毂电动机分散驱动方式

图 2-1　四种典型的驱动结构

1—电动机；2—离合器；3—变速器；4—传动轴；5—驱动桥；6—电动机-驱动桥组合式驱动系统；

7—电动机-驱动桥整体式驱动系统；8—轮毂电动机；9—转向器

夫球场车、电动自行车、电动三轮车和残疾人自驾车等，当然按定义来说该类特定车辆不应属于汽车。

四、纯电动汽车的结构特征

纯电动汽车主要由电力驱动控制系统、汽车底盘、车身以及各种辅助装置等部分组成。除了电力驱动控制系统，其他部分的功能及其结构组成基本与传统汽车类同，不过有些部件根据所选的驱动方式不同，已被简化或省去了。所以电力驱动控制系统既决定了整个纯电动汽车的结构组成及其性能特征，也是电动汽车的核心，它相当于传统汽车中的发动机，与其他功能以机电一体化方式相结合，这也是区别于传统内燃机汽车的最大不同点，为此首先需要对电力驱动控制系统重点阐述。

（一）电力驱动控制系统

电力驱动控制系统的组成与工作原理如图 2-2 所示。该系统按工作原理的不同可划分为车载电源模块、电力驱动主模块和辅助模块三大部分，下面分别进行描述。

1. 车载电源模块

车载电源模块主要由蓄电池电源、能源管理系统和充电控制器三部分组成。

（1）蓄电池电源　蓄电池是纯电动汽车的唯一能源，它除了供给汽车驱动行驶所需要的电能外，也供应汽车上各种辅助装置的工作电能。蓄电池在车上安装前需要通过串并联的方式组合成所要求的电压等级，由于电动机驱动所需的等级电压往往与辅助装置的电压要求不一致，辅助装置所要求的一般为 12V 和 24V 的低压电源。而电动机驱动一般要求为高压电源，并且所采用的电动机类型不同，其要求的电压等级也不同。为满足该要求，可以用多个 12V 或 24V 的蓄电池串联成 96～384V 高压直流电池组，再通过 DC/DC 转换器供给所需的不同电压。也可按所需要求的电压等级，直接由蓄电池组合成不同电压等级的电池组，不过这样会给充电和能源管理带来相应的麻烦。另外，由于制造工艺等因素，即使是同一批量的蓄电池，其电解液浓度和性能也会有所差异，所以在安装电池组之前，要求对各个蓄电池进行认真的检测并记录，尽可能把性能接近的蓄电池组合成同一组，这样有利于动力电池组性

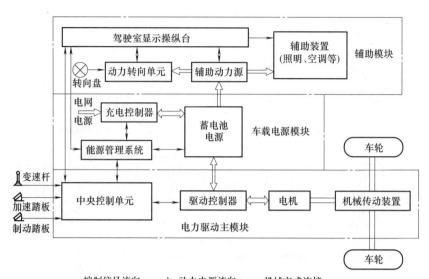

图 2-2　电力驱控制系统的组成与工作原理

能的稳定和延长其使用寿命。

（2）能源管理系统　能源管理系统的主要功能是在汽车行驶中进行能源分配，协调各功能部分工作的能量管理，使有限的能量源最大限度地得到利用。能源管理系统与电力驱动主模块的中央控制单元配合一起控制发电回馈，使电动汽车在降速制动和下坡滑行时进行能量回收，从而有效地利用能源，提高电动汽车的续驶能力。能源管理系统还需与充电控制器一同控制充电。为提高蓄电池性能的稳定性和延长其使用寿命，需要实时监控电源的使用情况，对蓄电池的温度、电解液浓度、蓄电池内阻、电池端电压、当前电池剩余电量、放电时间、放电电流或放电深度等蓄电池状态参数进行检测，并按蓄电池对环境温度的要求进行调温控制，通过限流控制避免蓄电池过充、放电，对有关参数进行显示和报警，其信号流向辅助模块的驾驶室显示操纵台，以便驾驶人随时掌握并配合其操作，按需要及时对蓄电池充电并进行维护保养。

（3）充电控制器　充电控制器（简称"充电器"）把电网供电的方式转换为对蓄电池充电要求的方式，即把交流电转换为相应电压的直流电，并按要求控制其充电电流。充电器开始时为恒流充电阶段；当电池电压上升到一定值时，充电器进入恒压充电阶段，输出电压维持在相应值，充电器进入恒压充电阶段后，电流逐渐减小；当充电电流减小到一定值时，充电器进入涓流充电阶段；还有采用脉冲式电流进行快速充电。

2. 电力驱动主模块

电力驱动主模块主要由中央控制单元、驱动控制器、电动机和机械传动装置等组成。由于加速踏板、制动踏板等操纵装置对于汽车驾驶人来说是十分熟悉和习惯使用的操纵装置，因此为适应驾驶人的传统操纵习惯，电动汽车仍保留了加速踏板、制动踏板及有关操纵手柄或按钮等。在电动汽车上是将加速踏板、制动踏板的机械位移量转换为相应的电信号，然后输入中央控制单元来对汽车的行驶实行控制。对于离合器，除了采用前述驱动结构中第一种传统的驱动模式外就都省去了。而对于变速杆，为遵循驾驶人的传统习惯，一般仍需保留，同样除了传统的驱动模式外只有前进挡、空挡和倒挡三个挡位，并且以开关信号传输到中央控制单元来对汽车进行前进、停车和倒车控制。

（1）中央控制单元　中央控制单元不仅是电力驱动主模块的控制中心，也要对整辆电动汽车的控制起到协调作用。它根据加速踏板与制动踏板的输入信号，向驱动控制器发出相应的控制指令，对电动机进行启动、加速、降速和制动控制。在电动汽车降速和下坡滑行时，中央控制器配合车载电源模块的能源管理系统进行发电回馈，即使蓄电池反向充电。对于与汽车行驶状况有关的速度、功率、电压、电流及有关故障诊断等信息，还需传输到辅助模块的驾驶室显示操纵台进行相应的数字或模拟显示，也可采用液晶屏幕显示来提高其信息量。另外，如驱动采用轮毂电动机分散驱动方式，当汽车转弯时，中央控制器也需与辅助模块的动力转向单元配合，即控制左、右轮毂电动机来实行电子差速转向。为减少电动汽车各个控制部分间的硬件连线，提高可靠性，现代汽车控制系统已较多地采用了微机多 CPU 总线控制方式，特别是对于采用轮毂电动机进行 4WD 前后四轮驱动控制的模式，更需要运用总线控制技术来简化电动汽车内部线路的布局，提高其可靠性，也便于故障诊断和维修，并且采用该模块化结构，一旦技术成熟，其成本也将随批量的增加而大幅下降。

（2）驱动控制器　驱动控制器的功能是按中央控制单元的指令和电动机的速度、电流反馈信号，对电动机的速度、驱动转矩和旋转方向进行控制。驱动控制器与电动机必须配套使用，目前对电动机的调速主要采用调压、调频等方式，这主要取决于所选用的驱动电动机类型。由于蓄电池以直流电方式供电，所以，对于直流电动机，主要是通过 DC/DC 转换器进行调压调速控制的；而对于交流电动机，则需通过 DC/AC 转换器进行调频调压矢量控制；对于磁阻电动机，则是通过控制其脉冲频率来进行调速的。当汽车进行倒车行驶时，需通过驱动控制器使电动机反转来驱动车轮反向行驶。当电动汽车处于降速和下坡滑行时，驱动控制器使电动机运行于发电状态，电动机利用其惯性发电，将电能通过驱动控制器回馈给蓄电池，所以图 2-2 中驱动控制器与蓄电池电源的电能流向是双向的。

（3）电动机　电动机在电动汽车中被要求承担着电动和发电的双重功能，即在正常行驶时发挥其主要的电动机功能，将电能转换为机械旋转能；而在降速和下坡滑行时又被要求进行发电，将车轮的惯性动能转换为电能。对电动机的选型一定要根据其负载特性来选，通过对汽车行驶时的特性分析，可知汽车在起步和上坡时要求有较大的启动转矩和相当的短时过载能力，并有较宽的调速范围和理想的调速特性，即在启动低速时为恒转矩输出，在高速时为恒功率输出。电动机与驱动控制器所组成的驱动系统是电动汽车中最为关键的部件，电动汽车的运行性能主要取决于驱动系统的类型和性能，它直接影响着车辆的各项性能指标，如车辆在各工况下的行驶速度、加速与爬坡性能以及能源转换效率。

（4）机械传动装置　电动汽车传动装置的作用是将电动机的驱动转矩传输给汽车的驱动轴，从而带动汽车车轮行驶。由于电动机本身就具有较好的调速特性，其变速机构可被大大地简化，较多的是为放大电动机的输出转矩仅采用一种固定的减速装置。又因为电动机可带负载直接启动，即省去了传统内燃机汽车的离合器，并且电动机可以容易地实现正、反向旋转，所以也无需通过变速器中的倒挡齿轮组来实现倒车。将电动机在车架上合理布局，即可省去传动轴、万向节等传动链。当采用轮毂式电动机分散驱动方式时，又可省去传统汽车的驱动桥、机械差速器、半轴等一切传动部件，所以该驱动方式也可称为"零传动"方式。

3. 辅助模块

辅助模块包括辅助动力源、动力转向单元、驾驶室显示操纵台和各种辅助装置等。各个装置的功能与传统汽车上的基本相同，其结构与原理按电动汽车的特点有所区别。

（1）辅助动力源　辅助动力源是供给电动汽车各种辅助装置所需的动力电源，一般为 12V 或 24V 的直流低压电源，它主要给动力转向、制动力调节控制、照明、空调、电动窗门等辅助装置提供所需的电能。

（2）动力转向单元　转向装置是为了实现汽车的转弯而设置的，它由转向盘、转向器、转向机构和转向轮等组成。作用在转向盘上的控制力，通过转向器和转向机构，使转向轮偏转一定的角度，实现汽车的转向。为提高驾驶人的操控性，现代汽车都采用了动力转向，较理想的是采用电控动力转向系统（EPS），电控动力转向系统主要有电控液力转向系统和电控电动转向系统两类，对于纯电动汽车，较适于选用电控电动转向系统。多数汽车为前轮转向，而工业用电动叉车常采用后轮转向，为提高汽车转向时的操纵稳定性和机动性，较理想的是采用四轮转向系统，而对于采用轮毂式电动机分散驱动的电动汽车，由于电动机控制响应速度的提高，可更容易地实现四轮电子差速转向控制。另外，为配合转弯时左、右两侧车轮有相应的差速要求，还必须同时控制电子差速器协调工作。

（3）驾驶室显示操纵台　它类同于传统汽车驾驶室的仪表板，不过其功能根据电动汽车驱动的控制特点有所增减，其信息指示更多地选用数字或液晶屏幕显示。它与前述电力驱动主模块中的中央控制单元结合，用计算机进行控制。

（4）辅助装置　电动汽车的辅助装置主要有照明设备、各种声光信号装置、车载音响设备、空调、刮水器、风窗除霜清洗器、电动门窗、电控玻璃升降器、电控后视镜调节器、电动座椅调节器、车身安全防护装置控制器等。它们主要是为提高汽车的操控性、舒适性和安全性而设置的，有些是必要的，有些是可选用的。与传统汽车一样，辅助装置大都有成熟的专用配件供应。不过选用时应考虑到纯电动汽车能源不富裕的特点，特别是空调所消耗的能量比较大，应尽可能从节能方面考虑。另外，对于有些装置可用液压或电动两种方式来控制的，一般选用电动控制的较为方便。

（二）纯电动汽车底盘

汽车底盘是整个汽车的基体，不仅起着支承蓄电池、电动机、驱动控制器、汽车车身、空调及各种辅助装置的作用，同时也将电动机的动力进行传递和分配，并按驾驶人的意志（加速、减速、转向、制动等）行驶。按传统汽车的归类或叙述习惯，汽车底盘应包括传动系统、行驶系统、转向系统和制动系统四大系统。

（1）传动系统　对于纯电动汽车，其传动系统根据所选驱动方式的不同，不少被简化或省掉了。

（2）行驶系统　包括车桥、车架、悬架、车轮与轮胎，其中车桥如采用轮毂电动机驱动就省去了；车架是整个汽车的装配基体，其作用主要是支承连接汽车的各零部件，承受来自车内和车外的各种载荷；悬架是车架（或车身）与车轮（或车桥）之间的一切传力连接装置的总称，它主要由弹性元件、减振器和导向机构等组成，它与充气轮胎一起缓和不平路面对车辆的冲击振动；车轮主要由轮辋、轮辐等组成，其内部还需安装制动器，并还可能要安装轮毂电动机，所以结构会很紧凑；为减小电动汽车行驶时的滚动阻力，轮胎要求采用子午线轮胎。

（3）转向系统　包括转向操纵机构、转向器和转向传动机构等，它按能源的不同可分为机械转向系统和动力转向系统两大类，机械转向系统与传统汽车的完全一致。

（4）制动系统　由供能装置、控制装置、传动装置和制动器四个基本部分组成，按其功用的不同可分为行车制动系统、驻车制动系统、应急制动系统和辅助制动系统等。对于电动汽车，由于可利用电动机实现再生制动进行能量回收，并且还可利用电磁吸力实现电磁制动，因此随着技术的发展其制动系统也将会有较大的变化。

由于汽车底盘所包含的上述四大系统与传统汽车上的基本大同小异，前面只针对电动汽车上所用的特点进行了简单说明。对于传统的其他部件，其结构与原理在此不再赘述，需要时可参考相关书籍。

（三）纯电动汽车车身布局

汽车车身主要由车身本体、开启件（各种门、窗、行李厢和车顶盖等）、各种座椅、内外饰附件和安全保护装置（保险杠、安全带、安全气囊等）组成。针对纯电动汽车能源少的特点，对汽车车身的外形造型应尽可能缩小其迎风面积来降低空气阻力，并采用轻型高强度材料来减轻汽车自身的重量。对车内各个部件的布局也相当重要，由于电动汽车动能的传递主要是通过柔性的电缆，即减少了大量用刚性的机械件连接部件的动能传递，因此电动汽车各部件的布置具有较大的灵活性，并且蓄电池组也可分散布置作为配重物来布局。纯电动汽车各个部件的总体布局的原则是：符合车辆动力学对汽车重心位置的要求，并尽可能降低车辆质心高度。特别是对于采用轮毂电动机驱动实现"零传动"方式的电动汽车，不仅去掉了发动机、冷却液系统、排气消声系统和燃油箱等相应的辅助装置，还省去了变速器、驱动桥及所有传动链，既减轻了汽车自重，也留出了许多空间，其结构发生了很大的变化。车辆的整个结构布局需重新设计，全面考虑各种因素。

另外，由于增加了许多蓄电池的重量，对于安装蓄电池部位的车架强度必须有所考虑，同时为了方便蓄电池的充电、维护及更换，对蓄电池的安装方法和位置也要考虑其方便性，对环境温度有要求的蓄电池还需考虑散热空间及调温控制，为确保安全还需采取密封等预防措施，以防车辆发生撞击事故时电解液泄漏伤及人身，并有防火等措施。

任务二 蓄电池的结构原理

一、铅酸蓄电池

1. 铅酸蓄电池的种类

以酸性水溶液作为电解质的蓄电池称为酸蓄电池。由于酸蓄电池电极是以铅及其氧化物作为材料，故又称为铅酸蓄电池。铅酸蓄电池于 1859 年由法国科学家普兰特（G. Plante）发明。1881 年法国人发明的电动汽车就是以铅酸蓄电池作为动力的，铅酸蓄电池广泛用于燃油（气）汽车的启动。铅酸蓄电池按其工作环境的不同可分为移动式和固定式两大类。固定型铅酸蓄电池按电池槽结构的不同可分为半密封式和密封式，半密封式又分为防酸式和消氢式。根据排气方式的不同，密封式铅酸蓄电池可分为排气式和非排气式两种。

铅酸蓄电池的特点是开路电压高，放电电压平稳，充电效率高，能够在常温下正常工作，生产技术成熟，价格便宜，规格齐全。因此，近十年来，国内外开发的称之为第一代的电动汽车也广泛使用了铅酸蓄电池。在电动汽车上使用的铅酸蓄电池的类型及其主要特点见表 2-2。

表 2-2　在电动汽车上使用的铅酸蓄电池的类型及其主要特点

铅酸蓄电池的类型	主　要　特　点
开口管式铅酸蓄电池	有较高的比能量,良好的循环寿命,自动加水,少维护
阀控胶质管式铅酸蓄电池	有较高的比能量和质量比功率,良好的循环寿命,免维护
平板阀控铅酸蓄电池	有较高的比功率,免维护
薄平板阀控铅酸蓄电池	有较高的峰值功率,浅循环放电,免维护

电动汽车牵引用动力铅酸蓄电池（简称动力铅酸蓄电池）的性能与启动用铅酸蓄电池的

要求是不同的。动力铅酸蓄电池要求有高的比能量和比功率，高的循环次数和使用寿命，快速充电性能等。目前，已经有很多专业公司研制和开发了多种新型铅酸蓄电池，使得铅酸蓄电池的性能有了较大的提高。

2. 铅酸蓄电池的工作原理

铅酸蓄电池放电和充电的反应过程是铅酸蓄电池活性物质进行的可逆化学变化过程，可以用下列化学反应方程式表示：

$$PbO_2 + 2H_2SO_4 + Pb \underset{充电}{\overset{放电}{\rightleftharpoons}} 2PbSO_4 + 2H_2O$$

$$正极 \quad 负极 \qquad 正极 \quad 负极$$

铅酸蓄电池放电过程中，化学反应由左向右进行，其相反的过程为充电过程的化学反应。由于放电过程中，铅酸蓄电池中 H_2SO_4 的浓度会逐渐减小，因此，可以用比重计来测定 H_2SO_4 的密度，再由铅酸蓄电池电解液的密度确定铅酸蓄电池电解液的放电程度。单体铅酸蓄电池的电压为 2V，在使用或存放一段时间后，电池的电压可能降低到 1.8V 以下，或 H_2SO_4 溶液的密度下降到 $1.2g/cm^3$ 时，铅酸蓄电池就必须充电；如果电压继续下降，则铅酸蓄电池将损坏。

3. 铅酸蓄电池的构造

图 2-3 所示为普通铅酸蓄电池的结构。铅酸蓄电池的基本单元是单体电池（Battery cell），每个单体电池都是由正极板、负极板和装在正极板和负极板之间的隔板组成。每个单体电池的基本电压为 2V，然后将不同容量的单体电池按使用要求进行组合，装置在不同的塑料外壳中，来获得不同电压和不同容量的铅酸蓄电池。铅酸蓄电池总成经过灌装电解液和充电后，就可以从铅酸蓄电池的接线柱上引出电流。阀控铅酸蓄电池通常采用密封、无锑网隔板等技术措施；并在普通铅酸蓄电池的电解液中加入硅酸胶（Na_2SiO_3）等凝聚剂，使电解质成为胶状物，形成一种"胶体"电解质，采用"胶体"电解质的铅酸蓄电池使用起来更加方便。硅酸胶（Na_2SiO_3）与硫酸的反应如下：

$$H_2SO_4 + Na_2SiO_3 = H_2SiO_3 + Na_2SO_4$$

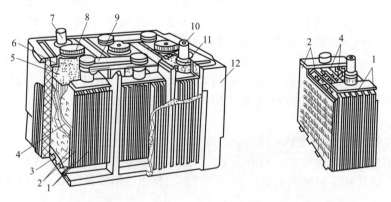

图 2-3 普通铅酸蓄电池的结构

1—正极板；2—负极板；3—肋条；4—隔板；5—护板；6—封料；7—负极柱；
8—加液口盖；9—电极连接条；10—正极柱；11—极柱衬套；12—蓄电池容器

图 2-4 所示为排气阀式铅酸蓄电池的结构。该种蓄电池的特点是带有催化剂，可以使充电时产生的氢气和氧气反应生成水流回蓄电池，因而可以防止充电时产生的氢气和氧气逸散，控制水的消耗。

二、镍镉蓄电池

1. 镍镉蓄电池的原理

镍镉蓄电池（Ni-Cd）是一种碱性蓄电池，是电动汽车首选电池之一。镍镉蓄电池的比能量可达到 $55W \cdot h/kg$（普通铅酸电池的能量密度约为 $40W \cdot h/kg$），比功率可超过 $225W/kg$，极板强度高，工作电压平稳，能够带电充电，并可以快速充电。镍镉蓄电池过充电和过放电性能好，有高倍率的放电特性，瞬时脉冲放电率很大，深度放电性能也好。镍镉蓄电池循环使用寿命长，可达到 2000 次或 7 年以上，是铅酸蓄电池的 2 倍。镍镉蓄电池采用全封闭外壳，可以在真空环境中正常工作，低温性能较好，能够长时间存放。

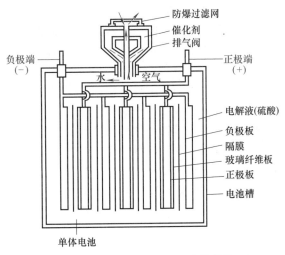

图 2-4　排气阀式铅酸蓄电池的结构

镍镉蓄电池以羟基氢氧化镍为正极，金属镉为负极，水溶性氢氧化钾溶液为电解质。在镍镉蓄电池充电和放电的化学反应过程中，电解液基本上不会被消耗。为了延长使用寿命和改善高温性能，通常在电解液中加入氧化锂。镍镉蓄电池的化学反应方程式如下：

$$2Ni(OH)_3 + 2KOH + Cd \underset{充电}{\overset{放电}{\rightleftharpoons}} 2Ni(OH)_2 + 2KOH + Cd(OH)_2$$

（正极、负极、正极、负极）

2. 镍镉蓄电池的结构

图 2-5 所示为镍镉蓄电池的结构。镍镉蓄电池的每个单体电池都是由正极板、负极板和装在正极板和负极板之间的隔板组成。将单体电池按不同的组合装置在不同塑料外壳中，可得到所需要的不同电压和不同容量的镍镉蓄电池总成。在市场上有多种不同型号规格的镍镉蓄电池总成可供选择。在灌装电解液并经过充电后，就可以从电池的接线柱上引出电流。

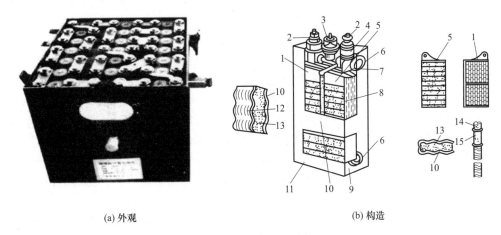

(a) 外观　　　　　　　　　　(b) 构造

图 2-5　镍镉蓄电池的结构

1—正极板；2—接线柱；3—加液口盖；4—绝缘导管；5—负极板；6—吊架；7—单格电池连接条；8—极板骨架；
9—绝缘层；10—镀镍薄钢板；11—外壳；12—通孔；13—活性物质；14—正极板导管；15—氢氧化镍

3. 镍镉蓄电池的特点

镍镉蓄电池的工作电压较低，单体电池的标称电压为 1.2V，循环使用寿命在 2000 次以上；可以进行快速充电，充电 15min 可恢复 50% 的容量，充电 1h 可恢复 100% 的容量，但一般情况下完全充电需要 6h；深度放电达 100%，自放电率低于 0.5%/天；可以在 −40～80℃ 的环境温度条件下正常工作；快速充电能力强，充电 18min 即可从 40% 达到 80% 容量。镍镉蓄电池有记忆效应，镍镉蓄电池中采用的镉（Cd）是一种有害的重金属，在电池报废后必须进行有效的回收，这点在国外已能实现。镍镉蓄电池的成本约为铅酸蓄电池的 4～5 倍，初始购置费用较高，但镍镉蓄电池的比能量和循环使用寿命都大大地高于铅酸蓄电池，因此，在电动汽车实际使用时，总的费用不会超过铅酸蓄电池的费用。由于镍镉蓄电池使用性能比铅酸蓄电池好，在电动汽车上得到广泛的采用。克莱斯勒公司的 TE 小型汽车、标致 106 型 EV、雪铁龙 AX-EV 以及日本本田汽车公司、日产汽车公司等生产的 EV 上都采用了镍镉蓄电池。

三、镍氢蓄电池

镍氢（Ni-MH）蓄电池也是一种碱性蓄电池，其标称电压为 1.2V，比能量可达到 70～80W·h/kg，有利于延长 EV 的行驶里程，镍氢蓄电池比功率可达到 200W/kg，是铅酸蓄电池的 2 倍，能够提高车辆的启动性能和加速性能。镍氢蓄电池有高倍率的放电特性，短时间可以 3C 放电，瞬时脉冲放电率很大。镍氢蓄电池的过充电性能和过放电性能好，能够带电充电，并可以快速充电，在 15min 内可充 60% 的容量，1h 内可以完全充满，应急补充充电的时间短。在 80% 的放电深度下，镍氢蓄电池循环寿命可达到 1000 次以上，是铅酸蓄电池的 3 倍。镍氢蓄电池采用全封闭外壳，可以在真空环境中正常工作，低温性能较好，能够长时间存放。镍氢蓄电池中没有 Pb 和 Cd 等重金属元素，不会对环境造成污染，镍氢蓄电池可以随充随放，不会出现镍镉蓄电池在没有放完电后即充电而产生的"记忆效应"。

1. 镍氢蓄电池的工作原理

镍氢（Ni-MH）蓄电池的正极是球状氢氧化镍粉末与添加剂钴等金属、塑料和黏合剂等制成的涂膏，用自动涂膏机涂在正极板上，然后经过干燥处理成发泡的氢氧化镍正极板。在正极材料 $Ni(OH)_2$ 中添加 Ca、Co、Zn 或稀土元素，对稳定电极的性能有明显的改进；采用高分子材料作为黏合剂或用挤压和轧制成的泡沫镍电极，并采用镍粉、石墨等作为导电剂时，可以提高大电流时的放电性能。

镍氢蓄电池的负极的关键技术是储氢合金，要求储氢合金能够稳定地经受反复的储气和放气循环。储氢合金是一种允许氢原子进入或分离的多金属合金的晶格基块，用钛、钒、锆、镍、铬（Ti、V、Co、Ni、Cr）五种基本元素，并与钴、锰等金属元素烧结的合金。经过加氢、粉碎、成形和烧结成负极板。储氢合金的种类和性能对镍氢蓄电池的性能有直接的影响。负极在充电或放电过程中既不溶解，也不再结晶，电极不会有结构性的变化，在保持自身化学功能的同时，还保证本身的机械坚固性。储氢合金一般需要进行热处理和表面处理，以增加储氢合金的防腐性能，这有利于提高镍氢蓄电池的比能量、比功率和延长其使用寿命。

电解质是水溶性氢氧化钾和氢氧化锂的混合物。在蓄电池充电过程中，水在电解质溶液中分解为氢离子和氢氧离子，氢离子被负极吸收，负极从金属转化为氢氧化物。在放电过程中，氢离子离开了负极，氢氧离子离开了正极，氢离子和氢氧离子在电解质氢氧化钾中结合成水并释放电能。图 2-6 为镍氢电池工作原理。

$$正极\ Ni(OH)_2+OH^--e\underset{放电}{\overset{充电}{\rightleftharpoons}}NiOOH+H_2O$$

$$负极\ H_2O+e\underset{放电}{\overset{充电}{\rightleftharpoons}}1/2H_2+OH^-$$

$$总反应\ Ni(OH)_2\underset{放电}{\overset{充电}{\rightleftharpoons}}NiOOH+1/2H_2$$

2. 镍氢蓄电池的结构

镍氢蓄电池正极是活性物质氢氧化镍 $Ni(OH)_2$，负极是储氢合金，用氢氧化钾作为电解质，在正、负极之间有隔膜，共同组成镍氢单格电池。在金属铂的催化作用下，完成充电和放电的可逆反应。镍氢蓄电池的特性与镍镉蓄电池基本相同，但氢气是没有毒性的物质，无污染，安全可靠。镍氢蓄电池使用寿命长，而且不需要补充水分。

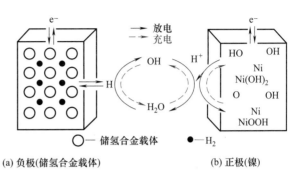

图 2-6　镍氢电池工作原理

镍氢蓄电池的极板有发泡体和烧结体两种。发泡体极板的镍氢蓄电池在出厂前必须进行预充电，且放电电压不能低于 0.9V，工作电压也不太稳定，特别是存放一段时间后，会有 20% 的电荷流失，老化现象比较严重。为避免镍氢蓄电池老化所造成的内阻增高，镍氢蓄电池在出厂前必须进行预充电。经过改进的镍氢蓄电池的烧结体极板本身就是活性物质，不需要进行活性处理，也不需要进行预充电，电压平衡、稳定，具有低温放电性能好、不易老化和使用寿命长的优点。

镍氢蓄电池的基本单元是单体电池，每个单体电池都由正极板、负极板和装在正极板和负极板之间的隔板组成。每节电池的额定电压为 13.2V（充电时最大电压为 16.0V），然后将电池按使用要求组合成不同电压和不同容量的镍氢蓄电池总成。该种镍氢蓄电池比能量达到 70W·h/kg，能量密度达到 165W·h/L，比功率在 50% 的放电深度下为 220W/kg，在 80% 的放电深度下为 200W/kg。可以更大地提高电动汽车的动力性能。通常镍氢蓄电池的外形有圆形和方形两种。镍氢电池的结构如图 2-7 所示。

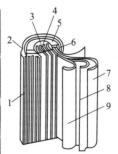
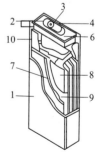

(a) 普锐斯电动汽车镍氢电池　　　(b) 圆柱形电池　　　(c) 方形电池

图 2-7　镍氢电池的结构

1—电池盒；2—绝缘衬垫；3—盖帽；4—安全排气口；5—封盘；6—绝缘圈；7—负极；8—隔膜；9—正极；10—绝缘体

3. 镍氢蓄电池的充、放电特性

以松下电池工业公司生产的电动汽车镍氢蓄电池为例。

（1）放电特性　D 型镍氢蓄电池（由 6 个单电池组件）放电时，2C（C 为按额定电流放电时的实际放电容量）的功率输出时质量比功率可达 600W/kg 以上，3C 的功率输出时的质量比功率可达到 500W/kg 以上，深度范围内质量比功率的变化比较平稳，对电动汽车动力性能的控制是十分有利。

（2）充电特性　D 型镍氢蓄电池的充电接收性很好，充电效率几乎达到 100％，能够有效地接收电动汽车在制动时反馈的电能。另外，由于能量损耗较小，镍氢蓄电池的发热量被抑制在最小的极限范围内，可以有效地控制荷电状态，并用电流来显示电池的荷电状态。

（3）使用寿命　电动汽车动力电池组经常处于充、放电状态，而且充、放电是不规则进行的，这给电池的使用寿命带来严重的影响。松下电气公司用模拟电动汽车行驶工况对镍氢蓄电池进行仿真试验，证实镍氢蓄电池的特性几乎不发生变化，镍氢蓄电池用于电动汽车是比较合适的。

4. 镍氢蓄电池的特点

镍氢蓄电池单体电池的电压为 1.2V，3h 比能量为 75～80W·h/kg，能量密度达到 200W·h/L，比功率为 160～230W/kg，功率密度为 400～600W/kg；充电 18min 可恢复 40％～80％的容量，应急补充充电性能好，一次充电后续驶里程长，而且启动加速性能较好。镍氢蓄电池可以在环境温度 −28～80℃ 条件下正常工作，循环寿命可达到 6000 次或 7 年，但在高温条件下使用时电荷量急剧下降，自放电损耗较大，价格较贵。镍氢蓄电池的比功率和放电能力不及镍镉蓄电池。镍氢蓄电池在使用时还应充分注意各个单体电池之间的一致性（均匀性），特别是在高速率、深度放电情况下，各个单体电池之间的容量和电压差较明显。

镍氢蓄电池的成本很高，约 600～800 美元/kW。不同的储氢合金具有不同的储存氢的能力，价格也不相同。我国自行研制了稀土系的储氢合金，已达到世界水平，为我国生产镍氢蓄电池的推广提供了有利条件。

镍氢蓄电池用于电动汽车的主要优点是：启动加速性能好，一次充电后的续驶里程较长，不会对周围环境造成污染，易维护，快速补充充电时间短。

镍氢蓄电池在充电过程中容易发热，发热产生的高温会对镍氢蓄电池产生负面影响。高温状态下，正极板的充电效率变差，并加速正极板的氧化，使电池的使用寿命缩短。镍氢蓄电池在充电后期，会产生大量的氧气，在高温的环境条件下，将加速负极储氢合金氧化，并使储氢合金平衡压力增加，使储氢合金的储氢量减少而降低镍氢蓄电池的性能。若用尼龙无纺布做隔膜，在高温的作用下会发生降解和氧化。尼龙无纺布隔膜发生降解时，产生氨离子和硝酸根离子，加速了镍氢蓄电池的自放电。尼龙无纺布隔膜发生氧化时，氧化成碳酸根，使镍氢蓄电池的内阻增加。在镍氢蓄电池充电的过程中，电池温度迅速地升高，会使充电效率降低，并产生大量氧气，如果安全阀不能及时开启，则会产生爆炸的危险。

为此在镍氢蓄电池的制造技术上做一些改进，例如：正极板采用多极板技术，负极板采用端面焊接技术，在电解液中适当加入 LiOH 和 NaOH，采用抗氧化能力强的聚丙烯毡做隔膜等，可以有效地提高镍氢蓄电池耐高温能力。在镍氢蓄电池动力电池组的单体镍氢蓄电池之间，加大散热间隙，采取有效的散热措施和建立自动热管理系统，以保证镍氢蓄电池的正常工作和延长使用寿命。

四、锂离子电池

锂离子电池是 1990 年由日本索尼公司首先推向市场的新型高能蓄电池，是目前世界最新一代的充电电池。目前比较成熟的锂离子电池的能量密度约在 100～150W·h/kg 左右，这个值比铅酸电池高出 2～3 倍，且锂离子电池的循环性要远远高于铅酸电池，所以目前锂离子电池是开发电动汽车的首选电池。

与其他蓄电池相比，锂离子电池还具有电压高、比能量高、充/放电寿命长、无记忆效应、无污染、充电快速、自放电率低、工作温度范围宽和安全可靠等优点，它已成为未来电动汽车较为理想的动力电源。相比于镍氢蓄电池，混合动力汽车采用锂离子电池可使电池组的质量下降 40%～50%，体积减小 20%～30%，能源效率也有一定程度的提高。

1. 锂离子电池的分类

按外形的不同，锂离子电池可分为方形锂离子电池和圆柱形锂离子电池。按正极材料的不同，锂离子电池主要分为锰酸锂离子电池、磷酸铁锂离子电池、镍钴锂离子电池或镍钴锰锂离子电池。

第一代车用锂离子电池是锰酸锂离子电池，成本低，安全性较好，但循环寿命欠佳，在高温环境下循环寿命更短，高温时会出现锰离子溶出的现象。第二代锂离子电池是具有美国专利的磷酸铁锂离子电池，是锂离子电池的发展方向，由于原材料价格低且磷、铁、锂的资源丰富，工作电压适中，充、放电特性好，放电功率高，可快速充电且循环寿命长，高温、高热稳定性好，储能特性强，完全无毒。

为了避开磷酸铁锂离子电池的专利纠纷，一些国家开发了镍钴锂离子电池或镍钴锰锂离子电池。由于钴的价格昂贵，所以这些替代锂离子电池成本较高，安全性比磷酸铁锂离子电池稍差，循环寿命优于锰酸锂离子电池。

2. 锂离子电池的结构

锂离子电池由正极、负极、隔板、电解液和安全阀等组成。圆柱形锂离子电池的结构如图 2-8 所示。

（1）正极 在锰酸锂离子电池中正极物质以锰酸锂作为主要原料，在磷酸铁锂离子电池中正极物质以磷酸铁锂作为主要原料，在镍钴锂离子电池中正极物质以镍钴锂作为主要材料，在镍钴锰锂离子电池中正极物质以镍钴锰锂作为主要材料。在正极活性物质中加入导电剂、树脂黏合剂，并涂覆在铝基体上，呈细薄层状分布。

（2）负极 负极活性物质是由碳材料与黏合剂的混合物加上有机溶剂调和制成糊状，并涂覆在铜基体上，呈薄层状分布。

（3）隔板 隔板的功能是关闭或阻断通道，一般使用聚乙烯或聚丙烯材料的微多孔膜、所谓关闭或阻断功能，是指电池出现异常温度上升时，阻塞或阻断作为离子通道的细孔，使蓄电池停止充/放电反应。隔板可以有效防止因外部短路等引起的过大电流而使电池产生异常发热的现象。这种现象即使产生一次，电池就不能正常使用。

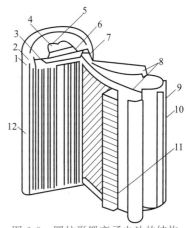

图 2-8 圆柱形锂离子电池的结构

1—绝缘体；2—垫圈；3—PTC 元件；
4—正极端子；5—排气孔；6—防爆阀；
7—正极引线；8—隔板；9—负极；10—负极引线；11—正极；12—外壳

（4）电解液 电解液是指以混合溶剂作为主体的有机电解液。为了使主要电解质成分的锂盐溶解，必须具有高电容率。并且具有与锂离子相容性好的溶剂，即不阻碍离子移动的低黏度的有机溶液为宜，而且在锂离子电池的工作温度范围内，必须呈液体状态，凝固点低，沸点高。电解液对于活性物质具有化学稳定性，必须良好地适应充、放电反应过程中发生的剧烈的氧化还原反应。由于使用单一溶剂很难满足上述严酷条件，因此电解液一般混合不同性质的几种溶剂使用。

（5）安全阀　为了保证锂离子电池的使用安全性，一般对外部电路进行控制或者在蓄电池内部设有异常电流切断的安全装置。即使这样，在使用过程中也有可能因其他原因引起蓄电池内压异常上升，这样安全阀释放气体，以防止蓄电池破裂。安全阀实际上是一次性非修复式的破裂膜，一旦进入工作状态即可保护蓄电池使其停止工作，因此，安全阀是蓄电池的最后保护手段。

3. 锂离子电池的特点

锂离子电池有许多显著特点，它的优点主要表现如下。

① 工作电压高。锂离子电池的工作电压为 3.6V，是镍氢蓄电池和镍镉蓄电池工作电压的 3 倍。

② 比能量高。锂离子电池比能量已达到 150W·h/kg，是镍镉蓄电池的 3 倍、镍氢蓄电池的 1.5 倍。

③ 循环寿命长。目前锂离子电池循环寿命已达到 1000 次以上，在低放电深度下可达几万次，超过了其他几种电池。

④ 自放电率低。锂离子电池的自放电率仅为 6%～8%，远低于镍镉蓄电池（25%～30%）和镍氢蓄电池（15%～20%）。

⑤ 无记忆性。锂离子电池可以根据要求随时充电，而不会降低电池性能。

⑥ 对环境无污染。锂离子电池中不存在有害物质，是名副其实的"绿色电池"。

⑦ 能够制造成任意形状。

锂离子电池也有一些不足，主要表现在以下几个方面。

① 成本高。成本高主要是因为正极材料 $LiCoO_2$ 的价格高，但按单位能量（W·h）的价格来计算，已经低于镍氢蓄电池，与镍镉蓄电池持平，但高于铅酸蓄电池。

② 必须有特殊的保护电路，以防止过充电。

4. 锂离子电池的工作原理

锂离子电池正极材料采用锂化合物 $LiCoO_2$、$LiNiO_2$ 或 $LiMn_2O_4$，负极采用锂碳层间化合物 Li_xC_6，电解液为有机溶液。典型的电池体系为

$$(-)C|LiPF_6 \text{——} EC+DEC|LiCoO_2(+)$$

式中，（-）C 表示石墨为负极材料；$LiCoO_2$（+）表示 $LiCoO_2$（钴酸锂）为正极材料；$LiPF_6$（六氟磷酸锂）为电解质；EC（碳酸乙烯酯）+ DEC（碳酸二乙酯）为混合电解液。

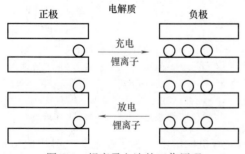

图 2-9　锂离子电池的工作原理

图 2-9 所示为锂离子电池的工作原理。电池充电时，锂离子从正极材料的晶格中脱出，通过电解质溶液和隔膜嵌入到负极中；放电时，锂离子从负极脱出，通过电解质溶液和隔膜嵌入到正极材料晶格中。在整个充、放电过程中，锂离子往返于正、负极之间。

以 $LiCoO_2$ 为正极材料、石墨为负极材料的锂离子电池的正、负极电化学反应为

$$LiCoO_2 \longrightarrow Li_{1-x}CoO_2 + xLi^+ + xe^-$$

$$6C + xLi^+ + xe^- \longrightarrow Li_xC_6$$

总反应为

$$LiCoO_2 + 6C \longrightarrow Li_{1-x}CoO_2 + Li_xC_6$$

由于锂离子电池只涉及锂离子而不涉及金属锂的充、放电过程，从根本上解决了由于锂

枝晶的产生而带来的电池循环性和安全性的问题。

5. 锂离子电池的充放电特性

（1）电压方面。锂离子电池对充电终止电压的精度要求很高，一般误差不能超过额定值的1%。如果终止电压过高，则会影响锂离子电池的使用寿命，甚至造成过充电现象，对蓄电池造成永久性的损坏；如果终止电压过低，则会使充电不完全，蓄电池的使用寿命变短。

（2）充电电流方面。锂电池的充电率（充电电流）应根据电池生产厂的建议选用。虽然某些电池充电率可达 $2C$，但常用的充电率为 $(0.5\sim1)C$。在采用大电流对锂离子电池充电时，因充电过程中蓄电池内部的电化学反应会产生热，因此有一定的能量损失，同时必须检测蓄电池的温度以防过热损坏蓄电池或产生爆炸。此外对锂电池充电时，若全部用恒定电流充电，虽然可以在一定程度上缩短充电时间，但很难保证蓄电池充满，如果对充电结束控制不当还会造成过充电现象。

（3）放电方面。锂离子电池的最大放电电流一般被限制在 $(2\sim3)C$ 左右。更大的放电电流会使蓄电池发热严重，对蓄电池的组成物质造成损坏，影响蓄电池的使用寿命。同时，由于大电流放电时，蓄电池的部分能量转换成热能，因此蓄电池的放电容量将会降低。在造成过放电（低于3.0V）时，还会造成蓄电池的失效。对于过放电的锂离子电池，在充电前需要进行预处理，即使用小电流充电，使蓄电池内部被过放电的单元激活。在蓄电池电压被充电到3.0V后再按正常方式充电，通常将这一阶段的充电称为预充电。

锂电池的充电温度一般应该被限制在 0～60℃ 的范围内。如果电池温度过高，则会损坏电池并可能引起爆炸；如果温度过低，则虽然不会造成安全方面的问题，但也很难将蓄电池充满。由于充电过程中蓄电池内部将有一部分热能产生，因此在大电流充电时，需要对蓄电池进行温度检测，并且在超过设定充电温度时停止充电以保证安全。

6. 锂离子电池的充电方法

锂离子电池可以采用不同的充电方法，其中最简单的充电方法是恒压充电。采用恒压充电时，蓄电池电压保持不变，而充电电流将逐渐降低。当充电电流降到低于0.1A时，就认为蓄电池被充分充电了。为了防止有缺陷的蓄电池无休止地进行充电，采用了一个备用定时器来终止充电周期。恒压充电是一个相对节省成本的方法。但是这种方法却需要很长的蓄电池充电时间。蓄电池充电期间，充电电压保持一定，充电电流降低得很快，因而充电速率也降低得很快。这样，蓄电池就只是在比其能够接受的低得多的电流强度下进行充电。

为了兼顾充电过程的安全性、快速性和蓄电池使用的高效性，锂离子电池通常都采用恒流恒压充电方法，其充电过程可分为预充电、恒流充电和恒压充电三个阶段，如图2-10所示。

（1）预充电阶段　在该状态下，首先检测单节锂离子电池电压是否较低（小于3.0V），如果是，则采用涓流充电，即一个比较小的恒定电流对蓄电池进行充电，直至蓄电池电压上升到一个安全值；否则，可省略该阶段，这也是最普遍的情况。因为预充电主要是对过放电的锂电池进行修复。

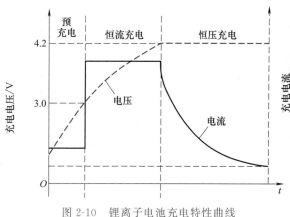

图2-10　锂离子电池充电特性曲线

（2）恒流充电阶段　涓流充电后，充电器转入恒流充电状态。该状态下，充电电流保持不变的较大的值，蓄电池的最大充电电流决定于蓄电池的容量。在恒流充电和预充电状态下，通过连续监控蓄电池的电压和温度，可以采用以下两种恒流充电终止法，终止恒流充电。

① 电池最高电压终止法。当单节锂电池电压达到 4.2V 时，恒流充电状态应立即终止。

② 电池最高温度终止法。在恒流充电过程中，当蓄电池的温度达到 60℃时，恒流充电状态应立即终止。

（3）恒压充电阶段 恒流充电结束后，则转入恒压充电状态。在该状态下，充电电压保持恒定。因为锂离子电池对充电电压精度的要求比较高，单节蓄电池恒压充电电压应在规定值的 ±1% 之间变化，因此要严格控制锂离子电池的充电电压。在恒压充电过程中，充电器连续监控蓄电池的电压、温度、充电电流和充电时间。常用的恒压充电终止方法有以下四种方法。

① 电池最高电压。当单节锂离子电池的电压达到 4.25V 时，恒压充电状态自动终止。

② 电池最高温度。当锂离子电池的最高温度达到 60℃时，恒压充电状态自动终止。

③ 最长充电时间。为了确保锂离子电池安全充电，除了设定最高电压和最高温度外，还应设置最长恒压充电时间，在温度和电压检测失败的情况下，可以保证锂电池安全充电。

④ 最小充电电流。在恒压充电过程中，锂离子电池的充电电流逐渐减小，当充电电流下降到一定数值（通常为恒流充电电流的 1/10）时，恒压充电状态自动终止。

此外，蓄电池充足电后，若蓄电池仍插在充电器上，则蓄电池会由于自放电而损失电量。充电器应以非常小的电流对蓄电池充电或是监测蓄电池电位以备对蓄电池再充电，这种状态称为维护充电状态。

五、其他类型的蓄能装置

在新能源汽车上用到的蓄能装置除蓄电池外，还有超级电容、飞轮电池和压缩空气等几种储能装置。这三种蓄能装置的蓄能方式、充放电原理与前面所述的蓄电池均不相同。

1. 超级电容

超级电容器简称超级电容，又称为双电层电容器（Electrical Double Layer Capacitor）。它具有超强的储存电荷的能力，是一种介于蓄电池和普通电容器之间的新型蓄能装置。

（1）超级电容的工作原理 超级电容的主要组成部件是集电极（电容板）电解质和绝缘层，其工作原理如图 2-11 所示。

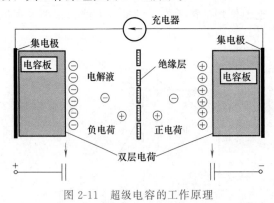

图 2-11 超级电容的工作原理

电解质和绝缘层装在两活性炭多孔化电极之间，电荷沿集电极和电解液成对排列，形成双层电容器，这样就扩大了电容器的电荷储存量。当充电电源加在两电极上时，在靠近电极的电介质界面上产生与电极所携带的电荷极性相反的电荷并被束缚在电介质界面上，形成事实上的电容器的两个电极。两个电极的距离非常小，只有几纳米，而活性炭多孔化电极可以获得极大的电极表面积，可以达到 200m²/g。因此，超级电容具有极大的电容量，可以储存很大的静电能量。目前单体超级电容的最大电容量可达 5000F。

当两电极板间的电动势低于电解液的氧化还原电极电势时，电解液界面上的电荷不会脱离电解液，超级电容处于正常工作状态（通常在 3V 以下）。如果电容器两端电压超过电解液的氧化还原电极电位，则电解液将发生分解，处于非正常工作状态。随着超级电容的放电，正、负极板上的电荷被外电路释放，电解液界面上的电荷相应地减少。由此可以看出，超级电容的充、放电过程始终是物理过程，没有化学反应，因而性能较化学蓄电池稳定得多。

（2）超级电容的特点　与蓄电池相比，超级电容具有以下几点优势。

① 充、放电循环寿命很长。超级电容的充、放电循环寿命可达 500000 次，或使用时间可达 90000h，而蓄电池的循环寿命很难超过 1000 次。

② 可以提供很大的放电电流。例如，2700F 的超级电容额定放电电流不低于 950A，放电峰值电流可达 1680A，而蓄电池通常不可能有如此高的放电电流。一些高放电电流的蓄电池，在如此高的放电电流下，其使用寿命也会明显缩短。

③ 可以实现快速充电。超级电容可以在数十秒到数分钟内快速充电，而蓄电池的可接受充电电流是有限的，因此不可能在如此短的时间内充足电。

④ 工作温度范围很宽。超级电容可以在很宽的温度范围内正常工作（-40～70℃），而蓄电池在高温或在低温环境下不能正常工作。

⑤ 安全无毒。超级电容的材料是安全和无毒的，而铅酸蓄电池、镍镉蓄电池均具有毒性。

虽然超级电容的能量密度不能与蓄电池相比，但是其大电流充放电的特点使超级电容特别适合用作电动汽车的辅助电源。在车辆起步、加速、爬坡等行驶工况时，由超级电容提供大电流，在确保电动汽车动力性的同时，可有效地保护蓄电池，延长蓄电池的使用寿命。在车辆制动时，超级电容可接受大电流充电，能很好地回收制动能量。超级电容不仅可以用作电动汽车的辅助蓄能装置，而且可以用作电动汽车主要的或唯一的蓄能装置。

2. 飞轮电池

飞轮电池是 20 世纪 90 年代才提出的新概念电池。它突破了化学电池的局限，用物理方法实现蓄能。

（1）飞轮电池的工作原理　飞轮电池主要由飞轮、轴、轴承、电动机、真空容器和电力电子转换器等组成，如图 2-12 所示。当飞轮以一定的角速度旋转时，就具有了一定的动能。飞轮是整个蓄能装置的核心部件，它直接决定了整个装置的蓄能量。对飞轮电池充电时，通过电力电子转换器从外部输入电能而使电动机旋转，电动机（此时作为电动机）驱动飞轮加速旋转，飞轮储存的动能（机械能）就增大。飞轮电池向外放电时，由高速旋转的飞轮带动电动机（此时作为发电机）旋转，将动能转化为电能，再通过电力电子转换器将电能转换为负载所需的频率和电压。

飞轮工作时的转速很高（可达 40000～50000r/min），用一般金属制成的飞轮无法承受这样高的转速，因而飞轮一般都采用碳纤维制成，使之在满足强度要求的同时，可减小飞轮电池的质量。

电动机用于电能与机械能的相互转换，实现充电（储存机械能）和放电（释放机械能）过程。飞轮电池

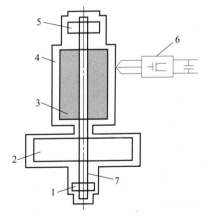

图 2-12　飞轮电池的工作原理
1,5—轴承；2—飞轮；3—电动机；4—真空容器；6—电力电子转换器；7—轴

通常采用永磁式电动机，在充电时用作电动机，在外电源的驱动下，带动飞轮高速旋转，将电能转换为机械能进行储存；在放电时用作发电机，在飞轮的带动下发电而向外输出电能。

飞轮电池通常使用非接触式的磁悬浮轴承,以减小飞轮运转时的摩擦损耗,提高飞轮电池的能量储存效率。

飞轮在高速旋转时,周围的空气会形成强烈的涡流,造成巨大的空气阻力。因此,飞轮电池通常将电动机和飞轮都密封在一个真空容器内,以减少风阻。

(2)飞轮电池的特点　飞轮电池具有以下优点。

①能量密度高。飞轮电池的能量密度可达 $100\sim200W\cdot h/kg$,功率密度可达 $5000\sim10000W/kg$。

②能量转换效率高、充电快。飞轮电池工作时的能量损失很小,其能量转换效率高达90%以上。由于飞轮电池无最大充电电流的限制,其充电速度取决于飞轮的角加速度,因而充电很快。

③体积小、重量轻。飞轮采用了碳纤维材料,直径一般也不大。因此,与化学电池和燃料电池相比,飞轮电池的体积小、重量轻。

④工作温度范围宽。飞轮电池对环境温度没有严格限制。

⑤使用寿命长。飞轮电池无重复深度放电的影响,其循环充放电次数可达数百万次,预期寿命可达 20 年以上。

⑥维护周期长。飞轮电池的轴承采用磁悬浮形式,飞轮在真空环境下运转,其机械损耗微乎其微,因而其维护周期长。

与超级电容一样,飞轮电池特别适合用作电动汽车的辅助蓄能装置,在车辆起步、加速、爬坡等行驶工况时,协助蓄电池供电,可提高电动汽车的动力性,并能延长蓄电池的使用寿命。在车辆制动时,飞轮电池可很好地回收制动能量。用飞轮电池作为蓄能装置的电动汽车也早被世界各国所关注,美国飞轮系统公司用其最新研制的飞轮电池将一辆克莱斯勒LHS轿车改成电动轿车,一次充电可行驶 600km,速度从 0 加速至 96km/h 的时间仅为 6.5s。

3. 压缩空气

(1)压缩空气汽车　压缩空气汽车(Air Powered Vehicle,简称 APV)也称气动汽车,是一种利用高压压缩空气为动力源的汽车。

(2)压缩空气汽车的基本结构与工作原理　APV 在整车结构上与传统内燃机动力汽车差别不大,同样由车身、底盘、动力系统和辅助设备等部分组成,但因为使用的动力与传统汽车不同,在整车的集成技术上与内燃机汽车有一定的差异,主要差异如下。

①压缩空气存储　APV 能量来自于车载的高压压缩空气,车上存储压缩空气的耐高压气罐,其作用相当于内燃机汽车的油箱。为保证汽车有足够的续驶能力,满足日常行驶的需要,需要汽车装载足够的压缩空气。由于汽车的车内空间有限,这就要求车载的能量具有尽可能高的能量密度。压缩空气的能量密度与存储时的压力成正比,压力越高,单位容积内存储的能量越大。经过测算,车载 300L、压力为 30MPa 的压缩空气,在理想情况下,可以驱动一辆质量为 1t 的轿车以时速 50km/h 行驶,基本可以满足日常城市交通的需要。

存储压力为 30MPa 的压缩空气,其安全性是压缩空气动力汽车集成中必须要考虑的。一般工业生产中使用储气瓶存储高压压缩空气,价格便宜,安全可靠,但是重量太大,不适宜用作车载的压缩空气存储容器使用,这也是一直制约压缩空气动力汽车发展的重要因素。随着现代科技的发展,铝合金内胆碳纤维缠绕的超高压的储气罐,具有重量轻、耐高压、安全耐用的特点,使用压力达 50MPa 以上,50L 容积的气罐自重 20kg 左右,非常适合当成车载压缩空气存储容器使用,但价格较高。为减少气罐对汽车空间的占用,在汽车车身和底盘的设计中,可以将定制的多个细长气罐嵌于车厢地板下的底盘之中,留出车厢空间为乘客使用。

② 动力系统

a. 压缩空气动力发动机及传动系统。压缩空气动力发动机（气动发动机）是气动汽车的核心，减压到工作压力的高压空气进入气动发动机气缸内膨胀做功，类似于内燃机在燃料爆炸燃烧产生高温高压气体后推动活塞对外做功的过程，因此，在基本结构上也接近于内燃机，包括机体、气缸、活塞、连杆、曲轴和配气机构等部分。但气动发动机的工作循环为简单的二行程，即高压压缩空气进入气缸膨胀做功行程和将膨胀后的低压气体排出气缸的排气行程。由于没有燃烧过程，气动发动机机体不承受高温和超高压，机体强度也可减小，结构简单，重量轻，在汽车中也不再需要集成水冷系统，制造及使用维护成本低。

气动发动机进气为高压气体，且进气道压力始终高于气缸内压力，类似内燃机气门向气缸内开启的配气结构，进气门将始终承受高压气体很大的背压。在压力超过气门弹簧的预紧力情况下，即使进气门处于关闭状态，高压气体也会将进气门顶开，发生泄漏，造成耗气量增大，排气行程缸内气压升高，负功增加，整体功率和效率下降等不良效果。因此，在结构上，气动发动机的配气机构必须适应高压进气的要求，合理高效的配气机构的设计也是气动发动机研究的重点之一。

压缩空气动力发动机的工作特性具有启动及低速转矩大，随发动机转速升高输出转矩逐渐减小，而耗气量逐渐增大的特点，通常情况下进气阀打开后发动机即可运转并输出最大转矩，直接驱动汽车起步行驶。

b. 气动动力系统。APV 本质上是一套气动设备，与常规的气动系统的构成只是一些元器件上的差别，也包括了气源、气阀、气动管道、执行机构（在此为压缩空气动力发动机）和控制元件等。但在压缩空气动力汽车的气动回路中，气体介质的存储压力达到数百个大气压，工作压力为几十个大气压，整个气动回路工作在超高压、中低压的不同压力等级上，所以气动回路与汽车的集成有其特殊性。

APV 气动回路示意图如图 2-13 所示。动力回路的一端接高压储气罐，接触压力为超高

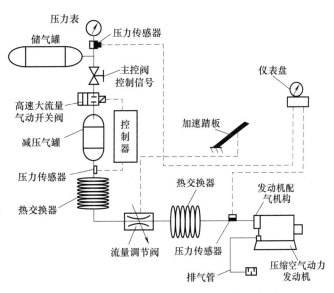

图 2-13　压缩空气动力汽车气动回路示意图

压，另一端为中高压，接发动机的工作腔，两者间压差非常大，因此必须实行分级减压。常规气动系统的减压控制都采用气动减压阀进行节流减压方式。由于在节流减压过程中，通过节流口高速流动的气体的摩擦作用，能量损失较大，而且压力越高，损失越大。而对于压缩空气动力汽车来说，必须尽可能减小压缩空气在气动回路传输过程中的能量损失，因此，普通的节流减压方式不适宜压缩空气汽车气动回路高压减压段。

APV 气动回路高压减压段采用了高压容积减压方式，使用气体膨胀减压的方法使压力降低到设定值。高压容积减压方式在回路中设置了一个一定容积的减压气罐，设定好减压气罐的控制压力范围后，使用压力传感器检测气罐气压，当罐内气压低于设定压力下限时，控制器发出控制信号开启高压大流量高速气动开关阀，让储气罐中的超高压气体通过大截面的

阀口冲入减压罐膨胀减压。而当气罐中进入足够的高压气体，罐内压力升高到设定压力上限时，控制器根据压力传感器的反馈关闭高压大流量高速气动开关阀。通过开关阀的断续开启，维持减压气罐中的压力在设定压力范围内，保证次级气动系统的正常工作。

高压大流量高速气动开关阀减小了阀口节流过程中的摩擦能耗损失，所以，对于高压气动动力系统的节能，这是一种很好的方式。

在汽车行驶的过程中，要适应不同载重、速度和路况等不同工况的要求，应对发动机的动力输出进行调节。试验表明，在配气机构参数不变的情况下，气动发动机的输出功率和转矩随压缩空气进气压力及流量的增加而增大，因此，对发动机动力输出的调节需要对发动机进气压力及流量进行调节。而在压缩空气动力汽车的气动回路中，次级减压后的气体将作为发动机的进气与发动机进气道连接，所以，对发动机进气压力和流量的调节将在次级减压过程完成。为调节的方便，在次级减压环节使用了比例流量调节阀，同时在气动汽车的集成中，考虑到一般驾驶人驾驶习惯，设计连接机构将发动机进气流量调节阀与汽车加速踏板联接，按驾驶人踏下加速踏板的深度提高发动机进气压力及流量，瞬时提升发动机转矩和功率，满足不同工况的需要。

在气动回路的设计中，考虑到高压气体在减压后温度大幅降低，与环境温度将形成较大温度差。如果从环境中给低温的气体补充热量，根据热力学规律，气体的温度和压力将升高，能量增大，最终使发动机输出更多的机械能，整车效率提高，也将获得更长的续驶能力。因此，集成到汽车上的气动回路在两级减压环节后都设置了热交换器，让减压后的气体尽可能充分地从环境中吸热，并可充当制冷空调的冷源，减少发动机动力的消耗。热交换器的结构形式和基本参数设计根据发动机对供气量的要求和汽车总体布局来确定。

c. 辅助设备。在压缩空气动力汽车的辅助设备中，主要的电器设备与普通汽车相同，但在仪表板将集成气源压力表和进气压力表，替代油箱指示表。

在汽车辅助设备中，空调已经是乘用车的基本配置之一，而普通车用空调使用压缩机制冷，需要消耗较大的发动机功率。对于压缩空气动力汽车来说，因为发动机排出的尾气是膨胀做功后的压缩空气，压力减小了，温度也远低于环境温度，通过热交换器可以为汽车提供冷源，再加上减压环节后的两个热交换器，在整车的集成中合理配置，完全可以满足制冷的需要，而不再额外消耗发动机功率。同时，室外新鲜空气由热交换器冷却后当成冷气供给室内，更带来自然清新的效果。当需要在严寒环境使用时，只需再选装电热供暖即可，成本较低。

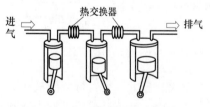

图 2-14 发动机压缩空气串联式

③ 压缩空气汽车的分类 按压缩空气的动力分配方式有串联方式、并联方式和串并联混合方式。串联分配方式，其缸与缸之间的空气动力管道是串联的（见图 2-14），上一级缸的剩余压力是下级缸的始动力。该方式的下级作用缸的结构尺寸较大，但动力利用率较高，热交换较充分。

并联分配方式是缸与缸之间的空气动力管道是并联的（见图 2-15），不同的缸的初始动力相同，并联方式的缸的结构尺寸相同，动力输出平稳，但剩余压力稍高。

串并联混合方式是缸与缸之间的空气动力管道部分串联、部分并联（见图 2-16）。

六、蓄电池的管理

电动汽车除由动力电池组提供主要电源外，还有一个发动机发电机组向动力电池组通过转换器不断地补充电能。

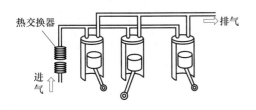

图 2-15　发动机压缩空气并联式

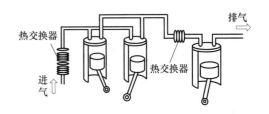

图 2-16　发动机压缩空气串并联混合方式

　　根据电动车辆所采用电池的类型和动力电池组的组合方法，电池组管理系统主要包括热（温度）管理系统、电池组管理系统和电路管理系统，如图 2-17 所示。

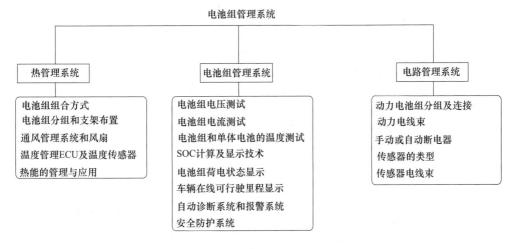

图 2-17　电动汽车电池组管理系统

　　1. 热管理系统

　　电动汽车上使用的动力电池组在工作时都会有发热现象，不同蓄电池的发热程度各不相同，有的蓄电池可以采用自然通风即可满足电池组的散热要求，有的蓄电池则必须采取强制通风来进行冷却才能保证电池组正常地工作和延长蓄电池的寿命。另外，在电动汽车上由于动力电池组的各个蓄电池或各个分电池组布置在车架的不同位置上，各处的散热条件和周围环境都不同，这些差别也会对蓄电池充、放电性能和蓄电池的使用寿命造成影响。为了保证每个蓄电池都能有良好的散热条件和环境，将电动汽车的动力电池组装在一个强制冷却系统中，使各个蓄电池的温度保持一致或相接近，以及各个蓄电池的周边环境条件相似。

　　根据动力电池组在电动车辆上的布置，动力电池组的温度管理系统中，首先应合理安排动力电池组的支架，要求便于动力电池组或其分组能够便于安装。能够实现机械化装卸，便于各种电线束的连接。在动力电池组支架的位置和形状确定后。设计通风管道、风扇，动力电池组 ECU 和温度传感器等，电动汽车上水平布置的温度管理系统如图 2-18 所示，垂直布置的温度管理系统如图 2-19 所示，在某些蓄电池工作时，会产生较高的温度，可以充分利用其产生的热量用于取暖和风窗玻璃除霜等，使热量得到管理和应用。

　　2. 动力电池管理系统

　　动力电池管理系统的作用是对蓄电池的组合、安装、充电、放电、蓄电池组中各个电池的不均衡性、蓄电池的热管理以及电池的维护等进行监控和管理。使蓄电池组能够提高工作

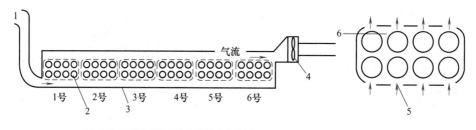

(a) 温度管理系统及动力电池组分组布置　　　　(b) 分组电池组的局部通风情况

图 2-18　电动汽车上水平布置的温度管理系统

1—空气吸入管道；2—分电池组；3—动力电池组密封支架；4—冷却风扇；5—分电池组冷却气流；6—温度传感器

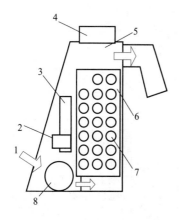

图 2-19　垂直布置的温度管理系统

1—冷却空气吸入管道；2—温度传感器；3—电池组管理 ECU；4—充电器；5—电池组通风箱；6—单元电池；7—分电池组；8—风扇

效率，保证正常运转并达到最佳状态，避免发生蓄电池的过充电和过放电，有效地延长蓄电池的使用寿命，以及动力电池组的安全管理和保洁等。蓄电池管理系统主要包括以下方面。

（1）蓄电池的技术性能　不同类型和不同型号、不同使用程度的蓄电池都具有不同的性能，包括蓄电池的容量、工作电压、终止电压、质量、外形尺寸和蓄电池特性（包括记忆特性）等，因此，要对动力电池组建立技术档案。实际上即使是同一型号、同一批量的蓄电池，彼此之间由于制造原因、电解质的浓度差异和使用情况的不同，都会对整个动力电池组的性能带来影响，因此，在安装蓄电池组之前，应对各个蓄电池进行认真的检测后，将性能差异不大的蓄电池组成动力电池组。

（2）蓄电池状态的管理　电动汽车的动力电池组由多个单节蓄电池组成，其基本状态包括在充电和放电双向作业时的电压、电流、温度、SOC 的比例等。在正常情况下动力电池组的电压、电流、温度、SOC 的比例等应能够进行双向计量和显示。

由于多种原因在动力电池组中个别蓄电池会出现性能的改变，使得动力电池组在充电时动力电池组不能充足，而在放电时很快地将电能放尽。这就要求蓄电池管理系统能够及时地自动检测各个单节蓄电池的状态，当检测出某节蓄电池出现损坏状态时，及时进行报警，以便将"坏"蓄电池剔出、更换。

（3）动力电池组的组合　动力电池组需要 8～32 节 12V 的单节蓄电池串联起来（指铅酸电池）或更多节单节（指其他蓄电池）串联而成，为了能够分别安装在电动汽车的不同位置处，通常动力电池组上分为多个小的蓄电池组分散地进行布置，这样有利于蓄电池组的机械化安装、拆卸和检修。

在蓄电池与蓄电池、蓄电池组与蓄电池组之间需要用导线连接。当动力电池组的总电压较高时，导线的截面积比较小，有利于电线束的连接和固定，但高电压要求有更可靠的防护。当动力电池组的总电压较低时，则电流比较大，导线比较粗，安装较不方便。在各个电池组之间还需要安装连接导线将各个电池组串联起来。一般在电池组与电池组之间，装有手动或自动断电器，以便在安装、拆卸和检修时切断电流。另外，在蓄电池管理系统中还有各种传感器线路等，因此在电动汽车上有尺寸很长的各种各样的电线束，要求电线之间有可靠的绝缘，并能快速进行连接。

（4）动力电池组的安全管理 动力电池组的总电压可以达到 90～400V，高电压对人体会造成危险，应采取有效的隔离措施，一般是将动力电池组与车辆的乘坐区分离，将动力电池组布置在地板下面或车架的两侧；在正常的情况下，车辆停止使用时，通常会自动切断电源，只有在电动汽车启动时才接通电源。当电动汽车发生碰撞或倾覆时，电池管理系统应能立即切断电源，防止高压电引起的人身事故和火灾，并防止电解液造成的伤害，以保证人身安全。

3. 电路管理系统

动力电池组管理系统要承担动力电池组的全面管理，一方面保证动力电池组的正常运作，显示动力电池组的动态响应并及时报警，使驾驶人随时都能掌握动力电池组的情况；另一方面要对人身和车辆进行安全保护，避免因电池引起的各种事故。在此电路管理起着至关重要的作用。

（1）电路管理系统的基本功能 动力电池组电路管理系统一般采用先进的微处理器进行控制，通过标准通信接口和控制模块对动力电池组进行管理，一般有以下几方面。

① 动力电池组管理。监视动力电池组的双向总电压和电流、动力电池组的温升，并通过液晶显示或其他显示装置动态显示总电压、电流、温升的变化，避免动力电池组过充电或过放电，使动力电池组不会受到人为的损坏。

② 单节电池管理。对动力电池组中的单节电池的管理，可以及时发现单节电池的电状态，对单节电池动态电压和温度的变化进行实时测量，以便及时发现单节电池存在的问题，并采取有效的预防措施。

③ 荷电状态的估计和故障诊断。动力电池组管理系统应具有对荷电状态（SOC）的估计和故障诊断的功能，能够有效地反应和显示荷电状态（SOC）。目前对荷电状态（SOC）的估计误差一般在 10% 左右。配备故障诊断专家系统可以早期预报动力电池组的故障和隐患。

（2）电路管理系统的组成 电路管理系统的基本组成如图 2-20 所示。

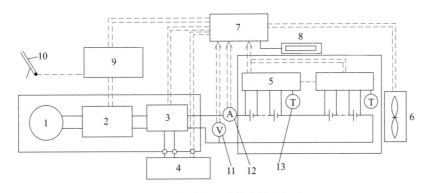

图 2-20 电路管理系统的基本组成

1—电动机；2—逆变器；3—继电器箱；4—充电器；5—动力电池组（由多个分电池组组成）；6—冷却风扇；7—动力电池组管理系统；8—荷电状态（里程）显示器；9—车辆中央控制器；10—驾驶人控制信息输入；11—电压伏特计；12—电流安培计；13—温度测量计；＝＝＝—动力线路；- - -—信号线路

带有温度测量装置的电路管理系统的基本组成如图 2-21 所示。

带有温度测量装置的动力电池组电路管理系统，利用充电过程中损坏的电池的温度高于正常电池温度的原理，用温度传感器来测定和监控每一个电池在充电过程中的温度是否在允许的正常范围内。如果温度测量装置发现某个电池的温度处于不正常状态，充电状态（SOC）显示也不正常，即刻向动力电池组管理系统反馈某个电池在线的响应信息，并由故

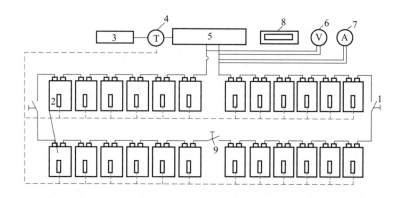

图 2-21 带有温度测量装置的电路管理系统的基本组成

1—电池组；2—温度传感器；3—故障诊断器；4—温度表；5—动力电池组管理系统；6—电压表；

7—电流表；8—充电状态（里程）显示器；9—断路器；———动力线路；- - -—信号线路

障诊断系统预报动力电池组的故障。

任务三　电动机的结构原理

一、电动机的作用和分类

电动汽车的电动机驱动系统把电能转换为机械能，并通过传动装置（或直接）将能量传递到车轮，进而驱动车辆按照驾驶人意志行驶，是电动汽车的关键系统之一。它在电动汽车上的具体任务是：在驾驶人操纵控制下，将内燃机-发电机系统、动力电池组的电能转换为车轮的动能驱动车辆，并在车辆制动时把车辆的动能再生为电能反馈到动力电池中以实现车辆的再生制动。

1. 电动汽车的电动机驱动系统特点

电动汽车利用电动机驱动作为辅助动力，来降低燃料的消耗和实现"低污染"或在纯电动驱动模式时实现"零污染"。电动汽车上电动机系统的工作条件以及其工作模式与传统电动机相比有着很大的区别，这些区别使得工业电动机不适合在汽车上使用。相对于传统工业电动机而言，电动汽车上所使用的电动机系统一般有以下特点。

① 电动汽车上所使用的电动机往往要求频繁的启停，频繁的加、减速以及工作模式的频繁切换（作为电动机使用驱动汽车以及作为发电机使用实现能量回收及发电的功能），这对电动机的响应性能提出了更高的要求。

② 由于汽车内部空间紧张，往往要求电动机系统具有体积小、重量轻以及具有较高的功率密度和工作效率等性能要求。

③ 相对于传统电动机而言，电动汽车上所使用的电动机系统的工作环境更为恶劣、干扰更大，从而要求它具有更高的可靠性、抗振性和抗干扰性。

④ 传统电动机一般工作在额定工作点附近，而电动汽车电动机的工作范围相对较宽。由于电动汽车电动机工作模式的特殊性（电动机的工况经常处于动态变化中），额定功率这个参数对电动汽车所使用的电动机没有特别大的意义，所以对其额定功率的要求并不严格。

而在高效工作区间，这个参数则更为实际和重要。

⑤ 在供电方式上，传统电动机由常规标准电源供电，而电动汽车电动机所使用的电能来源于蓄电池，且由功率转换器直接供给。另外，电动机的使用电压及形式并不确定，从减少功率损耗及降级电动机逆变器成本的角度考虑，一般倾向于使用较高的电压。

由此可知，电动汽车对其使用的电动机系统有着下面的特殊要求：频繁切换性能好、比功率大、体积较小、抗振性和抗干扰性好、高效工作范围宽、容错能力强、噪声小、对电压波动的适应能力强和可以接受的成本等。

2. 电动汽车驱动电动机种类

电动机的种类很多，用途广泛，功率的覆盖面非常大。而电动汽车所采用的电动机种类较少，功率覆盖面也较窄，只采用了一些符合电动汽车要求的电动机来作为驱动电动机。电动汽车在不同的历史时期采用了不同的电动机，最早是采用了控制性能好和成本较低的直流电动机。随着电子技术、机械制造技术和自动控制技术的发展，交流电动机、永磁电动机和开关磁组电动机显示出比直流电动机有更加优越的性能，这些电动机正在逐步取代直流电动机。图2-22所示为现代电动汽车所采用的各种电动机。各种电动机的基本性能比较见表2-3。

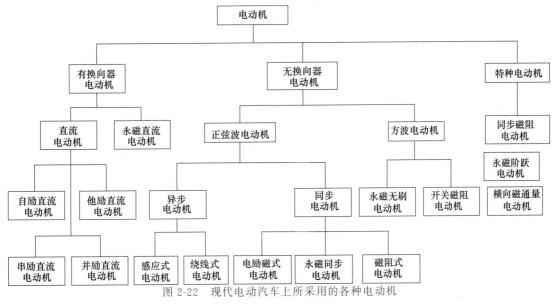

图 2-22　现代电动汽车上所采用的各种电动机

表 2-3　各种电动机的基本性能比较

项目	直流电动机	感应式电动机	永磁式电动机	开关磁阻式电动机
功率密度	低	中	高	较高
过载能力/%	200	300～500	300	300～500
峰值效率/%	85～89	94～95	95～97	90
负荷效率/%	80～87	90～92	97～85	78～86
功率因数/%	—	82～85	90～93	60～65
恒功率区	—	1：5	1：2.25	1：3
转速范围/(r/min)	4000～6000	12000～20000	4000～100000	可以>15000
可靠性	一般	好	优良	好
结构的坚固性	差	好	一般	优良
电动机外形尺寸	大	中	小	小
电动机质量	重	中	轻	轻
控制操作性能	最好	好	好	好
控制器成本	低	高	高	一般

3. 电动汽车对电动机性能的基本要求

电动汽车驱动电动机的主要参数为：电动机类型、额定电压、机械特性、效率、尺寸参数、质量参数、可靠性和成本等。另外，为电动机配置的电子控制系统和驱动系统也会影响驱动电动机的性能。

① 高电压。在允许的范围内，尽可能采用高电压可以减小电动机的尺寸和导线等装备的尺寸，特别是可以降低逆变器的成本。

② 高转速。电动汽车采用的感应电动机的转速可以达到 8000～12000r/min，高转速电动机的体积较小、重量较轻，有利于降低电动汽车的整车整备质量。

③ 重量轻。电动机采用铝合金外壳，以减轻电动机的重量，各种控制装置的重量和冷却系统的重量等也要求尽可能轻。

④ 电动机应具有较大的启动转矩和较大范围的调速性能，使电动汽车有良好的启动性能和加速性能，以获得所需要的启动、加速、行驶、减速、制动等所需的功率和转矩。电动机具有自动调速功能，因此，可以减轻驾驶人的操纵强度，提高驾驶的舒适性。并且能够达到内燃机汽车加速踏板同样的控制响应。

⑤ 电动汽车应有最优化的能量利用，电动机应具有高效率、低损耗，并在车辆减速时实现再生制动将制动能量回收，再生制动回收的能量一般可达到总能量的 10％～15％，这在燃机汽车上是不能实现的。

⑥ 各种动力电池组和电动机的工作电压可以达到 300V 以上。对于电气系统控制系统的安全性都必须符合国家（或国际）有关车辆电气控制的安全性的标准和规定，装备有高压保护设备。

另外，电动机还要求可靠性好、耐温和耐潮性强、运行时噪声低、能够在较恶劣的环境下长时期工作、结构简单、适合大批量生产、使用维修方便、价格便宜等。

二、直流电动机

直流电动机是将直流电能转换成机械能的电动机，是电动机的主要类型之一，具有结构简单、技术成熟、控制容易等特点，在早期的电动汽车中得到了广泛应用，特别是在场地用电动车和专用电动车上应用更为普遍。

（一）直流电动机的分类

直流电动机分为绕组励磁式直流电动机和永磁式直流电动机。在电动汽车所采用的直流电动机中，小功率电动机采用的是永磁式直流电动机，大功率电动机则采用绕组励磁式直流电动机。根据励磁方式的不同，绕组励磁式直流电动机可分为它励式、并励式、串励式和复励式四种类型。

1. 它励式直流电动机

它励式直流电动机的励磁绕组与电枢绕组无连接关系，而由其他直流电源给励磁绕组供电，因此励磁电流不受电枢端电压或电枢电流的影响。

它励式直流电动机在运行过程中励磁磁场稳定且容易控制，易实现电动汽车的再生制动要求。当采用永磁激励时，虽然电动机效率高、重量轻和体积小，但由于励磁磁场固定，电动机的机械特性不理想，难以满足电动汽车启动和加速时的大转矩要求。

2. 并励式直流电动机

并励式直流电动机的励磁绕组与电枢绕组并联，共用同一个电源，性能与它励式直流电动机基本相同。并励绕组两端电压就是电枢两端电压，但是励磁绕组用细导线绕成，其匝数很多，因此具有较大的电阻，使得通过它的励磁电流较小。

3．串励式直流电动机

串励式直流电动机的励磁绕组与电枢绕组串联后再接于直流电源，这种直流电动机的励磁电流就是电枢电流。电动机内磁场随着电枢电流的改变有显著的变化。为了使励磁绕组中不引起大的损耗和电压降，励磁绕组的电阻越小越好，所以串励式直流电动机通常用较粗的导线绕成，匝数较少。

串励式直流电动机在低速运行时，能给电动汽车提供足够大的转矩。在高速运行时，电动机电枢中的反电动势增大，与电枢串联的励磁绕组中的励磁电流减小，电动机高速时的弱磁调速功能易于实现，因此串励式直流电动机驱动系统能较好地符合电动汽车的特性要求。但串励式直流电动机由低速到高速运行时弱磁调速特性不理想，随着电动汽车行驶速度的提高，驱动电动机输出转矩迅速减小，不能满足电动汽车高速行驶时风阻大而需要较大输出转矩的要求。

串励式直流电动机运行效率低。在实现电动汽车的再生制动时，由于没有稳定的励磁磁场，再生制动的稳定性差。另外，由于再生制动需要加接触器切换，使得驱动电动机控制系统的故障率较高，可靠性较差，并且此类电动机的体积和质量也较大。

4．复励式直流电动机

复励式直流电动机有并励和串励两个励磁绕组，电动机的磁通由两个绕组内的励磁电流产生。若串励绕组产生的磁通量与并励绕组产生的磁通量方向相同，称为积复励；若两个磁通量方向相反，则称为差复励。

复励式直流电动机的永磁励磁部分采用高磁性钕铁硼材料，运行效率高。由于电动机永磁励磁部分有稳定的磁场，因此用该类电动机构成驱动系统时易实现再生制动功能。同时，由于电动机增加了励磁绕组，通过控制励磁绕组的励磁电流或励磁磁场的大小，能克服永磁它励式直流电动机不能产生足够的输出转矩的缺点，以满足电动汽车低速或爬坡时的大转矩要求，而电动机的质量和体积比串励式直流电动机小。

（二）直流电动机的工作原理

图 2-23 所示为直流电动机的工作原理。定子有一对 N、S 极，电枢绕组的末端分别接到两个换向片上，正、负电刷 A 和 B 分别与两个换向片接触。

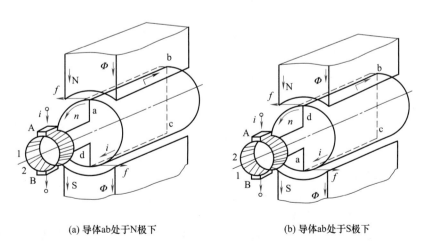

(a) 导体ab处于N极下　　　　　　(b) 导体ab处于S极下

图 2-23　直流电动机的工作原理

如果给两个电刷加上直流电源，如图 2-23（a）所示，则有直流电流从电刷 A 流入，经过线圈 abcd 从电刷 B 流出。根据电磁力定律，载流导体 ab 和 cd 受到电磁力的作用，其方向可用左手定则判定，两段导体受到的力形成了一个转矩，使转子逆时针转动。如果转子转到图 2-23 （b）所示的位置，电刷 A 和换向片 2 接触、电刷 B 和换向片 1 接触，直流电流从电刷 A 流入，在线圈中的流动方向是 dcba，从电刷 B 流出。此时载流导体 ab 和 cd 受到电磁力的作用，方向同样可用左手定则判定，它们产生的转矩仍然使转子逆时针转动。

以上就是直流电动机的工作原理。外加的电源是直流的，但由于电刷和换向片的作用，在线圈中流过的电流是交流的，其产生的转矩的方向却是不变的。

（三）直流电动机的结构

直流电动机由定子与转子两大部分构成，定子和转子之间的间隙称为气隙，如图 2-24 所示。

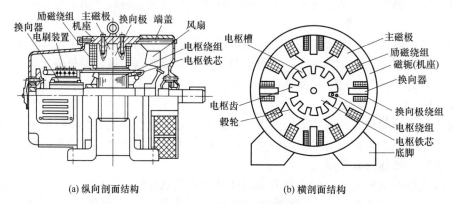

(a) 纵向剖面结构　　　　　　　　(b) 横剖面结构

图 2-24　直流电动机的结构

1. 定子部分

直流电动机定子主要由主磁极、机座、换向极和电刷装置等组成。

（1）主磁极　主磁极的作用是建立主磁场，它由主极铁芯和套装在铁芯上的励磁绕组构成。主极铁芯一般由 1～1.5mm 的低碳钢板冲压为一定形状叠装固定而成，是主磁路的一部分。励磁绕组用扁铜线或圆铜线绕制而成，产生励磁电动势。

（2）机座　机座用铸钢或厚钢板焊接而成，它既是主磁路的一部分，又是电动机的结构框架。

（3）换向极　换向极的作用是改善直流电动机的换向性能，使直流电动机运行时不产生有害的火花。它由换向极铁芯和套装在铁芯上的换向极绕组构成。

（4）电刷装置　电刷装置由电刷、刷握、刷杆和汇流排等组成，用于电枢电路的引入或引出。

2. 转子部分

转子部分包括电枢铁芯、电枢绕组和换向器等。

（1）电枢铁芯　电枢铁芯既是主磁路的组成部分，又是电枢绕组的支撑部分。电枢绕组嵌放在电枢铁芯的槽内。电枢铁芯一般用 0.55mm 硅钢冲片叠压而成。

（2）电枢绕组　电枢绕组由扁铜线或圆铜线按一定规律绕制而成，它是直流电动机的电路部分，也是产生电动势和电磁转矩进行机电能量转换的部分。

（3）换向器　换向器由冷拉梯形铜排和绝缘材料等构成，用于电枢电流的换向。

（四）电动汽车用直流电动机

1. 直流电动机的驱动特性

电动汽车用直流电动机的驱动特性如图 2-25 所示。基本转速 n_b 以下为恒转矩区，基本

转速 n_b 以上为恒功率区。在恒转矩区，励磁电流保持不变，改变电枢电压来控制转矩。在高速恒功率区，电枢电压不变，改变励磁电流或弱磁来控制转矩。直流电动机的这种特性很适合汽车对动力源低速高转矩和高速低转矩的使用需求，而且直流电动机结构简单，易于平滑调速，加之控制技术成熟，所以几乎所有早期的电动汽车都是采用直流电动机。

2. 直流电动机的特点

直流电动机具有以下特点。

① 调速性能好。直流电动机可以在重负载条件下实现均匀、平滑的无级调速，而且调速范围较宽。

② 启动转矩大。在重负载下启动或要求均匀调节转速的机械，如大型可逆轧钢机、卷扬机等，都可用直流电动机拖动。

③ 控制简单。直流电动机一般用斩波器控制，它具有高效率、控制灵活、重量轻、体积小、响应快等优点。

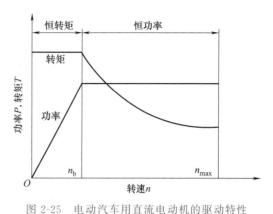

图 2-25　电动汽车用直流电动机的驱动特性

④ 有易损件。由于存在电刷、换向器等易损零件，所以直流电动机必须进行定期维护或更换。

3. 电动汽车用直流电动机的要求

电动汽车用直流电动机和其他通用的电动机相比，有以下几个方面的技术要求。

① 抗振动性。由于直流电动机具有较重的电枢，所以在路况凹凸不平时的车辆振动会影响到轴承所承受的机械应力，对这个应力进行监控和采取相应的对策是很有必要的。同时，由于振动很容易影响到换向器和电刷的滑动接触，因此必须采取提高电刷弹簧的预紧力等措施。

② 对环境的适应性。直流电动机在电动汽车上使用时与在室外使用时的环境大体相同，所以要求在设计中充分考虑密封问题，防止灰尘和水汽侵入电动机，另外要充分考虑电动机的散热。

③ 低损耗性。为了延长一次充电续驶里程以及抑制电动机温度的上升，尽量保持低损耗和高效率成为直流电动机的重要特性。近几年，由于稀土系列（钴、钕、硼等）永久磁体的研究开发，直流电动机中的高效率化已有显著的发展。

④ 抗负荷波动性。在不同道路上行驶时，电动机的负荷会有较大的变动，因此有必要对额定条件的设定加以重点考虑。在市区行驶时，由于交通信号以及其他状况等的影响，启动、加速工况较多，不可避免地要经常在最大功率情况下工作。此时，电刷的电火花和磨损非常剧烈，因此必须注意换向极和补偿线圈的设计。在郊外行驶时，电动机的输出转矩比较低，在高速旋转大输出功率的情况下，一般要以较高效率的额定条件运行。而直流电动机在高速的情况下，对其换向器部分的机械应力和换向条件的要求会变得很严格。为此，在大型电动汽车电动机驱动系统中，大多设置变速器以达到提高启动转矩的目的。

⑤ 小型、轻量化。由于要释放受限的车载空间以及减轻车身总重量，因而小型和轻量化成为了设计中的重要问题。直流电动机旋转部分中含有较大比例的金属铜，如电枢绕组和铜制的换向器片，所以与其他类型的电动机相比，直流电动机的小型轻量化设计更难实现。目前可以通过采用高磁导率、低损耗的电磁钢板减少磁性负荷虽然增加了成本，但可以实现轻量化。

⑥ 免维护性。根据负荷情况和运动速度等使用条件的不同，电刷的更换时间和维修作

业的次数是变化的，解决办法是，采用不损伤换向器片材质的电刷，以及将检查端口制造得较大，以便维修、更换等。

4. 直流电动机的应用

电动汽车用直流电动机主要是它励式直流电动机（包括永磁直流电动机）、串励式直流电动机、复励式直流电动机三种类型。小功率（小于 10kW）的电动机多采用小型高效的永磁式直流电动机，一般应用在小型、低速的专用车辆上，如电动自行车、高尔夫球车、电动叉车、警用巡逻车等。中等功率（10～100kW）的电动机采用它励、串励或复励式直流电动机，可以用在结构简单、转矩较大的电动货车上。大功率（大于 100kW）的电动机采用串励式直流电动机，可用在要求低速、高转矩的大型专用电动汽车上，如电动矿石搬运车、电动玻璃搬运车等。

直流电动机的效率和转速相对较低，运行时需要电刷和机械换向装置，机械换向结构容易产生电火花，不宜在多尘、潮湿、易燃、易爆环境中使用。其换向器维护困难，很难向大容量、高速度发展。此外，电火花产生的电磁干扰对高度电子化的电动汽车来说也是致命的。由于机械磨损，换向器和电刷需要定期更换，加之直流电动机价格高、质量和体积较大，这些缺点降低了直流电动机的可靠性和适用范围，一定程度上也限制了其在现代电动汽车领域的应用。随着控制理论和电力电子技术的发展，直流驱动系统和其他驱动系统相比已大大处于劣势。

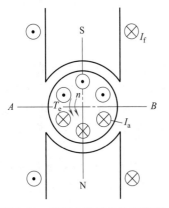

图 2-26　直流电动机的物理模型

（五）直流电动机的调速方法

学习直流电动机的调速方法应先理解直流电动机转矩与转速机理，图 2-26 所示为直流电动机的物理模型。

直流电动机运行过程符合以下公式：

$$T_e = K_m \Phi I_a \qquad (2\text{-}1)$$

式中，T_e 为电动机的电磁转矩，N·m；K_m 为由电动机结构参数决定的转矩常数；Φ 为励磁磁通，Wb；I_a 为电枢电流，A。由直流电动机的转速特性可知，直流电动机的转速和其他参量的关系为

$$n = \frac{U - I_a R}{K_e \Phi} \qquad (2\text{-}2)$$

式中，n 为电动机的转速，r/min；U 为电枢供电电压，V；R 为电枢回路总电阻，Ω；K_e 为由电动机结构参数决定的转矩常数。

改变电枢电压调速是直流调速系统采用的主要方法，调节电枢供电电压或者改变励磁磁通，都需要有专门的可控直流电源。常用的可控直流电源有以下三种：

1. 旋转变流机组

用直流电动机和直流发电机组成机组以获得可调的直流电压。由交流电动机（原动机）拖动直流发电机来实现变流，由直流发电机给需要调速的直流电动机供电，调节发电机的励磁电流的大小，就能够方便地改变其输出电压 U，从而调节电动机的转速。

2. 静止可控整流器

用静止的可控整流器（如晶闸管整流装置）产生可调的直流电压。与旋转变流机组装置相比，晶闸管整流装置不仅在经济性和可靠性上有很大的提高，而且在技术性能上也显示出很大的优越性。晶闸管电动机调速系统原理框图如图 2-27 所示。

3. 直流斩波器或脉宽调制转换器

用恒定直流电源或可控硅整流电源供电，利用直流斩波器或脉宽调制的方法产生可调的

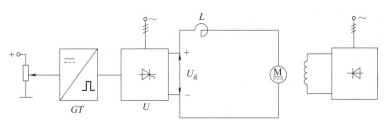

图 2-27　晶闸管电动机调速系统原理框图

直流平均电压。直流斩波器又称直流调压器，它利用开关器件来实现通断控制，将直流电源电压断续地加到负荷上，通过通断时间的变化来改变负荷上的直流电压平均值，将固定电压的直流电源变成平均值可调的直流电源，也称直-直转换器，如图 2-28 所示。

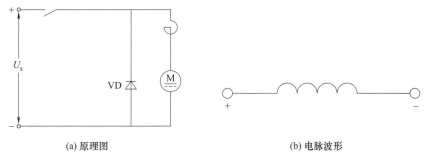

(a) 原理图　　　　　　　　　　　　　　(b) 电脉波形

图 2-28　直流斩波器原理电路及输出电压波形示意图

三、异步交流电动机

交流电动机可分为同步电动机和异步电动机两大类，异步交流电动机又称感应电动机，是由气隙旋转磁场与转子绕组感应电流相互作用产生电磁转矩，从而实现电能转换为机械能的一种交流电动机。异步交流电动机是各类电动机中应用最广、需求量最大的一种。

异步交流电动机的种类很多，常按转子结构和定子绕组相数进行分类。按转子结构的不同来分，异步交流电动机可分为鼠笼型异步交流电动机和绕线型异步交流电动机（见图 2-29）；按定子绕组相数的不同来分，异步交流电动机分为单相异步交流电动机、两相异步交流电动机和三相异步交流电动机。

在新能源汽车中笼型异步交流电动机应用较为广泛，其结构简单、制造成本低、结构坚固，而且维修方便。

(a) 笼型异步交流电动机　　　　　　　　(b) 绕线型异步交流电动机

图 2-29　笼型异步交流电动机和绕线型异步交流电动机的结构

（一）异步交流电动机的工作原理

为方便理解本节以三相异步电动机的转动原理来讲述。

1. 交流电动机旋转基本原理

为了说明三相异步电动机的工作原理，做如下演示实验，如图 2-30 所示。

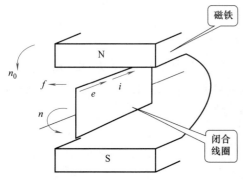

图 2-30　三相异步电动机工作原理

（1）演示实验　在装有手柄的蹄形磁铁的两极间放置一个闭合导体，当转动手柄带动蹄形磁铁旋转时，将发现导体也跟着旋转；若改变磁铁的转向，则导体的转向也跟着改变。

（2）现象解释　当磁铁旋转时，磁铁与闭合的导体发生相对运动，笼型导体切割磁力线而在其内部产生感应电动势和感应电流。该旋转磁场切割转子绕组从而在转子绕组中产生感应电动势，电动势的方向由右手定则来确定。由于转子绕组是闭合通路，转子中便有电流产生，电流方向与电动势方向相同，而载流的转子导体在定子旋转磁场作用下将产生电磁力，电磁力的方向可用左手定则确定。由电磁力进而产生电磁转矩，驱动电动机旋转，并且电动机旋转方向与旋转磁场方向相同。这就是异步电动机的基本原理。

（3）结论　欲使异步电动机旋转，必须有旋转的磁场和闭合的转子绕组。

2. 交流电动机旋转磁场的产生

（1）产生　图 2-31 表示最简单的三相定子绕组 AX、BY、CZ，它们在空间按互差 120° 的规律对称排列，并接成星形与三相电源 U、V、W 相连，则三相定子绕组便通过三相对称电流：随着电流在定子绕组中通过，在三相定子绕组中就会产生旋转磁场（见图 2-32）。

$$\begin{cases} i_U = I_m \sin\omega t \\ i_V = I_m \sin(\omega t - 120°) \\ i_W = I_m \sin(\omega t + 120°) \end{cases}$$

当 $\omega t = 0°$ 时，$i_A = 0$，AX 绕组中无电流；i_B 为负，BY 绕组中的电流从 Y 流入 B 流出；i_C 为正，CZ 绕组中的电流从 C 流入 Z 流出；由右手螺旋定则可得合成磁场的方向如图 2-32（a）所示。

当 $\omega t = 120°$ 时，$i_B = 0$，BY 绕组中无电流；i_A 为正，AX 绕组中的电流从 A 流入 X 流出；i_C 为负，CZ 绕组中的电流从 Z 流入 C 流出；由右手螺旋定则可得合成磁场的方向如图 2-32（b）所示。

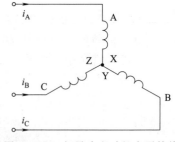

图 2-31　三相异步电动机定子接线

当 $\omega t = 240°$ 时，$i_C = 0$，CZ 绕组中无电流；i_A 为负，AX 绕组中的电流从 X 流入 A 流出；i_B 为正，BY 绕组中的电流从 B 流入 Y 流出；由右手螺旋定则可得合成磁场的方向如图 2-32（c）所示。

可见，当定子绕组中的电流变化一个周期时，合成磁场也按电流的相序方向在空间旋转一周。随着定子绕组中的三相电流不断地作周期性变化，产生的合成磁场也不断地旋转，因此称为旋转磁场。

（2）旋转磁场的方向　旋转磁场的方向是由三相绕组中电流相序决定的，若想改变旋转

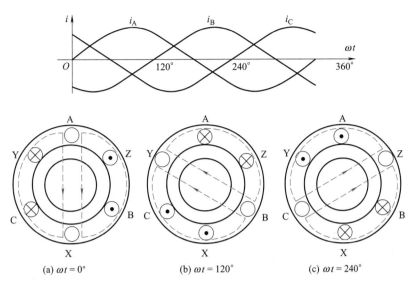

(a) $\omega t = 0°$ 　　　　(b) $\omega t = 120°$ 　　　　(c) $\omega t = 240°$

图 2-32　旋转磁场的形成

磁场的方向，只要改变通入定子绕组的电流相序，即将三根电源线中的任意两根对调即可。这时，转子的旋转方向也跟着改变。

异步交流电动机的转子转速不等于定子旋转磁场的同步转速，这是异步交流电动机的主要特点。如果电动机转子轴上带有机械负载，则负载被电磁转矩拖动而旋转。当负载发生变化时，转子转速也随之发生变化，使转子导体中的电动势、电流和电磁转矩发生相应变化，以适应负载需要。因此，异步交流电动机的转速是随负载变化而变化的。

异步交流电动机的转子转速与定子磁场的同步转速之间存在转速差，它的大小决定着转子电动势及其频率的大小，直接影响异步交流电动机的工作状态。通常将转速差与同步转速的比值用转差率表示，即

$$s = \frac{n_1 - n}{n} \qquad\qquad (2\text{-}3)$$

式中，s 为转差率；n_1 为定子旋转磁场的同步转速；n 为转子转速。

转差率是异步交流电动机运行时的一个重要的物理量。异步交流电动机运行时，转差率 s 的取值范围为 $0 < s < 1$，在额定负载条件下运行时，一般额定转差率 s 为 0.01～0.06。

（二）异步交流电动机的结构

异步交流电动机的结构如图 2-33 所示，异步交流电动机主要由定子和转子两大部分组成，定子和转子之间存在气隙，此外，还有端盖、轴承、机座和风扇等部件。

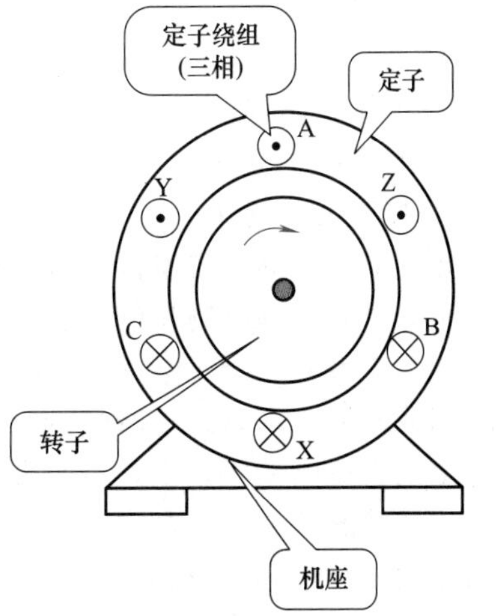

1. 定子

异步交流电动机的定子由定子铁芯、定子绕组和机座构成。

（1）定子铁芯　定子铁芯是电动机磁路的一部分，并在其上放置定子绕组。定子铁芯一

图 2-33　异步交流电动机的结构示意图

一般由 0.35～0.5mm 厚的表面具有绝缘层的硅钢片冲制、叠压而成，在铁芯的内圆冲有均匀分布的槽，用以嵌放定子绕组。定子铁芯槽有半闭口型槽、半开口型槽和开口型槽三种。

（2）定子绕组　定子绕组是电动机的电路部分，通入三相交流电，产生旋转磁场。定子绕组由 3 个在空间互隔 120°、对称排列的结构完全相同的绕组连接而成，这些绕组的各个线圈按一定规律分别嵌放在定子各槽内。

（3）机座　机座主要用于固定定子铁芯与前、后端盖，用以支撑转子并起防护、散热等作用。机座常为铸铁件，大型异步交流电动机则用钢板焊接而成，微型异步交流电动机多采用铸铝件。封闭式电动机的机座外面有散热筋以增加散热面积，防护式电动机的机座两端盖开有通风孔，使电动机内、外的空气可直接对流，以利于散热。

2. 转子

异步交流电动机的转子由转子铁芯、转子绕组和转轴组成。

（1）转子铁芯　转子铁芯也是电动机磁路的一部分，并在铁芯槽内放置转子绕组。转子铁芯所用材料与定子一样，由 0.5mm 厚的硅钢片冲制、叠压而成，硅钢片外圆冲有均匀分布的孔，用来安置转子绕组。通常用定子铁芯冲落后的硅钢片内圆来冲制转子铁芯。一般小型异步交流电动机的转子铁芯直接压装在转轴上，大、中型异步电动机（转子直径在 300～400mm）的转子铁芯则借助于转子支架压在转轴上。

（2）转子绕组　转子绕组是转子的电路部分，它的作用是切割定子旋转磁场产生感应电动势及电流，并形成电磁转矩而使电动机旋转。转子绕组分为笼式转子和绕线式转子两类。

（3）转轴　转轴用于固定和支撑转子铁芯，并输出机械功率，一般使用中碳钢制成。

（4）气隙　异步交流电动机定子与转子之间有一个小间隙，称为电动机气隙。气隙的大小对异步交流电动机的运行性能有很大的影响。中、小型异步交流电动机的气隙一般为 0.2～2mm；功率越大、转速越高，则气隙的尺寸越大。

（三）异步交流电动机的性能特点

电动汽车用异步交流电动机具有以下特点：

① 小型轻量化。

② 易实现转速超过 10000r/min 的高速旋转。

③ 高速低转矩时运转效率高。

④ 低速时有高转矩，以及有宽泛的速度控制范围。

⑤ 可靠性高（坚固）。

⑥ 制造成本低。

⑦ 控制装置的简单化。

异步交流电动机成本低且可靠性高，即使逆变器损坏而引起短路时也不会产生反向电动势，所以没有出现急制动的可能性。因此，异步交流电动机广泛应用于大型高速的电动汽车中。三相笼型异步交流电动机的功率容量覆盖面很广，从零点几瓦到几千瓦。它可以采用空气冷却或液体冷却方式，冷却自由度高，对环境的适应性好，并且能够实现再生制动。与同样功率的直流电动机相比，异步交流电动机效率较高，且重量约减轻一半。

一般情况下，作为电动汽车专用的电动机，由于安装条件受限，而且要求小型轻量化，因而电动机在 10000r/min 以上的高速运转时，大多采用一级齿轮减速器实现减速。此外，由于振动等恶劣工作环境，低速状态下需要高转矩，并且要求在较宽的速度范围内具有恒输出功率特性，所以电动汽车用异步交流电动机与一般工业用的电动机不同，因此在设计上采用各种新方法。

出于对工作环境的考虑，电动机大多采用全封闭式结构，为了框架、托座等结构轻量化，采用压铸铝的方式制造，也有采用将定子铁芯裸露在外表面的无框架的结构。为了实现小型轻量化，大多电动汽车采用了水冷却定子框架的水冷式电动机。高速运转时由于频率升高会引起铁损的增大，因此希望减少电动机的极数，一般采用 2 极或 4 极，但是 2 极时线圈端部的长度变长，所以采用 4 极的场合较多。此外，为了减少铁损，普遍采用了有良好磁性的电磁钢板。

（四）异步交流电动机的控制方法

异步交流电动机是一个多变量（多输入、多输出）系统，其中变量电压（电流）、频率、磁通、转速之间又相互影响，所以它又是强耦合的多变量系统。如何对这样一个非线性、多变量、强耦合的复杂系统进行有效控制，成为异步交流电动机的研究重点。

目前对异步交流电动机的调速控制主要有矢量控制、直接转矩控制、转速控制、变频恒压控制、自适应控制、效率优化控制等。本节详细介绍处于主流地位的前两种控制方式。

1. 矢量控制

矢量控制也称为磁场定向控制，该控制方式实现了交流电动机磁通和转矩的解耦控制，使交流传动系统的动态特性有了显著的改善，在提高电动汽车驱动器的动态性能方面，相对于变频调速控制，磁场定向控制得到了较多关注。因系统具有非线性、多变量、强耦合的变参数特性，所以很难直接通过外加信号准确控制电磁转矩。矢量控制的基本原理是通过测量和控制异步交流电动机定子电流矢量，根据磁场定向原理分别对异步交流电动机的励磁电流和转矩电流进行控制，从而达到控制异步交流电动机转矩的目的。

矢量控制的具体原理是将异步交流电动机的定子电流矢量分解为产生磁场的电流分量（励磁电流）和产生转矩的电流分量（转矩电流）分别加以控制，并同时控制两分量间的幅值和相位，即控制定子的电流矢量，所以这种控制方式称为矢量控制方式。矢量控制分为基于转差率控制的矢量控制方式、无速度传感器的矢量控制方式和有速度传感器的矢量控制方式等。它是一种控制异步交流电动机的有效方法，与直流电动机类似，也可得到高速转矩响应。

随着矢量控制技术的发展，出现了许多矢量控制方法，这些方法基本上可分为两类，即直接磁场定向控制和间接磁场定向控制。直接磁场定向控制需要直接测量转子磁场，增加了执行的复杂性和低速时测量的不可靠性。因此，直接磁场定向控制很少用于电动汽车的驱动。与直接磁场定向控制不同，间接磁场定向控制通过计算确定转子磁场，而不是直接测量，这种方法相对于直接磁场定向控制更易于实现。因此，间接磁场定向控制在高性能的电动汽车电动机驱动系统中具有很好的应用前景。

2. 直接转矩控制

直接转矩控制以转矩为中心来进行磁链、转矩的综合控制。与矢量控制不同，直接转矩控制不采用解耦的方式，从而在算法上不存在旋转坐标变换，简单地通过检测电动机定子电压和电流，借助瞬时空间矢量理论计算电动机的磁链和转矩，并根据与给定值比较所得的差值来实现磁链和转矩的直接控制。图 2-34 所示为直接转矩控制异步交流电动机系统框图。

由于直接转矩控制省掉了矢量变换方式的坐标变换与计算、为解耦而简化异步交流电动机数学模型且没有通常的脉宽调制（PWM）信号发生器，所以它的控制结构简单，控制信号处理的物理概念明确，系统的转矩响应迅速且无超调，是一种具有高动、静态性能的交流调速控制方式。直接转矩控制磁通估算所用的是定子磁链，只要已知定子电阻就可以把它观测出来，因此直接转矩控制大大解决了矢量控制技术中控制性能易受参数变化影响的问题。

直接转矩控制方法对逆变器开关频率提高的限制较大，定子电阻对电动机低速性能也有较大影响，如在低速区定子电阻的变化引起的定子电流和磁链的畸变以及转矩脉动、死区效

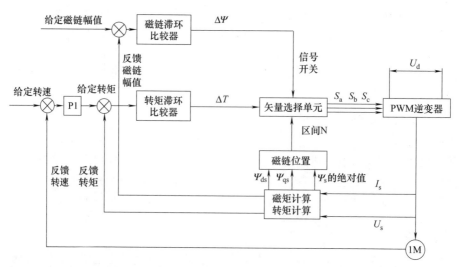

图 2-34 直接转矩控制异步交流电动机系统框图

应和开关频率等问题。

从理论上看，直接转矩控制有矢量控制所不及的转子参数鲁棒性和结构上的简单性。然而在技术实现上，直接转矩控制往往很难体现出优越性，调速范围不及矢量控制宽，其根源主要在于其低速转矩特性差、稳态转矩脉动的存在及带负载能力的下降，这些问题制约了直接转矩控制进入实用化的进程。

四、开关磁阻电动机

开关磁阻电动机传动系统（简称 SRD 系统）是最近 20 年来开发成功的一种新型电气传动系统，它由开关磁阻电动机（简称 SR 电动机或 SRM）、功率转换器、转子位置检测器和控制器所组成，如图 2-35 所示。其中，开关磁阻电动机为系统主要组成部分，用以实现电能向机械能的转换。功率转换器是连接电源和电动机的开关器件，用以提供开关磁阻电动机所需的电能，功率转换器的结构形式一般与供电电压、电动机相数以及主开关器件种类有关。传感器主要用来反馈位置及电流信号，并传送给控制器。

控制器是系统的中枢，起决策和指挥作用，主要针对传感器提供的转子位置、速度和电流反馈信息以及外部输入的指令，实时加以分析和处理，进而采取相应的控制决策，控制功率转换器中主开关器件的工作状态，实现对开关磁阻电动机运行状态的控制。

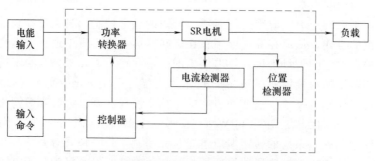

图 2-35 开关磁阻电动机驱动系统的基本构成

（一）开关磁阻电动机的工作原理

开关磁阻电动机一般为凸极铁芯结构，其定子和转子均由普通硅钢片叠压而成，转子上既无绕组也无永磁体，一般装有位置检测器；定子上绕有集中绕组，径向相对的两个绕组串联构成一相绕组。根据相数和定子、转子极数的配比，开关磁阻电动机可以设计成不同的结构，如图 2-36 所示。

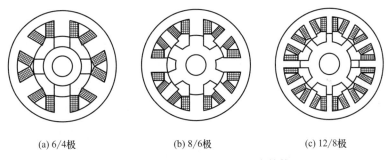

(a) 6/4极　　　　　　　(b) 8/6极　　　　　　　(c) 12/8极

图 2-36　开关磁阻电动机的基本结构

图 2-37 所示为四相 8/6 极开关磁阻电动机，图中仅画出其中一相绕组（A 相）的连接情况。由于定子、转子均为凸极结构，故每相绕组的电感 L 随转子的位置改变而改变，如图 2-38 所示。当定子、转子极正对时，电感达到最大值；当定子、转子极完全错开时，电感达到最小值。开关磁阻电动机的运行遵循磁阻最小原理，如图 2-38 所示，当 B 相绕组施加电流时，由于磁通总是选择磁阻最小的路径闭合，为减少磁路的磁阻，转子将顺时针旋转，直到转子极 2 与定子极 B 的轴线重合，此时磁阻最小（电感最大）；当切断绕组 B 的电流，给绕组 A 施加电流时，磁阻转矩使得转子极 1 与定子极 A 相对。由于转矩方向一般指向最近的一对定子、转子极相对的位置，根据转子位置传感器反馈的位置信号，电枢绕组按 B-A-D-C 的顺序导通，转子便会沿顺时针方向连续旋转。

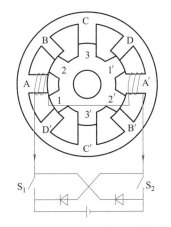

图 2-37　四相 8/6 极开关磁阻电动机

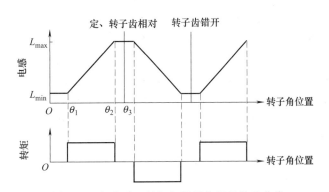

图 2-38　相电感、转矩与转子位置的关系曲线

（二）开关磁阻电动机的结构

开关磁阻电动机由双凸极的定子和转子组成，其定子和转子的凸极均由普通的硅钢片叠压而成。定子极上绕有集中绕组，把沿径向相对的两个绕组串联成一个两级磁极，称为"一相"；转子既无绕组又无永磁体，仅由硅钢片叠成。见图 2-39。

开关磁阻电动机有多种不同的相数结构，如单相、二相、四相及多相等，且定子和转子的极数有多种不同的搭配。其定子和转子的极数组合见表 2-4。

低于三相的开关磁阻电动机一般没有自启动能力。相数多有利于减小转矩脉动，但会导致结构复杂，主开关器件多，成本高。目前应用较多的是四相 8/6 极结构和三相 6/4 极结构。

表 2-4　开关磁阻电动机定子和转子的极数组合

相数	3	4	5	6	7	8	9
定子极数	6	8	10	12	14	16	18
转子极数	4	6	8	10	12	14	16
步进角/(°)	30	15	9	9	4.25	3.21	2.5

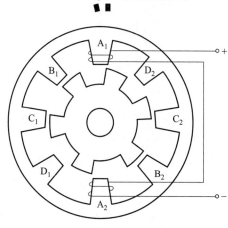

图 2-39　开关磁阻电动机的基本结构

（三）开关磁阻电动机的性能特点

开关磁阻电动机作为一种新型调速电动机，有如下优点。

① 调速范围宽、控制灵活，易于实现各种特殊要求的转矩－速度特性。开关磁阻电动机启动转矩大、低速性能好，无异步交流电动机在启动时所出现的冲击电流现象。在恒转矩区，由于电动机转速较低，电动机反电动势小，因此需采用对电流进行斩波限幅——电流斩波控制方式，也可采用调节相绕组外加电压有效值的电压 PWM 控制方式。在恒功率区，通过调节主开关的开通角和关断角获得恒功率特性，即角度位置控制方式。

② 制造和维护方便。

③ 运转效率高。由于开关磁阻电动机控制灵活，易在很宽的转速范围内实现高效节能控制。

④ 可四象限运行，具有较强的再生制动能力。

⑤ 结构简单、成本低、制造工艺简单。其转子无绕组，可工作于极高速工况；定子为集中绕组、嵌放容易、端部短而牢固、工作可靠，适用于各种恶劣、高温甚至强振动环境。

⑥ 转矩方向与电流方向无关，从而减少功率转换器的开关器件数，降低了成本。同时，即使功率转换器元件减少，也不会出现直通故障，且可靠性高。控制方便，可四象限运行，容易实现正、反转和启动、制动等特定的调节控制。

⑦ 损耗小。损耗主要产生在定子，电动机易于冷却。电动机转子不存在励磁极转差损耗，由于功率转换器件少，相应的损耗也小。

⑧ 可控参数多、调速性能好。可控参数有主开关开通角，主开关关断角、相电流幅值和直流电源电压。

⑨ 适于频繁启动、停止以及正、反转运行。开关磁阻电动机的不足主要有：虽然结构简单，但其设计和控制较复杂；由于开关磁阻电动机磁极端部的严重磁饱和以及磁与沟槽的边缘效应，使得开关磁阻电动机设计和控制要求非常精密；噪声较大。

（四）开关磁阻电动机的控制方法

开关磁阻电动机的运行不是单纯的发电或者电动的过程，而是将两者有机结合在一起的控制过程，即它同时包含了能量回馈的过程。这一控制系统的主要特点是：不同能量流动过程分时控制，采用相同的硬件设备实现，将发电和电动过程整合到一起，实现了能量的回馈。

开关磁阻电动机控制系统的可控参数主要有开通角、关断角、相电流幅值以及相绕组的端电压，对这些参数进行单独或组合控制就会产生不同的控制方法。常用的控制方法有角度控制（APC）、电流斩波控制（CCC）和电压控制（VC）三种。

1. 角度控制法（APC）

APC是电压保持不变而对开通角和关断角进行控制，通过对它们的控制来改变电流波形以及电流波形与绕组电感波形的相对位置。在APC控制中，如果改变开通角，而它通常处于低电感区，则可以改变电流的波形宽度、改变电流波形的峰值和有效值大小以及改变电流波形与电感波形的相对位置，这样就会对输出转矩产生很大的影响。改变关断角一般不影响电流峰值，但可以影响电流波形宽度以及与电感曲线的相对位置，电流有效值也随之变化，因此关断角同样对电动机的转矩产生影响，只是其影响程度没有开通角那么大。在具体实现过程中，一般情况下采用固定关断角、改变开通角的控制模式。与此同时，固定关断角的选取也很重要，需要保证绕组电感开始下降时相绕组电流尽快衰减到零。对应于每个由转速与转矩确定的运行点，开通角与关断角会有多种组合，因此选择的过程中要考虑电磁功率、效率、转矩脉动及电流有效值等运行指标，来确定相应的最优控制的角度。在系统的控制中，要遵循一个原则，即在电动机制动运行时，应使电流波形位于电感波形的下降段；而在电动机电动运行时，应使电流波形的主要部分位于电感波形的上升段。

角度控制的优点是转矩调节范围大；可允许多相同时通电，以增加电动机输出转矩，且转矩脉动小；可实现效率最优控制或转矩最优控制。但角度控制法不适应于低速工况，一般在高速运行时应用。

2. 电流斩波控制法（CCC）

在电流斩波控制方式中，一般使电动机的开通角和关断角保持不变，而主要靠控制斩波电流限的大小来调节电流的峰值，从而起到调节电动机转矩和转速的目的。实现方式有以下两种。

（1）限制电流上、下幅值的控制　即在一个控制周期内，给定电流最大值和最小值，使相电流与设定的上、下限值进行比较，当大于设定最大值时则控制该相功率开关器件关断，而当相电流降低到设定最小值时，功率开关重新开通，如此反复，其斩波的波形如图2-40所示。这种方式在一个周期内电感变化率不同，因此斩波频率疏密不均，在电感变化率大的区间，电流上升快，斩波频率一般很高，开关损耗大，优点是转矩脉动小。

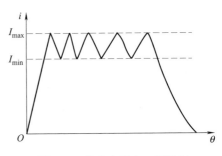

图2-40　设定电流上、下限幅值的电流斩波的波形

（2）电流上限和关断时间恒定　与上一种方法的区别是，当相电流大于电流斩波上限值时，就将功率开关器件关断一段固定的时间再开通。而重新导通的触发条件不是电流的下限，而是定时，在每一个控制周期内，关断时间恒定，但电流下降多少取决于绕组电感量、电感变化率和转速等因素，因此电流下限并不一致。关断时间过长，相电流脉动大，易发生"过斩"；关断时间过短，斩波频率又会较高，功率开关器件开关损耗增大。应该根据电动机运行的不同状况来选择关断时间。

电流斩波控制适用于低速和制动运行工况，可限制电流峰值的增长，并起到良好、有效的调节作用，而且转矩也比较平稳，电动机转矩脉动一般比采用其他控制方式时要明显减小。

3. 电压控制法（VC）

电压控制法与前两种控制方式不同，它不是实时地调整开通角和关断角，而是某相绕组导通阶段，在主开关的控制信号中加入 PWM 信号，通过调节占空比来调节绕组端电压的大小，从而改变相电流值。具体方法是在固定开通角和关断角的情况下，用 PWM 信号来调制主开关器件相控信号，通过调节此 PWM 信号的占空比调节加在主开关上驱动信号波形的占空比，从而改变相绕组上的平均电压，进而改变输出转矩。电压斩波控制是通过 PWM 的方式调节相绕组的平均电压值，间接调节和限制过大的绕组电流，适合于转速调节系统，抗负荷扰动的动态响应快。这种控制容易实现，且成本较低；缺点是导通角度始终固定，功率元件开关频率高、开关损耗大，不能精确控制相电流。

实际上在开关磁阻电动机双向控制系统中，采用的是后两种控制方法。发电/电动状态控制策略框图如图 2-41 所示。

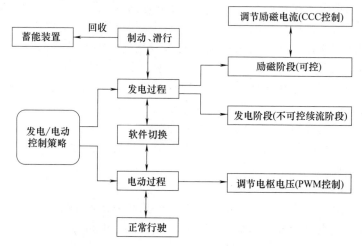

图 2-41　发电/电动状态控制策略框图

开关磁阻电动机的动作过程分为发电过程和电动过程，分别对应于电动汽车的制动、滑行以及正常行驶过程，而将电动汽车制动、滑行时的能量回收到蓄能装置中即为能量的再生回馈；发电状态和电动状态是通过软件来实现切换的，在整个发电回馈过程中，由于开关磁阻电动机本体结构特殊，其定子绕组既是励磁绕组又是电枢绕组，故其励磁与续流（发电）过程必须采用周期性分时控制。开关磁阻电动机的励磁过程是可控的，但续流（发电）过程不可控，因而采用电流斩波控制来调节励磁阶段励磁电流的大小，从而实现对发电过程的控制。而电动过程采用电压斩波控制，以调节电枢平均电压从而实现对转矩和转速的调节。

开关磁阻电动机双向控制系统的主要目标是实现开关磁阻电动机的双向运行，着重点在于发电/电动状态下的最优控制以及能量回馈问题，不但要让开关磁阻电动机在电动状态下获得优越的调速性能，也要保证其发电状态下的能量回馈。开关磁阻电动机双向控制系统的总体控制方案框图如图 2-42 所示。

该系统主要由开关磁阻电动机本体、主控制芯片、主功率电路、IGBT、驱动电路以及电流电压检测电路、位置检测电路等外围检测电路构成。具体功能的实现过程如下：三相不可控整流桥将 380V 的三相动力电整流为 537V 的直流电，并通过 H 桥式主功率电路给电动机供电，同时相电压和相电流检测电路负责对电动机的母线电压以及相电流情况进行检测，将检测信号反馈至 DSP 的 A-D 转换模块，进行 A-D 采样。同时，电流电压保护电路接收相电流和相电压检测信号，在对其进行处理后，将过电流过电压信号反馈至 DSP 的 PDPINT 模块，从而实现整个系统的故障保护功能。此外，位置检测电路将光电盘的两路输出信号经调理后，送至 DSP 的捕捉模块，经角度计算和速度计算模块后产生角度和速度控制信号。

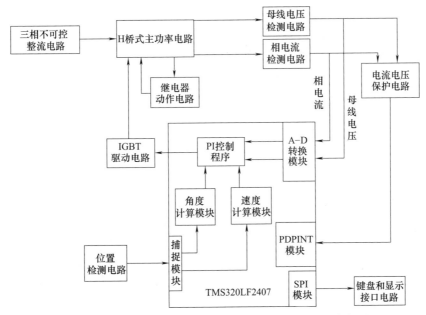

图 2-42 开关磁阻电动机双向控制系统的总体控制方案框图

DSP 内部的 PI 控制模块对 A-D 转换后的电流电压信号以及角度、速度信号进行综合后计算，DSP 输出五路占空比可变的 PWM 波形至 IGBT 驱动电路，实现对主功率开关电路的通断控制。另外，DSP 的 SPI 模块负责驱动四个显示模块。各个模块相互联系、相互协作，共同实现整个控制系统的功能。

五、永磁同步电动机

研制开发电动汽车的关键有两个方面：一是生产高能量密度的电池，二是开发性能优良的驱动系统。在各类驱动电动机中，永磁同步电动机具有高效、高控制精度、高转矩密度、良好的转矩平稳性及低振动噪声等特点，通过合理设计永磁磁路结构能获得较高的弱磁性能，在电动汽车驱动方面有很好的应用价值。该电动机得到了国内外电动汽车界的高度重视，是最具竞争力的电动汽车驱动电动机系统之一。

（一）永磁电动机的分类

永磁电动机的分类方法很多，根据输入电动机接线端波形的不同可分为永磁直流电动机和永磁交流电动机。

由于永磁交流电动机没有电刷、换向器或集电环，因此也称为永磁无刷电动机。根据输入电动机接线端的交流波形，永磁无刷电动机可分为永磁同步电动机和永磁无刷直流电动机。输入永磁同步电动机的是交流正弦波或近似正弦波，采用连续转子位置反馈信号来控制换向；而永磁无刷直流电动机输入的是交流方波，采用离散转子位置反馈信号控制换向。由于方波磁场与方波电流之间相互作用而产生的转矩比正弦波大，所以，永磁无刷直流电动机的功率密度大，但是由功率器件的换向电流引起的转矩脉动也大，而正弦波产生的转矩基本是恒转矩或平稳转矩，这与绕线转子同步电动机相同。

现有的永磁电动机可分为永磁直流电动机、永磁同步电动机、永磁无刷直流电动机和永磁混合式电动机四类。其中，后三类没有传统直流电动机的电刷和换向器，故统称为永磁无刷电动机。在电动汽车中，永磁同步电动机应用广泛。

（二）永磁同步电动机的结构

三相永磁同步电动机具有定子三相分布的绕组和永磁转子，在磁路结构和绕组分布上保证反电动势波形为正弦波，为了进行磁场定向控制，输入到定子的电压和电流也为正弦波。根据永磁体在转子上位置的不同，永磁同步电动机可分为内置式永磁同步电动机和外置式永磁同步电动机。

1. 内置式永磁同步电动机

内置式永磁同步电动机按永磁体磁化方向的不同可分为径向式、切向式和混合式三种，在有阻尼绕组的情况下如图 2-43 所示。由于内置式永磁同步电动机转子内部嵌入永磁体，导致了转子机械结构上的凸极特性。

(a) 径向式　　　　　　　　(b) 切向式　　　　　　　　(c) 混合式

图 2-43　内置式永磁同步电动机转子结构示意图

2. 外置式永磁同步电动机

外置式永磁同步电动机根据永磁体是否嵌入转子铁芯中可分为面贴式和插入式两种，如图 2-44 所示。

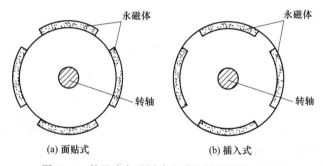

(a) 面贴式　　　　　　(b) 插入式

图 2-44　外置式永磁同步电动机转子结构示意图

面贴式永磁同步电动机的转子永磁体一般为瓦片形，通过合成粘胶粘于转子铁芯表面。在功率稍大的面贴式永磁同步电动机中，永磁体与气隙之间可以通过无纬玻璃丝带加以捆绑保护，防止永磁体因转子高速转动而脱落。插入式永磁同步电动机的永磁体嵌入转子铁芯中，两永磁体之间的铁芯成为铁磁介质突出的部分。在面贴式永磁同步电动机中，由于永磁体的相对磁导率接近真空磁导率（$\mu = 1.0$），等效气隙基本均匀，所以交、直轴电感基本相符，是一种隐极式同步电动机。插入式永磁同步电动机的交轴方向上的气隙比直轴的小，交轴的电感也比直轴大，是一种凸极式永磁同步电动机。相对而言，由于永磁体的存在，使得面贴式永磁同步电动机定子和转子之间的有效气隙较大，因而定子的电感较小。

外置式永磁同步电动机的结构比内置式简单，且具有制造容易、成本低廉的优点，因而在工业上应用较多。面贴式永磁同步电动机转子结构最为简单，与插入式相比，它提高了转子表面的平均磁通密度，可以得到更大的电子转矩。

（三）永磁同步电动机的性能特点

永磁同步电动机的功率因数大、效率高、功率密度大，是一种比较理想的驱动电动机。但由于电磁结构中转子励磁不能随意改变，导致电动机弱磁困难，调速特性不如直流电动机。目前，永磁同步电动机理论还不如直流电动机和异步电动机完善，还有许多问题需要进一步研究，主要有以下两方面。

1.电动机效率

永磁同步电动机的低速效率较低，如何通过设计降低低速损耗、减小低速额定电流是目前研究的主要方向之一。

2.电动机的弱磁能力

永磁同步电动机由于转子是永磁体励磁，随着转速的升高，电动机电压会逐渐达到逆变器所能输出的电压极限，这时要想继续升高转速只能靠调节定子电流的大小和相位，增加直轴去磁电流来等效弱磁以提高转速。电动机的弱磁能力的大小主要与直轴电抗和反电动势大小有关，但永磁体串联在直轴磁路中，所以直轴磁路一般磁阻较大，弱磁能力较小，电动机反电动势较大时，也会降低电动机的最高转速。

由于永磁同步电动机的转子上无绕组、无铜耗、磁通量小，在低负荷时铁损很小，因此，永磁同步电动机具有较高的"功率/质量"比，比其他类型的电动机有更高的频率、更大的输出转矩。转子电磁时间常数较小，电动机的动态特性好，电动机的极限转速和制动性能等都优于其他类型的电动机。永磁同步电动机的定子绕组是主要的发热源，其冷却系统相对比较简单。

由于永磁同步电动机的磁场产生恒定的磁通量，随着电流量的增加，电动机的转矩与电流成正比增加，同时电压也随之增加。在新能源汽车上，一般要求电动机的输出功率保持恒定，即电动机输出功率不随转速增加而变化，这就要求在电动机转速增加时电压保持恒定。对一般电动机可以用调节励磁电流来控制，但永磁同步电动机磁场的磁通量调节比较困难，因此需要采用磁场控制技术来实现。这使得永磁同步电动机的控制系统变得更复杂，而且增加了成本。

永磁同步电动机受到永磁材料和加工工艺的影响和限制，使得永磁同步电动机的功率范围较小，最大功率仅几十千瓦。永磁材料在受到振动、高温和过载电流作用时，可能会使永磁材料的导磁性能下降或发生退磁现象，这会降低永磁电动机的性能，严重时还会损坏电动机，在使用中必须严格控制其不发生过载。永磁同步电动机在恒功率模式下，操纵较复杂，永磁电动机和三相异步电动机同样需要一套复杂的控制系统，从而使永磁电动机的控制系统制造成本也很高。最新研制和开发的混合励磁永磁同步电动机使永磁同步电动机的控制性能得到大的改进。

永磁同步电动机的驱动特性如图2-45所示。从图中可以看出，永磁无刷同步电动机的恒转矩区比较长，一直延伸到电动机最高转速的50%处左右，这对提高汽车的低速动力性能有很大帮助，电动机最高转速较高，能达到10000 r/min。永磁无刷同步电动机功率密度高、调速性能好、在宽转速范围内运行效率高（90%～95%），是理想的新能源汽车驱动电动机之一。它的主要缺点是电动机制造成本高、永磁材料会有退磁效应、抗腐蚀性差，而且永磁材料磁场不可变，要想增大电动机的功率，其体积会很大，随着稀土永磁材料的开发和应用，永磁无刷电动机的性能有了很大的提高，是未来最有发展前景的驱动电动机之一。

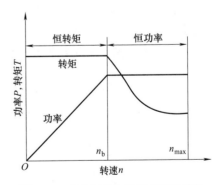

图2-45　永磁同步电动机的驱动特性

（四）永磁同步电动机的控制

永磁同步电动机控制系统可以采用矢量控制（磁场定向控制）、直接转矩控制和恒压频比开环控制等控制方式。

1. 矢量控制

矢量控制的控制原理是：以转子磁链旋转空间矢量为参考坐标，将定子电流分解为相互正交的两个分量，一个与磁链同方向，代表定子电流励磁分量，另一个与磁链方向正交，代表定子电流转矩分量，分别对其进行控制，获得与直流电动机一样良好的动态特性。因其控制结构简单，控制软件容易实现，已被广泛应用到调速系统中。

永磁同步电动机矢量控制策略与异步电动机矢量控制策略有些不同。由于永磁同步电动机转速和电源频率严格同步，其转子转速等于旋转磁场转速，转差恒等于零，没有转差功率，控制效果受转子参数影响小。因此，在永磁同步电动机上更容易实现矢量控制。

由于永磁同步电动机输出电磁转矩对应多个不同的交、直轴电流组合，不同组合对应着不同的系统效率、功率因数以及转矩输出能力，因此永磁同步电动机有不同的电流控制策略。

2. 直接转矩控制

直接转矩控制不需要传统矢量控制中复杂的旋转坐标变换和转子磁链定向，转矩取代电流成为受控对象，电压矢量则是控制系统里唯一的输入，直接控制转矩和磁链的增加或减小，但是转矩和磁链并不解耦，对电动机模型进行简化处理时，没有 PWM 信号发生器，控制结构简单，受电动机参数变化影响小，能够获得极佳的动态性能。

3. 恒压频比开环控制

恒压频比开环控制的控制变量为电动机的外部变量，即电压和频率。控制系统将参考电压和频率输入实现控制策略的调整器中，最后由逆变器产生一个交变的正弦电压施加在电动机的定子绕组上，使之运行在指定的电压和参考频率下。按照这种控制策略进行控制，使供电电压的基波幅值随着速度指令成比例地线性增长，从而保持定子磁通的近似恒定。

恒压频比开环控制策略简单，易于实现，转速通过电源频率进行控制，不存在异步电动机的转差和转差补偿问题。但同时，由于系统中不引入速度、位置等反馈信号，因此无法实时捕捉电动机状态，致使无法精确控制电磁转矩。在突加负载或者速度指令时，容易发生失步现象，也没有快速的动态响应特性。因此，恒压频比开环控制是控制电动机磁通而没有控制电动机的转矩，控制性能差，通常只用于对调速性能要求一般的通用变频器上。

六、轮毂电动机

图 2-46　轮毂电动机位置图

轮毂电动机技术又称车轮内装电动机技术，它的最大特点就是将动力、传动和制动装置都整合到轮毂内，因此将电动车辆的机械部分大大简化，如图 2-46 所示。轮毂电动机技术并非新生事物，早在1900 年，就已经制造出了前轮装备轮毂电动机的电动汽车，在 20 世纪 70 年代，这一技术在矿山运输车等领域得到应用。而对于乘用车所用的轮毂电动机，日系厂商对于此项技术研发开展较早，目前处于领先地位，包括通用、丰田在内的国际汽车巨头也都对该技术有所涉足。

轮毂电动机驱动系统根据电动机的转子形式主要分成两种结构形式：内转子式和外转子式。其中外转子式采用低速外转子电动机，如图 2-47 所示，电动机的最高转速为 $1000\sim1500r/min$，无减速装置，车轮的转速与电动机相同；而内转子式则采用高速内转子电动机如图 2-48 所示，配备固定传动比的减速器，为获得较高的功率密度，电动机的转速可高达 $10000r/min$。

随着更为紧凑的行星齿轮减速器的出现，内转子式轮毂电动机在功率密度方面比低速外转子式更具竞争力。

图 2-47　外转子式轮毂电动机

图 2-48　内转子式轮毂电动机

轮毂电动机全称为永磁轮毂同步电动机，是永磁同步电动机的一种特殊结构。它把电动机安装在轮辋内，构成电动轮驱动汽车行驶。轮毂电动机的驱动方式和基本原理与永磁同步电动机相同。

轮毂电动机结构如图 2-49 所示。

（一）轮毂电动机的驱动方式

轮毂电动机使用时可分为减速驱动和直接驱动两大类。

减速驱动轮毂电动机如图 2-50 所示。在减速驱动方式下，电动机一般在高速下运行，而且对电动机的其他性能没有特殊要求，因此可选用普通的内转子电动机。减速机构放置在电动机和车轮之间，起减速和增加转矩的作用。减速驱动的优点是：电动机运行在高速下，具有较高的功率和效率比；体移小、质量小；转矩大、爬坡性能好；能保证汽车在低速运行时获得较大、平稳的转矩。减速驱动的

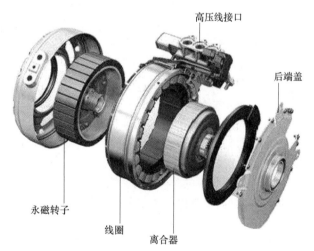

高压线接口

后端盖

永磁转子

线圈

离合器

图 2-49　轮毂电动机结构

不足之处是：难以实现液态润滑、齿轮磨损较快、使用寿命短、不易散热、噪声大。减速驱动方式适合于丘陵或山区，以及要求过载能力大或城区公交车等需要频繁启动停车等场合。

直接驱动轮毂电动机如图 2-51 所示，在直接驱动方式下，电动机多采用外转子（即直接将转子安装在轮毂上）。为了使汽车能够顺利起步，要求电动机在低速时能提供大的转矩。此外，为了使汽车能够有较好的动力性，电动机需具有较宽的调速范围。直接驱动的优点有：不需要减速机构，使得整个驱动结构更加简单、紧凑，轴向尺寸也较小，而且效率也进一步提高，响应速度也变快。其缺点是：起步、迎风行驶或爬坡以及承载较大载荷时需要大电流，易损坏电池和永磁体；电动机功率峰值区域很小，负荷电流超过一定值后功率急剧下

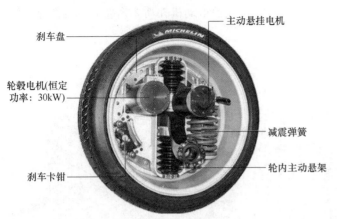

图 2-50 减速驱动轮毂电动机

降。此驱动方式适用于平路或负荷较轻的场合。

（二）轮毂电动机的优点

与内燃机汽车和单电动机集中驱动电动汽车相比，使用轮毂电动机驱动系统的汽车具有多方面优势。

① 动力控制由硬连接改为软连接形式。通过电子线控技术，实现各电动轮从零到最大速度的无级变速和各电动轮间的差速要求，从而省略了传统汽车所需的机械式操纵换挡装置、离合器、变速器、传动轴和机械差速器等，使驱动系统和整车结构简洁，可利用空间大，传动效率提高。

② 各电动轮的驱动力直接独立可控，使其动力学控制更为灵活、方便；合理控制各电动轮的驱动力，从而提高恶劣路面条件下的行驶性能。

③ 容易实现各电动轮的电气制动、机电复合制动和制动能量反馈。

④ 底架结构大为简化，使整车总布置和车身造型设计的自由度增加。若能将底架承载功能与车身功

图 2-51 直接驱动轮毂电动机结构

能分类，则可实现相同底盘、不同车身造型的产品多样化和系列化，从而缩短新车型的开发周期，降低开发成本。

⑤ 若在采用轮毂电动机驱动系统的四轮电动汽车上导入线控四轮转向技术（4WS），则可实现车辆转向行驶高性能化，可有效减小转弯半径，甚至能实现零转向半径，增加了转向灵便性。

任务四　纯电动汽车构造和工作原理

一、纯电动汽车的基本组成

纯电动汽车主要由 3 个子系统组成：电力驱动子系统、能源子系统和辅助子系统。电力驱动子系统包括电子控制器、功率转换器、电动机、机械传动装置；能源子系统包括能源（电源）、能量单元及能量控制单元；辅助子系统包括主力转向单元、温控单元和辅助动力供给单元等。图 2-52 中，双线表示机械连接，粗线表示电气连接，细线表示控制连接。每条线上的箭头表示电能或控制信息的流向。根据驾驶者加在加速踏板和制动踏板来的信号，电

子控制器发出相应的控制信号以控制功率转换器功率器的开关。功率转换器的作用是调节电动机和能量源之间的能源流。能量的回流是因为纯电动汽车制动能量的再生，该能量被能量源吸收。应指出的是，多数纯电动汽车的电池（除某些金属/空气电池）、超级电容器和飞轮都能够吸收制动再生能量。能量控制单元与电子控制器一起控制可再生制动能量，从而实现系统能量流的最优化。能量控制单元也和能量单元一起控制能量并监测能源的使用情况。辅助动力供给系统向所有的纯电动汽车辅助装置提供不同电压的电源。纯电动汽车的基本组成如图 2-52 所示。

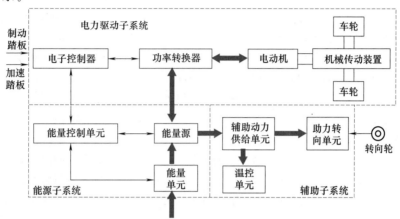

图 2-52　纯电动汽车基本组成

相对于混合动力汽车和燃料电池汽车，纯电动汽车有自身的优势。纯电动汽车以电动机代替燃油机、噪声低、无污染，电动机、油料及传动系统少占的空间和重量可用以补偿电池的需求；且因使用单一的电能源，电控系统相比混合电动车大为简化，降低了成本，也可补偿电池的部分价格。而且，纯电动车的电池可在夜间利用电网的廉价"谷电"进行充电，可以平抑电网的峰-谷差，使发电设备日夜都能充分利用，大大提高其经济效益。对车主而言，利用分时计价的廉价"谷电"，也许花 2～3 元电费就能省下 50 元的油费。由于电力可以从多种一次能源获得，如煤、核能、水力等，可解除人们对石油资源日渐枯竭的担心。纯电动汽车的这些特点对国家、电网、环境、用户，都是非常有益的。

二、纯电动汽车的工作原理

纯电动汽车的基本工作原理如图 2-53 所示。电池通过控制系统向电动机供电，在电动机中电能转化为机械能动力并传给传动系，最后传给驱动车轮，使驱动车轮转动，并通过与地面间的相互作用产生使汽车行驶的牵引力。

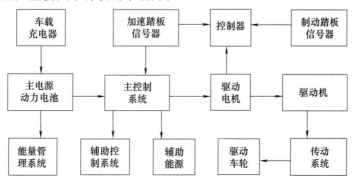

图 2-53　纯电动汽车的基本工作原理框图

由驾驶员操纵的加速踏板带有传感器（电位计式或差动变压器式位置传感器），后者将加速踏板的位置变成电信号送入控制器，控制汽车的行驶速度。由驾驶员操纵的加速踏板也带有传感器，当汽车减速或制动时，制动踏板位置传感器将信号传给主控制器，后者识别信号和汽车行驶状态后，发出指令，使汽车进入减速滑行、减速再生制动、再生和机械联合制动或机械制动等状态。

三、纯电动汽车结构

纯电动汽车，相对燃油汽车而言，主要差别（异）在于四大部件，即驱动电机，调速控制器、动力电池、车载充电器。纯电动汽车之品质差异取决于这四大部件，其价值高低也取决于这四大部件的品质。纯电动汽车的用途也与四大部件的选用配置直接相关。纯电动汽车时速快慢和启动速度都取决于驱动电机的功率和性能，其续行里程的长短取决于车载动力电池容量的大小，车载动力电池的重量取决于选用何种动力电池如铅酸、锌碳、锂电池等，它们的体积、密度、比功率、比能量、循环寿命都各异。这取决于制造商对整车档次的定位和用途以及市场界定和市场细分。

纯电动汽车的驱动电机目前有交流和直流之分；直流有有刷和无刷之分；电机磁场有永磁、电磁之分；再有交流步进电机和直流步电机之分等。它们的选用与整车配置、用途、档次有关。另外驱动电机的调速控制也分有级调速和无级调速；用电子调速控制器和不用调速控制器之分。还有单电机驱动、多电机驱动和组合电机驱动之分等。电机及调速控制器的选用和配制对整车档次和价位也有影响。充电机与车载电池的电缆连接器问题必须规范，形成电池品种、电压分挡、快慢（功率大小）多要素的一致，否则纯电动汽车与公用充电站无法有效对接也无法完成充电。

四、动力传动系统

动力传动系统是电动汽车最主要的系统，电动汽车运行性能的好坏主要是由其动力传动系统的性能决定的。电动汽车动力传动系统由蓄电池、控制器、电动机、变速器、主减速器等组成。电机控制器接受从加速踏板（相当于内燃机汽车的油门）、刹车踏板和PRND（停车、倒车、空挡、前进）控制按键的输出信号，控制电动机的旋转，通过减速器、传动轴、差速器、半轴等机械传动装置驱动车轮旋转。车辆减速时，电机对车辆前进起制动作用，这时电机处于发电机制动的运动状态，给蓄电池充电，也就是所谓的再生制动。电动汽车的再生制动功能是非常重要的，根据对电动汽车的实际运行测试结果表明，再生制动给作为储能动力源的蓄电池补充的能量，能使电动汽车一次充电之后行驶里程增加。动力传动系统的构成框图如图2-54所示。

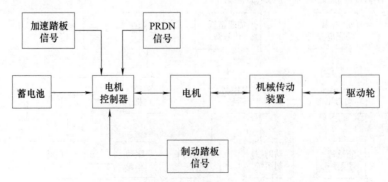

图 2-54　常见电动汽车动力传动系统结构示意图

在有的情况下，把电机、减速器与传动装置、车轮做成一体，称之为电动轮，这时的差速器是靠电器方法实现的。带电动轮的电动汽车的动力传动系统的构成框图如图 2-55 所示。

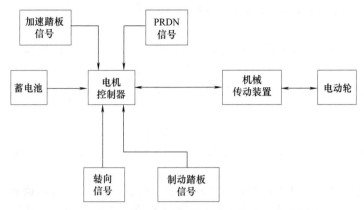

图 2-55　带电动轮的电动汽车的动力传动系统示意图

目前，电动汽车动力传动系统具有以下几种布置方案。

第一种和传统内燃机传动系统布置方案一样，仍带有变速器，主要是为了提高电动汽车的启动扭矩及增加低速时电动汽车的后备功率，如图 2-56（a）所示。装有这种传动系统的电动车主要是由内燃机汽车改装而成。

第二种布置如图 2-56（b）所示，这种传动系统的最大特点是取消了离合器和变速器，因此对电动机的要求较高，不仅要求有较高的启动转矩，而且要求较大的后备功率，以保证电动汽车的启动、爬坡、加速超车等动力性能。

第三种和第四种的布置比较接近，如图 2-56（c）和图 2-56（d）所示，这两种传动系统都是直接由电机实现变速、差速，它不仅要求电动机性能好，有较高的启动转矩，较大的后备功率，而且对控制系统的要求很高。控制系统不仅要有较高的控制精度，而且具备良好的可靠性，从而保证电动汽车安全、平稳的行驶。

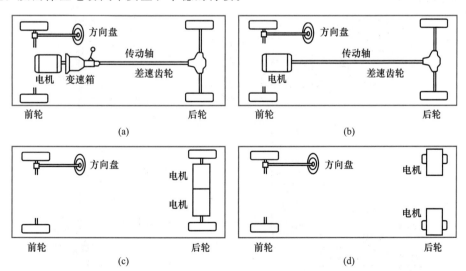

图 2-56　常见电动汽车传动系统布置形式

由于电动汽车传动系统中的变速器、差速器、传动轴等与传统内燃机传动系差别不大，本文不再赘述其结构及其工作原理。

61 ◀◀◀

五、控制器

由于电动控制系统为整体，故在此将电动汽车整体的控制器在此进行叙述。

1. 电动汽车控制器的功能

纯电动汽车控制器相当于汽车的大脑，它在汽车行驶过程中执行多项任务，包括以下功能。

① 接收、处理驾驶员的驾驶操作指令，并向各个部件控制器发送控制指令，使车辆按驾驶员期望行驶。

② 整车驱动系统由驱动电机、燃料电池、蓄电池、DC/DC 转换器等部件组成。与电机、DC/DC、镍氢蓄电池组等进行可靠通信，以及针对关键信息的模拟量进行状态的采集输入及控制指令量的输出。

③ 控制器提供对相应部件进行直接控制的信号通道，包括 D/A 转换和数字量输出等。

④ 接收处理各个零部件信息，结合能源管理单元提供当前的能源状况信息。为保证驾驶员的安全操作和对汽车控制的可视化，采用了外接液晶显示器以及触摸屏的方式来显示一些重要的信号量，因此选用了一个串行通信口（UART）。

⑤ 系统故障的判断和存储，动态检测系统信息，记录出现的故障。

⑥ 对整车具有保护功能，视故障的类别对整车进行分级保护，紧急情况下可以关掉发电机及切断母线高压系统。

2. 几种电动汽车控制器实例分析

（1）丰田公司控制器　丰田公司控制器的原理图如图 2-57 所示。该车是后轮驱动，左后轮和右后轮分别由 2 个轮毂电机驱动。其控制器接收驾驶员的操作信号和汽车的运动传感器信号，其中驾驶员的操作信号包括加速踏板信号、制动踏板信号、换挡位置信号和转向角度信号，汽车的运动传感器信号包括横摆角速度信号、纵向加速信号、横向加速信号和 4 个车轮的转速信号。控制器将这些信号经过控制策略计算，通过左右 2 组电机控制器和逆变器分别驱动左后轮和右后轮。

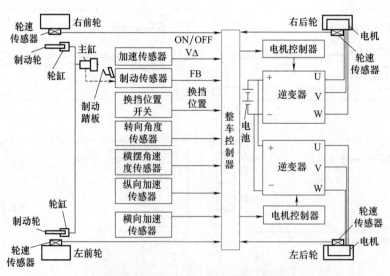

图 2-57　丰田公司控制器原理图

（2）日立公司控制器　日立公司纯电动汽车控制器的原理图如图 2-58 所示。图 2-58 中电动汽车是四轮驱动结构，其中前轮由低速永磁同步电机通过差速器驱动，后轮由高速感应电机通过差速器驱动。控制器的控制策略是在不同的工况下使用不同的电机驱动电动汽车，或者按照一定的扭矩分配比例，联合使用2台电机驱动电动汽车，使系统动力传动效率最大。当电动汽车起步或爬坡时，由低速、大扭矩永磁同步电机驱动前轮。当电动汽车高速行驶时，由高速感应电机驱动后轮。

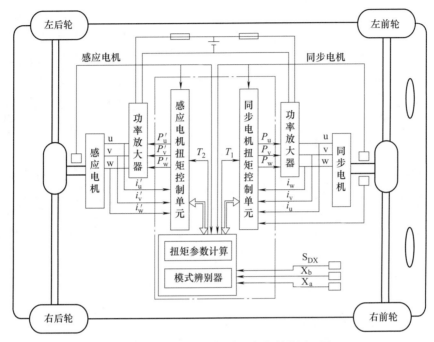

图 2-58　日立公司纯电动汽车控制器原理图

（3）天津大学研发的控制器　天津大学研发的控制器包括微控制器、模拟量调理、开关量调理、仪表驱动、继电器驱动、高速和低速CAN总线接口、存储器、信息存储、电源和通信接口等模块。控制器对纯电动汽车动力链的各个环节进行管理、协调和监控，以提高整车能量利用效率，确保安全性和可靠性。该控制器采集驾驶员驾驶信号，通过CAN总线获得电机和电池系统的相关信息，进行分析和运算，通过CAN总线给出电机控制和电池管理指令，实现整车驱动控制、能量优化控制和制动回馈控制。该控制器还具有综合仪表接口功能，可显示整车状态信息；具备完善的故障诊断和处理功能；具有整车网关及网络管理功能。

天津大学研发的控制器原理图如图2-59所示。该装置各部分功能如下。

① 微控制器为控制器的控制中心，负责数据的运算及处理。

② 模拟量调理模块用于模拟输入量的滤波和调理，其一端与多个传感器相连，另一端与微控制器相接。

③ 开关量调理模块用于开关输入量的电平转换和整型，其一端与多个开关量传感器相连，另一端通过光电隔离器与微控制器相接。

④ 仪表驱动模块用于驱动组合仪表和辅助仪表，其一端通过光电隔离器与微控制器相连，另一端与多个仪表相接。

⑤ 继电器驱动模块用于驱动多个继电器，其一端通过光电隔离器与微控制器相连，另一端与多个继电器相接。

⑥ 高速CAN总线接口模块用于提供高速CAN总线接口，其一端通过光电隔离器与微控制器相连，另一端与系统高速CAN总线相接。

⑦ 存储器模块用于存储程序和数据，与微控制器相连。

⑧ 信息存储模块用于记录整车电控系统的相关信息及故障信息，与微控制器相连。

⑨ 电源模块可为各输入和输出模块提供隔离电源，并对蓄电池电压进行监控，与微控制器相连。

⑩ 通信接口模块作为与其他设备相连的接口与微控制器相连。

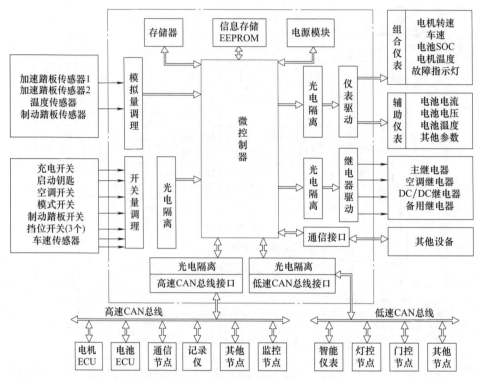

图 2-59　天津大学研发的控制器原理图

3. 功能模块的组成及原理

（1）整车控制器

① 概述　整车控制器（Vehicle Controller Unit）是新能源汽车整车控制系统的核心部件，它对汽车的正常行驶、再生能量回收、网络管理、故障诊断与处理、车辆的状态与监视等功能起着关键的作用。整个车辆系统采用一体化集成控制与分布式处理的车辆控制系统的体系结构，各部件都具有独立的控制器，整车控制器相对整个系统进行能量管理及各部件的协调控制。通过 CAN 总线进行通信，满足了系统数据交换量大，实时性、可靠性要求高的特点。

② 功能说明

a. 接收、处理驾驶员的驾驶指令，并向各个部件控制器发送控制指令，使车辆按驾驶期望行驶。

b. 接收、处理各个零部件信息，结合能源管理单元提供当前的能源状况信息。

c. 通过 CAN 总线与电机控制器、充电机、BMS 等进行可靠通信，进行状态的采集输入及控制指令的输出。

d. 对整车具有保护功能，视故障的类别对整车进行分级保护，紧急情况下可以关掉发电机及切断母线高压系统。

e. 协调管理车上的其他电器设备，控制整车上电顺序，根据系统所处的状态给各个负载上电或断电。

f. 人性化的 PC 监控界面，实现数据的分析与数据库管理。

（2）BMS 功能型电池管理系统

① 术语定义

FBM Function Balance Management，功能型均衡管理

BMS Battery Management System，电池管理系统

BMU Battery Management control Unit，电池组管理控制单元（主控模块）

HMU High voltage Management control Unit，高压管理控制单元（高压管理模块）

LECU Local Electrical Control Unit，电池模块管理控制单元（从控模块）

CAN Controller Area Network，控制器局域网络

② 系统概述　FBM-BMS 功能型电池管理系统（以下简称 FBM-BMS）是电动汽车、储能电站和通信基站等锂电池组系统的重要组成部分，可确保其操作安全可靠。FBM-BMS 对电池进行实时监测和控制，可以提供电池电压、电流、温度、绝缘电阻、剩余电量、健康状况等信息。在充电过程中对电池的电压、电量等不一致性进行均衡，进而提高电池组容量，延长电池组使用寿命。

③ 功能说明

a. 电压检测。FBM-BMS 能准确、实时测量电池组内每个单体电池的电压，且每个单体电池的电压数据采集可以做到同步。电压采集精度：$\pm 2mV$ 左右，平均采样周期 13ms，从而精确及时监控电池在使用过程中的状态及变化，有效地防止电池的不正当使用。单体电压测量回路在待机或休眠模式下，漏电不超 $12\mu A$。

b. 温度检测。FBM-BMS 能够准确、同步地测量各个电池的温度值，测量误差 $\pm 1℃$。

c. 电池被动均衡功能。在充电过程中，可以按照协定的均衡管理控制策略对电芯进行均衡管理功能，进而减少电池在使用过程的不一致性，提高整组电池的使用性能。均衡电流最大 50mA。

d. 高速 CAN 通信接口。从控模块（LECU）将采集到的单体电池电压信息、电池温度信息、均衡状态信息及检测的其他状态信息发送给 BMU 或监控设备。同时，通过 CAN 通信接口接收 BMU 发送过来的控制命令并进行相应的命令执行。

e. 电故障分析与报警信号输出。FBM-BMS 设置了系统自诊断功能，系统上电后对电压、温度、通信、存储器、内部通信等部件进行检测，并提供相应的故障代码及等级。

过充报警触点输出：过充（任何单体电池电压上升到预设阈值以上）。

过放报警触点输出：过放（总电压低于设定值；单体电池电压低于设定值）。

信号报警，当出现以下情况时模块通过 CAN 总线将报警信号发送至整车 CAN 总线：单体电池过高；单体电池过低；电池包总电压过高；电池包总电压过低；电池容量过低；电池容量过高；单体电池温度过高；单体电池温度过低；绝缘故障（漏电）；通信异常；电池管理系统异常等。

f. 仪表、整车控制器等系统相关设备通信，为系统提供必要的电池数据。采用高速CAN 通信，及时可靠地将电池状态报至 VCU（整车控制器），有效地防止电池滥用。

g. 电机通信，实现电池的充电管理。FBM-BMS 与充电机采用 CAN 通信，根据三方确定的充电管理协议由 BMS 对充电机进行充电控制。

h. 充电管理控制功能。能够按照甲方规定的慢充充电流程对动力电池充电（慢充）过程进行管理和控制。

i. 人性化的 PC 机监控界面，实现数据的分析和数据库管理。人性化的 PC 机监控界面，

监控时实时观察电池使用状况并自动保存电池使用时的数据，可以用于分析电池状况。实时监测电池组总电压，电池组剩余容量，单体电池电压，单体电池温度。

j. 电池组工作电流的检测。通过电流传感器检测电池组的充放电电流，在电流异常（超过阈值）时，通过整车 CAN 总线发送故障数据，采集误差小于 1%（30A 以下误差小于1A）。

k. 电池组 SOC 的估算。通过分流器对电流采样，完成电流的测量，包括 SOC 计量和SOC 故障等级报警，SOC 计算误差小于 10%。

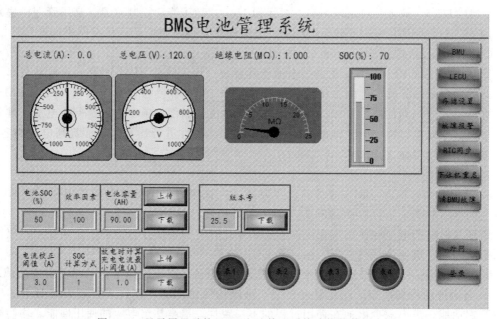

图 2-60　显示屏显示的 BMS 电池管理系统功能与数据（一）

图 2-61　显示屏显示的 BMS 电池管理系统功能与数据（二）

l. 总电压检测。采用专用的电压采集芯片准确地计算电池组总电压，采集误差小于1%。

④ 信息显示屏　显示屏显示 BMS 电池管理系统，如图 2-60～图 2-62 所示。

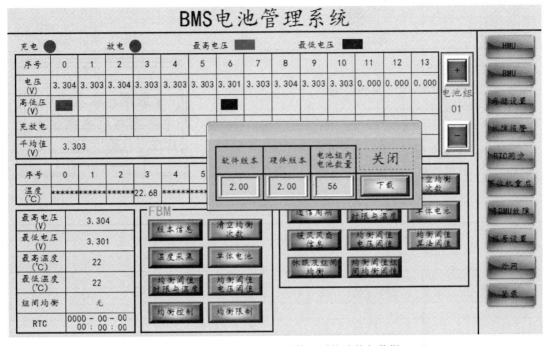

图 2-62　显示屏显示的 BMS 电池管理系统功能与数据（三）

4. 接口定义

（1）LECU＿1M1S 总线及电源接口　见图 2-63。LECU＿1M1S 控制接口（φ6mm 温度传感器）见表 2-5。

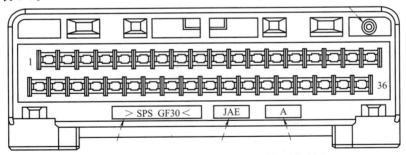

图 2-63　LECU＿1M1S 总线及电源接口端子图

表 2-5　各引脚端子功能表

序号	名称	引脚说明	线标
18	12V＋	接 BMU1 脚	12V＋
16	TS0	传感器信号输入	T1＋
15	TS1	传感器信号输入	T2＋
14	TS2	传感器信号输入	T3＋
13	TS3	传感器信号输入	T4＋
36	12V－	接 BMU2 脚	12V－
34	TS0_GND	传感器地输出	T1－
33	TS1_GND	传感器地输出	T2－

序号	名称	引脚说明	线标
32	TS2_GND	传感器地输出	T3−
31	TS3_GND	传感器地输出	T4−
8	内部 CANL	内部 CANL	内部 CANL
26	GND	CAN 总线地	内部 CAN_GND
25	内部 CANH	内部 CANH	内部 CANH

（2）LECU 电池接口

板端：MX34016NF1，见图 2-64。

线端：MX34016SF1。

端子：M34S75C4F2。

LECU：A 电池接口（接 12 节电池）见表 2-6。

LECU：B 电池接口（接 12 节电池）见表 2-7。

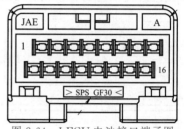

图 2-64　LECU 电池接口端子图

表 2-6　A 电池接口各引脚端子

序号	END1 线标	END2	END2 线标
8	1-00	M6 冷压端子	B1−
16	1-01	M6 冷压端子	B1+
7	1-02	M6 冷压端子	B2+
15	1-03	M6 冷压端子	B3+
6	1-04	M6 冷压端子	B4+
14	1-05	M6 冷压端子	B5+
5	1-06	M6 冷压端子	B6+
13	1-07	M6 冷压端子	B7+
4	1-08	M6 冷压端子	B8+
12	1-09	M6 冷压端子	B9+
3	1-10	M6 冷压端子	B10+
11	1-11	M6 冷压端子	B11+
2	1-12	M6 冷压端子	B12+

表 2-7　B 电池接口各引脚端子

序号	END1 线标	END2	END2 线标
8	2-00	M6 冷压端子	B13−
16	2-01	M6 冷压端子	B13+
7	2-02	M6 冷压端子	B14+
15	2-03	M6 冷压端子	B15+
6	2-04	M6 冷压端子	B16+
14	2-05	M6 冷压端子	B17+
5	2-06	M6 冷压端子	B18+
13	2-07	M6 冷压端子	B19+
4	2-08	M6 冷压端子	B20+
12	2-09	M6 冷压端子	B21+
3	2-10	M6 冷压端子	B22+
11	1-11	M6 冷压端子	B23+
2	1-12	M6 冷压端子	B24+

（3）HMU 线束接口定义　端子连接器如图 2-65 所示，各端子定义见表 2-8。

（4）BMU 接口定义　BMU 接口见图 2-66，BMU 接口各端子功能见表 2-9。

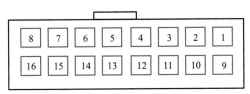

图 2-65　HMU 线束接口端子图

表 2-8　HMU 线束接口各引脚端子功能

序号	名称	引脚说明	END2
1	CUR＋	接分流器输入正极	M5 冷压端子
2	HV＋	接高压正极输入	M6 冷压端子
7	内部 CANH	CANH 与内部 CAN 总线通信用	
8	12V＋	HMU 12V＋正极 供电输入	
9	CUR－	接分流器负极输入	M5 冷压端子
12	HV－	接高压负极输入	M6 冷压端子
14	内部 CAN_GND	CAN_GND 与内部 CAN 总线通信用	
15	内部 CANL	CANL 与内部 CAN 总线通信用	
16	12V－	HMU 12V－负极 供电输入	

```
 4  5   24 23 22 21 20 19 18 17 16 15 14 13 12 11 10  9  8  7  6
        43 42 41 40 39 38 37 36 35 34 33 32 31 30 29 28 27 26 25
 3
        62 61 60 59 58 57 56 55 54 53 52 51 50 49 48 47 46 45 44
 1  2   81 80 79 78 77 76 75 74 73 72 71 70 69 68 67 66 65 64 63
```

图 2-66　BMU 接口端子图

表 2-9　BMU 各引脚端子功能表

序号	引脚名称	方向	功能说明	最大电流
1	12V＋	输出	给 LECU 和 HMU 供电正极输出	1A
2	12V－	输出	给 LECU 和 HMU 供电负极输出	1A
3	Bat12V－	输入	给 BMU 提供 GND DC 电压	10A
4	Bat12V＋	输入	给 BMU 提供＋12V DC 电压	10A
12	整车 CANL	输出	连接整车 CAN 网络	100mA
13	整车 CANH	输出		100mA
14	整车 CAN_GND	输出		100mA
30	内部 CAN_GND	输出	连接 BMS 内部 CAN 网络	100mA
31	内部 CANL	输出		100mA
32	内部 CANH	输出		100mA
43	充电开关	输入	充电状态采集	100mA
59	钥匙开关	输入	钥匙开关状态采集 接 VCU 81 脚输出	100mA
68	过放保护	输出	过放保护信号输出 正常输出低电平,过放保护时输出高阻	3.5A
81	过充保护	输出	过充保护信号输出 正常输出低电平,过充保护时输出 12V	3.5A

（5）VCU 接口定义　VCU 接口见图 2-67,VCU BMU 口各端子功能见表 2-10。

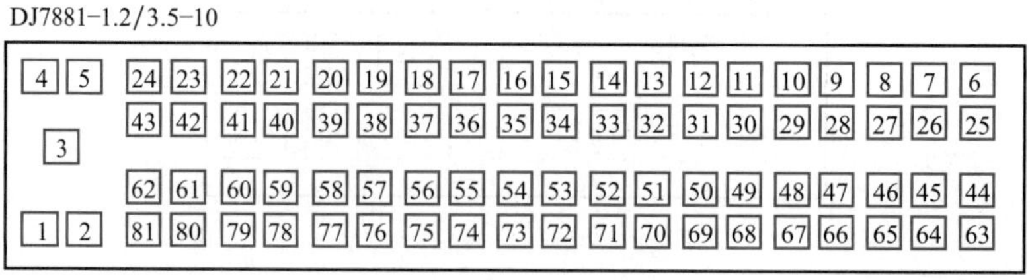

DJ7881-1.2/3.5-10

4	5	24	23	22	21	20	19	18	17	16	15	14	13	12	11	10	9	8	7	6
		43	42	41	40	39	38	37	36	35	34	33	32	31	30	29	28	27	26	25
3																				
		62	61	60	59	58	57	56	55	54	53	52	51	50	49	48	47	46	45	44
1	2	81	80	79	78	77	76	75	74	73	72	71	70	69	68	67	66	65	64	63

图 2-67　VCU 接口端子图

表 2-10　VCU 各引脚端子功能表

序号	引脚名称	方向	功能说明	最大电流
1	直流接触器正极线圈供电	输出	接 6 个直流接触器线圈正极（包括总正，总负，充电，预充电，暖风，空调）	15A
2	Bat12V−	输入	常火 12V 电源负极输入	15A
3	Bat12V−	输入	常火 12V 电源负极输入	15A
4	Bat12V+	输入	常火 12V 电源正极输入	15A
5	Bat12V+	输入	常火 12V 电源正极输入	15A
6	PO5	输出	接真空泵直流接触器线圈负极	3.5A
7	PO6	输出	接空调直流触器线圈负极	3.5A
9	PO8	输出	接倒车继电器线圈负极	3.5A
10	PO9	输出	接倒车灯继电器负极	3.5A
11	PO10	输出	接暖风直流接触器线圈负极	3.5A
12	整车 CANL（预留）	输入/输出	整车 CAN 总线	100mA
13	整车 CANH（预留）	输入/输出	整车 CAN 总线	100mA
14	GND（预留）	输入	整车 CAN 总线地	3.5A
30	GND（预留）	输入	内部 CAN 总线地	3.5A
31	标定 CANL（预留）	输入/输出	VCU 标定 CAN 总线	100mA
32	标定 CANH（预留）	输入/输出	VCU 标定 CAN 总线	100mA
43	INPUT4	输入	过充触点输入（H）	100mA
44	PO1（原 PO2 VCU45 脚）	输出	运行信号（给电机控制器）	3.5A
49	GND	输入	负载地，连接到车身地	3.5A
54	INPUT14	输入	实际悬空为过放信号，低电平为运行信号	100mA
57	INPUT7	输入	制动开关 H（刹车）	100mA
59	INPUT5	输入	钥匙开关 ACC（H）	100mA
60	INPUT1	输入	真空泵压力开关信号输入 L	100mA
61	INPUT2	输入	ON 挡信号 H	100mA
63	PO11	输出	接总正直流接触器线圈负极	3.5A
64	PO12	输出	接总负直流接触器线圈负极	3.5A
67	PO15	输出	接预充电直流接触器线圈负极	3.5A
68	PO16	输出	接充电直流接触器线圈负极	3.5A
69	GND	输入	负载地，连接到车身地	3.5A
70	GND	输入	负载地，连接到车身地	3.5A
77	INPUT10	输入	空调开关（H）	100mA
78	INPUT9	输入	暖风开关（H）	100mA
79	INPUT8	输入	充电开关（H）	100mA
81	POH2	输出	外部供电输出（给 BMS 主板提供 ON 挡电源），接 BMU 59 脚	3.5A

六、纯电动汽车必定遵守规则

① 电动车辆研发制造运营必须符合国家各项相关法规。整车、零部件性能必须满足国

家技术标准和各项具体要求。

② 电动车辆是以电为能源，由电动机驱动行驶的，不再产生新的污染，不再产生易燃、易爆之隐患。

③ 电动车辆储能用的电池必须是无污染、环保型的。且具有耐久的寿命，具备超快充电（2C～3C 以上电流）的功能。车辆根据用途确定一次充电之续行里程，以此装置够用电量的电池组，充分利用公用充电站超快充电以延长续行里程。

④ 电动机组应有高效率的能量转换。刹车、减速之能量的直接利用和回收，力求车辆之综合能源利用的高效率。

⑤ 根据车辆用途和行驶场合设定最高车速，且不得超过交通法规的限定值，以合理选择电动机的功率和配置电池组容量。

⑥ 车辆驾驶操作，控制简单有效、工作可靠，确保行车安全。

⑦ 机械、电气装置耐用，少维修。车辆运营之费用低廉。

⑧ 以目标市场需求为依据，提供实用、合适车型满足之，力求做到技术、经济、实用、功能诸方面的综合统一。

将来产业化、商业化为用户所欢迎的纯电动汽车，必定符合以下几点特征：准确的定位、恰当的用途、宜驶的区域、最佳的效能。合适的车型、经济的配置。可靠的性能、便当的操控。环保的电池、耐久的寿命、够用的电量、超快的充电、完善的网络、到位的服务。低廉的费用、最少的维修。

任务五　纯电动汽车检修与故障诊断

一、蓄电池故障检测与诊断

电动汽车一般都安装有两套电池，一套动力电池用于驱动汽车行驶，一套辅助电池用于部分低压直流供电。电池种类有铅酸电池、镍氢电池、锂离子电池等。常见故障见表 2-11。

表 2-11　EV 电池装置常见故障

电池类别	故障名称	故障现象	故障原因	故障处理
铅酸电池	外壳或封胶裂纹、渗液	裂纹;渗液	剧烈振动;老化;质量问题	更换
	极柱氧化、腐蚀	极柱表面出现白色氧化物或出现烧蚀	接线不牢固	用砂纸磨去氧化物,紧固连接线
	极柱松动	松动	使用不当;老化;质量问题	更换
	极板硫化	放电时,电压急剧降低;充电电压上升过快,电解液温度迅速升高,过早产生气泡	长期过量放电或充电不足;电解液液面过低;电解液密度过高;成分不纯	轻度硫化可以用小电流充电和换加蒸馏水来解决;硫化严重者更换电池
	极板拱曲、活性物质脱落	正极板表面有褐色物质;电解液浑浊	充电电流过大;经常低温大电流放电;汽车行驶颠簸振动	更换
	自放电	充足电的蓄电池放置不久就没有电	电解液不纯;电解液堆积在电池盖上	更换电解液;清洁电池盖
	极板短路	端电压为零	隔板损坏;活性物质堆积过多;极板拱曲	更换

续表

电池类别	故障名称	故障现象	故障原因	故障处理
镍氢电池、锂电池	单体电池极板短路	出现故障显示;检测出故障码;单体电池端电压为零;总电压偏低	隔板或隔膜损坏;极板变形	更换电梯电池
	各单体电池失衡	检测出现故障码;检测各单体电池的电压、内阻差大于标准值	单体电池损伤;老化、质量问题	更换失衡的单体电池
	电池管理系统失效	出现故障显示;检测出故障码	电池管理系统内部电路或电器元件失效	维修或更换电池管理系统
	ECU失效	检测出现故障码	ECU内部电路或电器元件失效	维修或更换ECU
	电池冷却鼓风机损坏	检测出现故障码;电池冷却鼓风机不转或转速过低	鼓风机损坏	维修或更换鼓风机
	充电电压偏高	检测出现故障码;电池电压超过规定值	电极材料老化;变质	维修或更换单体电池
	温度等传感器失效	检测出现故障码;检测传感器失效	传感器损坏;老化;变质	更换传感器
	电池组漏电	检测电池组绝缘电阻过低	绝缘不良;老化	维修或更换单体电池
	外壳或封胶裂纹;渗液	裂纹;渗液	剧烈振动;老化;质量问题	更换
	极柱氧化;腐蚀	极柱表面出现白色氧化物或出现烧蚀	接线不牢固	用砂纸磨去氧化物,紧固连接线
	极柱松动	松动	使用不当;老化;质量问题	更换

二、启动困难故障检测与维修

EV启动困难的故障主要在电池组、电动机及其管理控制装置。EV主要故障一般在驾驶室仪表板显示器上显示,可以直接读取。如比亚迪e6汽车,当启动按钮处于ON时,仪表板显示如图2-68(a)所示,指示灯点亮进行动力电池自检,如果正常,几秒钟后就熄灭为正常,如果不亮或亮后不熄灭,说明动力电池有故障,应停机检查。在正常驾驶中,该灯应该熄灭,如果点亮,说明动力电池有故障。如果仪表板显示如图2-68(b)所示指示灯点亮,表示动力电池温度过高,应停车降温,以免发生电池意外情况发生。在炎热的夏天长途爬坡,或频繁加减速、拖挂、超速、超载等可能会出现动力电池过热,应该注意避免。如果仪表板显示如图2-68(c)所示指示灯点亮,提示动力电池电量接近用完,应充电。

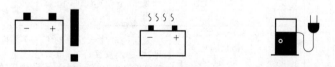

(a)动力电池故障指示灯　　(b)动力电池过热警告灯　　(c)动力电池充电状态指示灯

图2-68　比亚迪e6指示灯

由于动力电池组电压高(比亚迪e6汽车307V),检测维修需要戴绝缘手套,使用专用的检测仪器读取故障码和数据流,对照维修手册进行查找故障,没有条件应送专门维修站维修。手套安全要求如下。

① 在进行任何有关高压组件或线路的操作时，需要使用橡胶制成的绝缘手套，这些手套通常被认为是电工手套，能够承受 650V 的工作电压。

　② 抗碱性的合成橡胶手套同样需要，当工作中接触到氢氧化物时，对人的组织有极其严重的伤害。图 2-69 为电工绝缘手套，图 2-70 为手套检查方法。

　③ 绝缘手套使用前检查，确认手套在使用前无破损，无潮湿或无水汽。

图 2-69　适用于电工作业的绝缘橡胶手套

图 2-70　绝缘手套使用前检查

　对于传统的铅酸电池，可以通过一般仪器进行检查，主要检查内容如下。

　1. 外部检查

　目视检查蓄电池表面是否外壳或封胶裂纹。是否有渗液，极柱是否松动、氧化、腐蚀。极柱连接线松动、表面氧化是最常见的故障，会造成发动机无法启动。可用砂纸磨去极柱表面氧化物，然后紧固连接线。

　2. 蓄电池电解液液面高度的检查

　电解液液面高度检查可用玻璃管测量（见图 2-71）。电解液液面应比极板上表面高出 10～15mm。当电解液液面过低时，应加注蒸馏水，以恢复正常的液面高度。除非确知电解液溅出，否则不许添加硫酸溶液。

　3. 蓄电池电解液密度的检查

　蓄电池要经常检查电解液的密度，一般汽车蓄电池每行驶 6000～7500km，应检查电解液的密度。检查电解液密度用吸式密度计检测（见图 2-72）。

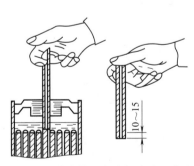

图 2-71　玻璃管观察电解液液面高度

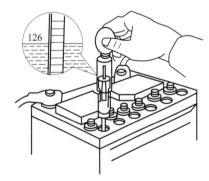

图 2-72　检测电解液密度

　由于充放电过程中，电解液密度随之变化，因此通过测量电解液密度可判断蓄电池充放电程度。12V 蓄电池充电程度与电解液密度见表 2-12。也可以通过测量电解液密度来判断蓄电池故障。

　不同温度电解液的密度有一定的误差，需要对测得的电解液密度值进行修正。电解液密度以 15℃ 时为基准。故测量时，若电解液温度高于或低于 15℃ 时，每升高 1℃，应从实际测得的密度数值上加上 0.0007；反之低于 15℃ 时，每降低 1℃，应减去 0.0007。

表 2-12　12V 蓄电池的充电程度与电解液密度

充电状态/%	100	75	50	25	0
电解液密度/(g/cm³)	1.27	1.23	1.19	1.15	1.11

4. 蓄电池放电程度的检测

蓄电池的放电程度用高率放电计检测。高率放电计有 3V 和 12V 两种，前者只能测量单格电池电压，后者可测量 6 格 12V 电池电压。

单格电池电压检测如图 2-73 所示，将高率放电计两个触脚紧压蓄电池单格两极不超过 5s，读取电压表数值，对照表 2-13，可判断蓄电池存电情况。

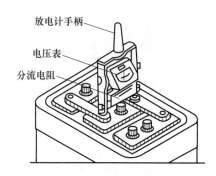

(a) 3V高率放电计　　　　　　　　　(b) 测量放电程度

图 2-73　铅酸蓄电池放电程度检测 1

表 2-13　高率放电计测量电压与存电量关系

电压/V	1.7～1.8	1.6～1.7	1.5～1.6	1.4～1.5	1.3～1.4
存电量/%	100	75	50	25	0

12V 蓄电池电压测量如图 2-74（b）所示，将高率放电计两个触脚紧压蓄电池单格两极不超过 5s，读取电压表数值，对照表 2-14，可判断蓄电池存电情况。

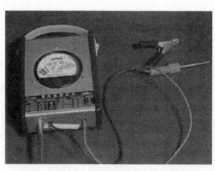

(a) 3V高率放电计　　　　　　　　　(b) 测量放电程度

图 2-74　铅酸蓄电池放电程度检测 2

将"电流调节旋钮"逆时针旋转至切断放电电路，将电流检测电缆上正（红）负（黑）夹子夹到蓄电池正、负极柱上，再将电压检测线上正（红）负（黑）夹子夹到蓄电池正、负极柱上，顺时针转动电流调节旋钮至规定放电电流，放电 15s，观察电压表指针位置，判断蓄电池技术状况和故障，参照表 2-14。逆时针转动电流调节旋钮，停止放电。

表 2-14　测量电压判断蓄电池存电和故障

测量电压/V	指针位置	蓄电池存电/%	蓄电池故障
≥12.5	白色区域或绿色区域	100	正常
11.5～12.5	由绿色区域下降致黄色区域	60～70	容量不足
12左右	由绿色区域很快下降至黄、红色区域	50≤	电极钝化
11.5左右	黄色区域或红色区域	30～50	负极板硫化
10.0左右	黄色区域,蓄电池内冒气泡	容量极低	单格蓄电池内部短路
0	无指示		内部短路

三、行驶无力、电动机发热故障检测与维修

如果纯电动汽车行驶无力、且电动机明显过热,可以分析出故障可能发生在 EV 的直流电动机上面。可能的原因有:电动机电枢绕组有局部短路或接地、励磁线圈局部短路或接地,引起电磁转矩减弱,使汽车行驶缓慢。也可能是换向器部分烧蚀,电刷磨损严重或弹簧弹力不足、控制器失效、电枢轴变形卡滞等引起。

EV 电动机系统一般常见故障见表 2-15,由于电动机与控制器的多样性,具体故障问题应该具体分析。

表 2-15　EV 电动机系统一般常见故障

故障征象	故障原因	故障处理
电动机不转	电路不通	检查线路是否正常,熔丝是否熔断,过载保护器是否限位
	过载堵转	减轻负载,消除堵转障碍
	电刷接触不良	检查电刷,并排除故障
	电动机烧坏	更换新电动机
	控制器故障	检查维修或更换
传动噪声大	电动机噪声大,轴承已损坏	拆下电动机单独检测判断
	控制器未调好	调试控制器
花键轴或花键套过早磨损	电动机轴或套老化	更换
	电动机安装不当,造成电动机轴弯曲变形	检测维修或更换
	长期过载运行	按正常运行
电动机发热冒烟或烧毁	严重超载	减负至规定值
	冷却液不足	按规定添加
	爬坡度或坡长超过规定值	按规定值运行
	制动器调整不当,或使用不当,正常行驶中脚踩着刹车走	调整制动器,正常行驶不踩制动踏板
	控制器失效	检测维修或更换
换向器、电刷磨损、烧毁	使用时间长,未进行定期维护	按规定时间进行定期维护,更换电刷
	过载电流过大	降低负载电流至规定值以下
	电动机进水、进泥后电刷在刷盒内上下活动不灵活	清除杂物,恢复电刷与换向器的接触
	换向器表面不洁,有油污或其他覆盖物	擦除污物,用 00 号砂纸磨光换向器外圆

在 EV 实验台上检测直流有刷电动机,其检测方法如下。

① 电枢线圈短路、断路、接地检测。用万用表的电阻挡测量电动机电枢两个接柱〔图2-75（a）〕,电阻值应符合要求,如果小于规定值,说明内部线圈有短路现象,如果无穷大,说明线圈断路;再检测电枢任一个接柱与壳体的电阻值应该无穷大〔图 2-75（b）〕,否则说明电枢接地。上述检查也可以在实验台面板相应端子进行检查〔图 2-75（c）〕。

② 励磁线圈短路、断路、接地检测。用万用表的电阻挡测量电动机励磁线圈两个接柱〔图

(a) 短路、断路检测

(b) 接地检测

(c) 在面板端子检测

图 2-75　电枢线圈检测

2-76（a）]，电阻值应符合要求，如果小于规定值，说明内部线圈有短路现象，如果无穷大，说明线圈断路；再检测励磁线圈任一个接柱与壳体的电阻值应该无穷大 [图 2-76（b）]，否则说明励磁线圈接地。上述检查也可以在实验台面板相应端子进行检查 [图 2-76（c）]。

(a) 短路、断路检测

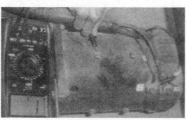
(b) 接地检测

(c) 在面板端子检测

图 2-76　励磁线圈检测

③ 换向器检测（见图 2-77）。换向器检测需拆解电动机，先观察换向器表面应无凹坑、烧蚀，轻微烧伤磨损可以用细砂纸砂去，严重应该更换。再测量凹槽深度符合要求，深度不够，可用锯条刮低。最后检查电刷磨损情况及其压紧弹簧弹力，酌情修复或更换。

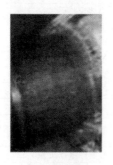
(a) 表面观察

(b) 槽深检测

(c) 电刷检查

图 2-77　换向器及电刷检测

④ 控制器检测。为了方便，可以在实验台面板上进行检测。用万用表的电阻挡测量控制器插头 1、2 端子 [图 2-78（b）]，电阻值应符合要求，如果小于规定值，说明内部电路故障，如果电阻无穷大，说明内部断路。上述检查在实验台面板相应端子进行检查时如图 2-78（c）所示。

四、蓄电池维修

1. 铅酸蓄电池日常维护

① 经常检查蓄电池连接线是否牢固、接触良好。电池卡子产生的氧化物、硫酸盐必须

(a) 控制器插头

(b) 控制器检测

(c) 在面板端子测量

图 2-78　控制器检测

刮净，并涂以凡士林，以防再受锈蚀。

② 经常清除蓄电池盖上的灰尘污物及溢出的电解液，必要时用苏打水溶液清洗（见图 2-79），保持清洁干燥，防止自放电。

③ 防止蓄电池长时间大电流放电。

④ 当蓄电池存电不足时，应及时进行补充充电，亏电会使极板硫化损坏。

⑤ 防止蓄电池过充电，过充会使活性物质脱落，要保证调节器电压不能过高或过低。

⑥ 使用过程中，应经常检查蓄电池排气孔是否畅通，以防电池变形或爆裂。

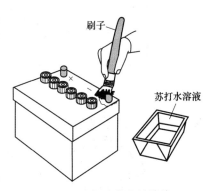
图 2-79　铅酸蓄电池清洁

⑦ 电解液液面应始终保持在要求位置，并视液面下降情况，适当补充蒸馏水（纯水），切勿加酸，除非确认是硫酸不足。

⑧ 汽车在寒冷地区行驶，要避免蓄电池完全放电，以免电解液冻结。

⑨ 车辆长期不用，应该充足电保存，以后每月补充充电一次。

2. 镍氢电池、锂电池日常维护

① 密切注视汽车驾驶室仪表板显示器上动力电池指示灯的显示，出现不正常，即刻停车检查。

② 电动汽车动力电池一般安置于汽车底部，注意车辆不要行驶在较大起伏不平的道路，也不要行驶在过深的水中。

③ 电动汽车动力电池使用温度一般为 -20～60℃，应避免在极端气候和环境条件下工作。

④ 当动力电池充电状态指示灯点亮时，应尽快进行补充充电，注意充电时环境温度要求在 0～55℃。

⑤ 安全行车，注意避免剧烈碰撞，以免引起电池爆炸。

⑥ 在使用过程中，如果电动车的续行里程在短时间内突然下降很多，很可能是电池组中某单体电池出现断格、短路等故障，应及时到专业电池修复机构进行检查、修复。

⑦ 进行蓄电池充电或保养检测时，必须先取下负极上的接地电缆并在最后将其安装。在电缆未断开时给蓄电池充电，可能会产生严重损坏车辆的电子控制单元、电气设备。使用工具时避免同时接触电池的正、负端子，以免造成短路。

⑧ 车辆长期不用，应该充足电保存，以后每月补充充电一次。

五、电动机系统维修

由于 EV 电动机与控制器的多样性，这里只是作一般性概述。

① 按照使用说明书要求进行使用和维护。

② 密切注视汽车驾驶室仪表板上相关电动机及其控制系统警告灯的显示，图 2-80（a）是比亚迪 e6 纯电动汽车的组合仪表，出现不正常，应即刻停车检查。

图 2-80（b）为电动机及控制器过热警告灯。如果此指示灯点亮，表示电动机温度太高，必须停车并使电动机降温。在下列工作条件下，电动机可能会产生过热现象，例如：在炎热的天气进行长途爬坡；频繁急制动、急加速的状态；拖曳挂车时。

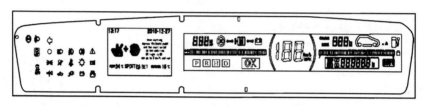

(a) 组合仪表外观

(b) 电动机及控制器　(c) 电动机冷却液温度　(d) DC/DC 系统故障　(e) 动力系统警告灯
过热警告灯　　　　过高警告灯　　　　警告灯

图 2-80　比亚迪纯电动汽车的组合仪表

图 2-80（c）为电动机冷却液温度过高警告灯。如果此指示灯点亮，表示电动机冷却液温度太高，必须停车并使电动机降温。在下列工作条件下，电动机可能会产生过热现象，例如：在炎热的天气进行长途爬坡；频繁急制动、急加速的状态；拖曳挂车时。

图 2-80（d）为 DC/DC 系统故障警告灯，此灯用于显示 DC/DC 模块的工作状态，如果在行驶中此灯点亮，表示 DC 系统存在问题，应立即关闭空调、风扇、收音机等，到维修站维修。

图 2-80（e）为动力系统故障指示灯。当启动按钮处于 ON 时，此灯点亮。如果动力系统工作正常，则几秒钟后此灯熄灭。如果此灯不亮或持续发亮，或行驶中此灯点亮，则表示由警告灯系统监控的电动机、控制器等部件中发生故障，须尽快检查维修。

注意：不要在警告灯点亮的状态下驾驶车辆，即使是一小段距离。否则将毁坏电动机！

③ 注意车辆上的安全注意标识。为了避免人身伤害，不要接触电动机及控制器的高电压电缆（橙色）及其接头（图2-81）。

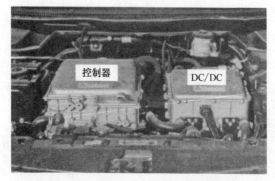

图 2-81　比亚迪 e6 汽车发动机室

刚驾驶完的车辆，发动机室电动机、DC/DC、电动机控制器、散热器等的温度很高。因此须小心，切勿触摸。管路里的油液温度也同样很高。

④ 发现电动机运行突然出现异常振动、噪声、过热、异味、无力等现象，应及时检查排除。

⑤ 禁止 EV 超载超速，以免电动机长期过载损坏。

⑥ 长期不用的纯电动汽车，应保存在通风、干燥、清洁的地方，以免电动机受潮损坏。

总　结

1. 纯电动汽车（EV）是指完全由可充电电池提供动力源的汽车。其主要特点是无排气污染、噪声小、能源来源广泛、结构简单，使用维修方便，但续行里程较短，动力电池寿命短，售价较高。

2. EV 主要由动力电池组、驱动电动机、控制系统及安全保护系统等组成。

3. EV 行驶前进时，动力电池组输出的直流电经电动机控制系统供入驱动电动机，电动机输出的转矩经传动系统驱动车轮。当汽车减速时，车轮带动驱动电动机转动，通过电动机控制系统使电动机成为发电机产生电流，向电池组充电（制动再生能量）。

4. 动力电池的主要指标有安全性能、容量、内阻、循环寿命、荷电保持能力、高率放电性能、能量密度和功率密度等。

5. EV 目前广泛应用的动力电池有铅酸电池、镍氢电池、镍镉电池、钠氯电池和锂离子电池等。

6. 动力电池组应正确使用和维护，其常见的故障是漏电、渗液、极柱氧化、腐蚀、松动、电池极板老化、活性物质脱落、极板短路、失衡、电池管理系统失效等，应及时检查排除。

7. EV 驱动电动机的主要性能参数有电动机类型、额定功率、额定电压、额定电流、额定效率、额定转速、额定功率因数、绝缘等级、功率密度、过载能力、可靠性和成本等。

8. EV 驱动电动机系统的基本结构主要由电枢、磁场、控制器等组成，其工作原理都是利用电磁感应，将电能转换为机械能或将机械能转换为电能，一般电动机都是可逆的。

9. EV 采用的驱动电动机目前主要有直流电动机、感应式交流电动机、永磁电动机、开关磁阻电动机等。

10. 驱动电动机系统应正确使用和维护。

11. EV 启动困难的检测与故障排除。

12. EV 行驶无力、电动机发热的故障诊断与排除。

课程训练

1. 分别检测一个铅酸电池、镍氢电池和锂电池，判断其存电情况。

2. 检测 EV 车的直流或交流驱动电动机，判断其电枢和励磁线圈情况。

3. 在 EV 车上，通过观察组合仪表，判断其全车运行技术状况。

项目三

混合动力汽车结构原理与检修

 知识目标 ≫≫

1. 认知了解混合动力汽车的基本结构。
2. 认知了解混合动力汽车的工作原理。
3. 认知了解混合动力汽车的分类方法。

 技能目标 ≫≫

1. 掌握混合动力汽车电池、电动机的一般检测方法。
2. 掌握混合动力汽车电子控制系统的故障诊断方法。
3. 掌握混合动力汽车的正确使用与维护方法。

 相关知识点 ≫≫

1. 混合动力汽车有何特点。
2. 混合动力汽车为何价格较高。
3. 混合动力汽车维修与常规汽车修理有何异同。

任务一 混合动力汽车认知

混合动力汽车并不是一个新车种，自 1881 年首辆纯电动汽车问世、1896 年内燃机汽车诞生以来，随着人们对汽车综合性能提高的不断追求，在 1894 年就出现了第一辆混合动力汽车。混合动力汽车出现的原因是当初单一的纯电动汽车（续驶里程短和动力电池性能差）、单一的内燃机汽车（内燃机功率小、使用不方便）均存在技术弱点。不过，随着内燃机技术的进步和汽车的流水线批量生产，混合动力汽车遭遇了与纯电动汽车相同的命运，逐渐没落，直至 20 世纪 90 年代因为解决环境和能源问题的需要才重新引起重视，并取得了明显的技术进步。

混合动力汽车有油电混合、气电混合、电电混合等多种不同的形式，即使对应其中的一种混合形式，由于动力传动系统组成的不同，仍存在多种结构。在详细分析各种结构的定义、特点和工作原理之前，给出以下几个基本概念。

① 动力传动系统。动力传动系统是汽车上用于储存、转换和传递能量并使汽车获得运动能力的所有部件的总称，具体包括车载能量源、动力装置、传动系统和其他辅助系统四部分。

② 车载能量源。车载能量源是用于能量储存或进行能量的初始转换以向动力装置直接供能的所有部件的总称，它由能量直接储存装置或能量储存、调节和转换装置组成。例如，对于传统内燃机汽车，车载能量源为燃油箱（能量直接储存）；对于燃料电池电动汽车，车载能量源由氢气罐或储氢金属（能量储存）和燃料电池电堆（能量转换）两部分组成。

③ 动力装置。动力装置是用于把其他形式的能量转化为机械动能（旋转动能）的装置，并直接作为传动系统的输入，如常规汽车上的内燃机、纯电动汽车上的电动机等。

④ 传动系统。传动系统是用于调节和传递动力装置输出的动力，使之与汽车行驶时驱动轮处要求的理想动力达到较好匹配的所有部件的总称，它具有减速、变速、倒车、中断动力、轮间差速和轴间差速等功能。传动系统与动力装置配合工作，能保证汽车在各种工况条件下的正常行驶，并具有良好的动力性和经济性。传动系统一般由离合器、变速器、万向传动装置、主减速器、差速器和半轴等组成。

⑤ 辅助系统。辅助系统是用于从动力装置中获取动力，区别于直接驱动车辆，主要用于维持汽车良好的操控特性、舒适性等的所有部件的总称，如转向助力系统、制动助力系统、空调系统（动力装置直接拖动）、辅助电气系统（12V/24V 发电机系统）等。

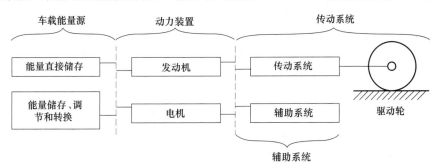

图 3-1　汽车动力传动系统模块图

基于上述给出的基本概念，汽车动力传动系统可抽象为图 3-1 所示的简化模块。具体到常规汽车和纯电动汽车，汽车动力传动系统的基本组成见表 3-1。

表 3-1　汽车动力传动系统的基本组成

组成要素	纯电动汽车	常规汽车
能量补充方式	从电网充电	从加油站加油
车载能量源	动力电池组	汽（柴油）油箱
动力装置	电动机	发动机
传动系	变速器等	离合器、变速器、传动轴、差速器等
辅助系统	车身电气、低压供电、整车控制、制动/空调/转向等	车身电气、低压供电、制动/空调/转向等

基于图 3-1 建立的汽车动力传动系统的简化模块，对混合动力汽车的概念重新定义如下：混合动力汽车是指汽车动力传动系统由两个或多个能同时运转的单个动力传动系统联合组成的汽车，汽车的行驶功率依据实际的汽车行驶状态由单个动力传动系统单独或多个动力传动系统共同提供。如图 3-2 所示，相比于常规的内燃机汽车和纯电动汽车，图 3-2 所示的

混合动力汽车动力传动系统增加了整车能量管理和综合控制系统，其主要作用是以优化发动机的工作效率为目标，协调发动机和驱动电动机之间的动力分配，同时进行动力电池组的电量管理。依据组成混合动力汽车的两个或多个能同时运转的单个动力传动系统之间动力联合位置的不同，混合动力汽车分为串联、并联和混联三种基本的类型。

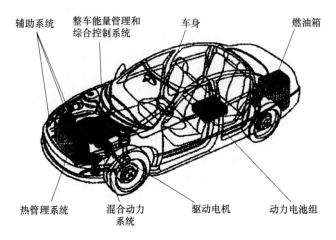

图 3-2　混合动力汽车动力传动系统的组成

一、串联混合动力汽车的概念

串联混合动力汽车是混合动力汽车的一种基本结构，其单个动力传动系统间的联合是车载能量源环节的联合，即非直接用于驱动汽车的能量的联合，并同时向动力装置供能。典型串联混合动力汽车动力传动系统的组成如图 3-3 所示。

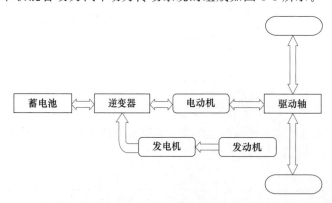

图 3-3　典型串联混合动力汽车动力传动系统的组成

串联混合动力汽车具有如下特点：

① 车载能量源环节的混合。

② 单一的动力装置。

③ 车载能量源由两个以上的能量联合组成。

如图 3-3 所示，燃油箱、发动机、发电机与动力电池组共同组成车载能量源，共同向驱动电动机提供电能，驱动电动机和传动系统组成单一的电驱动系统。

串联混合动力汽车实现了车载能量源的多样化，可充分发挥各种能量源的优势，并通过适当的控制实现它们的最佳组合，满足汽车行驶的各种特殊要求。例如，采用发动机-发电机和动力电池组两种车载能量源的串联混合动力汽车既可满足汽车一定的零排放行驶里程，同时通过发动机-发电机的工作为动力电池组进行补充充电，延长了汽车的有效续驶里程，为实现纯电动汽车的实用化提供了解决方案。

二、并联混合动力汽车的概念

并联混合动力汽车是混合动力汽车的一种基本结构，其单个动力传动系统间的联合是汽车动力或传动系统环节的联合，通过对不同动力装置输出的驱动动能的联合或耦合，并经过相应的传动系统输出到驱动轮，满足汽车的行驶要求。典型并联混合动力汽车动力传动系统的组成如图 3-4 所示。

并联混合动力汽车具有如下特点：

① 机械动能的混合。

② 具有两个或多个动力装置。

③ 每一个动力装置都有自己单独的车载能量源。

如图 3-4 所示，发动机和电动机驱动系统输出的机械动能经

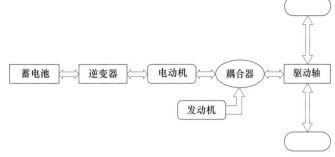

图 3-4　典型并联混合动力汽车动力传动系统的组成

过动力耦合后输出到传动系统驱动汽车行驶，发动机具有自己独立的车载能量源——燃油箱，电动机驱动系统具有自己独立的车载能量源——动力电池组。

依据动力耦合方式的不同，并联混合动力汽车具有单轴联合式、双轴联合式和驱动力联合式三种布置方案，具体如图 3-5 所示。单轴联合式机械动力的耦合是在动力装置输出轴处完成的，传动系统的输入为单轴。其结构示意如图 3-5（a）所示，实际应用如图 3-6 所示。发动机的输出轴通过离合器与电动机的转子轴直接相连，而动力电池组通过控制器的调节作用于电动机定子，实现了发动机与电动机输出转矩的叠加。单轴联合式实现了把不同动力装置的机械动力输出一体化，结构紧凑，但电动机要经过特殊设计。

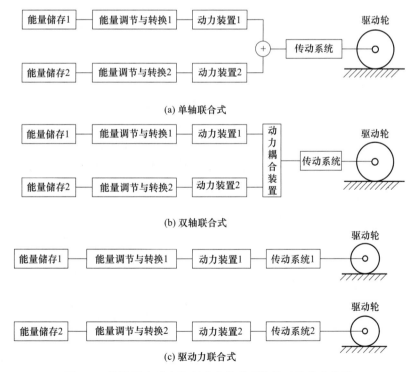

(a) 单轴联合式

(b) 双轴联合式

(c) 驱动力联合式

图 3-5　并联混合动力汽车动力传动系统的三种基本类型

双轴联合式机械动力的耦合是在传动系统的某个环节中完成的，通常称位于传动系统中的这种耦合部件为动力耦合装置。它具有两个或多个输入轴，而输出轴仅有一根并直接与驱

动轴相连，其结构如图 3-5（b）所示。双轴联合式只是把不同动力装置的输出进行动力合成，因此系统元件可选用已有的现成产品，开发成本较低。

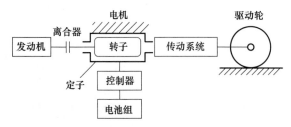

图 3-6　单轴联合式并联混合动力汽车

驱动力联合式机械动力的混合是在汽车驱动轮处通过路面实现的，其结构示意如图 3-5（c）所示。由于具有两套独立的动力传动系统直接驱动汽车，因此在充分利用地面附着力方面驱动联合式具有优势，通过合理的控制，可大大改善汽车的动力性能，但系统组成比较庞大，控制复杂。

三、混联混合动力汽车的概念

为优化动力传动系统的综合效率，充分发挥汽车的节能、低排放潜力，在实际应用中，混合动力汽车动力传动系统并非单纯是简单的串联式结构或并联结构，而是由串联式结构和并联式结构复合组成的串/并联综合式结构，即所谓的混联式结构。典型的混联混合动力汽车动力传动系统如图 3-7 所示。

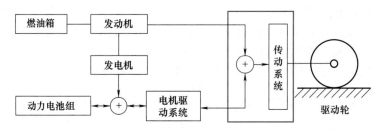

图 3-7　典型的混联混合动力汽车动力传动系统

在图 3-7 中，混联混合动力汽车动力传动系统具有两个电动机系统，即发电机和电动机驱动系统，兼备了串联混合动力汽车车载能量源的混合以及并联混合动力机械动能的混合，在实际应用中主要有两种方案，即开关式和功率分流式，分别如图 3-8 和图 3-9 所示。

在图 3-8 中，离合器起到了串联结构和并联结构的切换作用，若离合器打开，则该混合动力传动系统即为简单的串联式结构；若离合器接合且发电机不工作，则该混合动力传动系统即为简单的并联式结构；若离合器接合且发电机工作于发电模式，则该混合动力传动系统即为复杂的混联式结构。

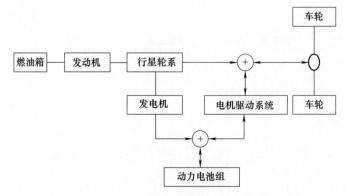

图 3-8　开关式混联混合动力汽车

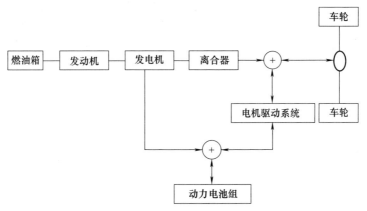

图 3-9　功率分流式混联混合动力汽车

　　在图 3-9 中，巧妙地利用了行星轮系功率分流以及 3 个自由度的特点，发动机、发电机以及驱动轴分别与行星轮系的 3 根轴相连。在正常工作时，发动机的输出动力自动分流为两部分：一部分直接输出到驱动轴，与电动机驱动系统输出的动力联合组成并联式结构；一部分输出到发电机，发电机发出的电能与动力电池组组成串联式结构。

任务二　混合动力汽车的结构原理

一、串联混合动力汽车的结构与原理

串联混合动力汽车的结构简图如图 3-10 所示。

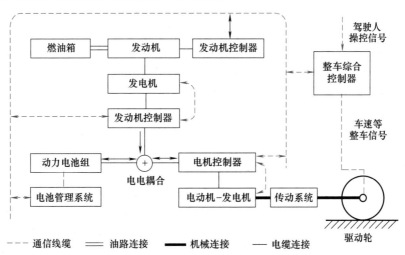

图 3-10　串联混合动力汽车的结构简图

　　汽车由电动机-发电机驱动行驶，电动机控制器的供电来自于发动机-发电机-发电机控制器（以下简称发动机-发电机组）与动力电池组组成的串联式结构。整车综合控制器、电动机控制器、发动机控制器、发电机控制器、电池管理系统等通过通信线缆连接组成整车控制系统，依据控制系统的状态信息以及驾驶人操控指令、车速等整车反馈信息，由整车控制器

实施预定的控制策略，并输出指令到电动机控制器，实施电动机-发电机的电动（驱动汽车行驶）、发电（再生制动能量回收）控制，输出指令到发动机控制器、发电机控制器，实施发动机-发电机组的开关控制以及输出功率控制，输出指令到电池管理系统，实施动力电池组的充、放电能量管理。

依据发动机-发电机组的工作状态以及动力电池组的充、放电状态，串联混合动力汽车具有七种工作模式，见表 3-2。

表 3-2　串联混合动力汽车的工作模式

工作模式	发动机-发电机组	动力电池组	电动机-发电机	整车状态
纯电池组驱动	关机	放电	电动	驱动
再生制动充电	关机	充电	发电	制动
混合动力驱动	发电	放电	电动	驱动
强制补充充电	发电	充电	电动	驱动
混合补充充电	发电	充电	发电	制动
纯发动机驱动	发电	既不充电也不放电	电动	驱动
停车补充充电	发电	充电	停机	停车

各种工作模式的具体说明如下。

① 当动力电池组具有较高的电量且动力电池组输出功率满足整车行驶功率需求时，串联混合动力汽车以纯电池组驱动模式工作，此时发动机-发电机组处于关机状态。

② 当汽车以纯电池组驱动行驶时，若汽车减速制动，则电动机-发电机工作于再生制动状态，汽车制动能量通过再生发电回收到动力电池组中，即工作于再生制动充电模式。

③ 当汽车加速或爬坡需要更大的功率输出且超出了动力电池组的输出功率限制时，发动机-发电机组启动发电，并同动力电池组一起输出电功率，实施混合动力驱动工作模式。

④ 当动力电池组的电量不足且发动机-发电机组输出功率在驱动车辆的同时有剩余时，实施动力电池组强制补充充电工作模式。

⑤ 当动力电池组的电量不足且发动机-发电机组处于发电状态时，若汽车减速制动，则电动机-发电机工作于再生制动状态，汽车制动能量通过再生发电与发动机-发电机组输出功率一起为动力电池组充电，实施动力电池组的混合补充充电。

⑥ 当动力电池组的电量在目标范围内，且发动机-发电机组输出功率满足汽车行驶功率需求时，为提高串联混合动力系统的能量利用效率，采用纯发动机驱动工作模式，此时发动机-发电机组输出功率与汽车行驶功率需求相等。

⑦ 若动力电池组的电量过低，则为保证整车行驶的综合性能，需要对动力电池组进行停车补充充电，此时发动机-发电机组输出的功率全部用于为动力电池组进行补充充电。

二、并联混合动力汽车的结构与原理

并联混合动力汽车的结构简图如图 3-11 所示。汽车的行驶动力由发动机、电动机-发电机通过机电耦合装置单独或联合提供。整车综合控制器、电动机控制器、发动机控制器和电池管理系统等通过通信线缆连接组成整车控制系统，依据控制系统的状态信息以及驾驶人操控信号、车速等整车反馈信息，由整车控制器实施既定的控制策略，并输出指令到电动机控制器，实施电动机-发电机的电动（驱动汽车行驶）、发电（再生制动能量回收）控制，输出指令到发动机控制器，实施发动机的开关控制以及输出功率控制，输出指令到电池管理系统，实施动力电池组的充、放电能量管理。

依据发动机、电动机-发电机的工作状态以及动力电池组的充、放电状态，并联混合动力汽车具有六种工作模式，见表 3-3。

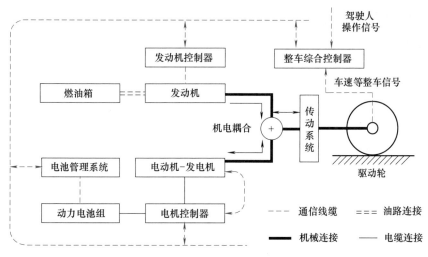

图 3-11　并联混合动力汽车的结构简图

表 3-3　并联混合动力汽车的工作模式

工作模式	发动机	动力电池组	电动机-发电机	整车状态
纯电动机驱动	关机	放电	电动	驱动
再生制动充电	关机	充电	发电	制动
混合动力驱动	机械动力输出	放电	电动	驱动
强制补充充电	机械动力输出	充电	发电	驱动
纯发动机驱动	机械动力输出	既不充电也不放电	不工作	驱动
停车补充充电	机械动力输出	充电	发电	停车

各种工作模式的具体说明如下。

①　当动力电池组具有较高的电量且动力电池组输出功率满足整车行驶功率需求或整车需求功率较小时，为避免发动机工作于低负荷和低效率区，并联混合动力汽车以纯电动机驱动模式工作，此时发动机处于关机状态。

②　当汽车以纯电动机驱动行驶时，若汽车减速制动，则电动机转发电机工作于再生制动状态，汽车制动能量通过再生发电回收到动力电池组中，即工作于再生制动充电模式。

③　当汽车加速或爬坡需要更大的功率输出时，发动机启动工作，并同电动机一起输出机械功力，经机电耦合装置后联合驱动汽车行驶，实施混合动力驱动工作模式。

④　当动力电池组的电量不足且发动机输出功率在驱动汽车的同时有剩余时，电动机-发电机工作于发电模式，实施动力电池组强制补充充电工作模式。

⑤　当动力电池组的电量在目标范围内，且发动机输出功率满足汽车行驶功率需求时，为提高并联混合动力系统的能量利用效率，采用纯发动机驱动工作模式，此时发动机输出功率与汽车行驶功率需求相等。

⑥　若动力电池组的电量过低，为保证整车行驶的综合性能，需要对动力电池组进行停车补充充电，此时发动机输出的电功率全部用于为动力电池组进行补充充电，电动机-发电机工作于发电模式。

在并联混合动力汽车的工作过程中，发动机仅工作在一个适中的功率区间内且输出功率相对平稳，剩余的峰值功率通过电动机-发电机来补偿，以保证发动机具有一个相对稳定的高效工作区，提高了整车的燃料经济性。

三、混联混合动力汽车的结构与原理

以功率分流式混联混合动力汽车为例，其结构简图如图 3-12 所示。

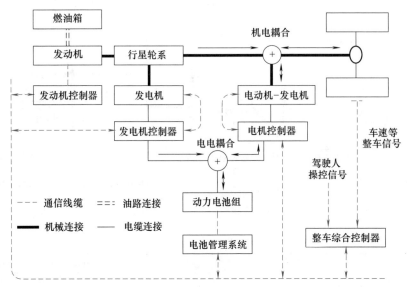

图 3-12 功率分流式混联混合动力汽车的结构简图

混联混合动力汽车同时具备了并联混合动力汽车机电耦合以及串联混合动力汽车电电耦合的特点。汽车的行驶动力由发动机、电动机-发电机通过机电耦合装置单独或联合提供。电动机控制器的供电来自于发动机、发电机组与动力电池组组成的串联式结构。整车综合控制器、电动机控制器、发动机控制器、发电机控制器和电池管理系统等通过通信线缆连接组成整车控制系统，依据控制系统的状态信息以及驾驶人操控信号、车速等整车反馈信息，由整车控制器实施既定的控制策略，并输出指令到电动机控制器，实施电动机-发电机的电动（驱动汽车行驶）、发电（再生制动能量回收）控制；输出指令到发动机控制器，实施发动机的开关控制以及输出功率控制；输出指令到发电机控制器，实施发电机的工作状态控制（工作转速或发电功率）；输出指令到电池管理系统，实施动力电池组的充、放电能量管理。依据发动机、发电机、电动机-发电机的工作状态以及动力电池组的充、放电状态，混联混合动力汽车具有五种工作模式，见表 3-4。

表 3-4 混联混合动力汽车的工作模式

工作模式	发动机	发电机	动力电池组	电动机-发电机	整车状态
纯电动机驱动	关机	关机	放电	电动	驱动
再生制动充电	关机	关机	充电	发电	驱动
纯发动机驱动	启动	发电	既不充电也不放电	电动	驱动
混合动力驱动	启动	发电	放电	电动	驱动
强制补充充电	启动	发电	充电	电动	驱动

各种工作模式的具体说明如下。

① 当动力电池组具有较高的电量且动力电池组输出功率满足整车行驶功率需求或整车需求功率较小时，为避免发动机工作于低负荷和低效率区，混联混合动力汽车以纯电动机驱动模式工作，此时发动机处于关机状态。

② 当汽车以纯电动机驱动行驶时，若汽车减速制动，则电动机-发电机工作于再生制动

状态，汽车制动能量通过再生发电回收到动力电池组中，即工作于再生制动充电模式。

③ 当汽车需求功率增加或动力电池组电量偏低时，发动机启动工作，若发动机输出功率满足汽车行驶功率且动力电池组不需要充电，则整车以纯发动机驱动模式工作，此时动力电池组既不充电也不放电，发动机输出的功率分为两部分，一部分直接输出到驱动轮，另一部分经过发电机、电动机转换后输出到驱动轮。

④ 当汽车急加速需要更大的功率输出时，整车以混合动力驱动模式工作，此时发动机工作，动力电池组放电，发动机输出的功率分为两部分，一部分直接输出到驱动轮，另一部分经过发电机、电动机转换后输出到驱动轮。另外，动力电池组放电输出额外的电功率到电动机控制器，使电动机输出更大的功率，满足汽车总功率需求。

⑤ 当动力电池组的电量不足且发动机输出功率在驱动汽车的同时有剩余时，实施动力电池组强制补充充电工作模式。此时，发动机工作，发动机输出的功率分三部分：一部分直

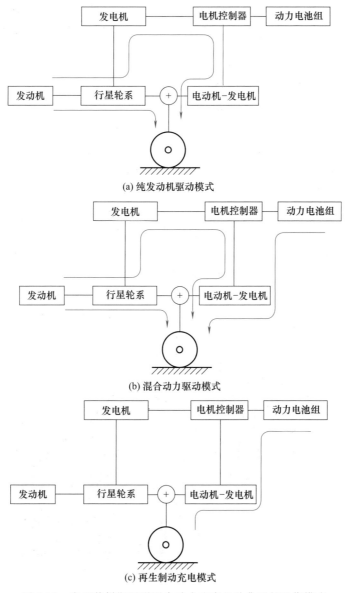

(a) 纯发动机驱动模式

(b) 混合动力驱动模式

(c) 再生制动充电模式

图 3-13 丰田普锐斯混联混合动力汽车几种典型的工作模式

接输出到驱动轮；一部分经过发电机、电动机转换后输出到驱动轮；一部分经发电机后为动力电池组进行充电。

图 3-13（a）、（b）、（c）所示为丰田普锐斯混联混合动力汽车几种典型的工作模式。

对于丰田普锐斯混联混合动力汽车，汽车以纯发动机驱动模式起步，当汽车需求功率达到发动机启动门限时，发动机启动，汽车进入正常工作模式，如图 3-13（a）所示。发动机输出动力经过行星轮系分成两条路径：一条为驱动发电机发电，产生的电功率直接输出到电动机-发电机，电动机-发电机电动运转并驱动车轮；另一条直接驱动车轮。整车综合控制器自动对两条路径的动力进行最佳分配，以最大限度地优化系统效率。

当汽车高速行驶需要较高的动力输出时，动力电池组进行放电，额外增大了电动机-发电机的输出功率，整车获得的功率为发动机输出功率与动力电池组放电功率之和，如图 3-13（b）所示。

当汽车减速制动时，混合动力系统自动实施再生制动能量回收，如图 3-13（c）所示。当汽车遇到红绿灯停车时，发动机自动熄火，避免了发动机怠速运转引起的不必要的油耗和污染物排放。

四、插电式混合动力汽车的结构与原理

图 3-14 所示为插电式混合动力汽车的结构简图。

插电式混合动力汽车本身是一种混合动力汽车，与普通混合动力汽车不同的是其车载的动力电池组可以利用电力网（包括家用电源插座）进行补充充电，具有较长的纯电动行驶里程，必要时仍然可以在混合动力模式下工作。与混合动力汽车相比，插电式混合动力汽车具有较大容量的动力电池组、较大功率的电动机驱动系统以及较小排量的发动机。为满足纯电动行驶的需要，插电式混合动力汽车的辅助系统均为电动化的辅助系统，如电动助力转向、电动真空助力、电动空调等，而且还额外增加了车载充电器。

插电式混合动力汽车的工作原理为：当动力电池组通过电力网充满电后，汽车优先以纯电池组驱动模式工作；直至动力电池组电量达到纯电池组驱动模式工作的下限时，发动机启动，整车自动切入常规混合动力汽车控制模式，动力电池组在满足混合动力行驶功率需求的前提下，维持在一个较低的电量状态，直至下一次通过电力网充满电。

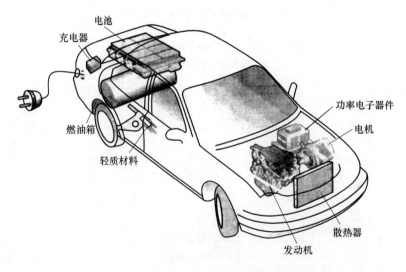

图 3-14　插电式混合动力汽车的结构简图

五、增程式电动汽车的结构与原理

增程式电动汽车本身是一种串联式混合动力汽车，其设计理念是在纯电动汽车动力传动系统的基础上，增加一个增程器（通常为小功率的发动机-发电机组或燃料电池发电系统等），延长动力电池组一次充电续驶里程，满足日常行驶的需要。相比于纯电动汽车，增程式电动汽车可以采用较小容量的动力电池组，有利于降低动力电池组的成本。相比于串联混合动力汽车，增程式电动汽车的增程器功率偏小，动力电池组容量配置偏高。

增程式电动汽车完全靠电动机-发电机驱动，在起步或者短途行驶时，由车载大容量的动力电池组通过电动机控制器为电动机-发电机提供动力，电动机-发电机带动汽车行驶。当动力电池组的电量低于设定工作下限时，车载增程器启动，整车工作于串联混合动力汽车工作模式，满足汽车的行驶动力需求。值得注意的是，增程式电动汽车与插电式混合动力汽车的区别是，前者的发动机功率更小，而且由于在串联混合动力汽车工作模式下，增程器的输出功率不足以补充动力电池组的电量消耗，从而难以像常规串联混合动力汽车那样无限制长距离行驶，因此必须及时对动力电池组进行补充充电。

六、混合动力汽车的关键部件

除了电动汽车常规的动力电池组和电动机驱动系统之外，混合动力汽车特有的关键部件还包括发动机、动力耦合装置和整车综合控制器等。

（一）发动机

在混合动力汽车上，发动机作为唯一的一个耗油部件，其性能和控制特性的好坏直接决定了整车的燃油经济性。由于混合动力汽车还具备电动机驱动系统以及动力电池组等电能储存单元，发动机的工作过程和控制特性与常规汽车发动机有了明显的区别，这也为混合动力汽车中发动机的优化奠定了基础。

常规汽车中发动机是唯一的动力装置，不利于节油的原因如下。

① 具有怠速工作工况。

② 采用奥托循环，部分负荷燃油消耗率高，泵气损失大，小膨胀比。

③ 奥托循环发动机通过加浓混合气满足输出功率增加的需要，浓混合气在发动机内并不能完全被利用，作为 HC 排放物被排到大气中或者在催化转化器中被氧化掉，降低了燃油利用率。

④ 为满足整车动力性要求，发动机后备功率大，大部分工作于低负荷非经济区域。

在混合动力汽车中，由于电动机驱动系统的参与，发动机的工作过程有了优化的基础。例如：可采用小径的曲轴，减小发动机相对运动体的摩擦；采用阿特金森（Atkinson）循环，可设计非常小的燃烧室，显著地降低排气损失和节流损失。

图 3-15 所示为丰田普锐斯混合动力汽车采用的阿特金森循环发动机，阿特金森循环发动机是在奥托循环发动机的基础上增加了一个回流过程，即包括进气、回流、压缩、膨胀和排气五个行程，如图 3-16 所示。阿特金森循环利用进气门晚关而不是节气门来控制负荷。进气门晚关时刻是由气缸内充气量的多少来决定的，也就是由负荷的大小来确定气门的关闭时刻。气门关闭后才是压缩行程的实际开始点，而膨胀行程还是与原奥托循环相似或稍长，这就减少了进气行程的泵气损失和压缩行程的压缩功。膨胀比比压缩比大，能够更大程度地将热能转换为机械能，提高发动机的指示热效率，降低燃油消耗。另外，进气门晚关使实际压缩比降低，所以气缸内的燃烧温度降低，有利于改善 NO_x 排放。图 3-17 所示为阿特金森循环与奥托循环的对比。

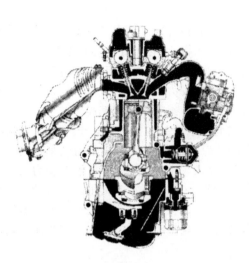

图 3-15 阿特金森循环发动机

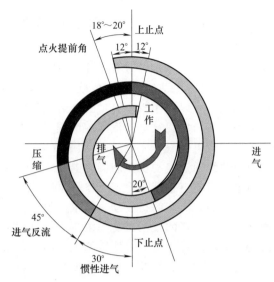

图 3-16 阿特金森循环

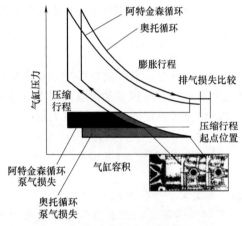

图 3-17 阿特金森循环与奥托循环的对比

阿特金森循环发动机具有较高的热效率是因为它降低了两方面的损耗：一是在部分负荷时它工作在最佳膨胀比下，燃料的热效率高；二是进气行程中没有节气门的节流作用，从而减少了泵气损失。虽然具有较高热效率，但阿特金森循环却存在功率偏低的缺点，特别是在低速低负荷下更加明显。混合动力汽车技术的出现弥补了这一缺陷，在低速小负荷下可以使用电动机驱动系统驱动，既发挥了电动机低速大转矩的优点，又避开了阿特金森循环低速小负荷下的弱点，使发动机主要工作在中、高速工况下，充分发挥了阿特金森循环发动机热效率高的优点，提高了整车的燃油经济性和排放性。在大部分负荷范围内没有节气门作用，因此不存在额外的泵气损失。为了提高燃油的做功能力，阿特金森循环发动机采用了较大的膨胀比，在需要提供大的功率输出时，混合动力汽车通过电动机、动力电池输出能量辅助汽油机提供动力，因而就解决了传统汽油机通过使用过浓混合气增加功率输出的缺陷。因此，阿特金森循环发动机是混合动力汽车采用的较理想发动机。

（二）动力耦合装置

动力耦合装置是混合动力汽车实施两条或多条独立动力传动系统联合输出动力的所有部件的统称。串联混合动力汽车的动力耦合装置为电电耦合装置，并联混合动力汽车的动力耦合装置为机电耦合装置。

1. 电电耦合装置

在串联混合动力汽车中，发动机-发电机组输出的直流电与动力电池组输出的直流电经过电电耦合装置的调整后，共同向电动机控制器提供电能，在实际的应用中有图 3-18～图 3-21 所示的几种典型方案。发动机-永磁发电机经三相整流后的直流输出特性如图 3-22 所示。

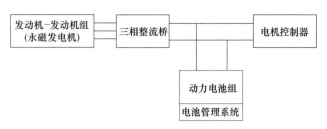

图 3-18　串联混合动力汽车电电耦合直接并联（永磁发电机）

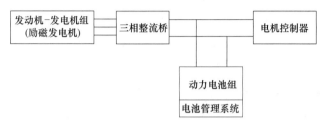

图 3-19　串联混合动力汽车电电耦合直接并联（励磁发电机）

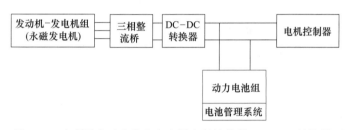

图 3-20　串联混合动力汽车电电耦合间接并联（DC-DC 转换器）

图 3-22 所示的发动机-永磁发电机组直流输出是发动机工作转速的函数。在同一发动机转速下，直流输出电压和电流之间为固定的线性关系。电电耦合采用发动机-永磁发电机组与动力电池组直接并联的方案（见图 3-18），为了实现串联混合动力汽车的各种工作模式，必须依据动力电池组的端电压进行发动机的转速控制以实现动力电池组的充、放电管理。

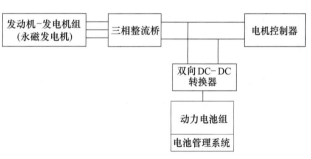

图 3-21　串联混合动力汽车电电耦合间接并联（双向 DC-DC 转换器）

由于仅转速一个控制变量，因此发动机的工作点难免受到整车实际功率需求变化的影响，改进方案如图 3-19～图 3-21 所示。在图 3-19 中，把永磁发电机改为励磁（可调）发电机，从而实现了发动机-发电机组直流输出的双参数调整，即发动机的转速和励磁发电机的励磁电流两个参数调整。若系统参数匹配合理，可以实现相同输出功率条件下发动机以最佳效率工作点工作。在图 3-20 中，在发动机-永磁发电机组直流输出端增加了一个 DC-DC 转换器。DC-DC 转换器可以实现输出直流电压的升压或降压变换，实现了发动机-永磁发电机组直流输出与动力电池组输出的解耦，同样实现了发动机-发电机组输出的双参数调整，即发动机的转速和 DC-DC 转换器的输出电流，可以实现相同输出功率条件下发动机以最佳效率工作点工作。图 3-21 中，在动力电池组的输出端增加了一个双向 DC-DC 转换器，通过对 DC-DC 转换器的升压/降压控制，实现了动力电池组充、放电的主动管理以及发动机-永磁发电机组输出电压的主动匹配，也实现了发动机-发电机组输出的双参数调整，即发动机的转速和双向 DC-DC 转换器的电压的调整，同样可以实现相同输出功率条件下发动机以最佳效率工作点工作。

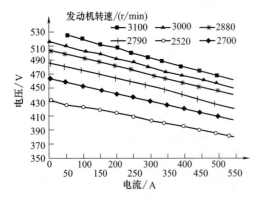

图 3-22　发动机-永磁发电机组直流输出特性

2. 机电耦合装置

在并联混合动力汽车中，机电耦合装置负责将混合动力汽车的多个动力装置的输出机械动力组合在一起，实现多机械动力间合理的分配并传给驱动桥，实现各种工作模式，在并联混合动力汽车开发中处于重要地位。

混合动力汽车机电耦合装置应具有以下四个功能。

① 动力合成功能。机电耦合装置能够将来自不同动力装置的机械动力进行动力的合成，实现混合动力驱动工作模式。

② 动力输出不干涉功能。机电耦合装置应保证来自不同动力装置的机械动力单独地输出或让多个动力装置共同输出以驱动汽车行驶，彼此之间不发生运动干涉，不影响传动效率。

③ 动力分解与能量回馈功能。机电耦合装置应允许将发动机动力的全部或一部分传递给电动机，电动机以发电模式工作，为动力电池组充电，还可以在整车制动时实施再生制动，回收制动能量。

④ 辅助功能。机电耦合装置最好能充分发挥电动机低速大转矩的特点来实现整车起步，利用电动机的反转来实现倒车，从而取消倒挡机构。

从实现动力耦合的机理出发，机电耦合装置具体可分为转矩耦合装置、转速耦合装置和功率耦合装置三大类。

（1）转矩耦合装置　转矩耦合装置的输出转矩为两个动力装置输出转矩的叠加，而工作转速之间为比例关系，数学表达式为

$$T = \eta_e T_e i_e + \eta_m T_m i_m \tag{3-1}$$

$$n = \frac{n_e}{i_e} = \frac{n_m}{i_m} \tag{3-2}$$

式中，T、T_e、T_m 分别为机电耦合装置的总输出转矩、发动机输出转矩和电动机输出转矩；n、n_e、n_m 分别为机电耦合装置、发动机、电动机的工作转速；i_e、i_m 分别为发动机、电动机与机电耦合装置之间的机械传动比；η_e、η_m 分别为发动机、电动机与机电耦合装置之间的机械传动效率。

典型的转矩耦合装置有两大类，即传动系统耦合和同轴电动机耦合，如图 3-23 所示。传动系统耦合是并联混合动力汽车较普遍采用的一种耦合方式，例如我国东风汽车公司 EQ7200 基于 AMT 的机电耦合装置（见图 3-24），日本五十铃公司基于 PTO 的机电耦合装置（见图 3-25）等。由此可以看出，传动系统耦合均采用了固定传动比齿轮传动实现了转矩耦合。

同轴电动机耦合混合动力系统即单轴耦合并联混合动力系统，发动机输出轴与电动机的输出轴同轴，各种具体实施方案的差异在于发动机与电动机之间是否增加了离合器。

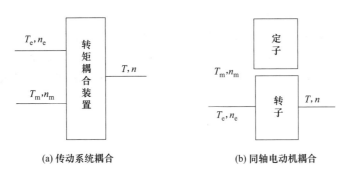

(a) 传动系统耦合　　　　　　　　(b) 同轴电动机耦合

图 3-23　典型的转矩耦合装置

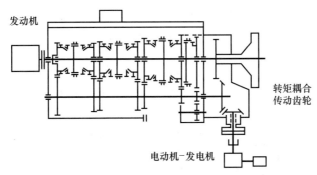

图 3-24　东风汽车公司 EQ7200 基于 AMT 的机电耦合装置

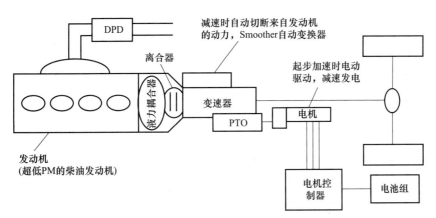

图 3-25　日本五十铃公司基于 PTO 的机电耦合装置

（2）转速耦合装置　转速耦合装置的工作转速为两个动力装置工作转速的叠加，而输出转矩之间为比例关系，数学表达式为

$$T=\eta_e T_e i_e=\eta_m T_m i_m \qquad (3\text{-}3)$$

$$n=\frac{n_e}{i_e}+\frac{n_m}{i_m} \qquad (3\text{-}4)$$

典型的转速耦合装置有两大类，即行星排耦合和定子浮动式电动机耦合，分别如图 3-26（a）、（b）所示。

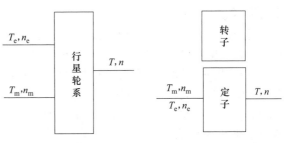

(a) 行星排耦合　　　　(b) 定子浮动式电动机耦合

图 3-26　典型的转速耦合装置

行星排是混合动力汽车机电耦合装置中经常使用的机构，按形式的不同又可分为单行星排、双行星排和多行星排。北京理工大学与波兰华沙工业大学联合设计的混合动力汽车用单行星排耦合系统，如图 3-27 所示，发动机与行星排太阳轮相连，电动机经过一对齿轮减速后与行星排齿圈连接，经过行星排行星架输出到驱动桥，显然稳态下的输入、输出之间存在如下关系：

$$T=\eta_{\mathrm{e}}T_{\mathrm{e}}(k+1)=\eta_{\mathrm{m}}T_{\mathrm{m}}\frac{k+1}{k} \tag{3-5}$$

$$n=\frac{n_{\mathrm{e}}}{k+1}+\frac{kn_{\mathrm{m}}}{k+1} \tag{3-6}$$

式中，k 为行星齿圈与太阳轮的齿数比。

定子浮动式电动机耦合系统输入与输出之间的关系如下：

$$T=\eta_{\mathrm{e}}T_{\mathrm{e}}=\eta_{\mathrm{m}}T_{\mathrm{m}} \tag{3-7}$$

$$n=n_{\mathrm{e}}+n_{\mathrm{m}} \tag{3-8}$$

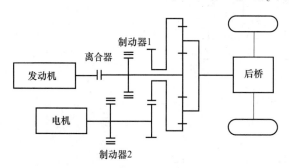

图 3-27　单行星排动力耦合系统

转速耦合装置的输出转矩与发动机和电动机转矩成比例关系，工作转速是发动机和电动机工作转速的线性和。因此，在汽车行驶过程中，发动机的转矩不可控，发动机的转速可以通过电动机的转速调整而得到控制，从而实现发动机的无级调速。

（3）功率耦合装置　功率耦合装置兼顾了转速耦合装置和转矩耦合装置的特点，其输出转矩为两个动力装置输出转矩的线性和，其工作转速为两个动力装置工作转速的线性和，即转矩耦合公式（3-1）和转速耦合公式（3-4）同时成立。

典型的功率耦合装置实施方案如图 3-28 所示。图 3-28（a）对应的实际应用举例为丰田普锐斯混合动力汽车所采用的 THS 混合动力系统（单行星排功率耦合）。如图 3-29 所示，发动机与行星排行星架相连，发电机［对应图 3-28（a）的 m1］与太阳轮相连，齿圈输出并与电动机［对应图 3-28（a）的 m2］直接同轴连接，经过减速传动到驱动轮，实际上 THS 混合动力系统为单行星排转速耦合与同轴电动机转矩耦合集成的功率耦合系统。图 3-28（b）所示为双行星排功率耦合。双行星排的行星架直接相连并作为输出轴，两个电动机-发电机分别与两个行星排的太阳轮相连，发动机与第一个行星排齿圈相连，第二个行星排的齿圈直接固定。这样，第一个行星排三个轴同时运转，起到功率分流的作用，第二个行星排齿圈固定，相当于一个减速传动。该种方案实际上为发动机与电动机 1 组成的单行星排转速耦合、电动机 2 经过第二个行星排减速传动与第一个行星排输出轴组成的转矩耦合。图 3-28（c）所示实际上为发动机和电动机 1 组成的定子浮动式转速耦合、电动机 2 和电动机 1 定子轴组成的同轴电动机转矩耦合。

综上所述，功率耦合系统均集成了至少一种转矩耦合装置、一套转速耦合装置，具有至少两个电动机-发电机。

（三）整车综合控制器

整车综合控制器是混合动力汽车的关键部件，它基于驾驶人的操控指令、车速等整车的状态信息、混合动力系统组成部件的状态信息等，实施驾驶人的指令解析，依据制定的控制

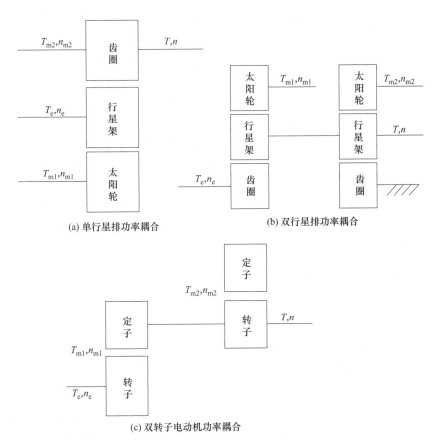

(a) 单行星排功率耦合

(b) 双行星排功率耦合

(c) 双转子电动机功率耦合

图 3-28 典型的功率耦合装置

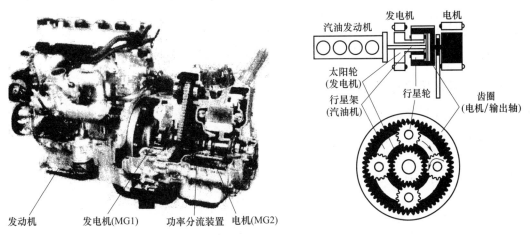

图 3-29 丰田 THS 混合动力系统

策略进行动力分配控制，依据动力电池组等的能量状态进行能量管理，对混合动力系统组成部件进行信息监控和故障诊断等，并输出合理的指令到电动机、发动机以及动力耦合装置等，以满足汽车的行驶要求。

整车综合控制器硬件包括微处理器、电源及保护电路模块、CAN 通信模块、A-D 模块、I/O 接口、调试模块等。微处理器负责数据计算和存储，是整车综合控制器的"大脑"；电源及保护模块为微处理器提供稳定的 12V 或 24V 电源，并在电源意外接错的情况下切断电路保护整车控制器的安全；CAN 通信模块通过内嵌的 CAN 控制器和外接的 CAN 收发器实现 CAN 网络通信；A-D 模块负责采集加速和制动踏板等模拟量信号的输入；I/O 接口负责接收钥匙、模式开关指令并实现继电器的开关控制；调试模块（BDM）实现程序的下载更新和在线调试。

整车综合控制器软件包括四部分：芯片使用模块的初始化、信息采集和控制指令的发送、整车动力分配和能量管理策略、系统状态监控和故障诊断。其中整车动力分配和能量管理策略是整车综合控制器软件的重点。整车动力分配的原则是最大限度地降低发动机的燃油消耗，保证发动机工作于高效区。常用的控制策略包括基于逻辑规则的控制策略，举例说明如图 3-30 所示。在发动机低速、低负荷的非经济工作区，发动机尽可能关机，采用纯电动机驱动，如图 3-30 中的区域 A、B；在发动机经济工作区，采用纯发动机驱动，如图 3-30 中的区域 C；当需求功率超过发动机的经济工作区时，如图 3-30 中的区域 D，发动机以经济工作区的节气门上限工作，剩余功率由电动机提供，即采用"发动机＋电动机"的混合驱动；当需求功率超过发动机的全负荷工作区时，如图 3-30 中的区域 E，则发动机以全负荷工作，剩余功率由电动机提供。基于逻辑规则的控制策略算法简单，易实现，且具有很好的鲁棒性，但由于基于工程经验，对汽车行驶工况的动态变化考虑不充分，难以获得最佳的控制效果，因此又出现了基于模糊规则的控制策

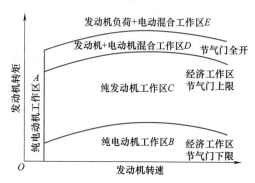

图 3-30　基于逻辑规则的动力分配控制策略

略、基于静态全局优化的控制策略和基于动态实时优化的控制策略等。整车能量管理策略围绕动力电池组的电量消耗变化主要有两大类：其一为电量消耗型管理策略，即动力电池组的电量状态在汽车行驶前后处于衰减的状态，在必要时需要对动力电池组进行外接充电；其二为电量维持型管理策略，即动力电池组的电量状态在汽车行驶前后基本保持不变，不需要对动力电池组进行外接充电，整车使用和常规汽车相同，只需要加油即可。

七、汽车怠速启停系统

（一）什么是汽车怠速启停系统

1. 怠速启停系统（ISS）

怠速启动和停止系统（Idling Start and Stop System，简称 ISS），是一套使汽车在怠速临时停车（例如等红灯）的时候自动熄火，当需要继续前进的时候自动重启发动机的一套系统。

2. 怠速启停系统作用

怠速是指汽车节气门关闭，加速踏板完全松开，发动机对外无功率输出并保持最低转速稳定运转的工况。

在汽车使用中，发动机怠速运转的时间约占 30%，直接影响到汽车燃油消耗和排放污染，尤其是在城市里运行的汽车，经常遭遇红灯，走走停停，怠速运行浪费惊人。有人测算北京市在拥堵的车况下，500 万辆车在堵车怠速时，1h 所造成的燃料损失就高达 2000 万元，而且还有大量废气排放污染大气。

试验表明，汽车使用怠速启停系统，在城市工况节约燃油可达 8%～15%，CO_2 排放可降低 3%～6%，意义重大。

（二）汽车怠速启停系统的发展与现状

1987 年，五十铃汽车公司开发了第一代怠速停止系统，并成功应用于大型客车与载货车上。

2004，法国标致雪铁龙汽车集团公司在其产品 CITROEN C3 中也装备了 ISS 来代替传统的启动机。

2007 年，博世公司研发投产汽车怠速启停系统。

2008 年，欧洲搭载怠速启停的新车比例为 5％。

2009 年 8 月，欧洲配备有博世怠速启停系统的汽车突破了 100 万辆。

2011 年的 3 月 5 日，中国香港特区政府审议通过了《汽车引擎空转定额罚款草案》。按照规定，除巴士、混合动力车型等豁免情形之外，怠速 3min 之后必须熄火，否则将定额罚款 320 港元。其实美国、日本、英国、法国、德国、意大利及中国台湾等国家和地区都已有立法监管停车熄火，怠速停车熄火立法正在全球成为惯例。

2012 年 3 月，由长安汽车与德国博世合作研发的长安逸动 CX30（图 3-31）安装了怠速启停系统，成为自主品牌中率先搭载这项装置的车型。

目前，国内吉利汽车集团已将怠速启停技术（吉利内部称为 GSG 技术，是 Geely Stop-Go System 的简称）应用于帝豪 EC718 以及帝豪 EC825 汽车，还拟全面推广到各车型上。华晨汽车公司已实现量产的中华骏捷 FSV 启停出租车，长城汽车公司在炫丽上搭载了智能启停系统，上汽荣威、奇瑞汽车等都将怠速启停技术应用于新生产汽车。

图 3-31　长安逸动 CX30 汽车

（三）汽车怠速启停系统的结构与工作原理

1. 汽车怠速启停系统基本组成

如图 3-32 所示，汽车怠速启停系统主要由各种传感器（如离合器开关、启停开关、空挡开关、车轮转速传感器等）、控制中心 ECM、各种执行器（如启动机、发电机）和显示装置等组成。其电路控制原理如图 3-33 所示。

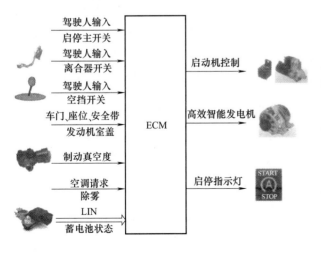

图 3-32　汽车怠速启停系统基本组成

2. 汽车怠速启停系统工作原理

驾驶人坐在驾驶舱内，前方路口的红灯亮起，驾驶人踩下制动踏板，停车摘挡。这时候，怠速启停系统自动检测：发动机空转且没有挂挡；车轮转速传感器显示为零；蓄电池传感器显示有足够的能量进行下一次启动；制动真空度充足；满足安全条件（驾驶人在座及车门闭合）；汽车空调及"防冰"、"防雾"没有被请求。满足上述条件后，发动机自动停止转动。而当信号灯变绿后，驾驶人踩下离合器，即可快速地启动发动机，电路原理如图 3-33 所示。

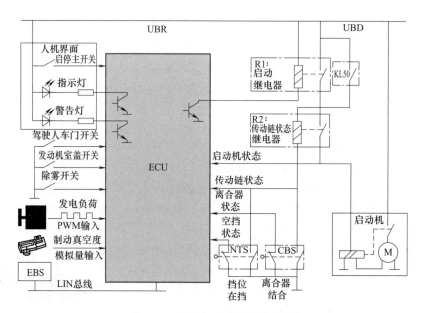

图 3-33　汽车怠速启停系统电路

NTS—空挡开关；CBS—离合器底部开关（90％踩下）；EBS—蓄电池传感器

3. 汽车怠速启停系统主要部件

汽车怠速启停系统主要部件有增强型启动机、增强型蓄电池、蓄电池传感器、升级的发动机控制器、加速踏板等传感器等，在汽车上的位置如图 3-34 所示。

（1）增强型启动机（SSM）　汽车怠速启停系统由于发动机增加了启动次数，需要更耐用、少冲击的增强型启动机（图 3-35），要求启动机设计允许通过很大的工作电流，但使用时间很短，反复使用启动机不过热损坏。一般采用加大磁极以增强电动机功率，优化电动机轴承和行星轮系以增强寿命，增加电动机结合缓冲弹簧以降低噪声。

图 3-34　汽车怠速启停系统主要部件

1—增强型启动机；2—增强型蓄电池；3—蓄电池传感器；
4—升级的发动机控制器；5—加速踏板等传感器

图 3-35　增强型启动机

（2）增强型蓄电池（AGM）　汽车怠速启停系统由于发动机启动次数的增加，需要容量更大、更耐用的增强型蓄电池（图 3-36），一般采用 AGM（Absorbent Glass Matt）电池，正负极板中间衬有吸附性能好的白色柔软的玻璃纤维，可以使蓄电池寿命提高 1 倍，更好的深循环性能，使启动放电能力比一般蓄电池提高 1.5 倍以上，工作温度在 $-40\sim60℃$，蓄电池即使倾斜或者倒置也可正常工作。

图 3-36　增强型蓄电池

（3）蓄电池传感器（EBS）　蓄电池传感器（图 3-37）安装在电池负极上，用于检测蓄电池的电压 U、放电电流 I 和蓄电池温度 T 等参数，通过模型计算出所检测电池的荷电状态 SOC、功能状态 SOF、劣化程度 SOH，通过 LIN 总线发给控制系统。

（4）升级的发动机控制器（ECU）　升级的发动机控制器（图 3-38）除了保留原来的基本发动机控制功能外，还应该增加启停发动机功能、启停整车功能和能量管理功能。

（5）制动真空度传感器　制动真空度传感器（图 3-39）安装在制动真空腔与进气歧管之间的管路上，可用于检测制动真空的真空度，直接反映制动助力的能力。

图 3-37　蓄电池传感器　　　图 3-38　升级的发动机控制器　　　图 3-39　制动真空度传感器

（6）DC/DC 转换器　DC/DC 转换器（图 3-40）可以选装，用于稳定整车电压，防止启动机带动发动机启动的时候车上用电设备（收音、导航）出现掉电重启。

（7）可控发电机　可控发电机（图 3-41）可以选装，用于控制发电机发电、不发电和发电负荷大小，并且反馈给 LIN 总线。可控发电机要求能进行智能控制，汽车加速时不发电，减速时发电，以节约油耗，效率更高，所以发电机的电极数量、材质和线圈都有更高要求。

图 3-40　DC/DC 转换器

发电机还应配多功能调节器（图 3-42），用于稳定调节发电机输出电压。

（8）智能转速传感器　由于怠速启停系统对汽车和发电机转速反馈要求尽可能快速准确，所以传感器一般采用高性能智能传感器（图 3-43），它可以缩短启动机的启动时间。

图 3-41 可控发电机

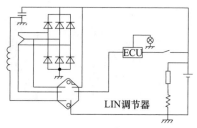

图 3-42 发电机调节器

（四）汽车怠速启停系统的使用

1. 使用说明

以长安逸动怠速启停系统为例说明。

（1）打开怠速启停功能，车辆启动并行驶一段时间，待冷却液温度高于 40℃，并且车速大于 10km/h 时，启停状态指示灯（图 3-44）熄灭。

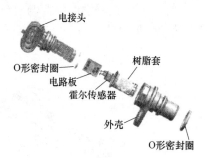

图 3-43 智能转速传感器

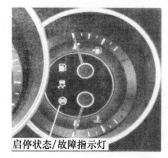

图 3-44 启停状态指示灯

（2）遇到红灯或需要临时停车时，完全松开加速踏板，踩离合器踏板挂空挡，车辆停止后完全松开离合器踏板，发动机自动停机。

（3）车辆准备起步时，踩下离合器踏板，发动机立即自动启动，同时启停状态指示灯点亮。如先挂挡，离合器踏板必须踩到底。

（4）当车速再次大于 10km/h 后，启停状态指示灯熄灭，此时又可以正常使用启停功能。

（5）特殊情况下的自动停机与启动。为保证用户使用启停功能时的安全与舒适，系统在以下条件下也会自动停机/启动。

① 怠速启停功能开关触发自动停机。车辆行驶一段时间后再次处于怠速状态时，按下怠速启停功能开关（图 3-45）。开启该功能，如此时满足自动停机的条件，发动机自动停机。

② 驾驶人长时间无操作，发动机自动停机。在发动机自动启动后，如果在 15s 内，驾驶人无任何离合器踏板、加速踏板和挡位操作，则认为驾驶人无起步意图，发动机自动停机。

③ 加速踏板触发自动启动。发动机自动停机后，保持空挡状态，踩下加速踏板，发动机立即自动启动。

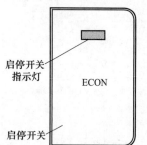

图 3-45 怠速启停功能开关

④ 怠速启停功能开关触发自动启动。发动机自动停机后，保持空挡状态，按下怠速启停功能开关，关闭该功能，发动机立即自动启动。

⑤ 溜坡自动启动。在发动机自动停机后，如果车辆滑行到车速大于 5km/h，发动机立即自动启动。

⑥ 电池电量过低自动启动。发动机自动停机后，如果蓄电池电量低于安全限值，为避免电池电量继续下降导致发动机无法启动，发动机将会立即自动启动。

⑦ 真空度不足自动启动。发动机自动停机后，如果制动泵中真空度不足（一般是停车踩了几脚制动踏板），发动机将会立即自动启动。

⑧ 熄火自动启动。发动机熄火时，需先退回空挡，再踩下离合器踏板，发动机立即自动启动。

2. 使用注意事项

（1）怠速启停功能在以下常见情况下可能不起作用。

① 车辆冷启动，冷却液温度未达到 40℃。

② 车速未超过 10km/h。

③ 电池电量低。

④ 连续自动启动过于频繁。

⑤ 左前门打开。

以上任意情况下，仪表上的怠速启停状态指示灯都会常亮，此时不允许启停，属于正常现象，但如果通电时怠速启停状态指示灯闪烁后常亮，说明启停系统存在故障，需去维修站检查。

（2）如果自动停机后，打开驾驶人侧车门，任何操作都不能自动启动发动机，只能使用钥匙启动。

（3）如发动机在停机过程中需要再次启动，在踩下离合器踏板后，发动机自动启动可能需要稍许等待。

（4）如果蓄电池电量低于安全限值，为避免出现发动机无法启动的情况，系统将会禁止停机；如此时处于自动停机状态，发动机将会自动启动。

（5）维修车辆时，不要轻易将蓄电池传感器卸下（如需切断车载蓄电池电源，可以将蓄电池传感器端的线束卸下）。

（6）如果将蓄电池传感器断电后，启停系统需要满足以下条件后才能工作。

① 关闭所有用电器，闭锁后将车静置 4h 以上。

② 连续成功启动 4 次以上（每次启动在 ON 位置停留超过 0.3s）。

（7）在不拆卸原车蓄电池的情况下，若需要外接电源或外接电池启动车辆，应将外接的负极端接入蓄电池传感器的螺柱处，勿直接搭在车载蓄电池负极处。如果不按照该要求连接，蓄电池传感器无法检测到电流，可能会报蓄电池状态错误，使 STT 功能被禁止。

（8）蓄电池和蓄电池传感器必须使用厂家规定型号的产品，不得随意更换，否则可能影响汽车启停功能。

任务三 典型混合动力汽车结构特点

一、丰田车系

丰田混合动力系列车型有普锐斯、雷凌、凯美瑞、卡罗拉等，丰田公司于 1997 年开始销售的普锐斯混合动力汽车为 5 座小型轿车，是世界上第一款大批量生产的商业用途的混合动力车型。丰田普锐斯混合动力系统由汽油发动机和电动机组成，采用丰田汽车公司自行研发的丰田混合动力系统（Toyota Hybrid System，THS）。

1. 丰田混合动力系统（THS）的组成

丰田混合动力系统（THS）使用汽油机和电动机两种动力，通过串联与并联相结合的方式进行工作，达到了低排放的效果。丰田混合动力系统主要部件在车上的位置如图 3-46 和图 3-47 所示。

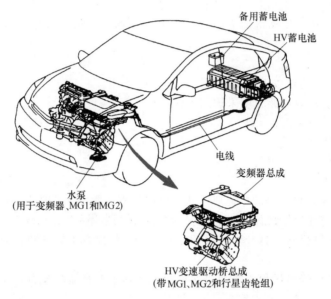

图 3-46　丰田混合动力系统主要部件在车上的位置（一）

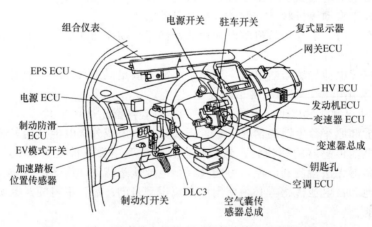

图 3-47　丰田混合动力系统主要部件在车上的位置（二）

（1）HV 变速驱动桥　混合动力车辆（HV）变速驱动桥由发电机（MG1）、电动机（MG2）和行星齿轮组组成。

① 发电机（MG1）。发电机（MG1）由发动机带动旋转产生高压电以操作电动机（MG2）或为 HV 蓄电池充电。同时，它还可以作为启动机启动发动机。

② 电动机（MG2）。电动机（MG2）由发电机（MG1）或 HV 蓄电池的电能驱动，产生车辆动力。制动期间或制动踏板未被踩下时，它产生电能为 HV 蓄电池再次充电（再生

制动控制）。

③ 行星齿轮组。行星齿轮组以适当的比例分配发动机驱动力来直接驱动车辆和发电机。

（2）HV 蓄电池　HV 蓄电池在 HV 起步、加速和上坡时，将制动时或制动踏板未被踩下时再次充入的电能提供给电动机（MG2）。

（3）变频器总成　变频器总成用于将高压 DC（HV 蓄电池）转换为 AC［发电机（MG1）和电动机（MG2）］，反之亦然（AC 转换为 DC）。它包括增压转换器、DC-DC 转换器和空调变频器。

① 增压转换器。增压转换器用于将 HV 蓄电池的最高电压从 DC 201.6V 增加到 DC 500V，反之亦然（从 DC 500V 降到 DC 201.6V）。

② DC-DC 转换器。DC-DC 转换器用于将最高电压从 DC 201.6V 降到 DC 12V，为车身电气组件供电以及为备用蓄电池再次充电（DC 12V）。

③ 空调变频器。空调变频器用于将 HV 蓄电池的额定电压 DC 201.6V 转换为 AC 201.6V，为空调系统中电动变频压缩机供电。

（4）HV ECU　HV ECU 用于接收每个传感器及 ECU（发动机 ECU、蓄电池 ECU、制动防滑控制 ECU 和 EPS ECU）的信息，根据此信息计算所需的转矩和输出功率。HV ECU 将计算结果发送给发动机 ECU、变频器总成、蓄电池 ECU 和制动防滑控制 ECU。

（5）发动机 ECU　发动机 ECU 接收到来自 HV ECU 的目标发动机转速信息和所需的发动机动力信息，进而启动 ECTS-i（智能电子节气门控制系统）。

（6）蓄电池 ECU　蓄电池 ECU 用于监控 HV 蓄电池的充电状态。

（7）制动防滑控制 ECU　制动防滑控制 ECU 用于控制电动机（MG2）产生的再生制动以及控制液压制动，使总制动力等于仅配备液压制动的传统车辆。同样，制动防滑控制 ECU 照常进行制动系统控制。

（8）加速踏板位置传感器　加速踏板位置传感器用于将加速踏板角度转换为电信号并输出至 HV ECU。

（9）挡位传感器　挡位传感器用于将挡位转换为电信号并输出到 HV ECU。

（10）SMR（系统主继电器）　SMR（系统主继电器）用来自 HV ECU 的信号连接或断开蓄电池和变频器总成间的高压电路。

（11）互锁开关（用于变频器盖和检修塞）　互锁开关（用于变频器盖和检修塞）用于确认变频器盖和检修塞均已安装完毕。

（12）断路器传感器　断路器传感器如果检测到车辆发生碰撞，则切断高压电路。

（13）检修塞　在检查或维修车辆时，要拆下检修塞。关闭 HV 蓄电池高压电路。

2. 丰田混合动力汽车的工作模式

根据行驶条件的不同，汽车在稳定运行过程中可能处于以下工作状态，最大限度地适应车辆的行驶状况。

① 电动机（MG2）接收来自 HV 蓄电池的电能，以驱动车辆（见图 3-48）。

② 发动机通过行星齿轮驱动车辆时，发电机（MG1）由发动机通过行星齿轮带动旋转，为电动机（MG2）提供产生的电能（见图 3-49）。

③ 发电机（MG1）由发动机通过行星齿轮带动旋转，为 HV 蓄电池充电（见图 3-50）。

④ 车辆减速时，车轮的动能被回收并转换为电能，并通过电动机（MG2）为 HV 蓄电池再次充电（见图 3-51）。

HV ECU 根据车辆行驶状况在①、②、③或④模式间转换，但是，HV 蓄电池的 SOC（充电状态）较低时，发动机带动发电机（MG1）为 HV 蓄电池充电。

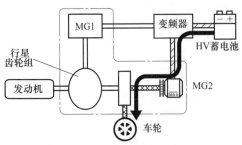

图 3-48　蓄电池供电

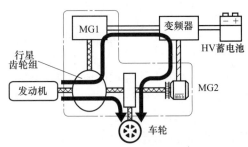

图 3-49　发电机驱动车轮

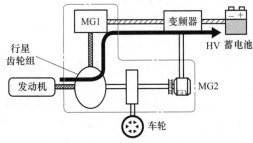

图 3-50　发动机发电

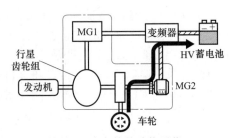

图 3-51　车轮的动能回收

与传统汽油发动机车辆相比，系统具有更高的燃油经济性及低尾气排放量的特性。这种改进后的动力传动系统还避开了电动车辆的一些局限性（如较短的巡航里程或对外部充电设备的依赖性）。

3. 丰田混合动力系统的主要部件

（1）发电机（MG1）和电动机（MG2）　发电机（MG1）和电动机（MG2）结构紧凑、重量轻、效率高，为交流永磁铁同步型电动机/发电机（见图 3-52、表 3-5 和表 3-6）。

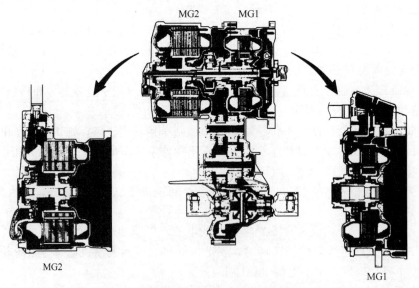

图 3-52　发电机（MG1）和电动机（MG2）

表 3-5　发电机（MG1）参数

类　型	永磁电动机	类　型	永磁电动机
功能	发电机、发动机启动机	冷却系统	水冷
最高电压/V	AC500		

表 3-6　电动机（MG2）参数

类　型	永磁铁电动机	类　型	永磁铁电动机
功能	发电机、驱动车轮	最大转矩/[N·m/(r/min)]	400/(0～1200)
最高电压/V	AC500	冷却系统	水冷
最大输出/[kW/(r/min)]	50/(1200～1540)		

　　电动机在必要时，作为辅助动力源为发动机提供辅助动力，使车辆达到优良的动态性能，其中包括平稳地起步和加速。启动再生制动后，电动机（MG2）将车辆的动能转换为电能并储存在 HV 蓄电池中。

　　发电机（MG1）为 HV 蓄电池重新充电并为电动机（MG2）供电。此外，通过调节发电量（改变发电机的转速），发电机（MG1）有效地控制变速驱动桥的连续可变变速器的功能。发电机（MG1）同样作为启动机启动发动机。

　　发电机（MG1）和电动机（MG2）的电路图如图 3-53 所示。

　　发电机（MG1）和电动机（MG2）为永磁电动机，其工作原理如图 3-54 所示。其三相交流电经过定子线圈的三相绕组时，电动机内产生旋转磁场。通过以转子的旋转位置和转速控制旋转磁场从而使转子的永磁铁受到旋转磁场的吸引产生转矩，产生的转矩可用于与电流相匹配的所有用途，而转速由交流电的频率控制。

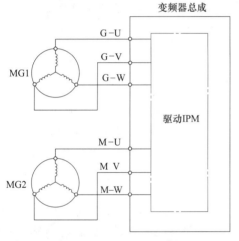

图 3-53　发电机（MG1）和电动机（MG2）

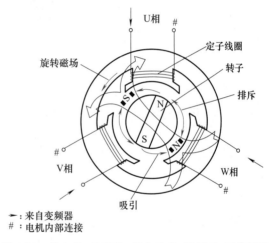

图 3-54　发电机（MG1）和电动机（MG2）工作原理

　　（2）变频器总成　变频器总成（见图 3-55）将 HV 蓄电池的高压直流电转换为三相交流电来驱动发电机（MG1）和电动机（MG2）。功率晶体管的启动由 HV ECU 控制。此外，变频器将用于电流控制（如输出电流或电压）的信息传输到 HV ECU。变频器和发电机（MG1）、电动机（MG2）一起，由发动机冷却系统分离的专用散热器冷却。如果车辆发生碰撞，则安装在变速器内部的断路器会检测到碰撞信号来关停系统。

　　变频器总成中的增压转换器将 HV 蓄电池 DC 201.6V 的额定电压提升到 DC 500V，提升电压后，变频器将直流电转换为交流电。如图 3-56 所示。

　　发电机（MG1）、电动机（MG2）、桥电路和信号处理/保护功能处理器已集成在 IPM（智能动力模块）中，以提高车辆性能。变频器总成的空调变频器为空调系统中的电动变频压缩机供电。将变频器散热器和发动机散热器集成为一体，更加合理地利用了发动机室内的空间。

　　① 增压转换器。增压转换器将 HV 蓄电池输出的额定电压 DC 201.6V 增压到 DC 500V

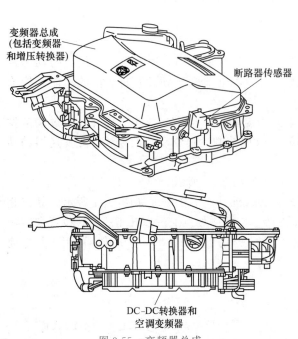

图 3-55 变频器总成

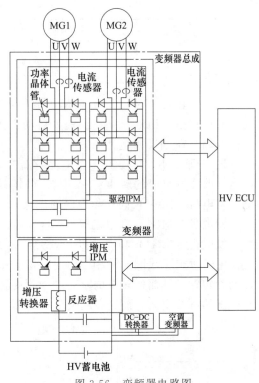

图 3-56 变频器电路图

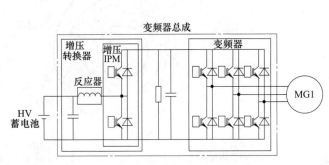

图 3-57 增压转换器电路图

的最高电压，转换器包括增压IPM（集成功率模块）和IGBT（绝缘栅双极性晶体管）。通过这些组件，转换器将电压升高。如图3-57所示。

发电机（MG1）或电动机（MG2）作为发电机工作时，变频器通过其将交流电（201.6～500V）转换为直流电，然后增压转换器将其降低到DC 201.6V，为HV蓄电池充电。

② DC-DC转换器。车辆的辅助设备，如车灯、音响系统、空调系统（除空调压缩机外）和ECU，由DC 12V的供电系统供电。由于THS发电机输出额定电压为DC 201.6V，因此，需要转换器将这个电压降低到DC 12V来为备用蓄电池充电。DC-DC转换器安装在变频器的下部。如图3-58所示。

③ 空调变频器。变频器总成中的空调变频器为空调系统中的电动变频压缩机供电。空调变频器将HV蓄电池的额定电压DC 201.6V转换为AC 201.6V来为空调系统中的压缩

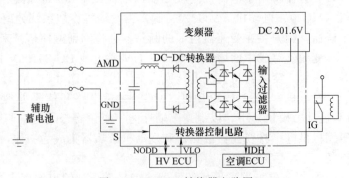

图 3-58 DC-DC转换器电路图

机供电。如图 3-59 所示。

（3）电池组件　普锐斯混合动力汽车采用镍氢（Ni-MH）蓄电池作为 HV 蓄电池。电池的位置如图 3-60 所示，这种 HV 蓄电池具有高能、质量小、使用时间较长等特点。车辆正常工作时，由于 THS 通过充、放电来保持 HV 蓄电池 SOC（充电状态）为恒定数值，因此车辆不用依赖外部设备来充电。

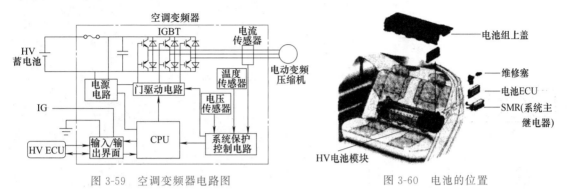

图 3-59　空调变频器电路图　　　　　图 3-60　电池的位置

4. 丰田普锐斯混合动力系统

（1）普锐斯混合动力系统组成　图 3-64 所示。由于内燃机在低速时力量并不是最佳的，排出的废气也多，要到达一定的转速才进入最佳的工作状态；而电动机的特性则是一启动扭矩就达到最大，排放为零，但速度越高、消耗能量越大。所以内燃机比较适合高速，电动机则适合低速。Prius 的混合动力方法，就是低速时由电动机负责驱动，中高速时由汽油发动机介入驱动，从而发挥各自最佳的动力性和经济性。普锐斯混合动力系统主要由 MG1、MG2、HV 蓄电池、变频器、发动机、行星齿轮机构、差速

普锐斯汽车混合动力系统组成和位置布置如图 3-61～

图 3-61　普锐斯汽车混合动力系统组成和位置布置实况图
1—HV 蓄电池；2—混合动力变速器驱动桥；
3—发动机；4—变频器总成

图 3-62　普锐斯汽车混合动力系统组成及布置示意图

新能源汽车构造原理与维修

器等组成。根据车辆的行驶状况，普锐斯高效率地综合使用两种动力：发动机和电动机/发电机，其中发动机提供主要动力。发动机的动力分为两部分：由混合动力变速驱动桥中行星齿轮组提供给车轮的动力和提供作为发电机的 MG1 的动力。混合动力变速驱动桥包括 MG1、MG2 和行星齿轮组，并且在这些组件的配合下，通过无级变速使车辆平稳地行驶。

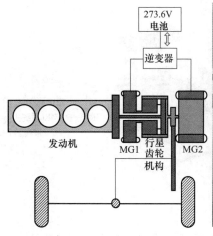
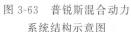
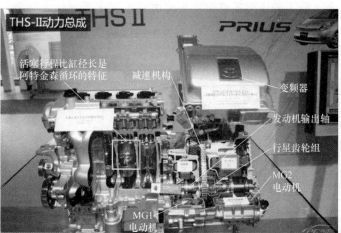

图 3-63　普锐斯混合动力　　　　图 3-64　普锐斯汽车混合动力系统剖视图
系统结构示意图

（2）普锐斯混合动力汽车的动力驱动形式

① 发动机驱动　发动机通过行星齿轮驱动车辆时，发电机（MG1）由发动机通过行星齿轮带动旋转，为电动机/发电机提供电能。

② 个性化的动力选择模式　普锐斯汽车在动力驱动方面提供了三种选择模式：EV（纯电动模式）\ ECO（节能模式）和 PWR 运动模式

③ 电动机（MG2）驱动　如图 3-62 所示，电动机（MG2）接收来自 HV 蓄电池的电能，以驱动车辆。

（3）普锐斯在几种负荷下的工作原理

① 无负荷　当遇到红灯停驶，发动机会自动熄火，电动机（MG2）连接电源，此时看作为汽车动力无负荷工作。这样避免了怠速运转造成无谓的油耗，更不排放 CO_2 等污染物。

② 小负荷动力　在没有急加速的低速运行状态（包括启动和倒车）看作是汽车动力处在小负荷工作状态，此时电动机（MG2）接收来自 HV 蓄电池的电能，以驱动车辆。

③ 正常负荷动力　正常的速度要求下，动力一般由发动机提供。动力由动力分配装置分成两条路径：一条为驱动电动机进行发电，产生电力驱动电动机运转，另一条直接驱动车轮。

④ 大负荷动力　需要较高的动力输出的状态看作为大负荷动力，高速、急加速时确认为大负荷动力，此时动力控制单元将蓄电池的电压升至 500V，发动机动力加大大功率电动机的驱动力，提供更高输出效率。

⑤ 能量回收形式

a. 发电机（MG1）发电。发电机（MG1）由发动机通过行星齿轮带动旋转，为 HV 蓄电池充电。

b. 车轮的动能回收。车辆减速时，车轮的动能被回收并转化为电能，并通过电动/发电机为 HV 蓄电池再次充电。

110

总之，在汽车行驶时，普锐斯混合动力系统将根据行驶中的状况决定驱动模式，或单独使用电动机，或电动机和发动机共同驱动。由电脑控制的动力分离装置和动力控制单元，使燃料消耗始终保持在较低的水平。因为内燃机在低速时力量并不是最佳的，排出的废气也多，要到达一定的转速才进入最佳的工作状态；而电动机的特性则是一启动扭矩就达到最大，排放为零，但速度越高、消耗能量越大。所以内燃机比较适合高速，电动机则适合低速。

Prius的混合动力匹配原则，就是低速时由电动机负责驱动，中高速时由汽油发动机介入驱动，从而发挥各自最佳的动力性和经济性。

（4）普锐斯在各工况下的工作原理

① 起步、低速行驶和倒车（纯电模式）　只要电池有充足的能源，0～20km/h以内Prius一般只使用电动机作为驱动源，而发动机不用启动，这样就避免了发动机在低转速时的低功效和恶劣排放。倒车时原理相同，只不过电动机的转向相反。

② 通常高速行驶状态下（纯油模式）　这时候发动机启动，并只有发动机作为驱动源，发动机的能量一方面传输给汽车的驱动轮，一方面传输给发电机发电，电能再由电动机转化成驱动力传输到驱动轮上。

③ 急加速状态（油电混合模式）　急加速过程通常需要更大驱动力，因此在此状态下发动机和电动机同时运转已获得最大的扭矩。Prius的1.5L发动机的功率只有56kW，而且始终是以优化功效的工作模式运行。然而加上电动机的辅助，最大输出功率可以超过100kW，最大输出扭矩可以超过500N·m。

④ 制动过程（动能转化电能模式）　该过程是Prius不同于一般汽车的地方，一般汽车在该过程中的动能只能是转化成制动钳（蹄）与制动盘（鼓）之间摩擦的热能而流失，而Prius在该状态下则是停止发动机喷油，电动机便转变为发电机，利用原本作为热量散发掉的动能驱动电动机发电，向蓄电池充电，让蓄电池时刻处于电力充足的状态以备后用。

⑤ 停车状态　停车状态时，发动机和电动机会同时停止工作，此时油耗和排放均为零。不过在该状态下电池处于亏电状态，那么发动机会继续运转驱动发电机向电池充电。此外，Prius的环保空调完全由电力驱动，因此关闭发动机后也一样可以运行。

（5）普锐斯发动机的特点

丰田普锐斯（Prius）作为世界上开发最早、最成功的混合动力汽车，已经历了第一代、第二代及第三代的发展历程。丰田普锐斯在更新换代过程中对作为其动力源之一的发动机的要求也越来越高，传统的发动机已不能满足节能减排等对其提出的指标要求，为此，丰田普锐斯针对混合动力汽车的工作特点，并结合发动机的现有结构开发并引进了一系列新技术和新措施来进一步提高发动机的性能，以适应混合动力汽车工作的特点。

丰田普锐斯汽车的第一代、第二代及第三代发动机的结构参数对比如表3-7所示。

表3-7　三代丰田普锐斯汽车发动机的结构参数对比

发动机参数	第一代	第二代	第三代
型号	1NZ FXE	1NZ FXE	2ZR FXE
类型	1.5L汽油机（高膨胀比）	1.5L汽油机（高膨胀比）	1.8L汽油机（高膨胀比）
最大输出功率/kW	53	57	72
最大输出转矩/N·m	115	115	142
燃油经济性（综合路况）/（L/100km）	5.74	5.11	4.7
新技术特点	采用高膨胀率的Arkinson循环、智能可变气门正时控制技术和智能电子节气门控制系统	在第一代基础上增加废热再循环系统，将以往浪费掉的废热回收起来存储在一个绝热罐中加以利用	在第二代基础上增加冷却式废气再循环系统、电动水泵和滚子摇臂，提高发动机效率

丰田普锐斯发动机的主要技术特点如下。

① 在屋脊型顶盆式燃烧室的周围设有较大的挤气面积以保证燃烧室获得均匀的火焰传播。

② 采用高效率、高膨胀比的 Atkinson 循环发动机，通过减少燃烧室容积，提高膨胀比，实现对燃烧能量的有效利用。

③ 采用可变气门正时系统 VVT-i。VVT-i 系统根据发动机工况的变化，自动调整进气门的开闭时间，使得进气门的开启时间与发动机运行工况相协调，以保持发动机在不同的工况下运转时，总是处于高效率状态。

④ 采用智能电子节气门控制系统 ETCS-i，发动机节气门开度的智能调节，能够减少发动机在部分负荷时进气管中的真空度，降低泵气的能量损失，提高发动机的经济性。

⑤ 最高转速规定在 4000r/min 转速点上。通过降低最高转速，减轻质量、减小体积、降低摩擦损耗。

⑥ 采用特殊的冷却液热存储系统，降低发动机冷启动时的污染物排放。

5. 丰田普锐斯发动机新技术介绍

（1）新型发动机燃烧室结构　丰田普锐斯发动机的燃烧室在屋脊型顶盆式燃烧室的周围设有较大的挤气面积以保证燃烧室获得均匀的火焰传播。普锐斯发动机燃烧室结构如图3-65所示。

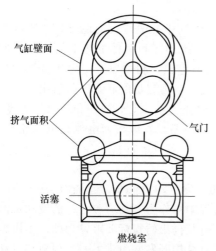

图 3-65　普锐斯发动机燃烧室结构

（2）阿特金森循环发动机　由于传统的奥托循环发动机存在部分负荷燃油消耗率高、泵气损失、小膨胀比以及过浓的混合气等不利于节能的因素，因此，已经不能满足混合动力汽车的要求，需要研发与混合动力汽车相匹配的发动机。

普锐斯汽车的发动机采用具有高膨胀比的阿特金森循环，从而提高了发动机效率。阿特金森循环发动机是在传统奥托循环发动机的基础上多了一个回流过程，包括进气、回流、压缩、膨胀和排气 5 个过程。在阿特金森循环中，将进气门开启的时间延长到压缩行程开始之后，使气缸中一部分混合气在活塞开始上升时被压回到进气管中，也就是延迟了实际压缩行程开始的时间，其结果是在没有提高实际的压缩比的情况下，却提高了膨胀比，提高了发动机的能量转换效率，这就使得普锐斯混合动力系统的燃料消耗率达到 3.6L/100km 的高水平。另外，进气门晚关使实际压缩比降低，所以缸内燃烧温度降低，有利于改善 NO_x 排放。阿特金森循环发动机外观如图 3-66 所示，其剖视图如图 3-67 所示。

（3）发动机的 VVT-i 技术　智能可变气门正时系统 VVT-i（VariableValve Timing-intelligent）是丰田的专利技术。VVT-i 系统可连续调节气门正时，但不能调节气门升程。它的工作原理是：当发动机由低速向高速转换时，电子计算机就自动地将机油压向进气凸轮轴驱动齿轮内的小涡轮，这样，在压力的作用下，小涡轮就相对于齿轮壳旋转一定的角度，从而使凸轮轴在 60°的范围内向前或向后旋转，改变进气门开启的时刻，达到连续调节气门正时的目的。发动机采用可变气门正时技术可以提高进气充量，使充量系数增加，发动机的扭矩和功率得到进一步的提高。

丰田 VVT-i 发动机的可变气门正时系统由发动机控制单元 ECM 进行控制，ECM 在各

图 3-66　阿特金森循环发动机外观

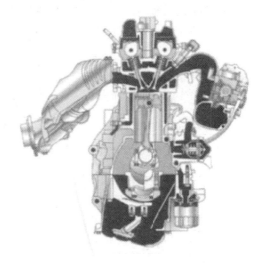

图 3-67　阿特金森循环发动机剖视图

种行驶工况下自动搜寻一个对应发动机转速、进气量、节气门位置和冷却水温度的最佳气门正时，并控制凸轮轴正时液压控制阀，通过各个传感器的信号来感知实际气门正时，然后再执行反馈控制，补偿系统误差，达到最佳气门正时的位置，从而有效地提高汽车的功率与性能，尽量减少耗油量和废气排放。VVT-i 系统对发动机进排气时间的控制范围如图 3-68 所示。

（4）发动机的 ETCS-i 技术　ETCS-i（智能电子节气门控制系统）是一个无连杆系统，不使用加速踏板拉索。系统使用加速踏板位置传感器和节气门位置传感器检测加速踏板位置和节气门位置。如图 3-69 所示，HVECU 根据加速踏板位置传感器的信号、车辆行驶状况和蓄电池的 SOC（充电状态）计算目标发动机转速和发动机所需的动力，然后发送控制信号到发动机 ECU。根据这个控制信号，发动机 ECU 对节气门进行最优控制。

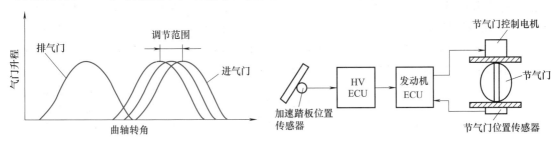

图 3-68　VVT-i 系统对发动机进
排气时刻的控制范围

图 3-69　ETCS-i 系统工作示意图

（5）降低发动机转速　控制发动机的转速基本保持在 4000r/min 的转速下稳定地运转。发动机转速没有像普通轿车发动机那样高。由于工作转速较低，发动机的曲轴直径可以做得较小，活塞的往复次数减少，活塞的运动速度降低，活塞环的弹性张力减小，气门开闭次数减少，气门弹簧的负荷等都相应降低，这些改变都能有效地降低运动副之间的摩擦损耗，同时减小零部件的摩擦损失和延长各种零件的寿命。另外，发动机各个部分所受到的作用力相应小一些，强度也相应地降低一些。连杆、曲轴等零部件的尺寸做得更小一些，进而减轻发动机的重量。通过减小活塞各部分的摩擦来提高发动机燃烧效率，以进一步提高燃油经济性和低排放性。

（6）新型发动机冷却系统　INZ-FXE 发动机采用压力式强迫循环冷却系统，如图 3-70 所示。节温器及旁通阀位于进水口处，控制冷却液流，保持发动机有适当的温度。

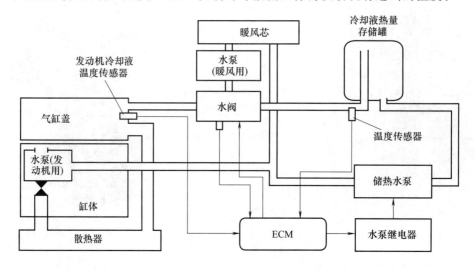

图 3-70　INZ-FXE 发动机强迫循环冷却系统原理

发动机和空调冷凝器的散热器集成一体，以减小空间。在 2004 年后出厂的普锐斯车上，逆变器冷却系统的散热器也集成在一起。并且冷却系统增加了冷却液储热箱，可将 176 ℉ 的热冷却液保温达 3 天之久。当发动机冷启动时冷却系统用辅助水泵将热冷却液送到发动机。发动机"预热"可降低 HC 排放。

6. 丰田混合驱动桥的结构和工作原理

丰田最早期的混合动力系统是 P111 和 P112 混合驱动桥，两者结构基本相同，装备在普锐斯 NHW11 和 NHW20 车型。后期改进的是 P310、P311、P410 混合驱动桥，这三种型号的结构基本相同，P310 装备在汉兰达 RX400h 车型，P311 装备在凯姆瑞 AHV40 车型，P410 装备在普锐斯 ZVW30 车型。比较特殊的是 L110 混合驱动桥，该结构同以上类型的混合驱动桥都不相同，其 MG2 电动机的齿轮机构是拉维娜齿系，并且还有两个片式制动器，从结构来讲就相对复杂，主要装备在雷克萨斯 GS450h（GWS191）车型。

动力转换分配逻辑分析以 P410 混合驱动桥来进行，图 3-71 比较直观地反映了 P410 的机械构造原理，动力分配行星组件是混合动力运作的中心，发动机和电动机的合理运作分配、发动机的启动、发动机动力输出的无级调节都是靠该行星排来完成。车辆的使用状态划分为七种：停车 POWER 开关打开状态、车辆启动、发动机微加速状态、低载荷巡航状态、节气门全开加速状态、减速行驶状态、倒

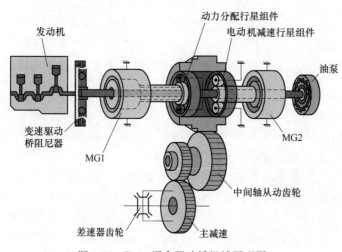

图 3-71　P410 混合驱动桥机械原理图

车。通过这七种使用状态对动力转换分配逻辑进行分析。

（1）车辆停止 POWER 开关打开状态。在这种状态下，发动机、MG1 和 MG2 均停止工作。在车辆行驶过后停下来时，POWER 开关没有关闭并换挡至 P 挡，这时如果水温、充电状态、蓄电池温度和电载荷状态不在规定的范围之内，发动机将在预定的时间内继续运转后停机。车辆停止，MG2 和复合齿轮在静止状态，如果电源控制模块监视的任何项目不满足条件（例如充电状态过低、电载荷过大），电源控制模块启动 MG1 正向转动。如图 3-72 所示，复合齿轮是静止的，行星架和发动机相连接做正向减速运动即发动机被启动。发动机启动期间，为了防止 MG1 太阳轮的反作用力转动 MG2 的复合齿轮并驱动车轮，MG2 接收电流以施加制动，这个功能叫做"反作用控制"。发动机启动后 MG1 的驱动电流被停止，行星架作为主动，复合齿轮静止，太阳轮输出正向增速运动，这时 MG1 改为被驱动作为发电机输出电流，MG1 在发电状态的逻辑关系如图 3-73 所示。MGI 在发电状态是有负荷的，发动机在运转，MG1 有一定阻力，那么车轮就有被驱动正转的可能，此时车辆如果还在 P 挡位，由于有 P 挡锁会保持车辆停止，如果车辆在行驶的挡位需要保持停止那么就需要踩住制动踏板。

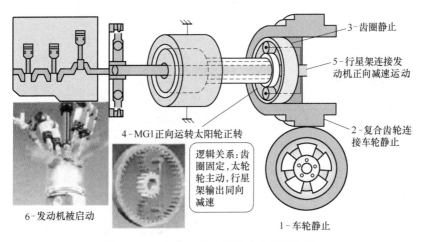

图 3-72　车辆停止发动机被启动逻辑分析

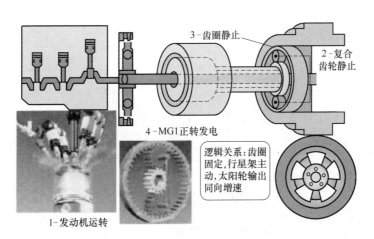

图 3-73　车辆停止 MG1 发电逻辑分析

混合动力系统没有普通自动变速器的变矩器，使用的是类似于手动变速器的摩擦片，称之为变速驱动桥阻尼器（如图 3-71 所示）。变速驱动桥阻尼器没有分离机构，只是通过一定的压力压紧。工作原理是通过摩擦片中心的低扭力弹簧起到缓冲和阻尼作用。另外通过打滑来防止发动初扭矩过大带来的损害。当换挡杆处于 N 挡位状态时挡位传感器输出 N 挡信号，变频器中连接 MG1 和 MG2 的所有功率晶体管关闭，这样 MG1 和 MG2 关闭使车轮的动力为零，最终达到切断动力的目的。在这种状态下即使 MG1 由发动机带动旋转或 MG2 由驱动轮带动旋转，车辆中也无电能产生，因为 MG1 和 MG2 处于消极工作状态。因此，车辆处于 N 挡时 HV 蓄电池的充电状态下降，也就是说车辆行驶中是不可以选择 N 挡位的。

（2）车辆起步。通常在加速踏板开度不大时发动机是不工作的，MG2 驱动车辆，MG1 以反方向旋转而不发电，如图 3-74 所示。只有 MG2 工作时如果加速踏板开度加大需增加驱动扭矩，MG1 将被启动。同样，如果电源控制模块监视的项目与规定值有偏差，MG1 也将启动发动机。车辆起步后，发动机在停止运转的时候 MG1 是反向空转的，这时电源控制模块启动，MG1 只需以较低的转速正转，发动机就会被启动。如图 3-75 所示。MG1 由反向空转变为正转的过程中需要有个停顿后才能变为正转，当 HV 蓄电池给 MG1 开始供电的时刻，MG1 的驱动电流首先使 MG1 停止，根据逻辑关系此时发动机就开始正转了，车速的高低就决定了 MG1 正转的转速高低，发动机有 200r/min 以上的转速就可以启动，当然发动机一般都不会在车速很高的时候启动。车辆行驶中和停车时发动机被启动的逻辑关系是相反

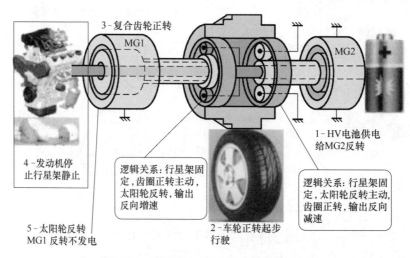

图 3-74　车辆起步后 MG1 空转逻辑分析

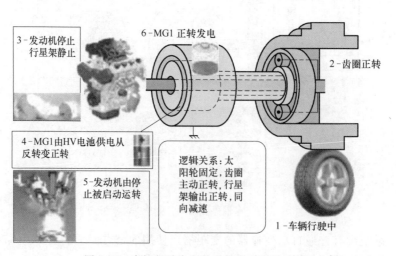

图 3-75　车辆行驶中发动机被启动逻辑分析

的，行驶中的逻辑关系中太阳轮只是相对来说是固定，实际是没有固定元件。电源控制模块接收到发动机已经运转的信号后会马上停止 MG1 的启动电流，已经启动的发动机将带动 MG1 正向转动而转换成发电机为 HV 蓄电池充电，MG1 发电的逻辑关系如图 3-73 所示，同样是没有固定元件，相对于停车时齿圈如果正转那么太阳轮的正转速度会降低。如果车辆起步前发动机是在运转的，复合齿轮由静止被 MG2 驱动正向转动而完成车辆起步，此时的 MG1 转速会降低。

（3）发动机微加速状态时，发动机的一部分动力直接输出，剩余动力用于 MG1 发电。通过变频器的电力传输，电力输送到 MG2 用于作为 MG2 的输出动力，这个时候主要是 MG1 提供电力，HV 蓄电池不提供电力，如图 3-76 所示。MG1 发电的同时是被发动机驱动并且是有一定的来自 MG2 的载荷阻力，MG1 正转的转速就有下降的趋势，这时可以看作是齿圈固定（实际旋转），行星架主动，太阳轮输出增速状态来发电。但是反过来看太阳轮也是有阻力的（图 3-76 中的逻辑关系），行星架的转速高于 MG1 的转速相当于行星架做主动 MG1 太阳轮固定（实际是旋转的），复合齿轮输出驱动车轮，也就是发动机在驱动车轮的同时 MG1 也在发电。这里的复杂点是发动机驱动车轮是有一定的传动比，传动比是线性调节的，MG1 太阳轮的正转速度是线性调节传动比的决定性因素，MG1 线性调节传动比受混合动力控制模块控制，至于是控制 MG1 作为电动机来控制驱动电流或者是控制 MG7 作为发电机来控制发电机制动效应，关于这两点就不好确定。总的来讲，对于理解混合动力系统的基本运作只要知道 MG1 可以线性调节传动比就可以了。

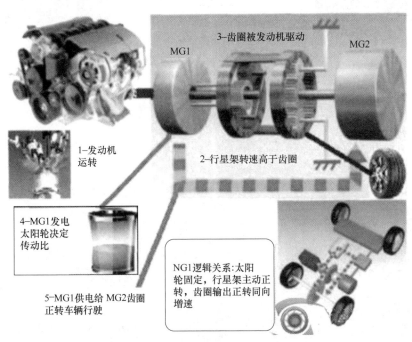

图 3-76　车辆行驶发动机微加速状态逻辑分析

（4）低载荷巡航状态和发动机微加速状态动力传递基本相同，只是 MG1 和 MG2 的转速有点差别，在发动机微加速时 MG1 的转速高于 MG2，而在低载荷巡航时是相反的。这时 MG2 的转速高于发动机的转速，MG1 转速有所降低，发动机可以工作在较低的经济转速，提高了车辆的经济性。

（5）节气门全开加速时如图 3-76 所示，系统将在保持 MG2 动力的基础上，增加 HV 蓄电池的电动力。这时 MG1，发动机、MG2 转速同时都增加，MG2 增加动力驱动车辆加速容易理解，但发动机动力增加驱动车辆加速就比较复杂。发动机和车轮之间的传动比是按照车速低传动比就大的要求来进行调节，加速踏板开度变化，MG1 太阳轮的转速就会根据车速来控制，当车速较高加速踏板开度小传动比要向着减小变化，车速低加速踏板开度大传动比就要变大。在车辆的这种使用状态发动机是车辆的主要动力源，发动机转速高 MG1 在增速状态下发电量也高，MG2 得到的电量也加大，MG2 能量消耗加剧的结果还是发动机的负荷加大，图 3-77 中的逻辑关系也说明了这一点，MG1 的负荷大、转速低，发动机驱动车轮转动的就越快。对于混合动力车辆来说，车辆工作在这种状态是油耗最大的，并不是混合动力汽车的优势所在。

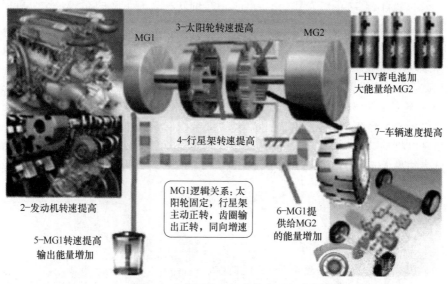

图 3-77　车辆停全负荷状态逻辑分析

（6）车辆以 D 挡位减速行驶时如图 3-78 所示，当车辆从较高速度开始减速时发动机将会以预定转速继续工作以保护行星齿轮组。这时，车轮驱动 MG2，MG2 没有驱动电流变为

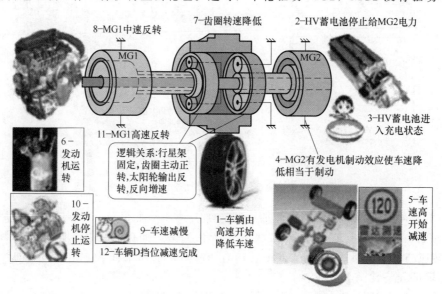

图 3-78　车辆 D 挡位减速逻辑分析

发电机提供充电电流。MG2 是在反向增速的状态发电，车速越高发电量越高。随着车速进一步降低，发动机停止工作动力为零。发动机停止，MG1 就会反向空转并且转速增高而不发电。车辆以 B 挡位减速行驶时如图 3-79 所示，车轮驱动 MG2 作为发电机为 HV 蓄电池充电（同图 3-78），MG2 同时为 MG1 供电。这样，MG1 有制动作用而处于固定状态，发动机被车轮减速拖动而保持一定转速进而施加发动机制动，这时发动机燃油被切断。

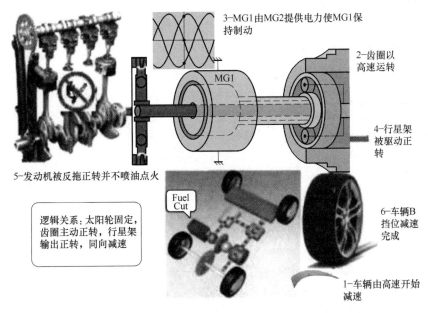

3-MG1由MG2提供电力使MG1保持制动

2-齿圈以高速运转

4-行星架被驱动正转

5-发动机被反拖正转并不喷油点火

Fuel Cut

6-车辆B挡位减速完成

逻辑关系：太阳轮固定，齿圈主动正转，行星架输出正转，同向减速

1-车辆由高速开始减速

图 3-79　车辆 B 挡位减速逻辑分析

（7）车辆倒车时原则上仅由 MG2 为车辆提供动力，在充电状态正常时发动机是不工作的。如图 3-80 所示，这时 MG2 正向旋转，发动机不工作，MG1 正向增速旋转但并不发电，因为如果 MG1 在增速状态下要是发电，那么 MG2 同时就会负载很大，MG2 负载大了就会消耗 HV 蓄电池的能量，这并不划算。在车辆倒车时，如果电源控制模块监视的任何项目与规定值有偏差，MG1 将被启动进而启动发动机，MG1 从正向增速的空转状态要突然提高转速变成驱动状态才可以启动发动机。发动机启动后 MG1 立刻被切断驱动电流转变成发电状态，此时由于复合齿轮是在反向旋转状态，发动机的转速不用很高，MG1 就可以有很高的正向转速进行发电。

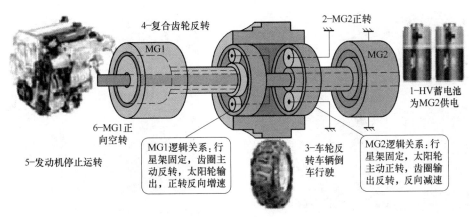

4-复合齿轮反转

2-MG2正转

MG1

MG2

1-HV蓄电池为MG2供电

6-MG1正向空转

5-发动机停止运转

MG1逻辑关系：行星架固定，齿圈主动反转，太阳轮输出，正转反向增速

3-车轮反转车辆倒车行驶

MG2逻辑关系：行星架固定，太阳轮主动正转，齿圈输出反转，反向减速

图 3-80　车辆倒车发动机未启动逻辑分析

简单总结：MG1 是太阳轮，发动机是行星架，MG2 是齿圈即车轮。MG1 反转状态是空转不工作。MG1 正转时有三种状态：作为启动电动机启动发动机、发动机停止时正向空转而不发电、发动机运转时正向转动作为发电机输出电能。MG2 只有在车辆倒车时正转作为电动机驱动车轮，MG2 反转时作为电动机驱动车辆向前行驶和行驶减速时作为发电机发电。混合动力系统的运行就是控制太阳轮、行星架、齿圈这三者的旋转方向和转速来实现，当然行星架的旋转方向是不能改变的，发动机动力经过驱动桥进行无级变速的输出主要是靠电源控制模块精确地控制 MG1 实现。

7. 丰田电池系统工作原理

（1）电池参数　见表 3-8。

表 3-8　蓄电池参数

项　目	Prius	项　目	Prius
电池类型	Ni-MH	总电压/V	273.6
电池单体电压/V	1.2	储藏电池能量/W·h	1778
充电容量/A·h	6.5	模块质量/kg	1.04
每个模块含单体数	6	高压电池总质量[①]/kg	53.3
模块数	38		

① 高压电池总质量包括电池盒、控制盒和电源其他器件的质量。

（2）电池系统的组成　电池系统由电流传感器、保险丝（图 3-81）、service plug（图 3-82）、main relay system（图 3-83）、main relay system 线路（图 3-84）、电池控制模块 ECU（图 3-85）、电池通风温控系统（图 3-86、图 3-87）构成。

① 系统主继电器随着点火钥匙的 ON/OFF 而闭合或断开，点火钥匙转到 OFF 时，主继电器切断高压系统以确保安全，当汽车受到碰撞或系统有故障时，主继电器也会断开高压。

② 电流传感器用来计算电池的 SOC。

③ 当电池产生短路时，保险丝断开，以防止电子器件的损坏和车上发生火灾。

④ 在修理汽车时，为了确保安全，通过 service plug 人为地断开电路。

⑤ 电池 ECU 根据电池的电流、电压和温度来计算电池的 SOC，并把它送到整车控制系统，同时它还检测电池是否正常。

⑥ 电池有温控系统。

装在通风道上的风扇把来自驾驶室的风，通过过滤器、通风管路，送到高压电池盒。电池风扇有四种运行模式：关、低转速、中转速、高转速。电池温控系统决定电池风扇的运行模式。

图 3-81　保险丝

图 3-82　service plug

图 3-83　电池 ECU（上边为 main relay system）

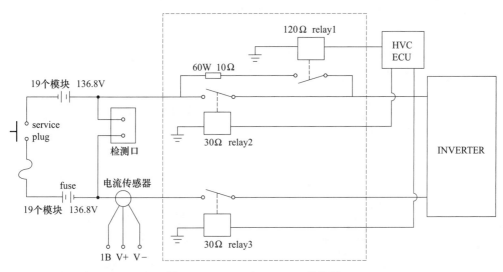

图 3-84　main relay system 线路图

（3）电池主继电器系统　1B，V＋，V－ 是电流传感器到电池管理模块 BATTERY ECU 的信号线；60W，10Ω 电阻起电流缓冲和保护作用；Relay1，Relay2，Relay3 的控制信号来自 HVC ECU。工作时，HVC ECU 发电平信号到 relay，先接通 relay1 和 relay 3，延时一定时间后接通 relay2，然后断开

图 3-85　电池控制模块

relay1。当系统遇到危险时，HVC ECU 切断 relay2 和 relay3，保证车辆安全。检修汽车系统时，拔下 service plug 以保证安全。检测口可以测电池电压并检测电池绝缘性能。

（4）变频器的结构及工作原理　变频器的作用如下

① 变频器中的增压转换器，用于将 HV 蓄电池 DC201.6V 的额定电压提升到 500V。电压提升后，变频器将直流电转换成交流电来驱动 MG1 和 MG2。

图 3-86　电池排气管路（白色为风扇）

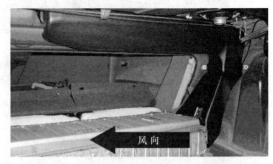

图 3-87　电池吸气管路（进气口连驾驶室）

② 功率管的启动由 HV ECU 控制。此外，变频器将用于电流控制（如输出电流或电压）的信息传输到 HV ECU。

③ 如果车辆发生碰撞，则安装在变频器内部的断路器会检测碰撞信号来关停系统。

变频器内部构造如图 3-88 所示，变频器总成内部为多层结构，主要由电容、IPM 智能动力模块、电抗器、MG ECU、直流/直流转换器组成。位于 MG ECU 板上装有大气压力传感器，MG ECU 检测大气压力以便校正与使用环境相适应。

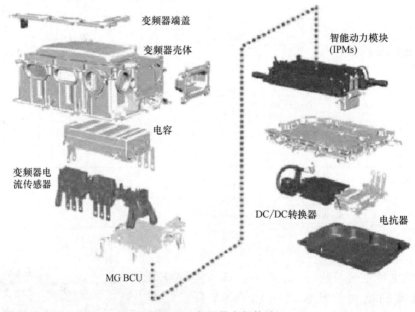

图 3-88　变频器内部构造

变频器总成内的升压和变频部分的电路原理如图 3-89 所示，直流 244.8V 与交流 650V 之间的互相转换靠 IGBT 绝缘栅双极晶体管的交替工作来实现。变频器中的绝缘栅双极晶体管由电源控制模块中的晶体管控制，每组线圈需要两个绝缘栅双极晶体管同时被触发产生磁场，进入绝缘栅双极晶体管控制信号的分离是在变频器内部完成的。如图 3-90 所示，MG1 同 MG2 都有转子位置传感器，因为电源控制模块需要知道什么时候触发哪一个绝缘栅双极晶体管，准确的转子位置需要告知电源控制模块，因此电源控制模块接受分解器型转子位置传感器的信息。分解器型转子位置传感器的工作原理如图 3-91 所示，MG ECU 将解析器产生的高频信号峰值相连接形成一个虚拟的正弦波，MG ECU 将处理好的正弦波信号送至动力管理控制 ECU，通过线圈 S 和 C 的正弦波数值来计算转子的绝对位置、速度和旋转方向，因为转子的磁极有 8 个，分解器只需要探测转子在 90°范围内的位置。

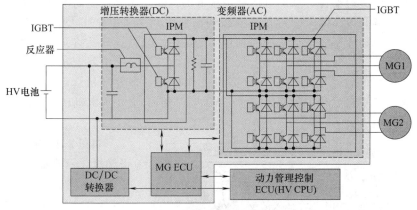

图 3-89　变频器内部电路原理

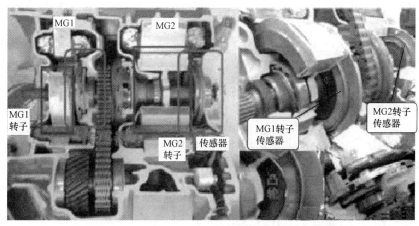

图 3-90　MG1 和 MG2 的转子位置传感器实物

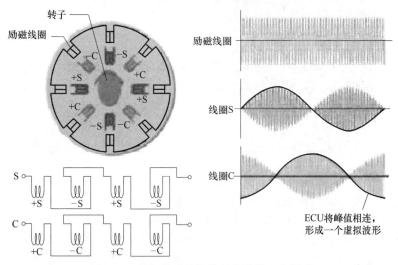

图 3-91　分解器型转子位置传感器工作原理

电源控制模块也计算电动机需要功率，并且用占空比信号触发绝缘栅双极晶体管。IGBT 绝缘栅双极晶体管是高压开关家族中最为年轻的一位，由一个 15V 高阻抗电压源，即可便利地控制电流流通器件，从而可达到用较低的控制功率来控制高电流。绝缘栅双极晶体管本质上是一个场效应晶体管，只是在漏极和漏区之间多了一个 P 型层，绝缘栅双极型晶体管系列可用于自动控制、电动机控制和功率变换中。当点火开关打开 ON 位，控制绝缘栅双极晶体管所需要的信号就要处于开启状态，以随时联系从分解器型转子位置传感器得到的信息，因为发电机停转，因此 UW 相之间没有相位差，当发动机运行时，信号差了 120°，每一对晶体管一旦被触发转子就开始旋转。MG1 或者 MG2 作为电动机工作时，电动机扭矩和转速的控制如图 3-92 所示。

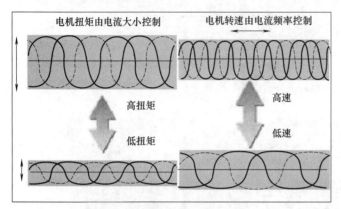

图 3-92　电动机扭矩和转速的控制

如图 3-93 所示，使用 IT2 测得绝缘栅双极晶体管控制极的信号波形，为控制平均电流，一个 5kHz 或 10kHz 的 PWM 信号输入到晶体管的控制端，触发脉冲越宽就会有更大电流输出。红色正弦波显示电流，是 PWM 信号作用在绝缘栅双极晶体管上施加到定子线圈上的电流。为了用直流电压形成该波形，需要把半波改变成从低频到高频再到低频，因此载波频率用来支持 PWM 信号可能从 5～10kHz 变化实现更准确地控制。红色正弦波的频率控制 MG 的转动频率也就是电动机的转速，低扭矩输出时可以通过控制得到平缓的电流使转子转动步幅小（电流频率低，载波信号频率高）。

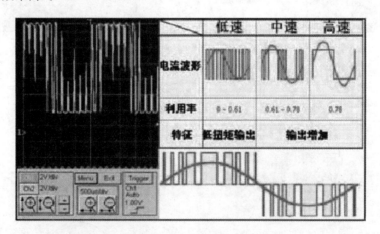

图 3-93　IGBT 控制波形原理图

可变电压系统是控制直流电压升降变化的，如图 3-94 所示，上下两个晶体管各自负责升压和降压，下面的是升压晶体管，上面的是降压晶体管。反应器是一个电感器，实际就是个线圈，线圈的匝数受所要求的 650V 感应电压的制约。在升压转换时如果电压变为 2 倍并且电动率不变，那么电流将减半，热能损失将降低 3 倍。可变电压系统升压工作原理如图 3-95 所示，升压工作时升压晶体管以大于 5kHz 的开关频率运行，图 3-95 中 A 升压管导通，电感器通过 HV 蓄电池构成回路，电感器的感抗会使电感器的两端电压平衡需要一定的时间，虽然这个时间很短，根据楞次定律当电感器内的电流增大时会受到阻碍，感抗和 HV 蓄电池电压是固定的，那么当升压管导通时间满足了产生 650V 感生电动势的要求时就会被截止。图 3-95 中 B，在流过电感器的电流被截止时，根据楞次定律电感器内的电流减小也会受到阻碍，在电感器内电流消失的过程中电感器所感应出的高于 244.8V 电压的感生电流就被和上面的降压晶体管并联的二极管引导给电容器充电。这个并联的二极管在升压管断开时会导通 244.8V 电压到电容器的正极，再加上电容器的升压就提供给变频器 650V 的电压。

可变电压系统降压工作的原理如图 3-96 所示，从变频器过来的 650V 电压经过导通的降压晶体管，电感器右端被施加 650V 电压。电感器的自感作用使其左端的电压不会与右端同步升到 650V，如图 3-96 中 A，HV 蓄电池侧的电容导通构成回路。如图 3-96 中 B，降压管截止，电感器左端有 245 V 的感生电动势产生，HV 蓄电池侧的电容被充电，通过升压管并联

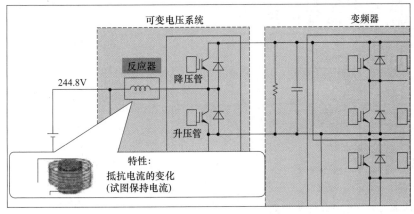

图 3-94　可变电压系统原理

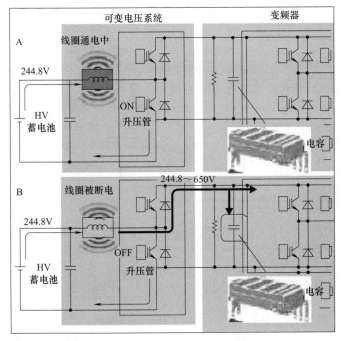

图 3-95　可变电压系统升压工作原理

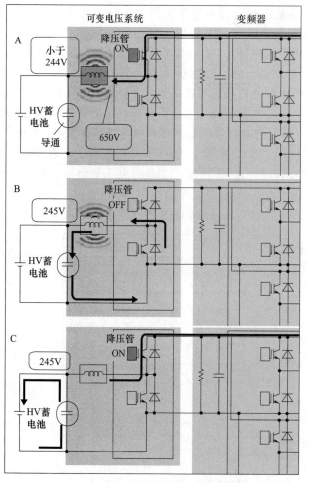

图 3-96 可变电压系统降压工作的原理

的二极管构成回路电感器完成放电。如图 3-96 中 C，当降压管再次导通时电感器开始导通的瞬间相当于截止状态，这时 HV 蓄电池侧的电容会对 HV 蓄电池进行充电。精确地控制降压晶体管的工作就可以在降压晶体管断开时，让电感器左端产生略高于 244.8V 的 HV 蓄电池充电电压。HV 蓄电池侧的电容器和变频器侧的电容器都是起到了储存能量和滤波的作用。

变频器的 650V 交流变直流转换如图 3-97 所示，变频器的 IGBT 晶体管每个都有并联的二极管，单独看每个二极管就是发电机的三相整流桥，两个 MG 电动机发出的电能被整流为直流电到可变电压系统。同样的道理，如图 3-98 所示，精准地同时控制两个 IGBT 晶体管把直流变为交流，按照 A、B、C 的相序轮流地控制 MG 中每一相线圈对应的 IGBT 晶体管，MG 电动机就可以旋转，IGBT 的控制正时基础信号是两个 MG 发电机各自的解析器型位置传感器提供的。

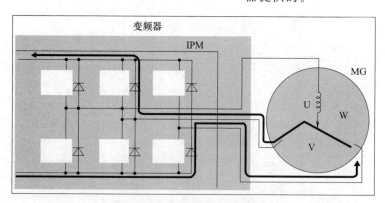

图 3-97 650V 交流变直流原理

直流/直流（DC/DC）转换器内置于变频器中，并用一个内部控制线路操控。如图 3-99 所示，HV 蓄电池从一侧与内部控制线路连接，内部控制线路控制晶体管。IGCT 负责内部控制线路电源。14V 直流电的输出通过 t1MD 线和 60A 保险给辅助电池充电，在辅助电池短路时保护 DC/DC 转换器，转换器可以通过 S 端子测量实际输出电压的一个反馈信号。HV ECU 可以通过 NODD 信号停止转换器的操作，并可以通知 HV ECU 转换器的工作情况，VLO 信号是 HV ECU 根据车辆状态要求转换器操作的信号。

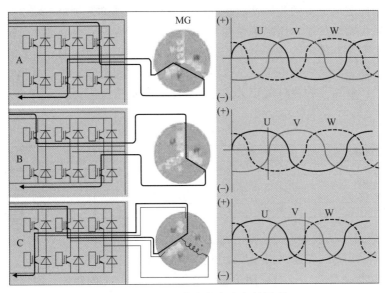

图 3-98 650V 直流变交流变频原理

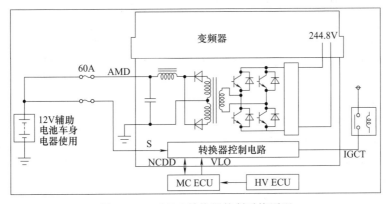

图 3-99 DC/DC 转换器控制系统原理

如图 3-100 所示，直流 244V 单向转换为直流 14V，转换过程分为四步。4 个功率三极管对角的两个为一组同时控制，轮番导通提供变压器初级线圈 244V 的交流电流使变压器的初级线圈产生交变磁场，变压器次级的双线圈降压输出 14V 的交流电流，经过第三步单向全波整流后在通过电感器的滤波成为直流的 14V 为辅助电池充电和提供车身电器电源。

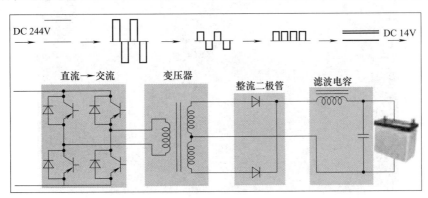

图 3-100 DC/DC 转换器工作原理图

动力转换分配逻辑分析的逻辑性比较强，分析是以单排单行星轮齿轮组为基础，因此认清单排单行星轮齿轮组的逻辑因果关系尤为重要，相对而言，对混合动力系统的逻辑分析要比丰田6速自动变速器的动力传递分析要简单。对变频器工作原理的分析要具备一定的模拟电路基础知识，作为一名汽修电工，法拉第电磁感应定律和楞次定律是必知的，另外，电容器、电感器和变压器这三种器件的定义和作用也是在分析中要用到的。

8. 丰田电动机的工作原理

表 3-9　MG1、MG2 的参数

项　目	MG1	MG2
类型	永磁交流同步电动机	永磁交流同步电动机
功率/kW	16	33
最高转速/(r/min)	6500	6000
最大力矩	175N·m,940r/min	300~350N·m,0~1040r/min

（1）MG1 作用（见表 3-9）

① 通过调节 MG1 的转速来实现发动机在某个高效功率点运行。

② 发动机运行在高效率点时，随车速的变化，调节 MG1 的转速，实现行星齿轮无级变速的功能。

③ 作为电动机，启动发动机，把发动机从静止拖动到 1000 转左右，然后发动机喷油点火。

④ 在发动机有轴功输出时，MG1 正转，作发电机，对电池充电和对 MG2 供电；MG1 反转时，则作为电动机，消耗电能。若 SOC 低时，MG2 则为发电机，对电池充电和对 MG1 供电，这种模式一般发生在等速巡航时。

（2）MG2 作用（见表 3-9）

① EV 模式运行时，作电动机，独立驱动汽车。

② 汽车加速和需要辅助功率时，作电动机。

③ 汽车中等速度巡航时，发动机输出功率较低，MG1 反转，MG2 作发电机，对电池充电和对 MG1 供电。

④ 制动时发电。

⑤ 倒车时，反转驱动汽车。

（3）结构形式　Prius 电动机的转子采用内置永磁铁 IPM 系统。如图 3-101 所示，磁极

图 3-101　Prius 电动机的转子、定子实物

镶在转子里，电磁钢片装在转子上，避免缠绕在电磁铁表面，以减少成本。内置永磁铁转子系统，通过在电磁力矩上叠加磁滞力矩取得更高的力矩和更高的效率，相电流控制有助于IPM转子获得更高的力矩输出和效率。电磁力矩几乎和电流大小成比例，通过控制电流相位，让电流相位角超前磁极相位90°，得到最大力矩。

MG1、MG2解角传感器：为了满足电动机静止启动和全转速范围内转矩波动的控制目的，需要利用解角传感器精确地测量MG1、MG2永磁转子磁极位置和速度。解角传感器是采用电磁感应原理制成的旋转型感应传感器，它由定子和转子组成（图3-102）。

椭圆型转子与MG1、MG2的永磁转子相连接，同步转动。椭圆型转子外圆曲线代表着永磁转子磁极位置。定子包括1个励磁线圈和2个检测线圈，2个检测线圈S和C轴线在空间坐标上正交，HVECU按预定频率的交流电流输入励磁线圈A，随着椭圆型转子的旋转，转子和定子间的间隙发生变化，就会在检测线圈S和C上感应出相位差90°正弦、余弦感应电流，HVECU根据检测线圈S和C感应电流的波形相位和幅值，以及波形的脉冲次数（图3-103），计算出MG1和MG2永磁转子的磁极位置和转速值信号，作为HVECU对电动机MG1、MG2矢量控制的基础信号。

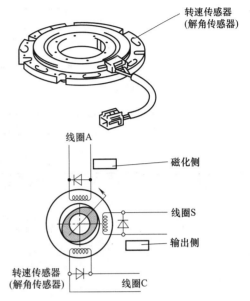

图3-102　电动机解角传感器示意图

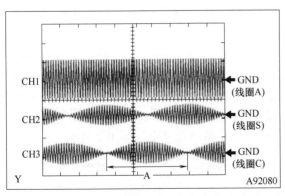

图3-103　检测线圈感应电流波形图

9.普锐斯混合动力系统结不同工况工作状况

THS-Ⅱ使用发动机和MG2提供的两种动力，并使用MG1作为发电机。系统根据各种车辆行驶状态优化组合这两种动力。HV ECU始终监视SOC状态、蓄电池温度、冷却液温度和电载荷状况。在READY指示灯打开，车辆处于P位或车辆倒车时，如果监视项目不满足条件，则HV ECU发出指令启动发动机驱动MG1并为HV蓄电池充电。THS-Ⅱ系统根据图3-104所示列出的车辆行驶状况综合操作发动机、MG1和MG2，来驱动车辆。行星齿轮的旋转方向、转速和电源平衡之间的关系见表3-10，在表中3个齿轮的转速可以用一条直线来连接。

（1）READY灯打开状态。在THS-Ⅱ系统上，如果冷却液温度、SOC状态、蓄电池温度和电载荷状态不满足条件，即使驾驶人按下POWER开关、READY指示灯打开，发动机也不会运转。在这种状态下，发动机、MG1和MG2均停止工作。驾驶人如需要停止车辆并换到P位，此时如果冷却液温度、SOC状态、蓄电池温度和电载荷状态满足条件，HV ECU将继续使发动机在预定时间运行，而后停止发动机。READY指示灯打开、车辆处于P位或者

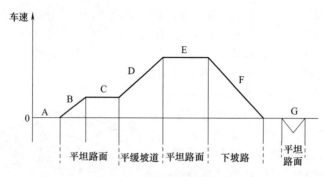

图 3-104　车辆运行情况

A—READY 灯打开状态；B—启动；C—发动机微加速时；D—低载荷巡航时；

E—节气门全开加速时；F—减速行驶时；G—倒车时

表 3-10　混合动力系统状态

电动机状态	行星齿轮旋转方向	转矩状态	状 态 图
放电	正转＋侧	＋转矩箭头向上	
	反转—侧	—转矩箭头向下	
发电	正转＋侧	—转矩箭头向下	

倒车时，如果 HV ECU 监视的任何项目满足条件，HV ECU 就会启动 MG1 从而启动发动机。运行期间，为了防止 MG1 的太阳齿轮的反作用力转动 MG2 的环齿轮并驱动驱动轮，MG2 接受电流以施加制动，这个功能叫做反作用制动，如图 3-105 所示。在下一状态中，运转中的发动机启动作为发电机的 MG1，进而为 HV 蓄电池充电，如图 3-106 所示。

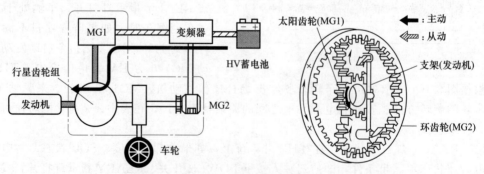

图 3-105　反制动示意图

（2）启动工况。车辆起步后，车辆仅由 MG2 驱动。此时发动机保持停止状态，MG1 以反方向旋转而不发电，如图 3-107 所示。只有 MG2 工作时，如果需要增加驱动转矩，MG1

将被启动，进而启动发动机。同样，如果 HV ECU 监视的任何项目如 SOC 状态、蓄电池温度、冷却液温度和电载荷状态与规定值有偏差，MG1 将被启动，进而启动发动机，如图3-108所示。在下一状态中已经启动的发动机将使 MG1 作为发电机为 HV 蓄电池充电。如果需要增加驱动转矩，发动机将启动作为发电机的 MG1 并转为发动机微加速时模式，如图3-109所示。

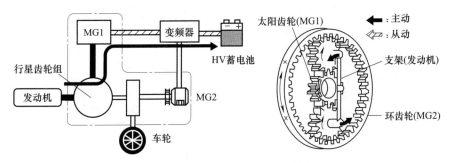

图 3-106　MG1 为蓄电池充电状态

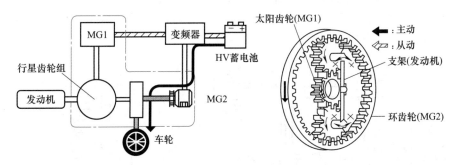

图 3-107　车辆起步后 MG2 工作

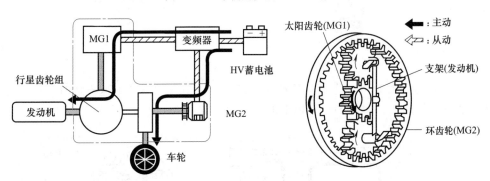

图 3-108　MC1 被启动进而启动发动机

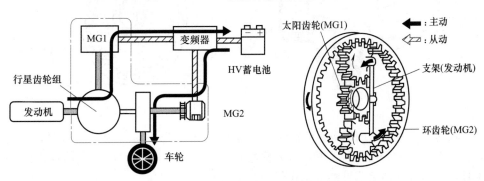

图 3-109　MC1 为 HV 充电 MG2 驱动车辆

（3）发动机微加速时。发动机微加速时，发动机的动力由行星齿轮组分配。其中一部分动力直接输出，剩余动力用于 MG1 发电，通过变频器电力输送到 MG2 用作输出动力，如图 3-110 所示。

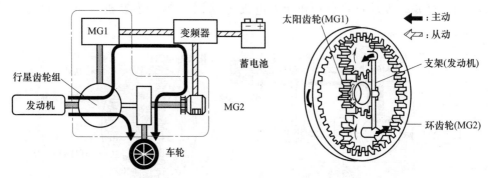

图 3-110　微加速状态

（4）低载荷巡航时。车辆以低载荷巡航时，发动机的动力由行星齿轮分配。其中一部分动力直接输出，剩余动力用于 MG1 发电。通过变频器的电动传输电力输送到 MG2 作为 MG2 的输出动力，如图 3-111 所示。

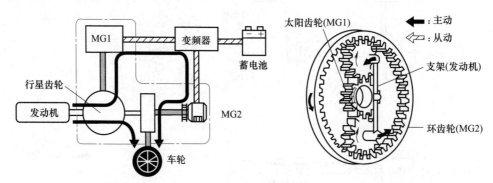

图 3-111　低载荷时工作状态

（5）节气门全开加速时。车辆从低载荷巡航转换为节气门全开加速模式时，系统将在保持 MG2 动力的基础上，增加 HV 蓄电池的电动力，如图 3-112 所示。

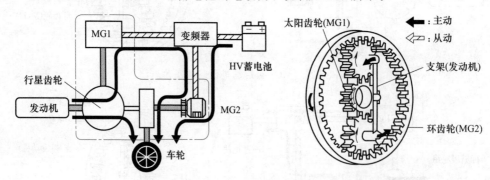

图 3-112　节气门全开加速状态

（6）减速。车辆以 D 位减速行驶时，发动机停止工作，动力为零。这时，车轮驱动 MG2，使 MG2 作为发电机运行并为 HV 蓄电池充电，如图 3-113 所示。车辆从较高速度开始减速时，发动机以预定速度继续工作保护行星齿轮组。

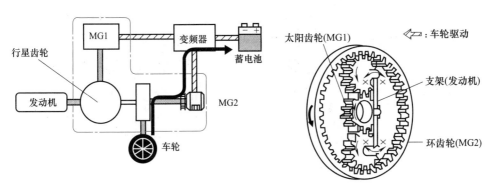

图 3-113 发动机减速状态

① B 位减速行驶。车辆以 B 位减速行驶时，车轮驱动 MG2，使 MG2 作为发电机工作并为 HV 蓄电池及 MG1 供电。这样，MG1 保持发动机转速并施加发动机制动。此时，发动机燃油供给被切断，如图 3-114 所示。

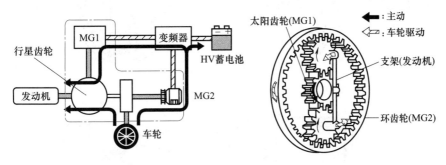

图 3-114 B 位减速行驶状态

② 制动减速时。车辆减速时，如果驾驶人踩下制动踏板，制动防滑控制 ECU 计算所需的再生制动并发送信号到 HV ECU。接收到信号后，HV ECU 在符合所需再生制动力的范围内增加再生动力。这样，可以控制 MG2 产生充电的电量，如图 3-115 所示。

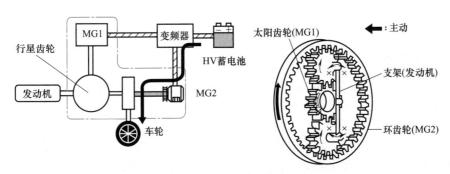

图 3-115 制动减速状态

（7）倒车时。车辆倒车时，仅由 MG2 为车辆提供动力。这时，MG2 反向旋转，发动机不工作，MG1 正向旋转但并不发电，如图 3-116 所示。只有 MG2 驱动车辆时，如果 HV ECU 监视的任何项目如 SOC 状态、蓄电池温度、冷却液温度和电载荷状态与规定值有偏差，MG1 将被启动进而启动发动机，如图 3-117 所示。在图 3-118 所示状态时，已启动的发动机将启动作为发电机工作的 MG1 并为 HV 蓄电池充电。

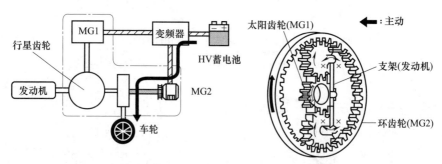

图 3-116　倒车时 MG2 工作

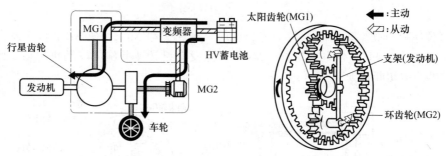

图 3-117　倒车时 MG1 启动

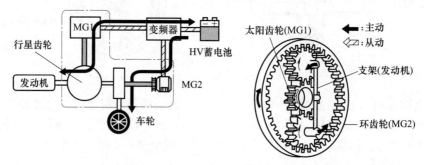

图 3-118　MG1 为 HV 蓄电池充电

二、本田车系

本田混合动力系列车型有：本田 CR-V 锐·混动、思铂睿锐·混动、雅阁锐·混动、本田 Insight、思域 Civic、本田 CR-Z 等。

1. IMA 混合动力系统和工作过程

第四代 IMA 系统的主要部件包括一个 1.3L、VTEC 4 缸汽油机，一个高功率的超薄永磁同步电动机，一个无级变速器（CVT）和一个智能动力单元（Intelligent Power Unit，IPU）。智能动力单元由一个动力控制单元（Power Control Unit，PCU）、一组高性能镍氢蓄电池和 1 个空调控制单元组成。汽油机和电动机布置在车辆的前部，智能动力单元布置在车辆的后部，具体布置形式如图 3-119 所示。

IMA 系统的工作过程如下。

（1）启动加速　发动机以低速配气正时状态运转，同时电动机提供辅助能量。

（2）急加速状态　发动机以高速配气正时状态运转，此时电池会提供额外的功率给电动机与发动机共同驱动车辆，改善整车的加速性能。

（3）低速巡航状态 发动机的 4 个气缸阀门全部关闭，燃烧停止，车辆以纯电动状态驱动车辆。

（4）一般加速或高速巡航 发动机以低速配气正时状态运转，单独驱动车辆。

（5）减速状态 发动机关闭，电动机（此时作为一个发电机）在电动机控制传输系统的帮助下将机械能最大限度地转换为电能，储存到电池组中。

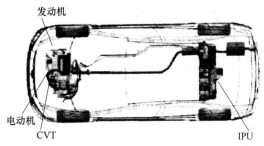

图 3-119 主要部件的具体布置形式

（6）停车状态 发动机自动关闭，减少燃料损失和排放。

2. 发动机

2006 款 Civic 混合动力 1.3L 发动机以 2005 款 1.32L 传统发动机为基础，对部件进行了改进：主要采用了可变气门配气相位和气门升程电子控制（i-VTEC）、智能化双火花塞顺序点火技术（i-DSI）以及可变气缸管理技术（VCM），实现了超低油耗，提高了燃油经济性。新系统提供了低速、高速及间歇三种模式的配气正时状态。通过 4 个气缸全部间歇，可以提高减速时的能量回收效率，是目前最为先进的气门控制技术。

（1）i-VTEC 系统 可变气门配气相位和气门升程电子控制（Intelligent Valve Timing and lift Electrol，i-VTEC）通过电磁阀调节摇臂活塞液压系统，使发动机在不同转速工况下由不同的凸轮控制，影响进气门的开度和时间。在发动机低速运转时，通过主进气门和辅助进气门之间的升程差创造一个合理的涡流比，实现良好的性能。而在高速时维持了传统 4 气门发动机的高功率输出，从而保持了低油耗性能。

i-VTEC 系统通过 ECU 控制程序调节进气门的开启和关闭，使气门的重叠时间更加精确，达到最佳进、排气，进一步提高了发动机功率，而且帮助发动机在汽车减速时减少能量损失。

（2）智能化双火花塞顺序点火系统 智能化双火花塞顺序点火系统（i-DSI）把通常 1 个气缸 1 个火花塞控制点火方式改为在 1 个气缸上安装 2 个火花塞，分别设在进气侧和排气侧，缩短了燃烧室内火焰传播的时间，实现了全域范围内的急速燃烧，同时降低了燃爆倾向，使得大幅度提高压缩比成为可能，同时实现了高输出功率、高输出转矩及低油耗。本田汽车公司独有的双火花塞连续控制系统是根据发动机转速和负荷状况来编制的。当燃料化合物进入燃烧室，第 1 个靠近入口的火花塞点火；不久，靠近排气口的第 2 个火花塞点火，促进燃烧过程。与单一的火花塞系统相比，该系统使燃烧更加完全，使发动机输出功率更大，油耗更少，排放降低。

（3）可变气缸管理技术 可变气缸管理（Variable Cylinder Management，VCM）系统是对上一代的 3 缸间歇系统的改进，可实现气缸全部间歇。电动机（同时作为发电机）附属在发动机的机轴上，发动机需要在减速时提供尽可能少的阻力，使电动机能够更高效地给电池充电。传统的发动机在减速时，气缸活塞的运行将提供一定阻力（或者叫发动机制动），VCM 消除了这种影响，使再生制动系统能够尽可能多地回收能量。

3. 电动机

IMA 电动机是一个三相超薄永磁同步电动机，安装在发动机和 CTV 之间，最大能够提供 15kW 的功率和 139N·m 的辅助转矩。电动机提供辅助推动力给发动机或在低速行驶状态下提供动力，也作为发电机在减速和制动时回收动能给电池充电。电动机的辅助使整车的动力性得到了很大的提高，其功率和转矩曲线如图 3-120 所示。

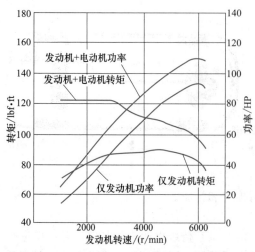

图 3-120 混合动力功率和转矩曲线

注：1lbf＝4.44822N；1ft＝0.3048m；1HP＝745.7W

电动机使用一种最新的不对称线圈缠绕结构，这种线圈缠绕密度更大。这使得电动机最大功率和最大转矩与 2005 款 Civic 混合动力电动机相比分别增加了 50％和 14％，转换效率由原来的 94.6％提高到 96％。本田汽车公司单独研制的用于控制电动机速度的换流器与电动机的电控单元（ECU）集成在一起，采用数字式通信方式，使控制更为准确，提高了电动机的效率和混合动力系统的燃油经济性。

4. 电池

电池是混合动力系统的一个重要环节，储存电力的多少直接影响到汽车的续航里程。新的混合动力系统采用最新研制的高效镍氢蓄电池，它比上一代提升了 30％的蓄电能力，电池电压由 144V 升高到了 158V，专门设计的电池箱外形紧凑，冷却性和减振性也更好，为电池长期稳定地工作提供了保证；采用全新的松下双模包装，与前代相比减轻了重量，增加了电流的效率，体积减小了 12％，节省了更多的空间。

5. 混合式空调压缩机

Civic 的车内空调采用专门设计的"混合式"空调压缩机，它可以由发动机或电动机驱动，还可以由两者一起驱动。当发动机不工作时，电动机就可以驱动这个小巧的空气压缩机继续工作，保证车内的温度。如果外面温度特别高，需要高速制冷，单靠电动机驱动已经不行，发动机系统会自动启动，将冷气源源不断地供到车内。当车内温度已经稳定到最佳水平时，发动机又会自动关闭，从而减小油耗。

6. 再生制动系统

IMA 电动机能够在制动、稳定行驶、缓慢减速或滑行时作为一个发电机，通过再生制动回收动能和以电能的形式将这些能量存入电池中。当制动时，制动踏板传感器给汽车IMA 计算机 IPU 一个信号。计算机激活了制动系统制动主缸中的伺服单元，使机械制动和电动机能量回馈之间的制动力均衡，得到最大的能量回馈。本田汽车公司原来的 IMA 系统是事先固定制动能量分配比率，低于最大能量回馈，而且没有可变的比例；新系统更少依赖传统制动系统，并且减少了发动机的能量损失，能量回收能力比 2005 款 Civic增加了 70％，而且燃料供给更加节约。

7. 控制系统

IMA 系统的功率是通过智能动力单元（IPU）

图 3-121 IPU 的外部结构

控制的，其安装位置在后轮座下，IPU 由动力控制单元、一个可再充镍氢蓄电池模块和一个制冷单元组成，外观结构如图 3-121 所示。

动力控制单元作为 IPU 的核心部分控制着电动机辅助功能，制动回馈和电池（包括IMA 电池包和 12V 电池）充、放电。动力控制单元通过节气门开度、发动机参数和电池包的荷电状态来决定电能辅助的多少，其主要组成部分有电池监控模块（Battery Condition

Monitor，BCM）、电动机控制模块（Motor Control Module，MCM）和电动机驱动模块（Motor Drive Module，MDM）。第四代 IMA 系统使用最新的电脑芯片技术，动力控制单元的反应时间比以往的任何一代都要快。而采用最新开发的逆变器和 DC-DC 转换器帮助 IMA 系统全面提高了其最大功率。完整的制冷系统降低了由电流进、出电池包产生的热量，制冷系统模块安装在电池箱外部，内部箱体中的空气不断从后座下的通风管内溢出。

（1）电池监控模块　电池监控模块（BCM）监控的电池信息主要有 SOC、电池保护需求信息、电池温度等。通过温度传感器、电压传感器和电流传感器监控主体电池，测定充放电比率，且将信息提供给 BCM。BCM 控制 IMA 电池在理想的状态（20%～80%）下工作，同时防止额外的电量消耗和电池过充。电池监控模块同时控制着电池制冷风扇的运行。

（2）电动机控制模块　电动机控制模块（MCM）控制着电动机的各种行为，是一个低压的计算机，主要功能如下。

① 与发动机控制模块通信，决定车辆的运行状态，同时将系统中检测到的问题传输给 ECM。

② 与电池监控模块通信，获得电池模块的荷电状态。这个信息用于保护电池模块和保持适当的充电平衡。

③ 与仪表板连接，始终显示 IMA 系统条件和运行状态的信息。

④ 电动机驱动模块接收电动机的整流信息，通过电压转换模块控制电动机功率逆变器。

（3）电动机驱动模块　电动机驱动模块（MDM）控制电动机辅助发动机并给电池充电，可实现电流在电动机和电池之间的双向传递。其内部主要为一个逆变器和电压控制单元。在电动机处于辅助状态时，能量由电池模块通过逆变器转换从直流电变为三相交流电传给电动机。同时，MCM 收到 3 个电动机整流传感器反馈的信息，得到电动机的状态信息，通过在准确的时间控制三相电流的相位来确保电动机的正确运行。电压转换模块收到的 MCM 命令，通过控制绝缘栅双极晶体管的开启和关闭来满足系统的要求。在制动时，电流从电动机到电动机控制模块，电动机产生三相交流电，通过逆变器转化为直流电后给电池充电。

三、国产车系

1. 比亚迪 F3DM 的结构组成

图 3-122 为比亚迪 F3DM 汽车的解剖图，它的动力系统主要由蓄电池组、驱动电动机、发动机、发电机和控制系统等组成。

（1）蓄电池组及其管理系统　比亚迪 F3DM 蓄电池组安放在汽车底部（图 3-123）。属于磷酸铁钴锂电池（也称为铁电池），由 100 块单体电池（每个 3.3V）串联而成电池阵列，标称电压 330V，容量 45A·h，电池组由汽车后部的电池管理单元（图 3-124）进行管理和控制。

图 3-122　比亚迪 F3DM 解剖汽车外形

图 3-123　比亚迪 F3DM 蓄电池组

图 3-124　比亚迪 F3DM 电池管理单元

图 3-125　比亚迪 F3DM 动力及管理系统

（2）动力及其管理系统　比亚迪 F3DM 动力及其管理系统全部安装在发动机室里面（图 3-125），动力由发动机、发电机和驱动电动机组合在一起。

① 发动机。比亚迪 F3DM 混合动力汽车发动机基本参数见表 3-11。

表 3-11　比亚迪 F3DM 混合动力汽车发动机基本参数

发动机型号	371QA 全铝发动机,单顶置凸轮轴
供油方式	多点电喷
排量/mL	998
最大功率/kW	50
最大扭矩/[N·m/(r/min)]	90/(4000～4500)
气缸数	3
每缸气门数	4
环保标准	国Ⅳ,OBD
压缩比	10∶1
市区工况油耗/(L/100km)	3.5
市郊工况油耗/(L/100km)	2.3
等速油耗/(L/100km)	2.67(综合)
耗电费用/(kW·h/100km)	19

② 驱动电动机。比亚迪 F3DM 混合动力汽车电动机由 2 台稀土永磁同步交流电动机 M1 和 M2 组成（图 3-126），M1 副电动机-发电机功率 25kW，M2 主电动机功率 50kW。

③ 电动机控制器。比亚迪 F3DM 混合动力汽车电动机控制器见图 3-127，其作用如下。

a. 控制 M1、M2 工作。

b. 控制高压电流，实现 M2 变速运动。控制 M1 发电机发电。

图 3-126　比亚迪 F3DM 混合动力组成

图 3-127　电动机控制器

c. 根据模式信号协调 M1、M2 工作。

d. 驱动 M1 完成发动机启动。见图 3-128。

e. 通过逆变器和 ERS 系统（电动机辅助制动能源回收系统），将制动过程损失的动能回收转化为电能，储存在电池内。

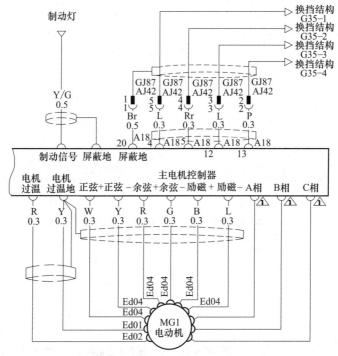

图 3-128　M1 电动机控制电路

④ ECU。比亚迪 F3DM 混合动力汽车采用中央管理器 ECU 进行统一管理控制，其基本结构原理与汽车电控 ECU 类似，负责收集各种传感器信息，进行计算比对，再去控制电动机等执行器动作。

⑤ 车顶太阳能电池充电系统。比亚迪 F3DM 混合动力汽车还有一个车顶太阳能电池充电系统（图 3-129），能够将太阳能转化为电能向电池组充电，节约能源。

图 3-129　比亚迪 F3DM 太阳能电池组

2. 比亚迪 F3DM 的工作原理

（1）纯电动模式。也称启动模式，为避免发动机的怠速及低负荷工况，以减小油耗，故发动机不工作，仅电动机利用其低速大转矩的特性单独使车辆起步，工作原理如图 3-130 所示。

（2）混合动力模式。也称匀速模式，发动机启动，带动发电机 M1 发电，对电池充电，车辆由 M2 驱动，发动机按油耗最小的最优工作曲线工作，工作原理如图 3-131 所示。

（3）加速模式。发动机启动后以最大效率工作驱动车辆，电动机提供部分功率辅助车辆加速，工作原理如图 3-132 所示。

（4）减速模式。也称制动模式，发动机不工作，电动机进行再生制动向蓄电池充电，工作原理如图 3-133 所示。

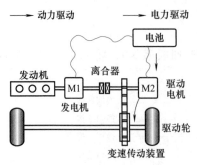

图 3-130　纯电动模式

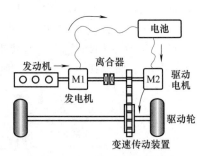

图 3-131　混合动力工作模式

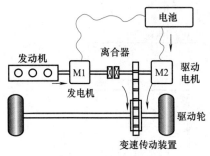

图 3-132　加速工作模式

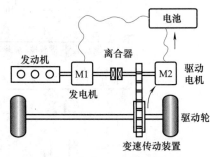

图 3-133　减速工作模式

任务四　混合动力汽车使用与维护

一、混合动力汽车使用注意事项

① 车辆在停止后，请勿立即接触控制壳体、发动机等高温部件，以免烫伤。

② 在充电时，将车停在通风的地方。

③ 车辆安装有动力电池，在雪天雨天的路面行驶，应躲避凹坑、积水路面，避免车辆进水。

④ 因为动力电池本身受环境温度以及人员操作影响明显，在电量较低时，SOC 显示值与真实值误差较大。动力电池管理器拥有消除此误差的修正功能，所以在电量较低情况下，有可能存在一定电量的跳变情况，此为整车正常修正功能，并非故障。

⑤ 与传动燃油汽车不同，电动汽车蓄电池放置在后行李厢护板内，若需要更换电池时，将钥匙打到 OFF 位置，拆开护板，并拔掉后行李厢紧急维修开关。

⑥ 为了保证车辆的优良驾驶性能，低燃油位警告灯点亮时，请及时加注燃油，当 SOC 低于 10％时，应及时充电。

⑦ 车辆底部装有动力电池包，行驶时应注意绕开凹凸不平路面和路面上的坚硬障碍物（例如路中突出的石头等），以免电池包受到磕碰损坏。

⑧ 请勿在温度低于－10 ℃的环境中使用。

⑨ 橙色线束均为高压线，非专业人员请不要接触此类线束。如要对有高压标记零部件进行操作应务必穿戴绝缘手套（手套耐压 500V 以上）。

⑩ 车辆在潮湿路面上行驶时，应避开积水较多的路面，防止大量水进入发动机室、动力电池包或高压电器，导致车辆发动机、动力电池包和电气部件受到损坏。

⑪ 长期存放不使用的车辆，请务必在存放前将动力电池充满。否则，会引起动力电池过放，导致动力电池性能下降或损坏。

⑫ 在动力电池电量过低的情况下，尽量避免频繁加速或长时间高速行驶，以致动力电池性能下降或损坏。

⑬ 请勿使用高压力喷水枪长时间冲洗车顶，以免太阳能电池浸水。

⑭ 在下列情况下应及时清理太阳能电池板，以免造成损坏。

a. 在粘有油污、大量灰尘或化学物质等脏物时。

b. 在车顶有纸屑、树叶等杂物时。

⑮ 整车储存要求。

a. 整车应在通风、清洁、干燥、无腐蚀性气体影响的室内空间储存。整车长期储存（储存时间超过 6 个月），需完全断电，厂家推荐储存在 50％SOC 荷电态下储存，储存环境湿度不低于 95％RH。

b. 整车储存期间应避免阳光直射暴晒，整车底盘距离热源不得少于 2cm。

c. 整车储存期间，电量应大于 40％，储存期间每 6 个月应至少进行一次补充充电，慢充至电量超过 50％。

二、混合动力汽车正确使用

① 车辆无法自动切换成纯电动模式时，应该分析原因，根据电池电量做出合适的选择。

② EV 和 HEV 开关是用来切换纯电动模式和混合动力模式的，按钮上的灯表明车辆正在以相应的模式运行。一般情况下，按下 EV 开关后，EV 指示灯开关会点亮，整车会切换到纯电动模式下运行。

③ 车辆启动时，EV 和 HEV 具有记忆效应，会执行上一次车辆停车时的状态。若电量很高时，车辆在 HEV 模式下发动机可能不会启动。

④ DM 系统会根据驾驶时的实际情况和电量来判断是否切换成混合动力模式，急加速或电量不足时，DM 系统都可能自动切换成混合动力模式。

⑤ 车辆在纯电动模式行驶时，要特别注意车辆周边的情况，因纯电动模式声音较小，应避免车辆不易被察觉而发生意外事故。

⑥ 当发动机冷却液温度过高时，冷却液温度警告灯会点亮，同时显示"冷却液温度过高"，表示发动机冷却液温度过高，必须停车检查或直接联系销售店进行专业检查维修。

⑦ 在车辆处于纯电动模式下工作时，转速表无指示转速为正常现象，转速表指示为发动机转速，车辆处于混合动力时，转速表工作。当电源挡位处于 ON 位置时，此表指示整车的功率。当功率表指示为负值时，表示整车处于能量回馈，不表示车辆存在故障。

⑧ 动力系统故障指示灯。当点火钥匙打到 ON 位置时，动力系统故障指示灯点亮。如果动力系统工作正常，则几秒钟后此灯熄灭。如果动力系统发生故障，或当点火钥匙打到 ON 位置时，此灯不亮或持续发亮，或驾驶中此灯点亮，都说明动力系统有故障。

注意：不要在警告灯点亮的状态下驾驶车辆，即使是一小段距离，否则将毁坏整车动力系统。

⑨ DC-DC 故障指示灯。DC-DC 系统存在故障时，当点火钥匙打到 ON 位置时，此灯不亮或持续发亮或驾驶中此灯点亮。

⑩ 动力电池故障警告灯 BAT。如果发生点火钥匙打到 ON 位置时，此灯持续发亮或驾

驶中此灯点亮，则表示由警告灯系统监控的部件中发生故障。

⑪ 电动机故障警告灯。如果当点火钥匙打到 ON 位置时，此灯不亮或持续发亮或驾驶中此灯点亮，则表示由警告灯系统监控的部件发生故障。

⑫ 正确使用充电装置。车辆停放好后，将钥匙打到 OFF 位置，取出充电线，打开充电口盖，将电源插头插入充电口，再将电源插头插入充电桩插座或充电盒（指定插座），确定正确连接后，接通电源，此时车辆将自动进入充电状态。充电开始后，行李厢会有轻微的充电器风扇工作声音，这时应观察组合仪表显示充电，则表明充电正常进行。

充电结束后，首先将电源关闭，拔出电源插头，然后按住充电插头上按钮，缓慢地将充电插头从充电口中拔出并将充电线收好。

为了防止充电时线束发热，充电时禁止将有关充电线束（充电线或电源线）卷绕、包裹等，应将线束自然散开。

三、混合动力汽车的维护周期

混合动力汽车不仅要正确使用，合理的维护周期必不可缺，它不仅可以延长寿命，减少故障发生率还可以降低使用成本，提高应用的经济性能。本节以比亚迪 F3DM 混合动力汽车的维护时间和里程为例。

比亚迪 F3DM 混合动力汽车的维护时间和里程见表 3-12。

表 3-12　比亚迪 F3DM 混合动力汽车的维护时间和里程

保养项目	总里程表读数或月数，以先到者为准															
保养间隔	里程×1000km	3	8	13	18	23	28	33	38	43	48	53	58	63	68	73
	月数	首保	6	9	12	15	18	21	24	27	30	33	36	39	42	45
检查蓄电池		I		I		I		I		I		I		I		I
检查发电机和电动机润滑油	一般使用条件	I	R		R		I		R		I		R		I	
	严酷使用条件	R：视需要缩短周期															

任务五　混合动力汽车检修与故障诊断

一、混合动力控制系统维修注意事项

以下以丰田普锐斯混合动力控制系统为实例介绍混合动力汽车的维修。混合动力系统使用高压电路，因此不正确的操作可能导致电击或漏电。在检修过程中（例如安装、拆卸、检查、更换零件）必须注意以下事项。

1. 高压系统操作规范

① 首先读取故障码，因为断开电源后 DTC（故障诊断码）会被清除，因此断开电源之前必须检查 DTC。

② 然后切断电源，并确保电源开关关闭。

③ 再从辅助蓄电池上断开负极端子电缆。

④ 一定要戴绝缘手套。

⑤ 拆下检修塞。

a. 拆下检修塞后，不要操作电源开关，否则可能损坏混合动力车辆控制 ECU。

b. 检修车辆时，将拆下来的检修塞放到衣袋内，以防止其他汽车维修人员重新连接检修塞（见图 3-134）。

⑥ 放置车辆 5min。

注意：至少需要 5min 目的是对变频器内的高压电容器进行放电。

2. 使用绝缘手套的注意事项

① 戴绝缘手套之前，要确保绝缘手套没有破损、破洞或裂纹等。

② 不要戴湿手套。

3. 线束和插接器的注意事项

高压电路的线束和插接器都是橙色的。另外，HV 蓄电池等的高压零件都贴有"高压"警示，不要触碰这些配线。

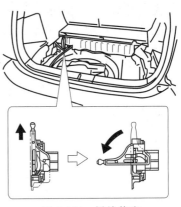

图 3-134　拆检修塞

4. 进行维修或检查时的注意事项

① 开始工作前，一定要断开电源。

② 检查、维修任何高压配线和零件时，必须戴绝缘手套。

③ 在对高压系统进行操作时，用类似"高压工作：请勿靠近!!"的警告牌警示其他汽车维修人员。

不要携带任何类似卡尺或测量卷尺等的金属物体，因为它们可能掉落进而引起短路。拆下高压配线后，应立刻用绝缘胶带将其绝缘。

一定要按规定转矩将高压螺钉端子拧紧。转矩不足或过量都可能导致故障。

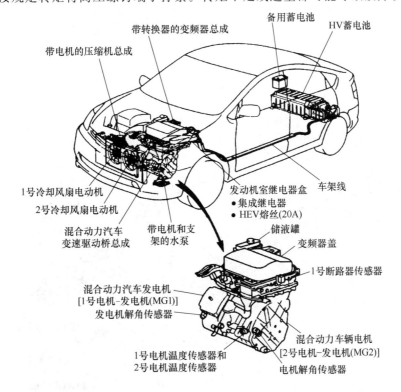

图 3-135　混合动力控制系统的主要部件位置（一）

完成对高压系统的操作后和重新安装检修塞前，应确认在工作平台周围没有遗留任何零件或工具、高压端子已拧紧和插接器已连接。

二、混合动力系统的检查

1. 丰田混合动力控制安装位置

混合动力控制系统主要部件位置如图 3-135～图 3-137 所示。

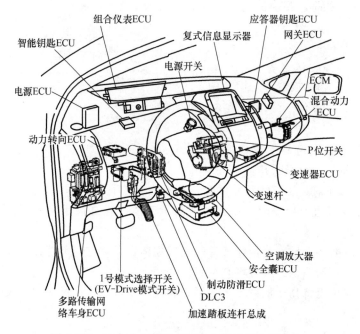

图 3-136　混合动力控制系统的主要部件位置（二）

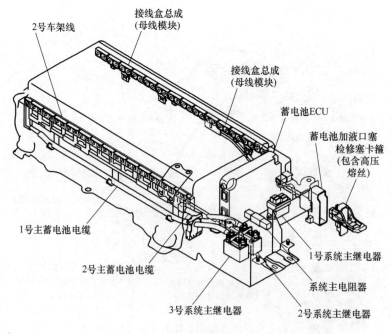

图 3-137　蓄电池系统主要部件

2. 检查变频器

检查时要戴绝缘手套。检查转换器和变频器前先检查 DTC，并进行相应的故障清除。

① 关闭电源开关。

② 拆下检修塞。

③ 拆下变频器盖。

④ 如图 3-138 所示，断开插接器 A 和 B。

⑤ 打开电源开关（在 IG 位置）。拆下检修塞和变频器盖后，如果打开电源开关（在 IG 位置）会产生互锁开关系统的 DTC（故障诊断码）。

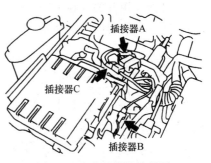

图 3-138　变频器插接器图

⑥ 用电压表测量电压。同时，用万用表测量电阻。这项检查应该在线束侧进行，而不是在端子侧。

3. 检查转换器

检查时要戴绝缘手套。如果 HV 系统的警告灯、主警告灯（见图 3-139）和充电警告灯（见图 3-140）同时闪亮，则检查 DTC 并进行相应的故障排除。

图 3-139　主警告灯

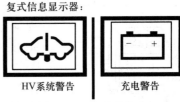

图 3-140　充电警告灯

图 3-141　READY 灯

（1）检查运行情况　在 READY 灯（见图 3-141）闪亮、熄灭时，用电压表测量辅助蓄电池端子的电压。辅助蓄电池端子的电压标准，见表 3-13。

提示：READY 灯闪亮时，转换器输出电压。熄灭时，辅助蓄电池输出电压。

（2）检查输出电流

① 从变频器上断开 MG1 和 MG2 电线。

② 在如图 3-142 箭头所指位置，安装电压表和交流/直流 400A 的探针。

③ 将 MG1 和 MG2 电线连接到变频器。

④ 在 READY 灯闪亮的条件下，依次操作 12V 的电气设备，然后测量输出电流。

标准：约为 80A 或更小。如果输出电流为 0A 或大于 80A，则检查输入/输出信号。

表 3-13　辅助蓄电池端子的电压标准

READY 灯	电压
ON	14V
OFF	12V

（3）检查输入/输出信号

① 如图 3-142 所示断开插接器。

② 用电压表测量车身搭铁与车辆侧线束插接器端子间的电压。标准：与辅助蓄电池端子电压相同。

③ 如图 3-143 所示断开插接器。

④ 打开电源开关（在 IG 位置），用电压表和万用表测量车辆线束侧插接器端子（见图 3-144）间的电压和电阻。插接器端子间的电压和电阻标准见表 3-14。

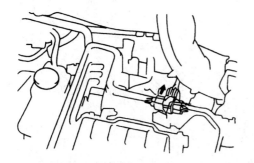

图 3-142 断开插接器（一）

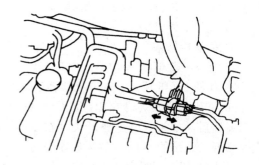

图 3-143 断开插接器（二）

表 3-14 插接器端子间的电压和电阻标准

测试仪连接	规定条件
端子 5-车身搭铁（IGCT-车身搭铁）	8～16V
端子 3-车身搭铁（S-车身搭铁）	与辅助蓄电池端子电压相同
端子 1-车身搭铁（S-车身搭铁）	120～40Ω

图 3-144 插接器端子

如果不符合标准值，则更换带变频器的转换器总成。

4. 检查速度传感器

图 3-145 所示为速度传感器，用万用表测量端子间的电阻（见图 3-146 和图 3-147），速度传感器标准见表 3-15。

如果不符合标准值，则更换混合动力汽车变速驱动桥总成。

图 3-145 速度传感器

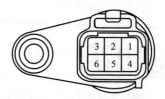

图 3-146 插接器 A

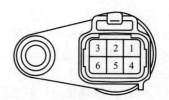

图 3-147 插接器 B

表 3-15 速度传感器标准

测试仪连接	规定条件
A1-A4（GCB-GCSG）	12.6～16.8Ω
A2-A5（GSN-GSNG）	12.6～16.8Ω
A3-A6（GRF-GRFG）	7.65～10.2Ω
B1-B4（MRF-MRFG）	7.65～10.2Ω
B2-B5（MSN-MSNG）	12.6～16.8Ω
B3-B6（MCS-MCSG）	12.6～16.8Ω
上述所有端子-变速驱动桥壳	10kΩ 或更大

三、混合动力汽车电控系统的故障诊断

1. 故障诊断步骤

步骤1：分析客户所述故障。

步骤2：将智能测试仪Ⅱ连接到 DLC3（数据链路插接器），如果测试仪显示通信故障，则检查 DLC3。

步骤3：检查并记录 DTC 和定格数据。如果输出与 CAN 通信系统有关故障的 DTC，则首先检查并修理 CAN 通信。

步骤4：清除 DTC。

步骤5：故障症状确认。

① 若故障未出现，进行步骤6。

② 若故障出现，进行步骤7。

步骤6：症状模拟。

步骤7：检查 DTC 。

步骤8：查 DTC 表。

步骤9：电路检查。

步骤10：故障识别。

步骤11：调整和/或修理。

步骤12：确认故障试验。

步骤13：结束。

注意：在第2、3、4、7步骤使用智能测试仪Ⅱ。

智能测试仪Ⅱ（ Intelligent Tester Ⅱ）是丰田公司最新推出的第二代汽车检测仪（见图3-148），支持丰田和雷克萨斯所有装备 CAN BUS 系统的车型。智能测试仪Ⅱ采用手持电脑，结构紧凑坚固，触摸屏操作，中文显示。诊断功能支持所有可诊断系统：防盗、

图 3-148 智能测试仪Ⅱ

ABS、安全气囊、发动机和变速器等。智能测试仪Ⅱ内置双通道示波器和万用表，极大地扩展了仪器功能。

2. 故障自诊断系统

HV ECU 具有自我诊断系统，如果不正确操作混合动力汽车控制系统或其他组件，ECU 会检测出故障，使组合仪表上的主警告灯（见图3-149）闪亮或者在复式信息显示器上其他灯闪亮。如 HV 系统警告灯（见图3-150）、蓄电池警告灯或放电警告灯闪亮。主警告灯闪亮表示 THSⅡ有故障，在检查模式下主警告灯闪烁。

将智能测试仪Ⅱ连接到车辆上，读取车辆 ECU 输出的各类数据。车载计算机在检测到车身或驾驶系统组件故障时，会使仪表板上的发动机检查警告灯闪亮（见图3-151）。

另外，可应用的故障码（DTC）被保存在 HV ECU 存储器中，如果故障没有重现，则发动机检查警告灯会在电源关闭后熄灭，而 DTC 将继续保存在 HV ECU 存储器中。

将智能测试仪连接到车辆的数据链路连接器3（DTC3）上（见图3-152），以便检测 DTC。智能测试仪还可以帮助清除 DTC 或者检测定格数据和不同类型的 THSⅡ数据。

图 3-149　主警告灯

图 3-150　HV 系统警告灯闪亮

图 3-151　发动机检
查警告灯闪亮

（1）检查 DLC3　HV ECU 使用 ISO 9141-2（Euro-OBD）/ISO 14230（M-OBD）为通信协议。DLC3 的端子排列顺序符合 ISO 15031-03 标准并与 ISO 91412/ISO 14230 格式相匹配（见图 3-153）。数据链路插接器 3（DLC3）的含义见表 3-16。

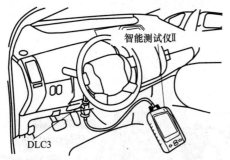

图 3-152　智能测试仪与车辆的数据链
路插接器 3（DLC3）的连接

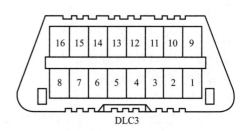

图 3-153　数据链路插接器 3（DLC3）

如果将智能测试仪Ⅱ电缆连接到 DLC3 上，打开电源开关并操作智能测试仪Ⅱ而显示器没有显示任何有效信息，则表明车辆或者测试仪本身有故障。

表 3-16　数据链路插接器 3（DLC3）的含义

符号	端子号	名称	参考端子	结果	条件
SIL	7	总线"＋"连线	5-信号搭铁	产生脉冲	通信过程中
CG	4	底盘接线	车身搭铁	1Ω 或更小	始终
SG	5	信号搭铁	车身搭铁	1Ω 或更小	始终
BAT	16	蓄电池正极	车身搭铁	11～14V	始终

将测试仪连接到其他车辆上，如果在相同模式下通信正常，则检查原车辆的 DLC3 和通信总线。

将测试仪连接到其他车辆上，如果在相同模式下通信仍然异常，则测试仪本身可能有故障，应咨询操作手册上列出的相关维修部门。

（2）检查辅助蓄电池

① 测量辅助蓄电池电压。电压：11～14V。

② 检查辅助蓄电池、熔断器、熔丝、线束、插接器和搭铁。

（3）检查发动机检查警告灯

① 电源关打开和 READY 灯关闭时，发动机检查警告灯应闪亮。如果发动机检查警告灯没有闪亮，则对发动机检查警告灯电路进行故障排除。

② RFADY 灯闪亮时（见图 3-154），发动机检查警告灯应熄火，如果发动机检查警告

灯一直闪亮，则诊断系统已在系统中检测到故障或异常。

（4）DTC 检查/清除

① 检查 DTC（混合动力控制）。

a. 将智能测试仪Ⅱ连接至 DLC3。

b. 打开电源开关（在 IG 位置）。

c. 在系统选择画面中，进入下列菜单：Powertrain/Hybrid Control/DTC（见图 3-155）。读取控制系统的 DTC。

② 检查定格数据和信息。

a. 如果 DTC 出现，则选择该 DTC，以显示定格数据（见图 3-156）。

图 3-154　READY 灯闪亮

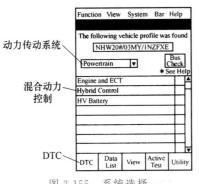

图 3-155　系统选择

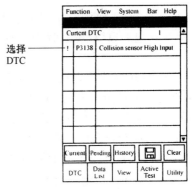

图 3-156　定格数据

b. 在检测 DTC 时读取已存储的定格数据（见图 3-157）。

c. 读取信息。

a）在含有 INF 代码的详细代码中选择详细信息。

提示：如图 3-158 所示，详细代码 2 含有 INF 代码 349，在这样的情况下，应选择详细信息 2。

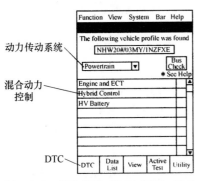

图 3-157　信息代码（INF 代码）显示

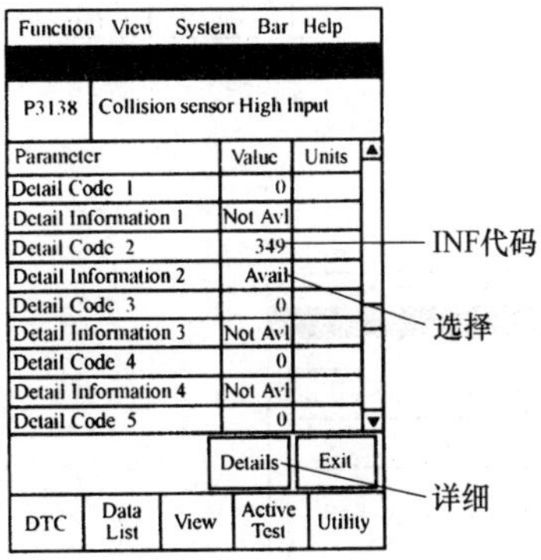

图 3-158　详细信息

b）按下 Details 键。

c）如图 3-159 所示显示信息。

③ 检查 DTC（总线检查）。

a. 在系统选择画面中选择总线检查（见图 3-160）。

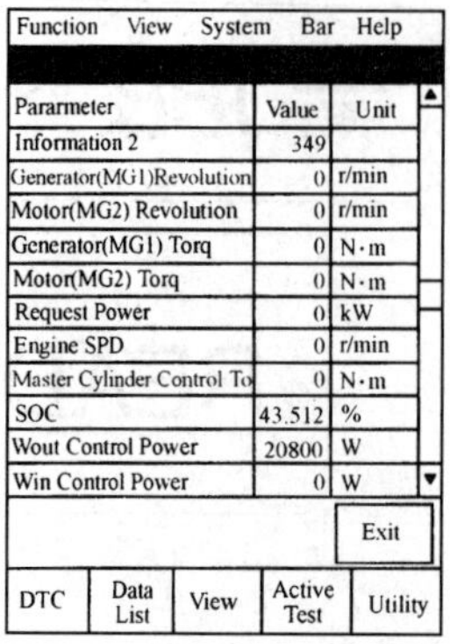

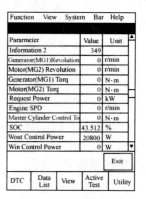

图 3-159 显示信息

图 3-160 总线检查

b. 在总线检查画面中，选择通信故障 DTC 来读取通信故障 DTC（见图 3-161）。

如果在其他 DTC 检测过程中发现 CAN 通信系统 DTC，则首先在 CAN 通信系统中排除故障。

④ 检查 DTC（除混合动力控制系统外）。HV ECU 和计算机保持相互通信，包括 ECM 蓄电池 ECU、制动防滑控制 ECU、动力转向 ECU 和其他部分。因此，如果 HV ECU 输出警告信号，则有必要检查和记录上述所有系统的 DTC。

a. 在系统选择画面中，进入下列菜单：Utility/All Codes。

b. 如果出现 DTC，则检查相应的系统（见图 3-162）。

图 3-161 通信故障 DTC

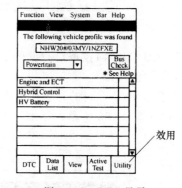

图 3-162 DTC 显示

⑤ 清除 DTC。

a. 将智能测试仪 II 连接至 DLC3。

b. 打开电源开关（在 IG 位置）。

c. 打开智能测试仪 II。

d. 检查挡位是否在 P 位。

e. 打开混合动力控制/DTC 画面，并按下画面右下的清除键（见图 3-163）。清除 DTC 的同时会清除定格数据。

图 3-163 清除键

四、故障诊断实例

1. 丰田普锐斯无法启动故障诊断

故障现象：丰田普锐斯混合动力发动机无法启动；

DTC 码为 POAOF1238，其含义见表 3-17。

表 3-17　DTC 码含义

DTC	INF 代码	DTC 检测条件	故障可能发生部位
POAOF1238	238	即使转动曲轴，发动机也不启动，变速驱动桥输入故障（发动机系统）	发动机总成；HV 变速驱动桥总成（轴或齿轮）；变速器输入减振器；线束或插接器；HV ECU

故障分析：如果发动机或变速驱动桥齿轮被卡住，或有异物进入，HV ECU 就会检测到 DTC 并启动安全保护控制。电路图如图 3-164 所示。

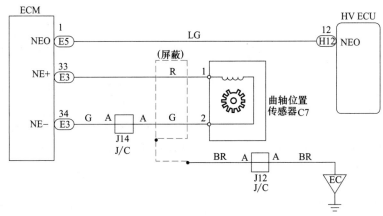

图 3-164　电路图

故障诊断步骤如下。

（1）读取输出的 DTC

① 将智能测试仪Ⅱ连接到 DLC3。

② 打开电源开关（在 IG 位置）。

③ 打开智能测试仪Ⅱ。

④ 进入智能测试仪Ⅱ的下列菜单：Powertrain/Engine anci ECT/DTC。

⑤ 读取 DTC。

⑥ 结果：若输出 DTC，则转到相关的 DTC 表。

（2）检查曲轴带轮是否转动

① 关闭电源开关。

② 顶起车辆。

③ 手动转动曲轴带轮，检查曲轴是否旋转。

正常：曲轴转动。

若异常，则转到步骤（11）。否则，进行下一步骤。

（3）检查线束和插接器（ECM-曲轴位置传感器）

① 断开 E3 ECM 插接器（见图 3-165）。

② 断开 C7 曲轴位置传感器插接器。

③ 检查线束侧插接器间的电阻（插接位置见图 3-166）。曲轴位置传感器插接器标准见表 3-18 和表 3-19。

④ 重新连接曲轴位置传感器插接器，

⑤ 重新连接 ECM 插接器。若异常，则修理或更换线束或插接器。

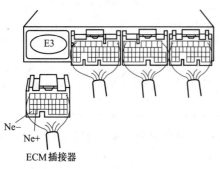

图 3-165　E3 ECM 插接器

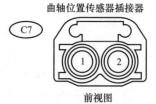

图 3-166　曲轴位置传感器插接器

表 3-18　曲轴位置传感器插接器标准（开路检查）

测试仪连接	规定条件
NE＋(E3-33)-曲轴位置传感器(C7-1)	小于 1Ω
NE－(E3-34)-曲轴位置传感器(C7-2)	小于 1Ω

表 3-19　曲轴位置传感器插接器标准（短路检查）

测试仪连接	规定条件
NE＋(E3-33)或曲轴位置传感器(C7-1)-车身搭铁	100kΩ 或更大
NE－(E3-34)或曲轴位置传感器(C7-2)-车身搭铁	100kΩ 或更大

（4）检查线束和插接器（混合动力汽车控制器 ECU-ECM）

① 断开 H12 HV ECU 插接器（见图 3-167）。

② 断开 E5 ECM 插接器（见图 3-168）。

③ 检查线束侧插接器间的电阻。线束侧插接器间的电阻标准见表 3-20 和表 3-21。

④ 重新连接 ECM 插接器。

⑤ 重新连接 HV ECU 插接器。

若异常，则修理或更换线束或插接器。

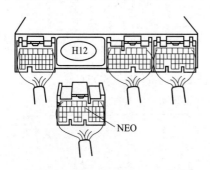

图 3-167　H12 HV ECU 插接器

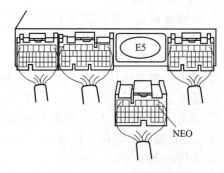

图 3-168　E5 ECM 插接器

表 3-20　线束侧插接器间的电阻标准（开路检查）

测试仪连接	规定条件
NEO(H12-12)-NEO(E5-1)	小于 11Ω

表 3-21　线束侧插接器间的电阻标准（短路检查）

测试仪连接	规定条件
NEO (H12-12)或 NEO(E5-1)-车身搭铁	10kΩ 或更大

（5）检查并清除 DTC（混合动力控制）

① 将智能测试仪Ⅱ连接到 DLC3。

② 打开电源开关（在 IG 位置）。

③ 打开智能测试仪Ⅱ。

④ 进入智能测试仪Ⅱ的下列菜单：Powertrain/Hybrid Control/DTC。

⑤ 检查并记录 DTC、定格数据和信息。

⑥ 清除混合动力控制的 DTC。

（6）检查 READY 灯是否闪亮

① 将智能测试仪Ⅱ连接到 DLC3。

② 打开电源开关（在 IG 位置）。

③ 打开智能测试仪Ⅱ。

④ 进入智能测试仪Ⅱ的下列菜单：Powertrain/Hybrid Control/DTC。

⑤ 读取发电机（MG1）转速和发动机转速数据。

⑥ 打开电源开关（READY）。

正常：READY 灯闪亮。

若 READY 灯不亮，并且智能测试仪Ⅱ的读数显示为 DTC POA90（INF1239）[HV 变速驱动桥输入故障（轴损坏）]或发电机（MG1）转动但发动机不运转，则更换混合动力汽车变速驱动桥总成。

（7）检查发动机转速是否增加

① 将智能测试仪Ⅱ连接至 DLC3。

② 打开电源开关（在 IG 位置）。

③ 打开智能测试仪Ⅱ。

④ 进入智能测试仪Ⅱ的下列菜单：Powertrain/Hybrid Control/Data List。

⑤ 读取发电机（MG1）转速和发动机转速数据。

⑥ 在 READY 灯闪亮的情况下，把挡位置于 P 位的同时，踩下加速踏板 10s。

正常：发动机转速加快。

如果发动机转速不增加，并且智能测试仪Ⅱ的读数显示为 DTC POA90（INF239）[HV 变速驱动桥输入故障（轴损坏）]，或发电机（MG1）转动但发动机不运转，则更换混合动力汽车变速驱动桥总成。

若异常，则更换混合动力汽车变速驱动桥总成。

（8）检查是否缓慢转动

① 将智能测试仪Ⅱ连接至 DLC3。

② 打开电源开关（READY 灯闪亮）。

③ 顶起车辆。

④ 踩下制动踏板，把变速杆移动到 D 位，然后松开制动踏板。

正常：车轮转动（缓慢转动）。

如果车轮不转动，并且智能测试仪Ⅱ的读数显示为 DTC POA90（INF 602）（HV 变速驱动桥输出故障），则应更换混合动力汽车变速驱动桥总成。

若异常，则更换混合动力汽车变速驱动桥总成。

（9）检查发动机加速转速

① 将智能测试仪Ⅱ连接至 DLC3。

② 当以高于 10km/h（6mile/h）的速度行驶时，完全踩下加速踏板以提高发动机转速。

正常：发动机转速平稳增加。

如果发动机超过常速或智能测试仪Ⅱ的读数显示为 DTC POA90（INF241）[HV 变速驱动桥输入故障（转矩限制器滑动）]，则应更换变速器的减振器。

若异常，则更换变速器输入减振器总成。

（10）检查阻力在旋转过程中增加的原因　检查导致变速驱动桥和发动机阻力在转动中变大的故障所在。

① 检查发动机润滑系统和变速驱动桥润滑系统。

② 检查发动机冷却液和变速驱动桥冷却液。

③ 检查发动机本身和变速驱动桥本身是否有故障。

结果：没有故障。

若有故障，则修理故障零件和组件。

若无故障，则进行模拟试验。如果还没有症状产生，则更换发动机、HV 变速驱动桥和 HV ECU。

（11）检查前轮是否旋转

① 打开电源开关（在 IG 位置）。

② 踩下制动踏板，把变速杆移动到 N 位。

③ 顶起车辆。

④ 手动转动曲轴带轮检查前轮是否旋转。

正常：前轮旋转。

若异常，则修理或更换发动机总成。

若正常，则修理或更换混合动力汽车变速驱动桥总成。

2. 比亚迪 F3DM 加速失灵故障诊断

（1）故障现象 比亚迪 F3DM 混合动力汽车加速失灵。

（2）故障分析 根据比亚迪 F3DM 混合动力汽车电路（图 3-169），可以分析到故障发生在 HEV 的加速踏板位移传感器上。可能的原因是，加速踏板位移传感器滑动电位器的电刷有局部短路或接地，引起无法调速。

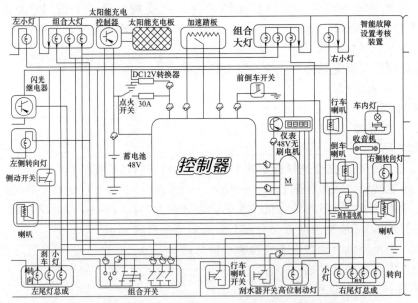

图 3-169 比亚迪 F3DM 混合动力汽车电控系统电路图

加速踏板位移传感器安装在加速踏板下（图 3-170），传感器内采用了电位计结构（图 3-171），计算机供给传感器电路 5V 电压，加速踏板通过转轴与传感器内部的滑动电位器的电刷连接，加速踏板的位置改变时，电刷与接地端的电压就发生改变，ECU 内部的受压电路将该电压转变成加速踏板的位置信号，再根据 ECU 存储的脉谱图和该电压算出加速踏板的位置，进而控制电动机输出电流，一旦失灵，信号无法送出，就会导致车辆无法行驶。

　　HEV 动力系统一般常见故障见表 3-22，由于 HEV 动力系统的多样性，具体故障问题应该具体分析。

图 3-170　加速踏板与位移传感器

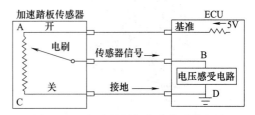

图 3-171　加速踏板与位移传感器电路

表 3-22　HEV 动力系统一般常见故障

故障征象	故障原因	故障处理
车辆不能行驶	熔丝或烧坏	更换
	开关坏	更换
	导线断路、短路、接地或接触不良	检查更换
	蓄电池组亏电	充电
	加速踏板电位器损坏	更换
	ECU 或控制器失效	检测维修或更换
	电动机损坏	检测维修或更换
车辆在爬坡时行驶缓慢至停止	车辆过载或电池电量不足	减轻负载、充电
车辆刚起步就进入全速行驶	控制器损坏	检测维修或更换
	主接触器触点常闭合	维修或更换
	加速踏板电位计损坏	更换
车起步后就不动	电动机卡死	检测维修或更换
	控制器损坏	检测维修或更换
	加速踏板电位计损坏	更换
低速正常，全速无力	控制器损坏	更换
	电动机故障	检测维修或更换
	加速踏板电位计损坏	更换
行驶有异响	控制器未调好或损坏	调整、维修或更换
	电动机轴承损坏	维修或更换
整车或部分辅助电设备不工作	辅助电设备熔丝或继电器损坏	更换熔丝，修复继电器
仪表板显示温度过高	电池冷却鼓风机损坏	维修或更换鼓风机
	温度传感器损坏、老化、变质	更换传感器
	严重超载	减轻至规定值
	冷却液不足	按规定添加
	控制器失效	检测维修或更换

　　（3）故障诊断步骤

　　① 传感器电位器 A、C 电阻测量。从加速踏板传感器上拆下连接器，将专用的连接器安装到传感器上（图 3-172），用万用表测量 A、C 端子电阻（图 3-173）。要求释放加速踏板时，电阻值为 $1500 \sim 3000\Omega$；踩下加速踏板时，电阻值为 $250 \sim 1500\Omega$。若电阻值不在规定范围内，则应更换传感器。

　　② 传感器电位器 B、C 电阻测量。用万用表测量 B、C 端子之间的电阻值。要求释放加速踏板时，电阻值为 $1500 \sim 3000\Omega$；踩下加速踏板时，电阻值为 $250 \sim 1500\Omega$（图 3-174）。

若电阻值不在规定范围内，则应更换传感器。

③ 检查是否存在短路接地。

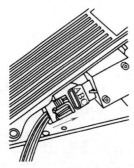

图 3-172　连接专用传感器

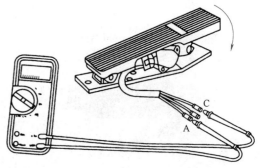

图 3-173　测量 A、C 端子间电阻

用万用表的一个表笔分别与 A、B、C 相连，另一表笔接地（图 3-175），万用表应显示开路，若电阻值不在规定范围内，说明传感器有故障，应当更换。

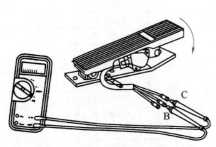

图 3-174　测量 B、C 端子间电阻

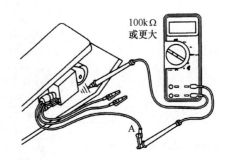

图 3-175　测量 A 的接地电阻

总　结

1. 混合动力电动汽车简称 HEV，它是使用电动力和其他动力源组合的汽车。本课题介绍的混合动力汽车主要指驱动电动机与内燃机组合的汽车。

2. HEV 汽车的主要特点有排气污染少、节能、续行里程长、可以利用现有的加油站，但是长距离高速行驶基本不能省油。

3. 混合动力电动汽车动力系统一般由动力电池及其控制系统、发动机、发电机、驱动电动机及其动力控制系统等零部件组成。

4. 混合动力电动汽车的基本工作原理一般由纯电动模式、混合动力模式、加速模式和减速模式四种工作模式组成。

5. HEV 分类，按照电动机相对发动机的功率比大小分为弱混、中混和强混三种；按照能否外部充电分为插式式和普通式；按发动机和电动机的耦合方式分为串联式、并联式和混联式。

6. 典型混合动力汽车（丰田普锐斯、本田 Civic、比亚迪 F3DM）的结构与工作原理。

7. 汽车怠速启停系统的结构与工作原理。

8. 丰田普锐斯混合动力汽车电控系统的结构原理与维修。

9. 比亚迪 F3DM 混合动力汽车的典型故障诊断与排除。

10. 要注意混合动力电动汽车的正确使用与维护。

课程训练

1. 正确识别一辆 HEV 组合仪表上的各种显示含义并正确使用操作。
2. 正确诊断与排除普锐斯 HEV 汽车电控系统故障。
3. 分析 HEV 加速失灵故障的可能原因，实际动手进行检测诊断。

项目四

燃料电池汽车结构原理与检修

1. 认知了解燃料电池的结构。
2. 认知了解燃料电池的分类。
3. 认知了解燃料电池的工作原理。

 技能目标 >>>

1. 掌握燃料电池汽车燃料电池、电动机的一般检测方法。
2. 掌握燃料电池汽车电子控制系统的故障诊断方法。
3. 掌握燃料电池汽车的正确使用与维护方法。

 相关知识点 >>>

1. 燃料电池汽车有何特点。
2. 燃料电池汽车为何价格较高。
3. 燃料电池汽车维修与常规汽车修理有何异同。

任务一　燃料电池电动汽车认知

　　燃料电池电动汽车实质上是电动汽车的一种，在车身、动力传动系统、控制系统等方面，燃料电池电动汽车与普通电动汽车基本相同，主要区别在于动力电池的工作原理不同。燃料电池的反应机理是将燃料中的化学能不经过燃烧直接转化为电能，即通过电化学反应将化学能转化为电能，实际上就是电解水的逆过程，通过氢氧的化学反应生成水并释放电能。电化学反应所需的还原剂一般采用氢气，氧化剂则采用氧气，因此最早开发的燃料电池电动汽车多是直接采用氢燃料，氢气的储存可采用液化氢、压缩氢气或金属氢化物储氢等形式。

　　燃料电池的反应不经过热机过程，因此其能量转换效率不受卡诺循环的限制，能量转化效率高；它的排放主要是水，非常清洁，不产生任何有害物质。因此，燃料电池技术的研究和开发备受各国政府与大公司的重视，被认为是 21 世纪的洁净、高效的发电技术之一。

一、燃料电池的定义

燃料电池是直接将燃料的化学能转换为电能的发电装置。将燃料和空气分别送入燃料电池后，就可从其正极和负极输出电能。从表面上看，燃料电池与蓄电池一样，有正、负极和电解质等，但燃料电池不能通过充电的方法"储电"，只是一个通过消耗燃料来输出电能的发电装置。

纯燃料电池汽车只有燃料电池一个动力源，汽车的所有功率负荷都有燃料电池承担。燃料电池汽车多采用混合驱动形式，在燃料电池的基础上，增加了一组电池或超级电容作为另一个动力源。燃料电池的基本组成有：电极、电解质、燃料和氧化剂。燃料可以是氢气（H_2）、甲烷（CH_4）及甲醇（CH_3OH）等，氧化剂一般是氧气或空气，电解质可为酸碱溶液（H_2SO_4、H_3PO_4、$NaOH$ 等）、熔融盐（Na_2CO_3、K_2CO_3）、固体聚合物、固体氧化物等。与普通电池不同的是，只要能保证燃料和氧化剂的供给，燃料电池就可以连续不断地产生电能。

二、燃料电池汽车主要组成

① 燃料电池发动机（FCE）：主要由燃料电池堆、进气系统、排水系统、供氢系统、冷却系统、电堆控制单元和监控系统组成。此为主要动力源。

② 动力蓄电池组：辅助动力源。

③ 电流变换器：交直流变换。

④ 动力总成：传递动力、换挡。

⑤ 氢气系统：提供氢气。

⑥ 动力控制单元：动力控制、故障诊断。

燃料电池电动汽车除了在车身、控制器及驱动系统等方面面临着与电动汽车相同的问题之外，在其储能动力源——燃料电池方面还有较多问题急需解决，氢燃料电池在氢燃料制取、储存及携带等方面以及非氢燃料电池的重整系统的效率、体积、质量大小及反应速度等方面的技术还需进一步提高

任务二　燃料电池结构原理

一、燃料电池的特点

1. 燃料电池与蓄电池的区别

燃料电池实际上就是一个电化学反应器，虽然也是通过活性物质（燃料及氧化剂）的电化学反应产生电能，但是它与普通化学蓄电池存在不同之处。

① 燃料电池通过电化学反应转换为电能的活性物质不在其内部，而是从其外部输入。

② 燃料电池放电过程所消耗的活性物质无需通过充电来还原，只需要向电池内不断地输入燃料及氧化剂，并将电化学反应产物及时排出即可持续提供电能。

③ 燃料电池本体只决定电池的输出功率，而燃料电池能量的大小则取决于外部可输入的燃料和氧化剂。因此，燃料电池的比能量可以很高，而续驶里程主要取决于燃料的储备

容量。

④ 燃料电池的内部结构和系统的控制比较复杂，尤其是放电控制不如普通化学电池方便。

2. 燃料电池与原动机辅助动力单元的区别

原动机辅助动力单元由燃油发动机和发电机组成。燃料的化学能通过燃烧转换为热能，再由热机转换为机械能，最后通过发电机转换为电能。燃料电池则是将燃料和氧化剂直接转换为电能。相比于原动机辅助动力单元，燃料电池具有以下特点。

① 燃料电池的燃料通过电化学反应直接转换为电能，没有燃烧转换为热能的过程，因而无燃料燃烧排放物，对环境污染很小。

② 燃料电池的氧化还原不在同一地点，而是在负极进行氧化反应，在正极进行还原反应；而发动机燃料燃烧所进行的氧化还原反应在同一地点，反应后释放热能。由于燃料电池的能量转换过程不受卡诺循环的限制，也无需通过机械能转换为电能，所以能量转换效率高。

③ 燃料电池无热机的工作噪声，也无机械传动装置的工作噪声，因此，燃料电池本身的工作噪声很小。

④ 燃料电池不能直接使用汽油、柴油等燃料，需用氢作为燃料，或以经过重整的富氢燃料气作为间接燃料。燃料电池对燃料的要求较高，燃料的成本也较高。

二、燃料电池的分类

目前，实用型燃料电池的种类繁多，通常可以依据其工作温度、燃料种类、电解质类型进行分类。

1. 按工作温度分

按燃料电池工作温度的不同，可将其分为低温、中温和高温三种类型。

（1）低温燃料电池　低温燃料电池的工作温度低于200℃，可采用水溶液或其浓缩液为电解质，但需要采用铂催化剂才能达到实用的高电压及高电流密度，所用的燃料是氢或经纯化及重整的富氢燃料气。

（2）中温燃料电池　中温燃料电池的工作温度为200～750℃。中温固态燃料电池兼有高温固态氧化物燃料电池和低温质子交换膜燃料电池的优点，同时摒弃了它们的某些缺点。工作温度在200～750℃的中温燃料电池可大幅提高贵金属催化剂的一氧化碳耐受能力，并且使金属和合成树脂等材料用作电池（堆）的连接和密封材料成为可能，从而降低了燃料电池的成本，并延长了燃料电池的使用寿命。

（3）高温燃料电池　高温燃料电池的工作温度高于750℃。燃料电池必须采用熔融盐或固体氧化物电解质，可以在不采用特殊催化剂的情况下获得实用的高电压及高电流密度。高温燃料电池的燃料除氢外，还可采用煤制气、天然气、甲烷、沼气等。

2. 按燃料的来源分

按燃料电池燃料来源的不同，可将其分为直接式、间接式和再生式三种。

（1）直接式燃料电池　直接式燃料电池的燃料是液态或气态纯氢，不需要复杂的汽化产生氢气的过程，但需要铂、金、银等贵重金属作为催化剂。直接式甲醇燃料电池也无需预先重整，可直接将甲醇在正极转换成二氧化碳和氢，但需要比纯氢燃料消耗更多的铂催化剂。

（2）间接式燃料电池　间接式燃料电池可将天然气、甲烷、汽油、LPG、二甲醚等作为燃料，经过重整和纯化后转换为氢或富氢燃料气再供给燃料电池。

（3）再生式燃料电池　再生式燃料电池可将燃料电池生成的水经适当的方法分解成氢及

氧，再重新输送给燃料电池进行发电。

3. 按燃料电池采用的电解质分

按燃料电池所采用电解质的不同，可将其分为碱性燃料电池、磷酸燃料电池、质子交换膜燃料电池、熔融碳酸盐燃料电池和固态氧化物燃料电池等。

（1）碱性燃料电池 碱性燃料电池（Alkaline Fuel Cell，AFC）以石棉网作为电解质的载体，以氢氧化钾（KOH）水溶液作为电解质，工作温度为 $70\sim200℃$。高温（约为 $200℃$）时采用含量较高的氢化钾（质量分数为 85%）作电解质，在较低温度（小于 $120℃$）时用含量较低的氢化钾（质量分数为 $35\%\sim50\%$）作电解质。AFC 必须以纯氢作为阳极燃料气体，以纯氧作为阴极氧化剂，以铂、金、银等贵重金属或者镍、钴、锰等过渡金属作为催化剂。AFC 电解质的腐蚀性较强，因而其使用寿命较短。与其他燃料电池相比，AFC 的优点是启动快，功率密度较高，性能较为可靠，是目前技术最成熟的燃料电池之一。AFC 的应用涉及航天、军事、电动汽车、发电等领域。

（2）磷酸燃料电池 磷酸燃料电池（Phosphoric Acid Fuel Cell，PAFC）以磷酸水溶液作为电解质，工作温度范围为 $150\sim200℃$，电极上也需加铂催化剂来加速反应。在低温时，PAFC 离子电导率较差，而且阳极铂容易受到 CO 毒化，目前的发电效率仅能达到 $40\%\sim45\%$，燃料必须进行外重整改质，而且气体燃料中 CO 的体积分数必须小于 0.5%。由于酸性电解质的腐蚀作用，使 PAFC 的使用寿命难以超过 40000h。PAFC 技术已趋成熟，产品也进入商业化。PAFC 的缺点之一是启动时间长，因此，不适用于轿车动力，但用作公共汽车的动力则已有成功的实例。PAFC 较适合于用作特殊用户的分散式电源、现场可移动电源以及备用电源等。

（3）质子交换膜燃料电池 质子交换膜燃料电池（Proton Exchange Membrane Fuel Cell，PEMFC）的电解质为质子交换膜，工作温度约为 $80℃$。在这样的低温下，需要通过电极上一层薄的铂进行催化，以确保电化学反应能正常缓慢地进行。PEMFC 内唯一的液体为水，因此腐蚀程度较低，使用寿命较长。PEMFC 即使在低温状态下也具有启动时间短的特性，可以在几分钟内达到满载运行，电流密度和功率密度较高，发电效率为 $45\%\sim50\%$，而且运行可靠，因而是电动汽车动力电源的首选。此外，PEMFC 也可用作移动电源、军用野外小型电力装置、便携式电器不间断电源等，但不适合用于大容量集中型电厂。

（4）熔融碳酸盐燃料电池 熔融碳酸盐燃料电池（Molten Carbonate Fuel Cell，MCFC）的电解质为分布在多孔陶瓷材料中的碱性碳酸盐，工作温度为 $600\sim800℃$。碱性碳酸盐电解质在高温下呈现熔融状态，其离子传导度极佳，在高温下电极反应不需要贵重金属催化剂（如铂），可采用镍与氧化镍分别作为阳极与阴极的触媒，且具有内重整改质能力，可以直接将天然气和石油的碳氢化合物等作为燃料，发电效率较高。如果余热可以回收或与气体燃料轮机结合组成联合发电系统，则可使发电容量和发电效率进一步提高。由于在高温下工作，需要较长的时间才能达到工作温度，因此 MCFC 不能用于电动汽车。由于其电解质的温度和腐蚀特性，MCFC 也不适合用作移动电源和便携式电器的不间断电源。由于MCFC 所具有的技术特点及较高的发电效率，因此将其用于分散型电站和集中型电厂的大规模发电是一种较为理想的选择。

（5）固态氧化物燃料电池 固态氧化物燃料电池（Solid Oxide Fuel Cell，SOFC）的电解质是固态非多孔金属氧化物，工作温度为 $650\sim1000℃$。SOFC 电极也无需铂等贵重金属作为催化剂，而且无电解质蒸发和电池材料腐蚀的问题，电池的使用寿命较长。目前，SOFC 可以连续工作达 70000h。SOFC 也可以将天然气和石油等碳氢化合物作为燃料。燃料在其内部可以进行重整改质。由于 SOFC 工作温度很高，金属与陶瓷材料之间不易密封启动时间较长，所以其不适合作为紧急电源，但较适合于替代石油和煤等火电厂发电，既可用作中小容量的分散型电源（500kW～50MW），也可以用于大容量的集中型电厂（大于100MW）。各种燃料电池的特点对比见表4-1。

表 4-1　各种燃料电池的特点对比

种类	碱性燃料电池	磷酸燃料电池	质子交换膜燃料电池	熔融碳酸盐燃料电池	固态氧化物燃料电池
电解质	KOH 水溶液	磷酸水溶液	质子交换膜	碱性碳酸盐	氧化锆陶瓷
工作稳定/℃	70～200	150～200	80	600～800	650～1000
燃料	H_2	H_2	H_2、甲醇、天然气等	CO、H_2	CO、H_2
氧化剂	O_2	空气	空气或 O_2	空气	空气
启动时间	几分钟	2～4h	几分钟	大于 10h	大于 10h
主要优点	启动快、效率高，可在室温下工作	对 CO 不敏感	启动快、比功率高、工作温度低、使用寿命长	效率高，无需贵重金属作为催化剂	效率高，无需贵重金属作为催化剂
主要缺点	需用纯氧化剂，有腐蚀性	效率较低，有腐蚀	对 CO 敏感，成本较高	工作温度较高，控制复杂，有腐蚀	工作温度高，控制复杂，有腐蚀
主要应用领域	航天、军事	大客车，中小电厂	航天、军事、电动汽车	大型电厂	大型电厂

质子交换膜燃料电池由于工作温度低、启动时间短、效率较高，因此是电动汽车用燃料电池的最佳选择。

三、燃料电池的发电原理

1. 燃料电池的基本原理

燃料电池（Fuel Cell），是一种发电装置，但不像一般非充电电池一样用完就丢弃，也不像充电电池一样，用完须继续充电，燃料电池正如其名，是继续添加燃料以维持其电力，所需的燃料是"氢"，其之所以被归类为新能源，原因就在此。燃料电池的运作原理如图 4-1 所示，也就是电池含有阴阳两个电极，分别充满电解液，而两个电极间则为具有渗透性的薄膜所构成。氢气由燃料电池的阳极进入，氧气（或空气）则由阴极进入燃料电池。经由催化剂的作用，使得阳极的氢分子分解成两个质子（proton）与两个电子（electron），其中质子被氧"吸引"到薄膜的另一边，电子则经由外电路形成电流后，到达阴极。在阴极催化剂之作用下，质子、氧及电子，发生反应形成水分子，因此水可说是燃料电池唯一的排放物。燃料电池所使用的"氢"燃料可以来自于水的电解所产生的氢气及任何的碳氢化合物，例如天然气、甲醇、乙醇（酒精）、沼气等。由于燃料电池是经由利用氢及氧的化学反应，产生电流及水，不但完全无污染，也避免了传统电池充电耗时的问题，是目前最具发展前景的新能源方式，如能普及并应用在车辆及其他高污染之发电工具上，将能显著减轻空气污染及温室效应。

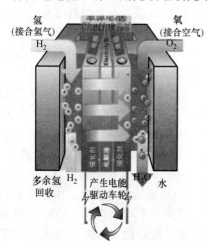

图 4-1　燃料电池原理示意图

燃料电池本质是水电解的"逆"装置，主要由 3 部分组成，即阳极、阴极、电解质，其阳极为氢电极，阴极为氧电极。通常，阳极和阴极上都含有一定量的催化剂，用来加速电极上发生的电化学反应。两极之间是电解质。结构原理示意如图 4-2 所示。

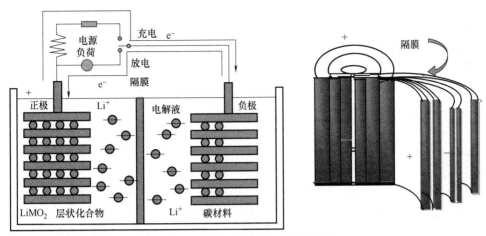

图 4-2　燃料电池结构原理示意图

燃料电池的核心部分是燃料（阳极）电解质、氧化剂（阴极），其发电原理如图 4-3 所示。燃料电池工作时，向阳极供给燃料（氢），向阴极供给氧化剂（空气），在其内部产生电化学反应。

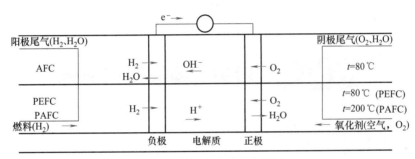

图 4-3　燃料电池的发电原理

（1）阳极进行氧化反应　进入阳极的氢（燃料）在催化剂的作用下分解成氢离子 H^+ 和电子 e^-，H^+ 进入电解质中。其电化学反应为

$$H_2 \longrightarrow 2H^+ + 2e^-$$

（2）阴极进行还原反应　在阴极，进入的空气（氧化剂）进行还原反应，空气中的氧与电解质中的氢离子吸收抵达阴极的电子而生成水。这正是水的电解反应的逆过程。其电化学反应为

$$\frac{1}{2}O_2 + 2H^+ + 2e^- \longrightarrow H_2O$$

（3）外电路电子运动形成电流　当在正、负极之间连接外电路后，电子就沿外电路移向正极，形成电流，向连接在外部电路中的负载提供电能。

燃料电池的总反应为

$$H_2 + \frac{1}{2}O_2 \longrightarrow H_2O$$

2．燃料电池的电动势及工作电压

（1）燃料电池的电动势　燃料电池内部阳极和阴极的电化学反应使正极电位和负极电位发生改变，正、负电极之间产生电位差（电动势 E），即

$$E = \varphi_e^+ - \varphi_e^- \tag{4-1}$$

式中，φ_e^+ 为正极平衡电极电位；φ_e^- 为负极平衡电极电位。

无论是哪种电解质，氢氧燃料电池的电动势均为 1.229V。如果反应产物水为气态，则电动势为 1.18V。

（2）燃料电池的工作电压　工作时，燃料电池通过外电路形成放电电流，此时燃料电池正、负极之间的电位差（工作电压 U）为

$$U = E - \Delta\varphi^+ - \Delta\varphi^- - IR \tag{4-2}$$

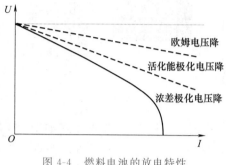

图 4-4　燃料电池的放电特性

式中，$\Delta\varphi^+$ 为正极极化电位差；$\Delta\varphi^-$ 为负极极化电位差；IR 为电池内电阻电压降。

电极产生的极化包括活化能极化和浓差极化。活化能极化是指由于电极反应必需的活化能所产生的极化；浓差极化是指因反应物的供应速度或生成物的排出速度缓慢而产生的极化。

燃料电池工作时，随着放电电流 I 的增大，正、负电极的极化电位差会加剧，电池内阻上的电压降也随之增加燃料电池的放电特性如图 4-4 所示。

任务三　质子交换膜燃料电池

一、质子交换膜燃料电池概述

1. 质子交换膜燃料电池的工作原理

质子交换膜燃料电池（PEMFC）主要由膜电极和集流板组成，其工作原理如图 4-5 所示。

经增湿后的 H_2 和 O_2 分别进入阳极室和阴极室，经电极扩散层扩散到催化层和质子交换膜的界面，在催化剂的作用下分别产生氧化反应和还原反应。阴极反应生成的质子（H^+）通过质子交换膜传导到阳极，阳极反应产生的电子则经外电路到达阴极，形成放电电流；生成的水（H_2O）以水蒸气或冷凝水的形式随着过剩的阴极反应气体从阴极室排出。

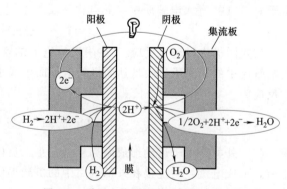

图 4-5　质子交换膜燃料电池的工作原理

2. 质子交换膜燃料电池单体的组成

质子交换膜燃料电池单体的主要组成部件如图 4-6 所示。

（1）膜电极　膜电极（MEA）是质子交换膜与两侧的气体扩散层（阴、阳电极）通过热压而成的复合体。膜电极（MEA）是 PEMFC 的核心部件，其结构如图 4-7 所示。

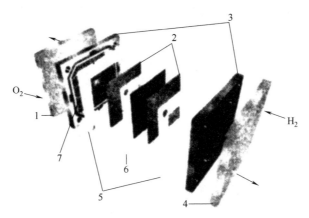

图 4-6　质子交换膜燃料电池单体的主要组成部件
1,4—端板；2—气体扩散层；3—双极板；5—密封垫片；6—质子交换膜；7—气体通道

质子交换膜是一种厚度仅为 $50\sim18\mu m$ 的极薄膜片，是电极活性物质（催化剂）的基底。质子交换膜的特点是：在一定的温度和湿度下，可使 H^+（质子）通过，而不允许 H_2 及其他离子通过。质子交换膜是 PEMFC 的核心技术，其化学、物理性质对 PEMFC 性能的影响极大。对质子交换膜的要求如下：

① 具有良好的离子导电性能。

② 应有适度的含水率。

③ 在电池工作时具有良好的化学稳定性。

④ 在极薄的结构尺寸下仍具有足够的机械强度。

⑤ 膜表面与催化剂有良好的结合性能。

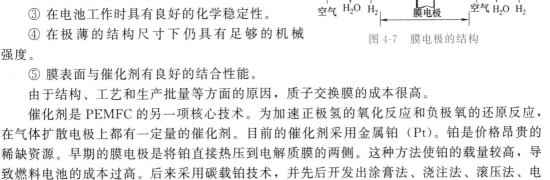

图 4-7　膜电极的结构

由于结构、工艺和生产批量等方面的原因，质子交换膜的成本很高。

催化剂是 PEMFC 的另一项核心技术。为加速正极氢的氧化反应和负极氧的还原反应，在气体扩散电极上都有一定量的催化剂。目前的催化剂采用金属铂（Pt）。铂是价格昂贵的稀缺资源。早期的膜电极是将铂直接热压到电解质膜的两侧。这种方法使铂的载量较高，导致燃料电池的成本过高。后来采用碳载铂技术，并先后开发出涂膏法、浇注法、滚压法、电化学催化法等制备工艺，使铂的利用率提高，单位面积铂的使用量下降，从而使燃料电池的成本得到了有效的控制。

气体扩散电极也是膜电极的重要组成部分。性能良好的气体扩散电极应同时具有适度的亲水性和疏水性，以确保催化剂发生作用的最佳湿化环境，同时又能让反应生成的水及时排出，以避免电极被水淹没。

（2）双极板　双极板又称为集流板，放置在膜电极的两侧，可将各电池单体串联起来。双极板的两侧分别与相邻两电池单体的阳极和阴极接触，这样，无需导线就可将各电池单体串联起来。集流板除了用作导电和串联各电池单体外，其表面的导流槽还起导流燃料、氧气及冷却水的作用。

双极板面向膜电极一侧的表面刻有沟槽（称为流道），用于导流燃料和氧气（空气），而双极板中间的沟槽则是冷却水的通道，用于带走反应生成的剩余热量，双极板的材质和结构设计主要考虑其有良好的导电性和密封性，反应气体能均匀分布于电极各处，使水与热的排出顺畅。目前制作双极板的材料主要有石墨、表面改性的金属、炭黑-聚合物合成材料等，通过精密铣床加工或直接模压成形制成双极板的沟槽网（流场）。有的双极板则由网状结构的流场板与极板组合而成。

3. 质子交换膜燃料电池系统

由燃料电池单体通过串联的方式组成的燃料电池电堆必须持续地供给燃料和氧化剂，并及时处理电化学反应产生的水和热才能正常工作。因此，一个能持续向外供电的燃料电池必须配备燃料供给与循环系统、氧化剂供给系统、水/热管理系统以及协调各系统工作的电子控制系统。

典型的质子交换膜燃料电池系统如图 4-8 所示。

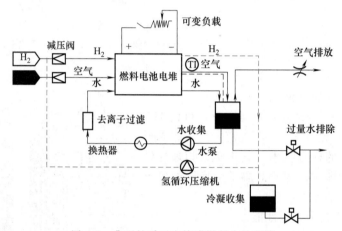

图 4-8　典型的质子交换膜燃料电池系统

（1）燃料电池电堆　燃料电池电堆由多个单体电池以串联方式层叠组合而成，如图 4-9 所示。将双极板与膜电极交替叠合，在各单体之间嵌入密封件，经前、后端板压紧后用螺杆紧固拴牢，即构成了质子交换膜燃料电池电堆。

图 4-9　燃料电池电堆的结构

当电堆工作时，氢气和氧气分别由进口引入，经电堆气体主通道分配至各单体电池的双极板，再经双极板流道的导流均匀分配至电极，通过电极支撑体与催化剂接触进行电化学反应。

（2）燃料及其循环系统　质子交换膜燃料电池可用纯氢作为燃料，也可用甲醇、天然气等碳氢化合物作为燃料。以纯氢作为燃料的循环系统，由氢源、稳压阀和循环回路组成。其中，氢源可以采用压缩氢气、液氢或金属氢化物储氢；稳压阀的作用是控制燃料氢气的压力；循环回路用以循环利用过量的燃料气，通常是用一个循环泵或喷射泵将过量的氢气送回到电池燃料气的入口处。因此，氢源所提供的氢几乎全部被用来发电。

如果质子交换膜燃料电池以碳氢化合物作为燃料，则其燃料循环系统至少还应包括一个燃料处理器，用来将燃料或燃料与水的混合物转换成蒸气。在由燃料转换而来的气体中，包括大部分氢、一氧化碳、水和微量的二氧化碳。转换气中的惰性气体和其他气体都将在不同程度上影响燃料电池的性能，而低温下 CO 很容易吸附在铂催化剂上，引起催化剂中毒，导致电池性能下降。为防止 CO 中毒，必须将转换气中 CO 的质量分数控制在 0.01% 以下，通常用一个转换器或一个选择氧化器来实现。

（3）氧化剂及其循环系统 质子交换膜燃料电池的氧化剂采用纯氧或空气，如果用纯氧作为氧化剂，则其系统组成及控制与纯氢燃料循环系统类似。实际运用的质子交换膜燃料电池均采用空气作为氧化剂，并且根据不同的应用需要，有常压空气和压缩空气两种。

当采用常压空气作氧化剂时，燃料电池系统的结构较为简单。由于燃料电池性能随着氧压力的增大而提高，因而在获得同等电池性能的前提下，采用常压空气作为氧化剂的质子交换膜燃料电池系统的结构尺寸较大，制造成本也相对更高。此外，采用常压空气的循环系统增加了燃料电池系统水/热管理的难度。

采用压缩空气作为氧化剂的循环系统则要复杂一些，通常包含一个由质子交换膜燃料电池驱动的压缩机和一个可以从排放气中回收部分能量的涡轮热膨胀器。

采用何种形式的氧化剂，需要综合权衡特定应用场合下系统的效率、燃料电池重量及制造成本。

（4）水/热管理系统 水/热管理系统也是质子交换膜燃料电池系统的重要组成部分。以压缩空气为氧化剂的质子交换膜燃料电池所采用的典型的水/热管理系统可参照图 4-8。从图 4-8 中可以看出，大部分的反应产物水随着过量的空气流从阴极排出。通常，氧化剂的流量是质子交换膜燃料电池发生反应所需化学计量流量的 2 倍。由于质子交换膜燃料电池的最佳工作温度约为 80℃，并且反应产物均以液态形式存在，易于收集，因而其水/热管理系统相对较为简单。其他类型的燃料电池的反应产物水也可由阳极排出。

在多数质子交换膜燃料电池系统中，反应产物水被用于系统的冷却和部分用来加湿燃料气和氧化剂。反应产物水首先通过燃料电池电堆的反应区冷却电堆本身。在冷却的过程中，水蒸气被加热至燃料电池的工作温度，被加热的水再与反应气体接触，起到增湿的效果。除了在增湿过程中部分热量被反应气体带走外，还需要通过进一步的热交换过程，以便将水中多余的热量带走，防止因质子交换膜燃料电池系统热量逐渐积累而造成电池温度上升、性能下降，这个热交换过程是通过水/空气热交换器来完成的。对于一些特殊的质子交换膜燃料电池系统，这部分过多的热量也可用作空调（加热）和饮用热水的热源来使用。

（5）控制系统 从图 4-8 可知，质子交换膜燃料电池系统由众多子系统组成。每个子系统既独立，又相互联系。因此，任何一个子系统工作失常将直接影响燃料电池的性能。为确保整个系统可靠地运行，需要由控制系统对各子系统进行协调控制。控制系统由各种传感器、电子控制器及控制执行器（阀、泵、调节装置等）组成。随着燃料电池电堆技术的日趋成熟，控制系统已成为决定燃料电池系统性能和制造成本的关键因素之一。

二、质子交换膜燃料电池的工作特性及影响因素

反映质子交换膜燃料电池工作性能好坏的重要参数有工作电压、输出电流及输出功率等。在燃料电池工作过程中，影响其工作特性的因素主要有燃料电池电堆本身的技术状况、燃料电池的工作条件及燃料电池系统的水/热管理。

1. 燃料电池电堆本身技术状况的影响

燃料电池电堆的技术状况对质子交换膜燃料电池工作性能起着关键的作用。而影响电堆性能的主要因素如下。

① 膜电极的结构、制备方式和条件。

② 质子交换膜的类型、厚度、预处理情况、传导质子的能力、机械强度、化学和热稳定性。

③ 催化剂的含量和制备方法。

④ 双极板的结构、流场的结构与布置。

2. 燃料电池工作条件的影响

(1) 工作电压、功率密度及能量效率与输出电流的关系　质子交换膜燃料电池的电压、功率与输出电流之间的关系如图4-10所示。从图4-10中可知，燃料电池的工作电压随着输出电流的增大而下降，但其功率却增大。由于燃料电池的效率主要与其工作电压有关，因此，当燃料电池电压高而能量效率高时，其功率却较低。最优化的燃料电池电堆设计是使电堆在较大的输出电流时能有较高的电压，以使电堆既有高的功率输出又有高的能量效率。对于电动汽车用燃料电池，要求其具有高的功率密度和较低的成本，这在大电流输出的状态下才能实现。

(2) 工作压力的影响　如图4-10所示。H_2 与空气压力的比值为 0.3MPa/0.3MPa 时的工作电压及输出功率要高于 0.1MPa/0.1MPa 时的工作电压及输出功率。显然，质子交换膜燃料电池的反应气体的压力越高，其性能就越好，阴极反应物（氧气或空气）的压力对燃料电池性能的影响尤为明显。为了减少氢气通过交换膜互相扩散，以避免产生氢氧混合物而引发危险，应尽可能减少膜两侧的压力差。

(3) 工作温度的影响　质子交换膜燃料电池的工作温度对其工作电压的影响如图4-11所示。从图4-11中可知，质子交换膜燃料电池的工作温度高时，在各种电流密度下的工作电压也高，这说明工作温度高时，燃料电池的输出功率也大，效率也有所提高；主要的原因是随着工作温度的升高，反应气体向催化剂层的扩散速度以及质子从阳极向阴极的运动速度均有提高。

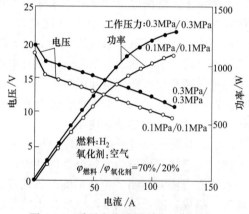

图 4-10　质子交换膜燃料电池的电压、
功率与输出电流之间的关系

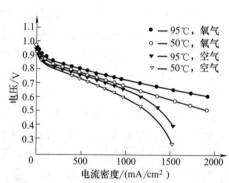

图 4-11　质子交换膜燃料电池的工作温度
对其工作电压的影响

当质子交换膜燃料电池工作时，其质子交换膜必须保持适当的湿润状态，以确保质子交换膜具有良好的质子传导性，这就需要反应生成的水应尽量为液态。因此，在常压下，质子交换膜燃料电池的工作温度不能超过 80℃，在 0.4～0.5MPa 压力下的工作温度不能高于 102℃。

(4) 空气对燃料电池的影响　从图4-11中可看出，用空气作为氧化剂时，燃料电池的工作电压下降了，并在低电流密度时出现了电压电流线性区的偏离。这主要是由氮障碍层效应和空气中氧分压较低造成的。

(5) 燃料气中杂质的影响　燃料气中的杂质主要有 CO、CO_2、N_2 等。其中，CO 对燃料电池性能的影响极大，如图4-12所示。燃料气中的 CO_2、N_2 等气体对燃料电池性能的影响见表4-2。从表4-2中可知，高含量的 CO_2 对燃料电池性能的影响很大。这是因为在阳极的催化剂 Pt 上吸附的 H_2 和 CO_2 互相作用会引起 CO 中毒。

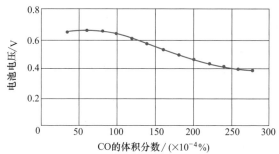

图 4-12　燃料气中 CO 对燃料电池对其工作电压的影响和性能的影响

表 4-2　燃料电池中 CO_2、N_2 等气体对燃料电池性能的影响

燃料气组成	纯 H_2	75％H_2,25％CO_2	75％H_2,25％N_2	98％H_2,2％CO_2
单体电池电压/V	0.6	0.31	0.58	0.51

注：1. 电流密度为 $1000mA/cm^3$。
2. 表中的百分数均为体积分数。

3. 燃料电池系统水、热管理的影响

（1）水管理的影响　当质子交换膜燃料电池工作时，为了能同时获得高的能量转换效率及功率密度，就必须使质子交换膜的导电性能保持在最佳状态，而这需要通过水管理来维持燃料电池内部的水平衡，使质子交换膜始终保持在适宜的湿润状态的同时阴极又不会被水淹渍。影响水管理的主要因素有电流密度、进入燃料气的增湿程度、工作温度、气室压力及气体流速等。

对于如何实现最佳的水管理，国内外均开展了大量的研究与试验工作，并提出了实现有效水管理的各种途径，例如：

① 膜电极和电堆结构的优化设计。

② 对质子交换膜燃料电池的电流密度、反应气体湿度、反应气体流速以及压力、工作温度等工作参数进行综合调控。

③ 选择合适的质子交换膜及炭纸或炭布。

（2）热管理的影响　热管理的作用是控制燃料电池的工作温度。质子交换膜燃料电池是低温型燃料电池，但其工作温度仍然高于环境温度。质子交换膜燃料电池工作时，会产生大量的热，需要采取适当的冷却措施，并通过适当的控制使其保持在适宜的温度。质子交换膜燃料电池的工作温度不能高于 100℃（由质子交换膜的特性决定）。如果工作温度过高，则会影响质子交换膜的热稳定性和其他性能；如果温度过低，则会导致各种极化增大，使质子交换膜燃料电池的性能恶化。

任务四　燃料电池汽车

一、燃料电池汽车特点

燃料电池汽车（Fuel Cell Electric Vehicle，FCEV）采用燃料电池作为动力源。相比于内燃机汽车，燃料电池汽车主要有以下优点。

① 因燃料直接通过电化学反应产生电能，无热能转换过程，故不受卡诺循环的限制，能量转换效率高，实际能量转换效率高达 $50％～70％$。

② 当燃料电池使用氢燃料时，其排放的是水，无污染；当使用甲醇、汽油等其他燃料

时，排放的 CO_2 比汽油机少 1/2。

③ 燃料电池电堆可由若干个单元电池串联或并联而成，可根据质量分配均衡和空间有效利用的原则，机动灵活地进行配置。

④ 燃料电池无运动部件，振动小，噪声低，零部件对机械加工精度要求不高。

二、燃料电池汽车的类型

虽然燃料电池汽车的历史不长，但与纯电动汽车相比，燃料电池汽车无需依赖蓄电池技术性能的完善。与内燃机汽车相比，则具有环保、节能的优势。因此，燃料电池汽车已成为世界范围内新能源汽车开发的热点，且不断地涌现出不同结构的燃料电池汽车。

1. 按有无蓄能装置分

根据燃料电池汽车是否配备蓄能装置，可将燃料电池汽车分为纯燃料电池汽车和混合型燃料电池汽车两大类。

（1）纯燃料电池汽车　纯燃料电池汽车的燃料电池是电动汽车上电能的唯一来源。这种类型的燃料电池汽车，要求燃料电池的功率大，并且无法回收汽车制动能量。因此，纯燃料电池汽车目前应用较少。

（2）混合型燃料电池汽车　混合型燃料电池汽车上除燃料电池外，同时配备了蓄能装置（如蓄电池、超级电容和飞轮电池等）。由于蓄能装置可协助供电，因而可适当减小燃料电池的功率，而且蓄能装置还可用于汽车制动时的能量回收，所以可提高燃料电池汽车的能量利用率。因此，燃料电池汽车多采用混合型结构。

2. 按燃料电池与蓄电池的结构关系分

根据混合型燃料电池汽车中燃料电池和蓄电池的电路结构，可将混合型燃料电池汽车分为串联式和并联式两种，如图 4-13 所示。

（1）串联式燃料电池汽车　串联式燃料电池汽车动力系统的构成如图 4-13（a）所示。其燃料电池相当于车载发电装置，通过 DC-DC 转换器进行电压转换后对蓄电池充电，再由蓄电池向电动机提供驱动车辆的全部电力。串联式燃料电池汽车的特点与普通的串联式混合动力电动汽车相似，其优点是可采用小功率的燃料电池，但要求蓄电池的容量和功率足够大，而且燃料电池发出的电能需要经过蓄电池的电化学转换过程，从中有能量的转换损失。目前，串联式燃料电池汽车较为少见。

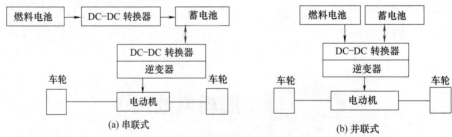

图 4-13　串联式和并联式混合型燃料电池汽车动力系统示意图

（2）并联式燃料电池汽车　并联式燃料电池汽车动力系统的构成如图 4-13（b）所示。它由燃料电池和蓄电池共同向电动机提供电力。根据燃料电池与蓄电池能量大小配置的不同，可将其分为大燃料电池型和小燃料电池型两种。大燃料电池型主要由燃料电池提供电力，蓄电池的容量较小，只是在电动汽车起步、加速、爬坡等行驶工况时协助供电，并且在车辆减速与制动时进行能量回收；小燃料电池型则必须采用大容量的蓄电池，由蓄电池提供主要的电力，而燃料电池只是协助供电。并联式是目前燃料电池汽车采用较多的形式。

3. 按提供的燃料分

根据燃料电池所提供燃料的不同，燃料电池汽车分为直接燃料电池汽车和重整燃料电池汽车两大类。

（1）直接燃料电池汽车 直接燃料电池汽车的燃料主要是纯氢，也可以用甲醇等作为燃料。采用纯氢作为燃料的燃料电池汽车，氢燃料的储存方式有压缩氢气、液态氢和合金（碳纳米管）吸附氢等几种。

（2）重整燃料电池汽车 重整燃料电池汽车的燃料主要有汽油、天然气、甲醇、甲烷、液化石油气等。重整燃料电池汽车的结构要比氢燃料电池汽车复杂得多。例如，甲醇重整燃料电池汽车需要对甲醇进行 200℃ 左右的加热以分解出氢，汽油重整燃料电池汽车也需要对汽油进行 1000℃ 左右的加热以分解出氢。无论采用什么燃料，重整燃料电池汽车均需设置重整装置，将其他燃料转化为燃料电池所需的氢。

三、燃料电池汽车的结构原理

燃料电池汽车与普通燃油汽车相比，其外形和内部空间几乎没有什么区别，不同之处在于动力系统。燃料电池汽车动力系统的基本组成部分如图 4-14 所示。

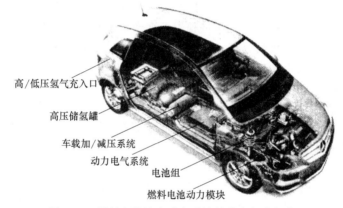

图 4-14 燃料电池汽车动力系统的基本组成部分

（一）直接燃料电池汽车

典型直接燃料电池汽车动力系统的基本构成如图 4-15 所示。

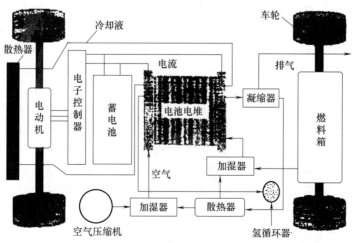

图 4-15 典型直接燃料电池汽车动力系统的基本构成

1. 燃料电池系统

燃料电池系统的核心是燃料电池电堆，此外，还配备了氢气供给系统、氧气供给系统、气体加湿系统、水循环及反应物生成处理系统等，用以确保燃料电池电堆正常工作。

（1）氢气供给系统　氢气供给系统的功能包括氢的储存、管理和回收。由于气态氢需要采用高压的方式储存，因此，储氢气瓶必须具有较高的品质。储氢气瓶的容量决定了一次充氢的行驶里程。轿车一般采用2～4个高压储氢气瓶，大客车上通常采用5～10个高压储氢气瓶来储存所需的氢气。

液态氢比气态氢需要更高的压力进行储存，而且要保持低温，因此在使用液态氢时对储氢气瓶的要求更高，还需要有较复杂的低温保温装置。

不同的储氢压力，需要采用相应的减压阀、调压阀、安全阀、压力表、流量表、换热器、传感器及管路等组成氢气供给系统。在从燃料电池电堆排出的水中含有少量的氢，可通过氢气循环器将其回收。

（2）氧气供给系统　氧气有纯氧和空气两种供给方式。当以纯氧的方式供给时，需要用氧气罐；当从空气中获得氧气时，需要用压缩机来提高压力，以确保供氧量，增加燃料电池反应的速度。空气供给系统除了需要有体积小、效率高的空气压缩机外，还需配备相应的空气阀、压力表、流量表及管路，并对空气进行加湿处理，以确保空气具有一定的湿度。

（3）水循环系统　在燃料电池反应过程中，会产生水和热量，需要通过水循环系统中的凝缩器加以冷凝并进行气水分离处理，部分水可用于反应气体的加湿。水循环系统还用于燃料电池的冷却，以使燃料电池保持在正常的工作温度。

2. 辅助蓄能装置

混合式燃料电池汽车还配备了辅助蓄能装置。辅助蓄能装置可采用蓄电池、超级电容和飞轮电池中的一种，与燃料电池组成双电源的混合动力系统，或采用蓄电池＋超级电容、蓄电池＋飞轮电池与燃料电池组成三电源系统。

燃料电池汽车配备辅助蓄能装置的作用如下。

① 在燃料电池汽车启动时，由辅助蓄能装置提供电能，带动燃料电池启动或带动车辆起步。

② 在燃料电池汽车运行过程中，当燃料电池输出的电能大于车辆驱动所需的能量时，辅助蓄能装置可用于储存燃料电池剩余的电能。

③ 在燃料电池汽车加速和爬坡时，辅助蓄能装置可协助供电，以弥补燃料电池输出功率的不足，使电动机获得足够的电能，产生满足车辆加速和爬坡所需的电磁转矩。

④ 向车辆的各种电子设备、电器提供工作所需的电能。

⑤ 在车辆制动时，将驱动电动机转换为发电机工作状态，将车辆的动能转换为电能，并向辅助蓄能装置充电，以实现车辆制动时的能量回收。

3. 驱动电动机

驱动电动机用于将电源所提供的电能转换为电磁转矩，并通过传动装置驱动车辆行驶。与纯电动汽车和混合动力电动汽车一样，燃料电池汽车用驱动电动机也可采用直流有刷电动机、交流异步电动机、交流同步电动机、永磁无刷直流电动机和开关磁阻电动机等。

不同类型的电动机具有不同的性能特点。燃料电池汽车通常是结合整车的开发目标，综合考虑各种电动机的结构与性能特点，以及电动机的驱动控制方式及控制器结构特点等，选择适宜的驱动电动机。

4. 电子控制系统

直接燃料电池汽车的电子控制系统包括燃料电池系统控制、DC-DC 转换器控制、辅助蓄能装置能量管理、电动机驱动控制以及整车协调控制等控制功能模块，各控制功能模块通过总线连接在一起，如图 4-16 所示。

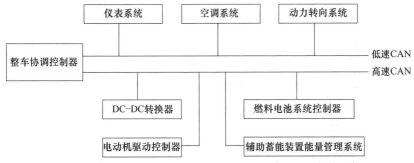

图 4-16 燃料电池汽车电子控制系统的构成

（1）燃料电池系统控制 燃料电池系统控制器用来控制燃料电池的燃料供给与循环系统、氧化剂供给系统、水/热管理系统，并协调各系统工作，以使燃料电池系统能持续向外供电。

（2）DC-DC 转换器控制 DC-DC 转换器用于改变燃料电池的直流电压，由电子控制器控制。电子控制器的作用是通过调节 DC-DC 转换器的输出电压，将燃料电池电堆较低的电压上升至电动机所需的电压。DC-DC 转换器的作用不仅仅是升压和稳压，在工作时，通过控制器的实时调节可使其输出电压与蓄电池的电压相匹配，协调燃料电池和蓄电池负荷，起限制燃料电池最大输出电流和最大功率的作用，以避免燃料电池因过载而损坏。

（3）辅助蓄能装置能量管理 辅助蓄能装置能量管理系统对蓄电池的充电状态、放电状态、存电状态等进行监控，使辅助蓄能装置能正常起作用，实现车辆在启动、加速、爬坡等工况下的协助供电，并且在车辆运行时储存燃料电池剩余电能，实现汽车制动时的能量回馈。蓄电池能量管理系统通过对蓄电池电压、电流、温度等参数的监测，还可以实现蓄电池的过充电、过放电控制，进行蓄电池荷电状态的估计与显示。

（4）电动机驱动控制 电动机的类型不同，其控制系统的电路结构与工作原理也有所不同。总体上，电动机驱动控制系统的主要控制功能有电动机的转速与转矩调节、电动机工作模式控制（设有制动能量回馈的电动汽车）及电动机过载保护控制等。

（5）整车协调控制 整车协调控制系统基于设定的控制策略对各控制功能模块进行协调控制。一方面，控制器根据加速踏板位置传感器、制动踏板传感器、挡位开关送入的电信号判断驾驶人的驾车意图并输出控制信号，通过相关的控制功能模块实现车辆的行驶工况控制；另一方面，控制器根据相关传感器和开关输入的电信号，获取车速、电动机转速、是否制动、蓄电池和燃料电池的电压和电流等信息，判断车辆的实际行驶工况和动力系统的状况，并按设定的多电源控制策略输出相应的控制信号，通过相应的功能模块实现能量分配调节控制。此外，整车协调控制还包括整车故障自诊断功能。

直接以纯氢作为燃料的电动汽车对储氢装置的要求较高。但与重整燃料电池汽车相比，直接燃料电池汽车的结构简单、重量轻、能量效率高、成本低。因此，目前的燃料电池汽车大部分以纯氢作为车载氢源。

（二）重整燃料电池汽车

1. 动力系统的构成

重整燃料电池汽车与直接燃料电池汽车的主要区别在于使用汽油、天然气、甲醇、甲烷、液化石油气等燃料，在汽车上通过重整器产生氢，再将氢提供给燃料电池电堆。重整燃料电池汽车动力系统的基本组成如图 4-17 所示。

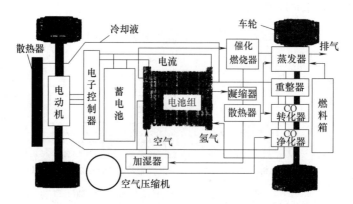

图 4-17 重整燃料电池汽车动力系统的基本组成

重整燃料电池系统中的氧气供给及管理系统、反应生成的水/热量处理系统及电力管理系统等与直接燃料电池系统基本相同，只是增加了重整器、加热器、CO 转换与净化器等装置，用以将汽油、天然气、甲醇、甲烷、液化石油气等燃料转换为纯氢。

2. 重整燃料电池氢气产生的过程

重整燃料电池汽车采用的燃料不同，其制氢过程（重整技术）也会有所不同。

（1）车载醇类制氢过程 醇燃料（甲醇、乙醇、二甲醚等）的车载制氢过程大体相同，均需经重整、变换、CO 脱除等几个步骤。以甲醇作为燃料的车载制氢过程如图 4-18 所示。

储存在普通容器中的甲醇在进入重整器之前，通过加热器加热使甲醇和纯水的混合物在高温（621℃）下变成混合气，然后进入重整器分离出氢。由于重整器产生的氢气中含有少量 CO，因此，需要通过转换器中的催化剂将 CO 转换为 CO_2 后排出，使之最终进入燃料电池的 H_2 中。CO 的含量不能超过规定的低限值（0.001%）。

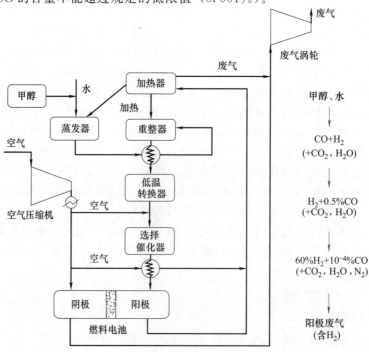

图 4-18 以甲醇作为燃料的车载制氢过程（图中的百分数为体积分数）

（2）车载烃类制氢过程 烃类燃料（汽油、柴油、LPG及天然气等）制氢通常包括氧化重整、高温变换、脱硫、低温变换、CO净化及燃烧等过程。以汽油作为燃料的车载制氢过程如图4-19所示。

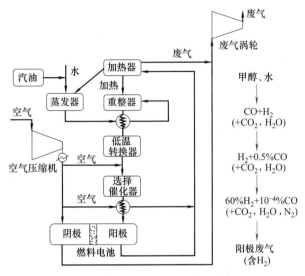

图4-19 以汽油作为燃料的车载制氢过程

烃类车载制氢需要高温和脱硫，因此，其重整过程比醇类难度大。由于天然气是气体燃料，车载储运较为困难，因而很少用作燃料电池汽车的燃料。

3. 重整燃料电池汽车的特点

使用车载重整器制氢的燃料电池汽车，其主要优点是燃料储存方便，只需要普通的容器，不需要加压或冷藏。但是，车载重整器制氢也存在着一些问题，主要有：

① 燃料电池系统启动时间较长，动态响应较慢。当然，对于配备辅助蓄能装置的重整燃料电池汽车来说，辅助蓄能装置可很好地解决这一问题。

② 重整装置不仅需要复杂的控制过程，而且其体积和质量会减少车辆可利用的空间，增加更多的能量消耗。

③ 当制取的氢气纯度不高时，可能会使催化剂中毒并产生一些污染。

由于上述不足，在现已推出的燃料电池汽车中，采用重整技术的相对较少。

（三）燃料电池汽车的储氢方式

目前的燃料电池汽车大部分以纯氢作为燃料，为使燃料电池汽车能达到所需的续驶里程，在汽车上就需要有一定储存量的氢。车载储氢主要有压缩氢气、液态氢和金属储氢三种形式。

1. 压缩氢气形式

氢气的密度小，需要通过压缩来增加其储存量。压缩氢气的压力一般在20～30MPa或更高，因而要求储氢气瓶能承受高压且重量轻、使用寿命长。高压储氢气瓶的材料用铝或石墨材料，通常制成环形压力容器。这有助于提高容积效率，满足续驶里程的要求，而且便于在汽车上安装。如图4-20所示。

2. 液态氢形式

相对于气态氢，液态氢具有较高的能量密度，可显著提高单位容积氢的质量，有利于降低运输成本，提高燃料电池汽车的续驶里程。但是，液态氢需要将气态氢冷却到-253℃才

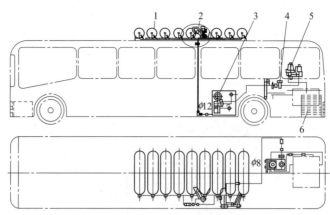

图 4-20　某种燃料电池大客车储氢气瓶的布置方式

1—储氢气瓶；2—车顶控制气路；3—压力表；4—滤清器；5—减压阀；6—燃料电池

能得到，氢气的液化过程时间较长，而且需要消耗大量的能量。另一个问题是，液态氢难于较长时间储存，只能储存在供应站，而在运输时也需要专用运输车辆。

车载液态氢储存罐如图 4-21 所示。液态氢储存罐需要有良好的绝热性能，因此，其外壳通常用绝热材料包裹，其内部设有液位计和压力调节（控制）装置。

液态氢需要转换为氢气才能提供给燃料电池，而液态氢汽化过程需要吸收热量，因此，在供氢系统中还需要设置换热器和压力调节系统。

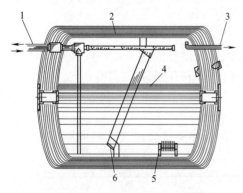

图 4-21　车载液态氢储存罐

1—液氢进出口；2—绝热材料；3—安全排气口；
4—液态氢；5—压力仪表；6—液位计

3. 金属储氢形式

利用金属氢化物储氢，就是将氢气加压至 $3\sim6MPa$，使进入容器的氢在高压下附在金属小颗粒上，完成氢与金属的结合，同时释放出热量。由于从金属小颗粒中释放出氢时，需要吸收外部的热量。因此，金属储氢容器不仅需要有一定的耐压强度，还要有足够的换热面积，以满足充氢和放氢时的热量传递。为了尽可能多地储存氢。需要储氢金属表面呈小颗粒状，并且在适当的温度范围和压力范围内能够储存或释放氢气。

金属储氢通常被认为是最安全的储氢方式。相比于高压储氢罐储氢方式，金属储氢的特点如下。

① 单位体积的储氢容量有所提高。但单位质量的储氢量并不高。金属储氢罐包括容器和储氢材料，其单位质量的储氢量要低于高性能材料制成的高压储氢气瓶。

② 储氢的压力较低（$1\sim2MPa$），远低于压缩储氢气瓶的压力，因而其安全性较高，降低了充氢设备的要求，充氢的能耗也较小。

③ 金属氢化物对氢气中少量杂质（如 O_2、H_2O、CO 等）的敏感度高于燃料电池电极催化剂的敏感度，因此，对氢的纯度要求就更高了。

④ 金属氢化物的机械强度较低，反复充、放氢后会出现粉碎现象。目前的金属储氢装置的金属氢化物反复充放的次数不多，而且价格较高。

总体上看，燃料电池汽车采用金属储氢方式的运行成本很高，因此，目前采用这种车载储氢方式的燃料电池汽车较少。

（四）燃料电池汽车的工作方式

目前燃料电池汽车多采用燃料电池＋蓄电池的混合动力模式。在电动汽车起步、加速、匀速、滑行、减速、制动等不同的行驶工况下，燃料电池的工作模式是不同的，大体可分为燃料电池模式、混合动力模式、蓄电池模式和能量回馈模式等，如图4-24所示。

1. 燃料电池模式

当燃料电池汽车工作在燃料电池模式时，电动机的电力全部由燃料电池提供。当蓄电池在非充足电状态（$SOC<1$），而且燃料电池的电能供给电动机后尚有剩余时，燃料电池还可向蓄电池充电，如图4-22（a）所示。燃料电池汽车在低负荷、匀速、滑行等行驶工况时，通常工作在燃料电池模式。

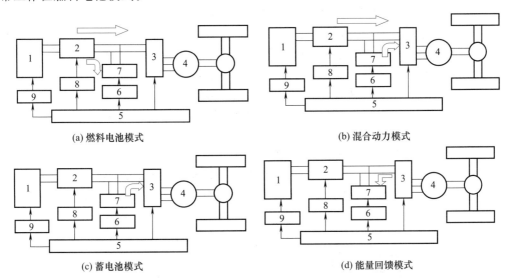

(a) 燃料电池模式　　(b) 混合动力模式

(c) 蓄电池模式　　(d) 能量回馈模式

图4-22　燃料电池的工作模式

1—燃料电池；2—DC-DC转换器；3—电动机控制器；4—电动机；5—整车控制器；
6—蓄电池能量管理；7—蓄电池；8—DC-DC电子控制器；9—燃料电池控制器

2. 混合动力模式

混合动力模式是指燃料电池和蓄电池共同提供电动机所需电力的工作方式，如图4-22（b）所示。在燃料电池汽车加速行驶、高速行驶、上坡、超车或重载的情况下，当燃料电池输出的电功率已不能满足驱动车辆所需的功率时，由蓄电池提供瞬时能量来补充燃料电池汽车加速、上坡的动力需要，或由蓄电池持续地协助燃料电池供电，以满足燃料电池汽车在持续高速或重载下对电源持续电功率输出的需求。

3. 蓄电池模式

蓄电池模式是指燃料电池停止输出电能，车辆单独由蓄电池提供电力的工作方式，如图4-22（c）所示。当燃料电池还未启动，而蓄电池的SOC值大于最小临界值时，由蓄电池提供电动汽车起步时所需的电能。此外，当燃料耗尽或燃料电池电堆发生故障时，若蓄电池的SOC值大于最小临界值，则也可由蓄电池短时间内独立供电。工作在蓄电池模式的燃料电池汽车，对蓄电池容量和输出功率的要求相对较高。

4. 能量回馈模式

能量回馈模式是指电动机工作在发电机状态，将车辆的动能转换为电能并向蓄电池充电的工作方式，如图4-22（d）所示。在燃料电池汽车下坡、遇红灯减速及非紧急制动等情况下，当蓄电池又处于非充足电状态（SOC 值在最大临界值以下）时，控制器就将电动机转换为发电机工作方式，将车辆的动能转换为电能，通过向蓄电池充电来实现能量回馈。

（五）燃料电池汽车动力系统参数的匹配

燃料电池汽车动力系统的最佳匹配，就是要在确保车辆有良好动力性的前提下，具有最优的燃料经济性。

1. 燃料电池动力系统参数匹配的基本方法

燃料电池汽车动力驱动系统的构型方式、各系统参数的匹配、整车的控制策略均是影响燃料电池汽车动力性和燃料经济性的重要因素，而且三者之间相互关联、相互影响。当燃料电池汽车采用不同的构型方式、控制策略和参数匹配时，整车的动力性和燃料经济性将会有明显的差异，燃料电池动力系统参数匹配的基本方法和步骤如下。

① 选定燃料电池汽车动力系统构型方式。

② 针对选定的构型方式，选定某种能量分配策略。

③ 以已知的整车参数、目标工况、基本能量分配策略作为条件，以满足车辆动力性作为前提，以最佳经济性作为目标，进行动力系统的参数匹配。

按照上述步骤，通过改变构型方式，就可得到不同构型方式下的动力系统参数匹配，最终得到理想的系统选型设计方案。

2. 实用的动力系统参数优化匹配方法

可将燃料电池汽车的动力系统分为动力源和动力驱动系统两部分，如图 4-23 所示。

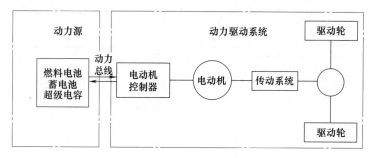

图 4-23　燃料电池汽车动力系统的组成

动力驱动系统的参数匹配需要考虑的主要因素有驱动电动机的相关参数（额定功率与最大功率、最大转矩、最高转速等）、变速器的传动比、主减速器的传动比及直流总线电压等。其主要目标是满足车辆动力性和工作可靠性要求。

混合型燃料电池汽车的动力源包括燃料电池系统、蓄电池及超级电容等。动力源参数的匹配涉及各动力源的混合方式和混合比。动力源的参数优化匹配目标主要是整车的燃料经济性最优和制造成本最低，主要考虑的因素有燃料电池的额定功率、蓄电池的容量、蓄电池的串联数量及蓄电池的初始 SOC 值等。

实现燃料电池汽车动力系统参数匹配过程的具体方法如下。

（1）理论计算法　理论计算法是根据给定的整车参数和动力性指标要求，运用汽车理论相关的公式进行计算，得到动力系统各动力总成的参数。

（2）工况分析法　工况分析法的主要目的是获取车辆的动力和功率需求信息，从而得到整车对各动力总成的动力性能和系统能量的最低需求。工况分析主要包括典型工况分析、特征工况分析及工况适应性分析。典型工况分析是指针对所设计车辆的典型使用循环工况进行分析，例如作为城市公交车，其典型工况可选为城区公交、城郊公交等循环工况；特征工况分析包括最高车速、最大爬坡度、起步及加速等工况分析；工况适应性分析是指设计车辆对除典型工况之外的其他要求的适应性分析，以判断该车辆是否具有更广泛的用途。

（3）仿真分析法　仿真分析法是借助于 Advisor、Matlab/Simulink 等仿真软件，针对车辆的整体设计要求与部件信息，搭建整车及各部件的仿真模型，并编制相应的程序和输入数据文件，通过仿真来确定各部件参数对整车性能的影响，从而进行各总成参数的设计与匹配。仿真分析法在程序运行时需要输入的信息中包括了目标工况信息，工况选择时可参照工况分析法。

3.能量管理策略与优化

对于具有两个或两个以上能量源的混合型燃料电池汽车，能量管理策略对车辆能量的消耗和能量源的使用寿命均有着重要的影响。能量管理策略主要包括功率分配策略、传动比控制策略、制动能量回馈策略三部分。其核心是功率分配。只有三者有机配合并实现最优化管理，才能在有效降低能量消耗的同时，延长燃料电池和蓄电池的使用寿命。

（1）能量管理系统的主要任务　对于燃料电池＋蓄电池的混合型燃料电池汽车，如何协调这两个动力源的功率输出比例，对提高能量的利用率及整车的燃料经济性至关重要。能量管理系统的主要任务可归结为以下几点。

① 在不损害蓄电池且蓄电池处于合理工作状态的情况下，满足车辆动力性的设计要求，以确保车辆良好的驾驶性能。

② 根据驾驶人的驾驶操作判断其转矩需求，再根据管理子系统的限制条件来确定转矩控制指令。

③ 确定燃料电池系统的运行状态（包括开启与关闭），以便通过能量管理获得最大的燃料经济性。

④ 确定动力系统的驱动模式和各模式之间的转换机制，并确定传动系统的传动比。

在上述能量管理系统的任务中，蓄电池工作状态的控制是能量管理策略所要解决的基本问题，需要考虑以下几个因素。

① 蓄电池的充放电效率与其本身的内阻密切相关，且是 SOC 的函数。因此，能量管理必须考虑选择蓄电池的最佳工作区域，以降低蓄电池充放电损失，同时保留额外的吸收峰值功率的空间。

② 蓄电池所储存的能量在整个循环工况下要达到平衡。

③ 蓄电池的充放电深度会影响其循环寿命，因此，能量管理必须控制蓄电池的充放电深度。

（2）能量管理系统的构成　燃料电池汽车能量管理系统的基本结构如图 4-24 所示。能量管理系统通过相关的传感器、开关、电压信号获取当前的状态（包括车速、蓄电池的 SOC 等）及驾驶人的转矩需求信息，进行汽车最佳挡位、燃料电池开启、关闭、制动能量回馈、功率分配等控制。

（六）燃料电池汽车的安全系统

由于目前的燃料电池汽车大部分采用氢气作为燃料，而氢气的泄漏将会造成危险，因此，燃料电池汽车必须考虑针对氢气的安全措施。通常采用两种措施：一是储氢装置和输送管路选用不易造成泄漏的材料和结构；二是实时监测燃料电池系统中氢的泄漏情况。

1.燃料电池系统的安全保护措施

（1）氢气源切断保护装置　当汽车发生碰撞时，氢气的泄漏将会引发严重的安全事故，为此，一些燃料电池汽车设置了相应的保护装置。当汽车发生碰撞事故时，保护装置会根据碰撞传感器所发出的信号及时切断电源和气源，以避免因氢气泄漏而造成更为严重的事故。

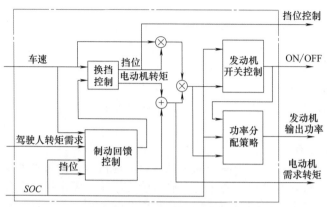

图 4-24　燃料电池汽车能量管理系统的基本结构

（2）用吸能车架保护燃料电池系统　一些燃料电池汽车的车身、车架采取了特殊的结构措施，以保护燃料电池系统在汽车发生碰撞时不易受损。本田燃料电池汽车 FCX 的纵梁结构如图 4-25 所示。

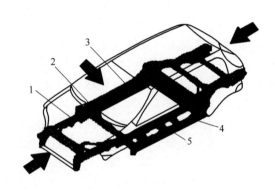

图 4-25　本田燃料电池汽车 FCX 的纵梁结构

1—前纵梁；2—横梁；3—地板梁；4—侧门框；5—横悬梁

该车架的结构特点是：当从前面碰撞时，前纵梁可吸收冲击能量，可减少驾驶室的变形；如果侧面发生了碰撞，则地板梁可吸收能量，也可减少驾驶室的变形和对燃料电池系统的影响。

（3）储氢气瓶的安全措施　储氢气瓶压力高达 25～35MPa。与汽车发生碰撞时，如果高压储氢气瓶受损破裂，则后果将不堪设想。为此，除了选用高强度的储氢气瓶外，在汽车结构上还要考虑尽可能减小汽车碰撞时对储氢气瓶的冲击。

2. 燃料电池汽车氢气监测系统

燃料电池汽车氢气监测系统通常由氢传感器、控制器、报警及安全处理装置等组成，如图 4-26 所示。氢传感器将周围氢气含量参数转换为电信号，并输出给控制器，然后控制器根据氢传感器的信号判断是否有氢气泄漏及泄漏的严重程度，并输出相应的控制信号，使危险报警装置发出危险警报，或使安全保险电路工作（切断高压电路或关闭氢气源），及时排除安全隐患。

图 4-26　燃料电池汽车氢气监测系统

（1）车上氢安全控制系统　一些燃料电池汽车的氢安全控制系统配备有多个氢传感器。例如，某燃料电池电动客车在车顶部的储氢气瓶舱、乘客舱、燃料电池舱和散热器附近各安装了一个氢传感器，以监测周围空气中氢气的含量。当任何一个传感器检测到氢气含量达到爆炸下限（体积分数为 4%）的 10%、30% 和 50% 时，控制器就会发出 Ⅰ 级、Ⅱ 级或 Ⅲ 级报警控制信号，使危险报警装置工作（声光报警继电器线圈通电，触点吸合），发出相应的声光报警信号。驾驶人可通过手动开关立即使燃料电池停止工作，并关闭储氢气瓶出口电磁阀，以避免造成安全事故。

对于装有自动安全保险装置的车载氢安全控制系统，其控制器在启动危险报警装置的同时，也使安全保险控制电路通电工作，自动关闭燃料电池及氢源出口，以确保安全。

（2）车库氢安全控制系统　　存放燃料电池汽车的车库也存在氢泄漏的安全隐患，因而安装车库氢安全控制系统也十分必要。

车库氢安全控制系统通常由氢传感器、控制器、报警装置及排/送风装置等组成。氢传感器安装在车库的顶部。当任何一个氢传感器监测到周围空气中氢的体积分数超过了爆炸下限的10%、30%或50%时，氢监测系统就会发出Ⅰ级、Ⅱ级或Ⅲ级报警信号，启动车库外报警装置，同时，自动开启排风扇或打开换气窗，以避免因车库内氢气的含量过高而引发安全事故。

3. 燃料电池汽车其他安全措施

燃料电池汽车通常还采取防静电和防爆措施，并制定严格的氢操作规程，以确保安全。

（1）燃料电池汽车的防静电措施　　在燃料电池汽车加氢时或在行车过程中，不可避免地会产生静电，这极易引发氢气燃烧或爆炸。为此，一些燃料电池汽车的车体底部通常设有接地导线，可及时将静电释放回大地，以确保燃料电池汽车的安全。

（2）燃料电池汽车的防爆措施　　燃料电池汽车的防爆措施主要是防止电路中产生电火花，以避免电火花点燃氢气而产生燃烧或爆炸事故。防爆措施主要如下。

① 采用防爆型氢传感器，不用触点式传感器。这是因为触点式传感器在氢气含量达到设定值时通过触点的动作输出信号，容易产生触点火花而引发事故。

② 在氢安全系统中采用防爆固态继电器，防止继电器触点动作时产生电弧放电而点燃氢气。

③ 当氢安全控制系统发出警告时，禁止进行开关电气设备的操作，以避免相关的电源插座、接触器、继电器及开关触点产生电火花而点燃氢气。

④ 当燃料电池汽车储氢气瓶内存有氢气时，严禁在车上进行电焊等会产生电弧的相关操作。

（3）燃料电池汽车氢安全操作规程　　为确保安全，燃料电池汽车在调试、启动、进库、出库过程中均应严格执行氢安全操作规程。燃料电池汽车氢安全操作规程主要如下。

① 严禁在车库内进行大规模的加氢操作。

② 在燃料电池汽车启动前，应检查燃料电池系统管路的气密性，确保无泄漏。

③ 在调试及燃料电池汽车启动前，应用氮气吹扫管路，并且在调试时必须由专人配备便携式氢含量探测仪来检查氢泄漏情况。

④ 雷雨天气禁止进行系统的调试及其他相关的操作。

⑤ 当发现安全问题时，必须立即停止调试。

四、典型燃料电池汽车

（一）丰田 FCHV-4 型燃料电池汽车

1. 汽车的结构

丰田 FCHV-4 型燃料电池汽车，燃料电池组、功率控制单元（PCU）和电动机安装在汽车前部，而四个高压储氢罐安装在后部地板下面，辅助电池放在行李厢地板下面（各部件位置见图 4-27），燃料电池系统的主要部件包括以下几个。

（1）燃料电池　　燃料电池（PEFC）

图 4-27　各部件在车上的位置

采用聚合物电解质,用氢作为燃料,最大功率为 90kW。

(2)辅助电池 辅助电池为密封式镍氢蓄电池,容量是 6.5A·h,冷却方式为强制风冷式。

(3)DC-DC 转换器 DC-DC 转换器由于采用了三相斩波器,因此降低了波动电压。为提高转换率,感应芯片采用铁损低的多孔合金。最大输出功率为 20kW,载波频率为三相 10kHz,冷却方式为水冷式和风冷式。

(4)空气压缩机 空气压缩机采用涡旋式压缩机,最大流量(自由空气的体积流量)为 3500mL(6000r/min)。用永磁电动机作为驱动电动机,具有较大的传动比。

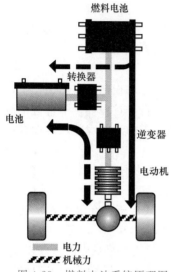

图 4-28 燃料电池系统原理图

(5)功率控制单元(PCU) 高压部件和控制器装配在一起,从而简化了冷却系统和控制系统。逆变器最大电流为 44A,转换方式为 PWM,冷却方式为水冷式。

(6)电动机 燃料电池汽车的电动机采用永磁电动机,最大功率为 80kW,冷却方式为水冷式。

丰田 FCHV-4 型燃料电池汽车的电源是混合式结构,由燃料电池和辅助电池组成。根据汽车的工作状态,精确地控制燃料电池输出功率和辅助电池的充、放电。镍氢电池具有良好的储能性能,单独使用时,汽车成为纯电动汽车(PEV),因此能够降低汽车轻负荷的燃油消耗。

如图 4-28 所示,燃料电池与逆变器/电动机的连接方式为串联,以便在汽车运行的大部分时间具有较高的效率。辅助电池的功率比较低,与燃料电池串联通过 DC-DC 逆变器互连,用来在燃料电池响应迟缓或汽车满负荷时提供辅助动力,辅助电池也吸收制动再生能量和在小负荷时用作纯电动汽车

的动力源。通过控制 DC-DC 转换器的输出电压来调节燃料电池和辅助电池之间的能量转换。

2. 汽车的动力系统

丰田 FCHV-4 型燃料电池汽车的动力系统如图 4-29 所示,按功能可分为两部分:燃料电池系统和混合动力系统。燃料电池系统是使汽车行驶的动力源,而混合动力系统则高效地运用燃料电池系统的输出动力。

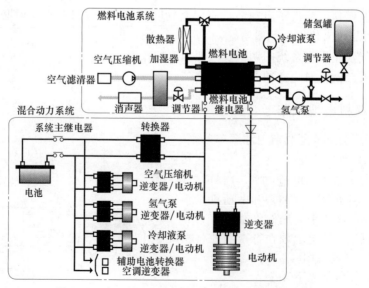

图 4-29 丰田 FCHV-4 型燃料电池汽车的动力系统

（1）燃料电池系统　燃料电池系统包括燃料电池组、燃料供给系统部件和冷却系统部件。氢气经调节器从高压罐供到燃料电池组，氢气的最大压力为 25MPa。为提高燃料电池的性能，燃料电池反应后剩余的过多氢气由循环泵送到燃料电池供给一侧。空气由压缩机加压，随后经加湿器供到电池组。加湿器将从电池组排出的空气中的水蒸气吸出，然后加湿进入的压缩空气。加湿泵也循环电池组与散热器之间的冷却水。

（2）混合动力系统　混合动力系统包括燃料电池系统、辅助电池、DC-DC 转换器和牵引逆变器/电动机。汽车的基本驱动力来自燃料电池，但当燃料电池的输出动力不充分时（如超车和满负荷时），辅助电池提供额外的动力。在低功率区，燃料电池系统效率低，如图 4-30 所示。因此，在低功率区燃料电池和附属设备（如空气压缩机）停止工作，汽车只靠辅助电池行驶或作为纯电动汽车。

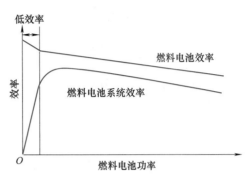

图 4-30　燃料电池系统的效率特性

（3）动力传动过程　图 4-31～图 4-34 表示各种行驶方式和动力流程。

① 低功率模式（见图 4-31）。在低功率模式下，燃料电池不工作，汽车依靠辅助电池运转。

② 中等功率模式（见图 4-32）。在中等功率模式下，汽车依靠燃料电池运转。

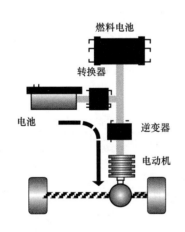

图 4-31　低功率模式

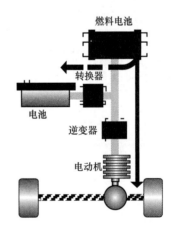

图 4-32　中等功率模式

③ 大功率模式（见图 4-33）。在大功率模式下，辅助电池和燃料电池同时发挥作用。若燃料电池的能量不充足，辅助电池提供辅助动力。

④ 再生制动模式（见图 4-34）。在再生制动模式下，燃料电池停止输出动力，再生能量送至辅助电池。在上述各种行驶方式下，若辅助电池的电量过低，将由燃料电池提供电力。

3. 汽车动力系统的控制

图 4-35 所示为丰田 FCHV-4 型燃料电池汽车混合动力系统的控制框图。

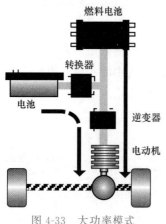

图 4-33 大功率模式

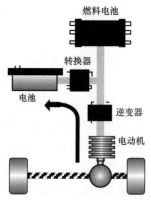

图 4-34 再生制动模式

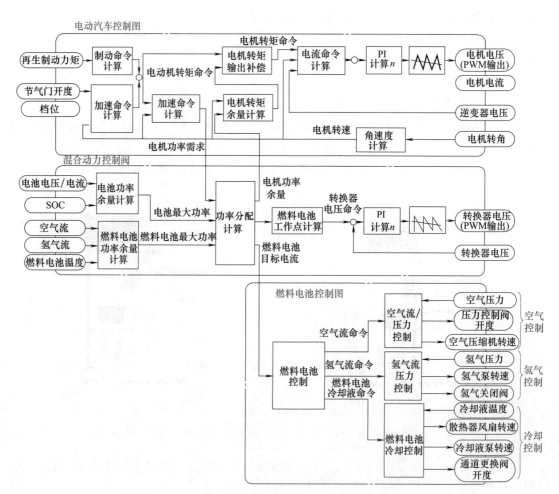

图 4-35 丰田 FCHV-4 型燃料电池汽车混合动力系统的控制框图

　　整个框图分为三部分：电动汽车控制单元、混合动力控制单元和燃料电池控制单元。在电动汽车控制单元，所需要的动力大小由加速踏板、传动器等决定，并且随后将此信息送到混合控制单元。从混合控制单元得到电动机功率余量信息，并且在一定范围驱动电动机。混合动力控制单元计算出这一时刻可供利用的燃料电池最大功率和辅助电池的最大功率，即为总的电动机功率容量。混合单元将目标电流送到燃料电池控制单元。根据电动机的需求和燃料电池的特性确定目标电流。同时，燃料电池的工作点由 DC-DC 转换器控制。燃料电池的辅助系统由燃料电池控制单元根据燃料电池目标电流控制。

燃料电池的工作点取决于系统的控制方法。图 4-36 和图 4-37 所示为混合控制单元所用的功率与电流（P-I）特性图和电流与电压（I-U）特性图。

一旦确定燃料电池必须提供多少输出能量，则由 P-I 特性图确定电流，随后根据 I-U 特性图决定与电流对应的电压。燃料电池工作点通过 DC-DC 转换器由电池的输出电压控制。P-I 特性图和 I-U 特性图受燃料的温度和供给量影响，需要定期调整，以提高特性图的准确性。若燃料电池组的温度、压力等发生变化，需要定期修正 P-I 和 I-U 的特性。

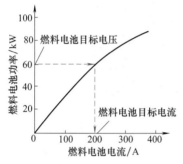

图 4-36 功率与电流（P-I）特性图

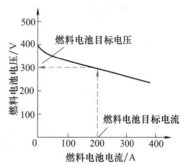

图 4-37 电流与电压（I-U）特性图

（二）本田汽车公司的 FCX 系列燃料电池汽车

本田汽车公司的 FCX 系列燃料电池汽车经过几代研发，已有多款车型。本田汽车公司的 FCX 突出以超级电容器作为辅助电源的结构，在研发过程中燃料电池汽车的性能不断地得到提高。

1. FCX1 型燃料电池汽车

本田汽车公司的 FCX1 型燃料电池汽车只能乘坐 2 人，采用金属氢化物吸附的氢气作为燃料，装置 Ballard 公司研发的 60kW 的质子交换膜燃料电池，采用镍氢动力电池组作为辅助电源，驱动电动机的功率为 49kW。

2. FCX2 型燃料电池汽车

本田公司的 FCX2 型燃料电池汽车只能乘坐 2 人，采用甲醇经过改质产生的氢气作为燃料，装置本田公司自行研发的 60kW 的质子交换膜燃料电池，采用镍氢动力电池组作为辅助电源，驱动电动机的功率为 49kW。

3. FCX3 型燃料电池汽车

本田公司的 FCX3 型燃料电池汽车可乘坐 4 人，总质量为 1750kg，最高车速为130km/h，续驶里程为 180km，采用 25MPa、100L 的氢气作为燃料，装置 Ballard 公司研发的 62kW 的质子交换膜燃料电池，质子交换膜燃料电池的最大功率为 70kW，采用超级电容器组作为辅助电源，驱动电动机的功率为 49kW。

4. FCX4 型燃料电池汽车

本田公司的 FCX4 型燃料电池汽车可乘坐 4 人，总质量为 1740kg，最高车速为140km/h，续驶里程为 315km，采用 35MPa、137L 的高压氢气作为燃料，装置 Ballard 公司研发的 78kW 的质子交换膜燃料电池，采用超级电容器组作为辅助电源，驱动电动机的功率为 60kW。

5. FCX 型燃料电池汽车

本田汽车公司的 FCX 型燃料电池汽车如图 4-38 所示，可乘坐 4 人，总质量为 1680kg。最高车速为 150km/h，续驶里程为 395km，采用 35MPa、38kg、156.6L 的高压氢气作为燃料，装置本田公司研发的 78kW 高效率和高性能的质子交换膜燃料电池，采用大容量的超级电容器组作为辅助电源，永磁同步电动机的功率为 60kW，最大功率达到 80kW，最大扭矩为 272N·m。

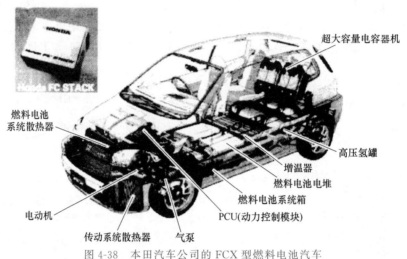

图 4-38　本田汽车公司的 FCX 型燃料电池汽车

任务五　燃料电池汽车检修与故障诊断

一、燃料电池汽车行驶无力的故障诊断与排除

1. 故障分析

根据 FCEV 行驶无力的故障案例，结合上述知识，可以分析到故障可能发生在燃料电池氢气侧电极发生水淹现象。

在燃料电池运行的过程中，电池内的水状况较为复杂。反应气需要增湿，由此带入电池内一些水。氢质子从阳极移动到阴极，需要水做载体，从而部分水从氢气侧迁移到空气侧，在空气侧氢氧反应生成水，空气侧水含量较高，还存在从空气侧向氢气侧扩散（拟迁移）的现象，同时排气带走大量水蒸气。如果在流场内不能保持水平衡，必然出现流场水淹或膜脱水的现象。

通常空气侧流量较大，带水能力较强，而氢气侧往往是只进气不排气，偶尔脉冲排气气流速度低，容易出现积水现象。因此，一般水淹发生在氢气侧。液态水在流道内逐渐积聚，最后堵塞流道，这就是通常所说的水淹现象。

2. 故障检测与排除

在燃料电池正常工作的情况下，燃料电池堆的氢气侧压力降随着负载的增大线性增大。当燃料电池堆中出现积水现象时，即使流道尚未被液态水堵死，但由于液态水附着于流道壁面，使得气体通道的流通界面缩小，压力明显增大。这种现象不仅在单体电池内存在，在燃料电池堆内也存在。因为积水是一个液态水逐渐增多的过程,在电池堆内各片电池发生液态水增多的趋势是一致的。在发生积水增多过程中,气体流通的总截面逐渐缩小,压力降必然增大。通过压力降监测,可以得知流道尚未被堵死之前液态水增多的趋势,由此可以用压力降预警水淹的发生。

解决燃料电池水淹的方法有两种:第一种方法是脉冲排气法,通过故障诊断系统控制脉冲排气阀门开启,即突然将氢气侧尾端打开,通过氢气压力波将水排出;第二种方法是通过调节电池堆工作温度进行解决。燃料电池堆发生水淹是由于堆内的水过多,导致堆内的水蒸气过饱和,逐渐析出液态水。可以通过脉宽调制(Pulse width modulation,PWM)法调节风扇的转速,并对冷却的循环水加热,提高电池堆的运行温度,这样使得堆内气体可以容纳更多的水蒸气,从而达到解决水淹问题。

二、质子交换膜燃料电池发电系统的使用与维护

质子交换膜燃料电池,由于不涉及机械能的转换,而是将燃料与氧化剂的化学能通过电化学反应的方式转化为电能与热能,并生成产物水,因此不受卡诺循环的限制,其电能转换效率明显高于内热机。

质子交换膜燃料电池(PEMFC)的温度特性是由质子交换膜所决定的。目前,普遍采用全氟磺酸质子交换膜(如 Nafion 膜)。它的玻璃化温度为 130℃ 左右,而且它传导质子必须有水分子参与。因此,传统的 PEMFC 运行温度一般不超过 80℃,需要冷却系统和增湿系统。目前,加氢站等基础设施尚未建成,以天然气、甲醇等碳氢化合物重整制氢的燃料选择方案可以应用到 PEMFC 发电系统上。重整气中含有一定量的一氧化碳,它极易吸附在 Pt 催化剂活性中心位置,导致催化剂中毒,造成电极性能衰退,因而在使用重整气之前,一定检测 CO 的含量。一般情况下,氢气中的 CO 含量应控制在 10^{-5} 以下。

1. 操作规程

(1) 安装　制造商应针对燃料电池发电系统的正确安装、调节、操作与维护给予说明。燃料电池发电系统应在设计时最大限度地减少某些部件在装配或重新装配时因为误操作可能产生的危险,或者在这些部件及其外壳上给出危险信息。危险信息应粘贴在相应位置从而避免造成错误。同时还应在产品说明书中提供详细信息。

由于错误连接可导致的危险,因此应在设计时尽可能减少不正确的连接方式或在管道、电缆和连接模块上给出连接信息。

如果燃料电池发电系统需要水才能运行,应根据国家和地方相关水管装置规范与标准规定连接到现场供水源或自带足够的水源,或系统在运行期间能自行生产出足够的自用水。

(2) 启动　仅当所有的防护装置均已到位且起作用时,才能启动燃料电池发电系统。为保证以后进行正确启动,可采用适当的连接装置。

燃料电池设备停止后,在自动模式下,若设备满足安全条件,则其自动化功能可使设备重新启动。通过有意驱动控制系统也应能够重新启动燃料电池发电系统,但应确保该重新启动操作不具有危险性。在自动循环模式下正常程序所引起的燃料电池发电系统的重新启动不属于上述重新启动。

(3) 关闭

① 安全关闭。安全关闭是指当限流器运行或系统被切断,或探测到系统内部故障时。对于富含空气的设备切断其主燃料流,对于富含燃料的设备同时切断空气流和主燃料流。安全关闭作为构成燃料电池发电系统的一部分,为了转移实际的或迫近的危险(该危险无法被控制装置更正),它应具备下列功能:

a. 在不产生新的危险情况下阻止危险发生；

　　b. 在必要情况下，触发或允许触发某些防护措施；

　　c. 在所有模式下能超越其他所有的功能与操作；

　　d. 防止系统（通过复位键）重新启动；

　　e. 装配重新启动锁定装置，且只有在重新启动锁定装置被专门复位后，新的启动命令在正常运行条件下才能生效。

　　紧急停止：若燃料电池发电系统的安全和可靠性分析要求采用人工安全关闭装置（如紧急停止装置），则其应配备清楚可见、易于辨别并能迅速接触的控制部件（如按钮）。

　　控制系统发生故障时的控制功能。若控制系统逻辑发生故障或控制系统硬件发生故障或受到损坏，则：

　　a. 在停止命令发出后，燃料电池发电系统不得抵抗停止；

　　b. 活动部件的自动或手动停止不得受到妨碍；

　　c. 保护装置应保持完整的效力；

　　d. 燃料电池发电系统不应发生意外重启。

　　当保护装置或互锁装置导致燃料电池发电系统发生安全关闭时，应将上述状态信号发送到控制系统的逻辑装置。关闭功能的复位不得导致任何危险情况。危险情况下可安全运行的控制或监控系统可呈带电状态，以便提供系统信息。

　　② 受控关闭。受控关闭是由于控制设备（如调温器）的控制回路启动，其结果是：对于富含空气的设备切断其主燃料流；对于富含燃料的设备，同时切断空气流和主燃料流。系统返回至起始状态。

　　能够被安全控制或不会立即带来危险的失常状态可通过受控关机加以改正。受控关机可去除电气设备的所有电源或为燃料电池发电系统调节器保留电源供应。

　　2. 操作模式

　　① 应有两种基本操作模式："接通"和"断开"。在"接通"模式下，燃料电池发电系统部件应呈运行状态，且根据需要提供电力输出。以下情况也应视为"接通"模式：

　　a. 待机状态（零净功率输出）；

　　b. 自动启动能力（为发电系统调节器保留电源供应）。

　　在断开模式下，应切断燃料电池发电系统的所有电源，设备应处于静止状态，或者仅向燃料电池发电系统供应部分电力防止系统部件受损，且设备应处于静止状态。

　　② 应具有两种主要过渡形式："启动"和"关闭"。

　　"启动"应是接收外部信号后开始从"断开"模式过渡到"接通"模式。"关闭"是自动从"接通"模式过渡到"断开"模式。"关闭"可由外部信号启动，或由燃料电池发电系统控制器根据超限情况发送的内部信号启动。

　　③ 可根据其是否必要而提供第二种操作模式和过渡过程，以便允许不同功率的输出率或对系统进行调节、维护或检查活动。

　　④ 模式的选择。若燃料电池发电系统的设计和制造允许其使用几种具有不同安全等级（如允许进行调节、维护和检查等）的控制或操作模式，则应具有模式选择功能，且模式选择器的每个位置都是安全的。选择器的每个位置应对应单一的操作或控制模式且应配备重新启动锁定装置。在正常操作条件下，新的启动命令只有在重新启动锁定装置复位后才能生效。通过任何安全方法（如定位操作手柄、键锁或软件命令）均可实现模式选择功能，以防止系统意外变为可能导致危险条件的不同模式。选择器在设计时应限制用户使用某些燃料电池发电系统操作模式（如某种数控功能的访问代码等）。

所选择的操作模式应优先于其他控制系统运行，但不能超越安全关闭命令。

3. 安全保护装置

① 匹配的保护设备与组件。

a. 保护装置。

b. 在合适的位置有适当的指示器或报警器之类的监控装置，能够自动或手动操作维持燃料电池发电系统在允许极限内。

② 对保护装置的要求。

a. 其设计和安装应可靠适用，安装地点应满足维护和试验要求。

b. 保护功能应独立于其他可能的功能。

c. 为获得适当且可靠的保护，应遵照相应的设计原则。该设计原则尤其应包括失效保护模式、冗余设计、多样化设计和自我诊断功能等。

③ 在设计阶段，应通过采用集成的测量、调节和控制装置（如过流切断开关、温度限制器、压差开关、流量计、延时继电器、过速监控器或类似的监控装置）来防止设备出现危险性过载。

④ 具有测量功能的保护装置的设计和安装应符合以下要求：能够处理可预见的操作要求和特殊条件下的应用。在必要地点，应能够检查读数的精确度和装置的适用性。此类装置应能确定安全警戒线外报警门限一个综合安全系数，尤其应考虑装置安装的操作条件和测量系统中可能出现的偏差。

⑤ 应提供诸如压力开关等限压装置。

⑥ 温度监控装置应具有足够的安全响应时间，并与测量功能保持一致。

⑦ 为安全目的所依赖的气体传感器应遵照 IEC61779-4，并应根据 IEC61779-6 规定进行选择、安装、校对、使用和维护。

⑧ 在制造阶段已经设置好或调节好的所有燃料电池发电系统部件，若不需要用户或安装人员对其进行操作，则应采取适当的保护措施。

⑨ 操作杆和其他控制与设定装置应做出明确标识并详细说明预防操作错误的方法。其设计应能阻止意外操作发生。

4. 安全注意事项

（1）避免气体泄漏　燃料电池中使用的燃料——氢气具有很高的可燃性，如果气体泄漏会有燃烧的危险。因此燃料电池动力系统附近不允许有火源，并且燃料电池动力系统应具备氢气泄漏检测、报警、控制装置。

定期对氢气存储容器、输送管路进行检漏。燃料电池动力系统应有防静电措施，如静电接地。在移动、安放、使用系统的操作过程中，避免发生撞击，防止产生火花。

每天工作前先对氢气管路、阀门进行检查，确认无问题后按规定开启阀门；工作结束后按规定关闭阀门。氢气泄漏时，氢气报警器发出警报，应尽快关闭氢气阀，再及时关闭系统主电源。严禁穿带静电的服装进入氢气库及使用氢气的测试车间。燃料电池泄漏氢气时，应立即停机切断负载，并关掉氢气总阀开关。

（2）防止触电　燃料电池堆的电压与单电池个数有关，当电池堆的工作电压超过 36V，就存在触电致死的危险。所以在使用燃料电池动力系统时一定要防止触电，尽量避免佩戴可能导致短路或触电事故的导电饰品，切勿用手触摸电堆、控制器件等带电器件。每天工作前对电路进行检查，启动电源开关；工作结束后，关闭设备电源。燃料电池严禁短路，燃料电池输出电路严禁处于裸露状态。

（3）避免高温烫伤　当燃料电池工作时，电池堆表面及测试系统管路表面的温度可能在

70～80℃之间。在这个温度下人会被烫伤，所以工作时不要接触这些热表面。

5. 维护事项

燃料电池系统的维护非常重要，直接关系到燃料电池系统的性能及使月寿命。无论燃料电池系统应用于哪个领域，维护事项可分为日常维护和定期维护。

（1）日常维护　日常维护包括燃料电池系统使用前和使用后的维护。使用前的维护事项包括，检查氢气管路是否泄漏，检查氢气报警器是否正常工作，检查去离子水是否足够（水冷方式），检查各个电气线路是否正确连接。使用后的维护事项包括，确保设备电源关闭，确保氢气阀门关闭，确保系统储存在干净的环境中等。

（2）定期维护　定期更换去离子水，如果长期不使用应在使用前检查去离子水的纯度，更换周期一般为 7 天；定期更换空气过滤器，一般情况 500h 左右更换一次，视使用环境而定；定期清洁燃料电池系统，视使用环境而定；如长期不使用，应定期运行燃料电池，检查燃料电池各个部件工作情况。

总　结

1. FCEV 是通过电化学反应将燃料的化学能直接转变为电能的高效率发电装置的汽车。

2. FCEV 汽车的主要优点是真正的零污染，能量转化效率高，缺点是燃料电池成本过高。

3. FCEV 一般由燃料箱、燃料电池、控制系统、驱动系统、辅助动力系统和电池组等部分构成。

4. 单体燃料电池主要由电解质、燃料电极、隔离板、空气电极和集流板等组成。燃料电池工作时，外界不断供给负极氢气，供给正极空气，在催化剂（铂、多孔石墨等）作用下，负极氢原子中的电子被分离出来，在正极吸引下，在外电路形成电流，失去电子的氢离子，在正极与氧及电子结合为水。

5. FCEV 按氢气供给方式可分为改质型和非改质型两种。按照电解质的类型可分为质子交换膜燃料电池（PEMFC）、磷酸型燃料电池（PAFC）、熔融碳酸型燃料电池（MCFC）、固体氧化物燃料电池（SOFC）、碱性燃料电池（AFC）等几种形式。

6. FCEV 出现水淹将导致汽车行驶无力，可以通过测定阳极水压和单体电池判断。

7. 质子交换膜燃料电池发电系统的使用运行温度一般不超过 80℃，氢气中的 CO 含量应控制在 10^{-5} 以下。

课程训练

1. 正确识别一辆 FCEV 组合仪表上的各种显示含义。

2. 分析 FCEV 行驶无力故障的可能原因，并进行检测诊断。

3. 正确维护质子燃料电池交换膜发电系统。

项目五

气体燃料汽车结构原理与检修

知识目标 >>>

1. 认知了解压缩天然气（CNG）、液化石油气（LPG）的燃烧特性。
2. 认知了解二甲醚汽车燃料供给系统的结构特征。
3. 认知了解氢气燃料及其双燃料汽车的结构特征。

技能目标 >>>

1. 掌握气体燃料汽车与燃油汽车的不同结构。
2. 掌握气体燃料汽车电子控制系统的故障诊断方法。
3. 掌握二甲醚燃料汽车的使用维护方法。

相关知识点 >>>

1. 气体燃料汽车有何特点。
2. 双燃料汽车是否更加环保。
3. 氢燃料对发动机有何要求。

任务一 气体燃料认知

气体燃料主要包括压缩天然气（CNGV）、液化石油气（LPGV）和氢气。天然气是从天然气气田直接开采出来的，其主要成分是甲烷，极难液化。因此，目前一般是将天然气压缩到 20MPa 的高压，然后充入车用气瓶中储存以供汽车使用，即所谓的压缩天然气（CNG）。石油气是石油催化裂化过程和油田伴生气回收轻烃过程中的产品。石油气在常温下加压到1.6MPa 即可液化成液化石油气（LPG）。从油田气制得的 LPG，其主要成分为丙烷、丁烷与少量的乙烷和戊烷，不含烯烃，适于用作车用燃料。从炼油厂得到的 LPG，除含丙烷、丁烷外，还含有较多的烯烃，不宜用作车用燃料。因为烯烃在常温下的化学安定性差，所以在储运过程中容易生成胶质，燃烧后容易积炭。汽油、轻柴油、天然气、液化石油气及甲醇和乙醇燃料的理化性质见表 5-1。

表 5-1　汽油、轻柴油、天然气、液化石油气及甲醇和乙醇燃料的理化性质

项目 \ 种类		汽油	轻柴油	天然气（NG）	液化石油气（LPG）	甲醇	乙醇
来源		石油炼制产品	石油炼制产品	以自由状态存在于油气田中，以 20MPa 压缩存储为压缩天然气（CNG），在 −160℃ 以下隔热状态保存为液化天然气（LNG）	在石油炼制过程中产生的液化气体	有 CO 和 H_2 化学合成	植物淀粉物质发酵蒸馏
分子式		含 $C_5 \sim C_{11}$ 的 HC	含 $C_{15} \sim C_{23}$ 的 HC	含 $C_1 \sim C_3$ 的 HC，主要成分是 CH_4	含 $C_3 \sim C_4$ 的 HC，主要成分是 C_3H_8	CH_3OH	C_3H_5OH
质量分数	w_C	0.855	0.87	0.75	0.818	0.375	0.522
	w_H	0.145	0.126	0.25	0.182	0.125	0.130
	w_O	—	0.004	—	—	0.50	0.348
相对分子质量		114	170	16	44	32	46
液态密度/(kg/L)		0.70～0.75	0.82～0.88	0.42	0.54	0.78	0.80
沸点/℃		25～220	160～360	−161.5	−42.1	64.4	78.3
蒸发热/(kJ/kg)		334	—	510	426	1100	862
理论空气量	kg/kg	14.9	14.5	17.4	15.8	6.52	9.05
	m^3/kg	11.54	11.22	13.33	12.12	5	6.93
	kmol/kg	0.515	0.50	0.595	0.541	0.223	0.310
自燃温度/℃		220～250	—	632	504	500	420
闪点/℃		−45	50～65	−162	−73.3	10～11	9～32
燃料低热值/(kJ/kg)		44000	42500	50050	46390	20260	27000
混合气热值/(kJ/m^3)		3750	3750	3230	3490	3557	3660
辛烷值	RON	90～106	—	130	96～111	110	106
	MON	80～83	—	120～130	89～96	92	89
蒸汽压/kPa		49～83		不能测定	1274	30.4	15.3

1. CNG 和 LPG 的主要优点

① 天然气和液化石油气在常温下为气态，容易与空气混合形成均匀的可燃混合气，燃烧完全，可以大幅度减少 CO、HC 和微粒的排放。另外，天然气和液化石油气的火焰温度低，因此 NO_x 的排放量也相应减少。

② 天然气辛烷值高达 130，液化石油气的辛烷值也在 100 左右，因此，燃用天然气或液化石油气可提高发动机的压缩比，从而获得较高的发动机热效率。

③ 冷启动性和低温运转性能良好，在暖机期间无需加浓混合气。

④ 燃烧界限宽，稀燃特性优越。燃烧稀混合气可以减少 NO_x 的生成和改善燃料经济性。

⑤ 不稀释润滑油，可以延长润滑油的更换周期和发动机的使用寿命。

2. CNG 和 LPG 的缺点

① 因为天然气在常温、常压下是气体，所以其储运性能差。目前广泛采用将压缩天然气充入车用气瓶内储运的办法，这些气瓶既增加了汽车自重，又减少了载货空间，虽然可以通过深冷液化技术制成液化天然气（LNG），但技术复杂，生产成本高。

② 一次充气的续驶里程短。

③ CNG 或 LPG 均呈气态进入气缸，使发动机充量系数降低；与汽油或柴油相比，CNG 或 LPG 的理论混合气热值小，因此，燃用 CNG 或 LPG 将使发动机功率下降。

3. 氢气燃料的优点

氢气汽车的燃料是氢气，通常情况下是一种无色、无味、无毒的气体。相比其他燃料，它具有下列优点。

① 资源丰富。氢可采用多种方式制取。如可从天然气中提取，可由再生物质制取，可电解水制氢等。

② 环保。氢气燃烧后无一氧化碳、二氧化碳、硫化物、炭烟和颗粒物排放，只产生氮氧化物和水，稀混合气燃烧时氮氧化物也可降低到比其他燃料少得多，真正实现零排放。

③ 燃烧热值高。氢的燃烧热值高于所有化石燃料和生物质燃料，见表 5-2。

④ 热效率高。其理论循环接近奥托循环，在相同的测试条件下，氢气发动机的热效率比汽油机提高 15%～50%。

⑤ 燃烧稳定、燃烧充分。氢在空气中的可燃比非常高（体积分数范围 4%～75%），而汽油（体积分数范围 1%～7.6%）和甲烷（体积分数范围 5.3%～15%）相比却较低，这一特性在氢的燃烧中起了很大的作用。加上氢的燃烧在气体中传播速度很快，因此氢燃料发动机的燃烧非常清洁。

表 5-2　氢气及甲烷、汽油、甲醇和乙醇燃料的燃烧值

名称	氢气	甲烷	汽油	甲醇	乙醇
燃烧值/(kJ/kg)	121061	50054	44467	20254	27006

⑥ 燃料混合比的浓度调节方便。氢发动机可以靠空气-燃料混合比的浓度调节动力输出，不需要节流阀。这样做最大的好处是提高了发动机的整体效率，因为不存在燃料泵中流量的损失，稀薄燃烧的效率较高也起了一定的作用。

⑦ 辛烷值高。氢的辛烷值高达 130，而高级汽油的辛烷值只有大约 93，因此它的自燃温度很高，抵抗爆燃燃烧的能力强，也就是说可以采用较高的压缩比。据福特公司的研发统计数据，1 台压缩比为 14.5：1 的氢发动机最大效率可达到 52%。

⑧ 点火能量低。点火能量不到汽油最低点火能量的 1/10，并且火焰传播特性很好，可在空气过量系数较大的范围内稳定燃烧。沸点低（约-253℃），冷启动好。

⑨ 稀燃能力强。发动机能在稀混合气下稳定工作，具有很好的热效率。

4. 氢气燃料的缺点

① 难以储存。氢是最轻的元素，易泄漏，从高压储气罐中泄漏会达到声速，泄漏速度是天然气的 3 倍。远程输运时损耗大。

② 制取成本高。与传统动力汽车相比，成本至少高出 20%。

③ 易燃。氢/空气混合物燃烧的范围是 4%～75%（体积分数），着火能仅为 0.02 MJ。而其他燃料的着火范围要窄得多。氢燃料低点火能量所导致的进气管回火和缸内早燃，以及经由活塞环渗漏到曲柄箱的氢气产生爆炸等问题，使得氢气发动机正常工作遭到破坏。

④ 氢脆。锰钢、镍钢以及其他高强度钢容易发生氢脆。这些钢长期暴露在氢气中，尤其是在高温高压下，其强度会大大降低，导致失效。因此，如果与氢接触的材料选择不当，就会导致氢的泄漏和燃料管道的失效。

任务二　CNG气体燃料汽车的结构原理

气体燃料汽车一般是在原传统汽油汽车上改装而成，只是燃料供给系统有所不同，因此本任务只讨论气体燃料汽车燃料供给系统结构原理与维修。

一、CNG的物理化学性质

天然气是由多种烃类物质和少量的其他成分组成的混合气体。天然气中最主要的成分是甲烷，由于甲烷在所有的碳氢化合物中具有最大的氢/碳比，因此甲烷燃烧后产生的二氧化碳要低于使用汽油或甲醇的发动机所产生的二氧化碳量。甲烷的分子结构极其稳定，能够有效防止发生爆燃现象，这就使得天然气成为一种非常适宜的汽车燃料，它可以产生比传统汽油发动机更高的热效率。

1. 密度

通常状态下，甲烷是一种非常轻的气态物质。常温、常压下，甲烷的密度只相当于空气密度的55%，天然气的密度约相当于空气的60%。由于天然气的密度远远小于空气，当天然气从输送管道或储存容器中泄漏到空气中，天然气向上运动，迅速扩散到空气中。由于这一特点，天然气的安全性优于汽油等大多数燃料。

2. 颜色、味道和毒性

在原始状态时，天然气是没有颜色、味道和毒性的物质。基于安全的原因，在生产过程中，在天然气中加入了具有独特臭味的加臭剂。在使用和运输过程中，当天然气燃料泄漏时，由于独特的臭味，可很容易地检测出泄漏。

3. 状态、沸点

在常温常压下，天然气是一种气态物质，当温度达到−162℃和低于此温度时，天然气将转换成液态，以液态形式存在。此温度为天然气的沸点。由于沸点非常低，天然气是非常难于液化的，储存液态天然气也是非常困难的。因此一般以气体状态储存和运输天然气。

4. 热值

甲烷是最简单的碳氢化合物，一个甲烷分子含一个碳原子和4个氢原子。在碳氢化合物中，分子中含有的碳和氢原子数越多，燃烧后产生的能量越多。同为气体状态，在相同的环境条件下，相同的体积中含有的分子数是相同的，因此分子中含碳和氢原子越多的物质，燃烧产生的能量越多，因此每千克天然气的热值略高于汽油，但每立方米理论天然气混合气热值要比汽油混合气低，甲烷含量越高，相差越大，纯甲烷理论混合气热值比汽油低10%左右。

5. 混合气发火界限宽

燃料和空气混合形成混合气，混合气的浓度在一定范围内，才能够被点燃、产生能量。混合气浓度过浓或过稀是难于被点燃的。可被点燃的混合气浓度范围的上、下限分别是燃料点火极限的上限和下限。天然气与空气混合后的工作混合气具有很宽的发火界限。天然气点火极限的过量空气系数的变化范围为0.6~1.8，可在大范围内改变混合比，提供不同成分的混合气。

6. 自燃温度

自燃温度是在此温度下，燃料和空气接触会点燃并连续燃烧。对于一种燃料，自燃温度不是一个常数。汽油的自燃温度是 220～471℃；天然气的自燃温度为 630～730℃；自燃温度很高表明天然气的安全性是非常好的。

7．起燃方式

天然气的自燃温度比汽油更高，因而天然气不宜压燃而适宜用外火源点燃。同时由于其辛烷值远高于汽油，所以它又适宜于在较高的压缩比下点燃，因为它可在较高压缩比下点燃做功，因此天然气既可以用电火花点燃，也可以用在柴油/天然气双燃料车上，用柴油压燃方式引燃。

8．抗爆性和辛烷值

燃料的抗爆性是指燃料在发动机气缸内被点燃、燃烧时，避免产生爆燃的能力，以及抗自燃能力，是燃料的一个重要指标。燃料的抗爆性用辛烷值表示，燃料的辛烷值越大，表示抗爆性越好。汽油的辛烷值一般在 81～89 之间；天然气的辛烷值约在 115～130 之间。总之，与汽油相比，天然气有较高的抗爆性能。

二、CNG 汽车燃料供给系统的结构原理

1．CNG 汽车燃料供给系统的总体组成

CNG 汽车燃料供给系统的总体组成如图 5-1 所示，主要有燃料供给系统和电控系统两大部分。前者主要由天然气瓶、充气阀、高压燃料切断阀、减压阀、混合器部件、压力表、高压电磁阀等组成，实现燃料压缩天然气的随车储存、在各种管路内输送、充装和向发动机喷射等功能；后者主要有气体压力传感器、温度传感器、电子节气门等，与原车的 ECU 配合，实现燃料 CNG 的定时定量喷射。如果带废气涡轮增压，则结构更为复杂，图 5-2 为玉柴 CNG 汽车废气涡轮增压发动机结构原理。

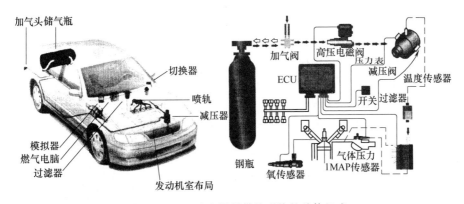

图 5-1　CNG 汽车燃料供给系统的总体组成

2．CNG 发动机基本原理

如图 5-2 所示，工作时，高压的压缩天然气从储气瓶出来，经过天然气滤清器过滤后，经高压电磁阀进入高压减压器，高压电磁阀的开闭由 ECM 控制。高压减压器的作用是将高压的压缩天然气（工作压力 25MPa 左右），经过减压加热将压力调整到 0.7～0.9MPa。高压天然气在减压过程中由于减压膨胀，需要吸收大量热量，为防止减压器结冰，将发动机冷却液引出到减压器对天然气进行加热。经减压后的天然气进入电控调压器。电控调压器的作用是根据发动机运行工况精确控制天然气喷射量。天然气与空气在混合器内充分混合，进入发动机缸内，经火花塞点燃进行燃烧，火花塞的点火时刻由 ECM 控制，氧传感器即时传递燃烧后的尾气的氧含量，ECM 根据氧气传感器反馈的信号，及时修正天然气喷射量。

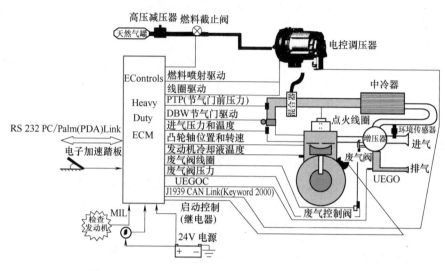

图 5-2 玉柴 CNG 汽车废气涡轮增压发动机结构原理

3. CNG 发动机燃料供给系统主要零部件

(1) 高压燃料切断阀 高压燃料切断阀如图 5-3 所示，高压燃料切断阀作用是及时切断或恢复燃料供给。它由 ECM 控制其开闭，停机状态下处于常闭状态，为有效防止高压电磁阀进气接头与高压电磁阀结合部位漏气，安装该接头时，必须使用螺纹密封胶，并且锁紧接头。高压燃料切断阀进气口自带滤芯，维护保养时可用汽油浸泡，并用压缩空气吹干净装复即可。

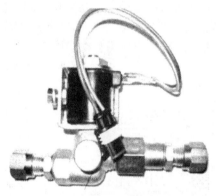

图 5-3 高压燃料切断阀

(2) 高压减压器 高压减压器如图 5-4 所示，高压减压器通过压力膜片克服弹簧阻力，带动杠杆调整节流孔的流通面积，从而控制减压后的天然气压力。通过节流和加热，使高压的压缩天然气减压到 0.7～0.9MPa 的低压天然气。

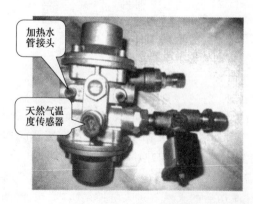

加热水管接头

天然气温度传感器

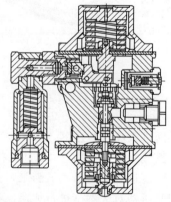

图 5-4 高压减压器

安装时要求减压器进气接头螺纹部分必须使用螺纹密封胶，并且使用铜垫进行密封；减压器出气接头使用 O 形圈进行密封，出气接头与低压电磁阀相接、低压电磁阀与电磁阀出气接头采用螺纹连接，安装时必须使用螺纹密封胶。

高压减压器必须通过两根水管与发动机的冷却液循环水路连通，安装水管时要锁紧环箍，以免漏水；高压减压器必须通过一根压力反馈管与进气管相接，目的是为了根据工况控制调压器出口压力；减压调节器应安装在靠近发动机进气管和振动较小的位置，不应直接安装在发动机上，一般安装在汽车车身大梁上。每 5 万公里应维护保养高压减压器，用汽油或化油器清洗剂清洗高压减压器一级压力腔，并用干净空气吹干净后装复；拆除高压减压器进气接头，检查滤芯是否被污染，若被污染，需要更换；更换易损件（如橡胶密封圈）；检查轴销的磨损情况，若磨损更换轴销；检查调整减压压力。每 10 万公里更换膜片及密封件，并对减压压力进行检查调整。

（3）低压电磁阀　低压电磁阀如图 5-5 所示，低压电磁阀由 ECM 控制其开闭，停机状态下处于常闭状态，有及时切断或恢复燃料供给的作用。安装电磁阀时，为有效防止电磁阀进气接头结合部位漏气，安装该接头时，必须用螺纹密封胶有效密封。

（4）电控调压器　电控调压器（EPR 阀）如图 5-6 所示，电控调压器是一个电子控制的压力调节器，在它的内部有一个由微处理器控制的大功率的高速电动机，微处理器通过 CAN 和 ECM 连接传输信息。EPR 有两个功能：一是将天然气的压力降低；二是控制 EPR 出口的燃料压力。EPR 内

图 5-5　低压电磁阀

有一个压力传感器，用来测量 EPR 燃料出口和混合器入口处空气的压差。电控调压器内部有一控制芯片，该控制芯片接受来自 ECM 的控制指令，通过高压电磁阀控制天然气量，从而实时有效控制空燃比，可控制天然气喷射量。

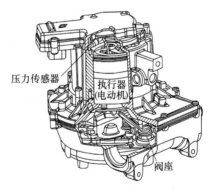

压力传感器

执行器
（电动机）

阀座

图 5-6　电控调压器（EPR 阀）

安装时因该零件内部有控制芯片，应避免高频振动，该零件自带减振软垫，切勿自行拆卸。电控调压器（EPR）在使用中需要进行定期的维护保养，由于电控调压器处于低压减压部分，在长期使用中会在其内部沉积大量的油污和杂质，长时间的油污和杂质会导致电控调压器工作不良、传感器损坏以及内部的密封件和橡胶膜片提前老化和破损，因此该部件的维护保养尤为重要。每 5 万公里需要对内部零件进行清洗，更换易损件，检查轴销的磨损情况；每 15 万公里需要更换膜片及密封件，并对压力进行校准。

（5）混合器部件　混合器部件如图 5-7 所示，混合器将天然气和中冷后的空气充分混合，使燃烧更充分，柔和，有效降低 NO_x 排放和排气温度。

根据使用情况的调查和分析，由于使用和维护不当该部件会产生两种故障模式：膜片损坏，发动机经常性回火会导致膜片老化加剧，致使膜片出现龟裂和破损；燃料空气阀卡滞，当压缩天然气中所含的压缩机机油过多，以及空气中的杂质过滤不充分的情况下，如果没有及时对混合气内部进行清洁保养，油污会附着在燃料空气阀和阀座上。长时间的积累会导致燃料空气阀动力受阻，甚至完全卡死，从而导致发动机工作不稳定。因此空滤器对空气、天然气滤清效果的好坏将直接影响着混合器的使用寿命。

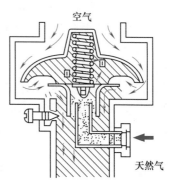

图 5-7　混合器部件

（6）电子节气门　电子节气门如图 5-8 所示，电子节气门通过控制蝶阀的开度，控制进入缸内的混合气的量，从而控制发动机的转速和负荷。驾驶人通过加速踏板，将动力需求传送给 ECM，ECM 接收到加速踏板信号后，根据发动机运行工况控制电子节气门开度，控制怠速转速和调速特性曲线。

安装时要求电子节气门驱动电动机轴线必须保持水平方向。每 10 万公里（视当地气体清洁度而定）从发动机上拆下节气门，看内部是否有明显的油污，若有，则需要用节气门清洗剂清洗节气门蝶阀部分，清洗后用干压缩空气吹干。清洗后，用手按压碟阀，检查碟阀运动有无卡滞、是否回位，若出现卡滞，则需要更换电子节气门总成。

（7）点火线圈　点火线圈如图 5-9 所示，点火线圈接收来自 ECM 的点火指令，产生高电压并将高电压传给火花塞，产生火花，点燃天然气。

图 5-8　电子节气门

图 5-9　点火线圈

安装时要求拧紧点火线圈安装螺栓，以保证点火线圈胶套内弹簧与火花塞头部紧密接触。由于高压电源会在接触表面产生电弧，弹簧与火花塞头部接触的部位易受热氧化，导致接触部位电阻过大，分压作用过大导致火花塞点火能量降低，严重时会导致失火。所以安装火花塞和点火线圈时，必须在火花塞头部与点火线圈弹簧结合部位涂抹导电膏。在胶套与火花塞接触的陶瓷部位应该涂抹绝缘润滑油脂，以防止胶套老化导致火花塞与缸盖之间漏电。点火线圈次级输出电压高达40kV，所以在发动机使用过程中，绝对不许用水直接冲洗发动机，特别是点火线圈部位；每3个月或2万公里清理弹簧与火花塞之间的氧化物，并涂抹导电膏，检查点火线圈胶套是否老化开裂，如有开裂，及时更换。

（8）火花塞　火花塞作用与结构原理和传统汽油机相同，玉柴目前所使用的火花塞为NGK铂金和铱金火花塞两种，天然气发动机NGK铂金火花塞（PFR7B-D）电极间隙为（0.33±0.05）mm，天然气发动机NGK铂金火花塞（IFR7-4D）电极间隙为（0.4±0.05）mm。

（9）防喘振阀　防喘振阀如图5-10所示，防喘振阀是当发动机突然减速时，通过喘振阀通气管将气门后的低压力传递到防喘振阀压力反馈接头上，打开喘振阀单向截止膜片，使增压器压气机前后压力平衡，避免增压器喘振，保护增压器。

图5-10　防喘振阀

该零件共有三个接口。通过防喘振阀通气软管连通防喘阀和进气管压力，另外两个ϕ25mm外径的接口分别连接增压器前进气管和增压器后进气管。6G系列CNG发动机使用两个防喘振阀，两个振阀安装时进出气口刚好相反，使气流能相互流通。4G系列CNG发动机只需要一个防喘振阀即可满足要求。

（10）电子控制模块　电子控制模块如图5-11所示，电控模块是发动机管理中心，通过各种传感器监控发动机运行工况，并根据发动机运行工况控制各执行器，并且通过CAN总线与汽车各子系统通信。

图5-11　电子控制模块

除上述各部件外，还有各种传感器，如氧传感器、大气环境传感器、进气压力温度传感器、凸轮轴位置传感器、废气旁通控制阀、冷却液温度传感器、天然气温度传感器、电子加速踏板传感器等，都与传统电控汽油机类似。

三、汽油/CNG两用燃料发动机

将汽油机改装为汽油/CNG两用燃料发动机之后，当燃用天然气时，发动机的功率和转矩都会明显下降。有研究表明，适当提高改装机的压缩比不仅可以减小功率损失，还能改善发动机的燃料经济性。

1. 汽油/CNG两用燃料供给系统的组成及原理

目前，汽油/CNG两用燃料发动机的CNG供给系统有多种类型。国产CYTZ-100型混合器式闭环控制CNG供给系统（见图5-12）是采用步进电动机伺服阀和比例调节式混合器的闭环控制系统。

车用气瓶的容量为50L，压力为20MPa，通过安装在每个气瓶上的连通阀及高压管路将数个气瓶连通。当驾驶人将汽油/CNG转换开关25置于"气"位置时，电控单元（ECU）24向CNG电磁阀10通电，电磁阀开启。车用气瓶6内的CNG经充气阀7、过滤器8、手动截止阀9和电磁阀进入减压调节器14。CNG在减压调节器内降压，低压的天然气经步进电动机15控制的低压通道进入混合器16。在混合器中天然气与空气混合后进入气缸。ECU根据氧传感器21和发动机转速传感器20的信号，通过调节步进电动机伺服阀的行程来改变减压调节器至混合器之间的低压通道通过面积，以控制天然气的流量。

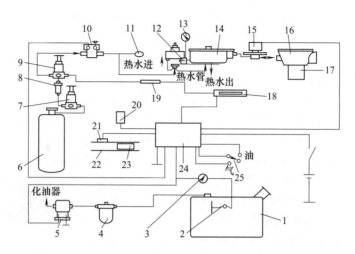

图 5-12　CYTZ-100 型混合器式闭环控制 CNG 供给系统

1—汽油箱；2—油位传感器；3—汽油表；4—汽油滤清器；5—电动汽油泵；6—车用气瓶；7—充气阀；
8—过滤器；9—手动截止阀；10—CNG 电磁阀；11—高压表；12—安全阀；13—低压表；
14—减压调节器；15—步进电动机；16—混合器；17—化油器；18—压力显示器；
19—压力传感器；20—发动机转速传感器；21—氧传感器；22—发动机排气管；
23—三元催化转化器；24—电控单元（ECU）；25—汽油/CNG 转换开关

2. 减压调节器

由于车用气瓶内的 CNG 压力随着燃料的消耗不断变化，因此要想保持稳定的天然气与空气的混合比例，则需要安装减压调节器。减压调节器可以保证在车用气瓶内的压力发生变化时进入混合器的天然气压力基本恒定。减压调节器将车用气瓶内 CNG 的压力由 20MPa 降至常压一般要经过三级减压。CYTZ-100 型三级减压调节器的结构如图 5-13 所示。

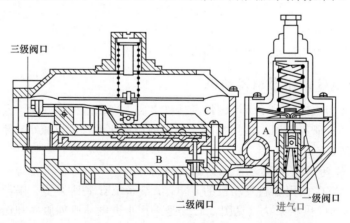

图 5-13　CYTZ-100 型三级减压调转器的结构

减压调节器的工作原理为：当发动机不工作或不燃用 CNG（即没有 CNG 进入减压调节器）时，一级阀口、二级阀口和三级阀口均处于常开状态。当发动机工作时，CNG 经进气口进入减压调节器，并通过一级阀芯和密封片之间的一级阀口进入减压调节器 A 腔，进行一级减压，压力由 20MPa 降至 0.8MPa 左右。若压力超过 0.8MPa，则一级膜片在 CNG 的压力作用下克服主弹簧的预压力而向上弯曲，并带动一级阀芯向上将一级阀口关闭。A 腔内的 CNG 经二级阀口进入 B 腔，进行二级减压，压力降至 0.02MPa。随着 CNG 进入 B 腔，

A腔内的压力逐渐降低，若压力低于0.8MPa，则一级膜片在主弹簧预压力的作用下向下弯曲，并带动一级阀芯向下使一级阀口开启。进入B腔的CNG经三级阀口进入C腔，进行三级减压，压力降至0.01MPa，然后经步进电动机伺服阀进入混合器。若B腔内的CNG压力超过0.02MPa，则CNG压力经通气孔作用到二级膜片，使其向上压缩二级弹簧，同时压迫二级顶杆将二级阀口关闭。若由于B腔内的CNG不断流入C腔而使B腔内的压力下降至0.02MPa以下，则二级膜片在二级弹簧的作用下放松二级顶杆及二级阀片将二级阀口开启。

减压调节器上装有一级调压螺栓和三级调压螺栓，分别用来调节一级减压压力和三级减压压力。CNG流过减压调节器时，压力大幅度降低，温度也随之急剧下降，CNG中的水分可能结冰，造成阀口和管道堵塞。因此，减压调节器设有加热用循环水套，利用发动机的冷却液对CNG加热，以防止其减压后温度降至冰点以下。

3. 比例调节式混合器

混合器的作用是将空气和天然气按一定比例混合，形成一定浓度的可燃混合气。比例调节式混合器的工作原理是利用进气歧管真空度同时控制空气和天然气通道的通过面积，以控制混合气的空燃比。CYTZ-100型比例调节式混合器的结构及工作原理如图5-14所示。

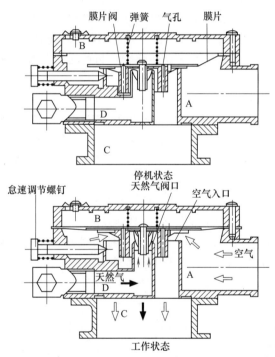

图5-14 CYTZ-100型比例调节式混合器的结构及工作原理

混合器安装在化油器的进气口上。混合器的C腔经化油器与进气歧管连通，A腔与发动机的空气滤清器相连，D腔则通天然气低压通道，膜片室B通过气孔与C腔相通。当发动机工作时，进气歧管真空度传至C腔，并通过气孔传入膜片室B，使膜片室产生真空。由于A腔接近于大气压力，因此膜片在A腔与膜片室的压力差作用下，克服膜片自身的重力和弹簧的弹簧力向上弯曲，打开天然气阀口和空气入口，使天然气和空气进入C腔并在其中混合后进入发动机。在发动机工作期间，膜片将随着进气歧管真空度的变化而上下运动，天然气阀口和空气入口的开度也就随之变化。当发动机停机时，A腔、C腔和膜片室B均为大气压力，膜片在其自身的重力和弹簧力的共同作用下，向下弯曲并将天然气阀口和空气入口关闭。

4. 手动截止阀

我国汽车行业标准 QC/T 245—2002 和国家标准 GB/T 19240—2003 规定天然气汽车应安装手动截止阀（见图 5-15），当 CNGV 在充气、修理或入库停车时，用手动截止阀截断气瓶到减压调节器之间的 CNG 通路。

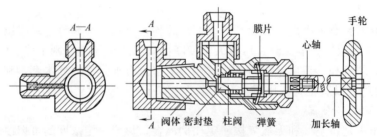

图 5-15　手动截止阀结构

在截止阀阀体内装有柱阀，柱阀左端面嵌有密封垫，弹簧的预压力作用在柱阀的右端，保持柱阀常开，CNG 从车用气瓶经柱阀流出截止阀。当转动手轮时，心轴向左压迫膜片并推动柱阀左移压在阀座上，使截止阀关闭。膜片由薄钢片或黄铜片制造，其作用是防止 CNG 通过心轴向外泄漏。在心轴上接一根加长轴，目的是把手轮装入驾驶室，以便驾驶人能在驾驶室内操纵截止阀的开、闭。

5. 汽油/CNG 转换开关

汽油/CNG 转换开关有三个位置：当转换开关置于"油"位置时，接通电动汽油泵电路，同时切断 CNG 电磁阀电路；当转换开关置于"气"位置时，接通 CNG 电磁阀电路，同时切断电动汽油泵电路；转换开关置于"中间"位置时，不接通任何一个电路。

6. 电控 CNG 喷射系统

虽然利用步进电动机伺服阀和比例调节式混合器的电控 CNG 闭环控制系统能够改善空燃比的控制精度，但是小气量工况的空燃比仍然难以准确、稳定地控制。因此，近年来电控 CNG 喷射系统得到了快速发展。图 5-16 所示为电控汽油/CNG 两用燃料发动机的燃料供给系统组成示意图，CNG 和汽油的供给都采用电控喷射方式。

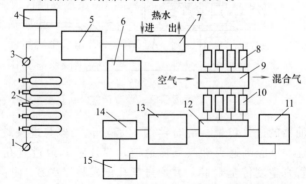

图 5-16　电控汽油/CNG 两用燃料发动机的燃料供给系统组成示意图

1—充装阀；2—车用气瓶；3—输出阀；4—压力表；5—CNG 电磁阀；6—气量显示器；7—两级减压调节器；
8—天然气喷射器；9—进气歧管；10—喷油器；11—油压调节器；12—燃烧分配管；
13—汽油电磁阀；14—汽油泵；15—汽油箱

电控单元（ECU）根据来自各种传感器和各种开关（包括曲轴位置传感器、节气门开度传感器、进气压力传感器、进气温度传感器、汽油/CNG转换开关、减压调节器后的天然气压力传感器、天然气温度传感器和氧传感器等）的信号，利用其内的软件进行运算、判断和处理后，向天然气喷射器发出适时启闭的指令。天然气喷射器的结构及工作原理与电控汽油喷射系统的喷油器类似。在减压调节器后的天然气压力稳定的条件下，喷气量与喷射器开启的持续时间成正比，而后者由电控单元（ECU）控制。电控CNG喷射系统要求减压调节器出口压力保持在0.6MPa左右，其变化范围不能超过平均值的±3%。一般采用两级减压调节器，第一级减压到1.2MPa左右，第二级减压到0.6MPa左右。对于汽油/CNG两用燃料发动机来说，通常是利用原有电控汽油喷射系统的控制系统，只增加几个传感器、执行器（如减压调节器后的天然气压力传感器和温度传感器、天然气喷射器、汽油电磁阀等）和一个供气控制模块。原有的三元催化转化器和氧传感器仍可继续使用。

四、柴油/CNG双燃料发动机

柴油/CNG双燃料发动机的燃料供给系统（见图5-17）是在原柴油机燃油系统之外增加了一套CNG供给装置而构成的。

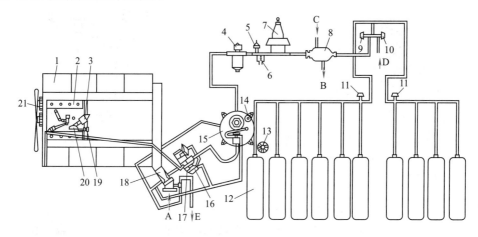

图5-17　柴油/CNG双燃料发动机的燃料供给系统

1—柴油机；2—喷油泵；3—喷油泵供油量调节齿杆限位器；4—电磁阀；5—气体压力异常信号发生器；
6—安全阀；7—高压减压器；8—预热器；9—供气阀；10—充气阀；11—总阀；12—车用气瓶；
13—压力表；14—气体压力传感器；15—低压减压器；16—三通阀；17—计量器；
18—混合器；19—联锁传感器；20—活动挡铁；21—曲轴转速传感器
A—来自空气滤清器；B—通向柴油机冷却系统；C—来自柴油机冷却系统；D—充气；E—通向堵塞显示器

由于天然气的自燃温度比柴油高一倍以上，不容易自燃，因此，柴油/CNG发动机每一个工作循环均由喷油泵经喷油器向气缸内喷入少量柴油作为"引燃燃料"，待柴油着火燃烧后再将天然气点燃。CNG储存在车用气瓶12内，压力为20MPa，打开供气阀9，CNG沿管道进入预热器8，由发动机的循环冷却液对CNG加热。升温后的CNG进入高压减压器7，将压力降至0.95～0.10MPa。在高压减压器之后设有气体压力异常信号发生器5和安全阀6。当高压减压器失灵并造成管道内气体压力过高时，信号发生器将发出信号报警，同时安全阀开启放出部分天然气，以避免由于气体压力过高而损坏系统内的其他部件。如果因为密封失效，天然气外泄而引起管道内气体压力过低时，信号发生器也将发出信号报警，这时驾驶人应关闭供气阀，停止向发动机供气，检查管路，排除故障。CNG流经电磁阀4并进入低压减压器 15，在其中经二级降压后压力降到 0.1～0.15MPa。随后天然气经计量器 17 进入混合器 18，并在其中与空气混合后进入气缸，在压缩行程结束之前被已经着火燃烧的柴油点燃。

当发动机按柴油/CNG 双燃料工作时，作为引燃燃料的柴油，其每循环供油量较少且不随发动机工况变化。为此特设置喷油泵供油量调节齿杆限位器（见图 5-18），用来限定喷油泵供油量调节齿杆的位置。支架 2 固定在喷油泵盖上。当电磁铁 4 通电时，电磁铁推动拉杆 1，拉杆推动挡铁 7，使喷油泵供油量调节齿杆保持在作为引燃燃料的供油量位置不动。若电磁铁失灵，则联锁传感器 5 将自动切断电磁铁 4 的电源电路，使电磁阀关闭停止供气。

电磁阀（见图 5-19）的上部是电磁阀体，下部是过滤器。CNG 在 0.95～1.10MPa 的压力下首先经过过滤器滤除其中的机械杂质，然后进入电磁阀，并经过带橡胶衬垫的平面阀通向低压减压器。

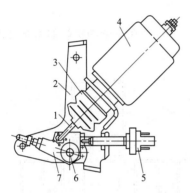

图 5-18　喷油泵供油量调节齿杆限位器

1—拉杆；2—支架；3—保护套；4—电磁铁；
5—联锁传感器；6—挡铁轴；7—挡铁

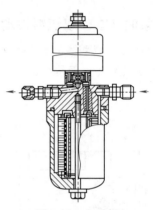

图 5-19　电磁阀

计量器（见图 5-20）是控制供给发动机天然气量的装置，实际上就是一个节流阀，由驾驶人直接操纵。节流阀开大，供气量增多，发动机的功率增加。通常计量器与限速器制成一体。限速器用来限制发动机的转速不使其超速。当发动机转速超过允许的转速时，混合器喉管处的真空度经三通阀传入限速器膜片的下方并吸引膜片向下弯曲，膜片带动膜片拉杆向下移动；同时，推动节流阀轴朝关闭节流阀的方向转动。由于节流阀关小，供气量减少，从而限制了发动机转速的升高。当发动机恢复正常转速之后，三通阀使限速器膜片下方与大气相通，膜片恢复到原来的位置，限速器不起作用。

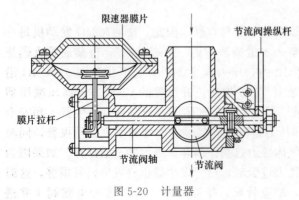

图 5-20　计量器

高压减压器如图 5-21 所示。进入高压减压器的天然气先经滤芯滤除其中的杂质，然后进入高压腔，再经过减压阀与减压器体之间的缝隙以及减压阀与减压阀座之间的通道进入工作压力腔，最后经减压器出口恒压输出。在此过程中，天然气由于在工作压力腔内膨胀而降压。在减压器内，作用于膜片上方的压力调节弹簧的弹簧力与作用在膜片下方的天然气压力和平衡弹簧的弹簧力保持相对平衡。当天然气输出量增多时，工作压力腔压力下降，上述平衡被破坏。这时膜片在压力调节弹簧的作用下向下弯曲，带动推杆下移，使减压阀开大，进入工作压力腔的天然气增多，工作压力腔的压力复原。如果天然气的输出量减少，则情形相反，工作压力腔的压力将会升高，使膜片向上弯曲并带动推杆上移，减压阀关小，进入工作压力腔的天然气减少，工作压力腔内的压力降回到原来的大小。这样，减压器出口的天然气压力可以保持恒定。

减压器出口压力可以根据需要进行调节。当旋入压力调整螺钉时，减压器出口压力增高，反之减低。低压减压器是一个二级减压器（见图5-22），其一级减压机构由一级弹簧1、一级膜片2、一级杠杆3和一级阀门4等组成；二级减压机构由二级弹簧6、二级膜片7、二级杠杆11和二级阀门12等组成。

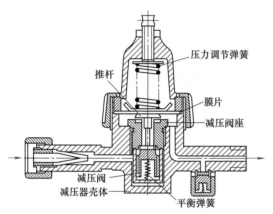

图 5-21　高压减压器

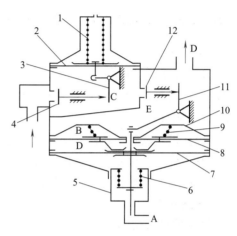

图 5-22　低压减压器示意图

1——级弹簧；2——级膜片；3——级杠杆 4——级阀门；
5—滑套；6—二级弹簧；7—二级膜片；8—膜片；
9—弹簧；10—减压器壳体；11——级杠杆；
12—二级阀门

此外，还有一个膜片与减压器壳体之间形成空腔B，B腔有孔通到混合器的喉管，因此B腔中的压力等于喉管真空度。膜片与二级膜片中间的空腔D与二级减压腔E相通。当发动机工作时，CNG经一级阀门首先进入一级减压腔C，进行一级减压。若压力超过设定值，则一级膜片克服一级弹簧的压力向上弯曲，带动一级杠杆将一级阀门关闭，中止CNG流入C腔。随着CNG经二级阀门不断流入二级减压腔E，C腔内的压力逐渐下降，若压力低于设定值，则一级弹簧推压一级膜片向下弯曲，并带动一级杠杆将一级阀门开启，使CNG充入C腔。CNG进入E腔后，进行二级减压，压力降至0.1～0.15MPa，然后经减压器出口被吸入混合器。E腔内天然气的压力由二级减压机构控制，其动作与一级减压的情况类似。在发动机低速工作时，由于混合器喉管真空度减小，B腔内的压力增大，膜片被弹簧压在二级膜片的托架上，使二级膜片向下弯曲并带动二

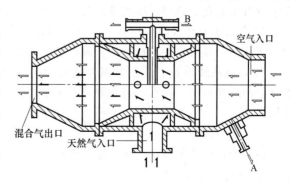

图 5-23　混合器结构示意图

级杠杆将二级阀门关闭，停止向混合器供给天然气。这时，柴油机由燃用双燃料转换为全部燃用燃油的工作状态。当转速升高时，混合器喉管真空度增大，膜片被吸向上弯曲，解除对二级膜片的限制，二级减压机构恢复正常的减压供气，如图 5-23 所示。

二级弹簧座滑套可在减压器壳体中上、下调节位置以改变二级弹簧的预紧力，从而可以在一定范围内改变二级减压后的天然气压力。滑套上的孔与混合器喉管前的孔相通，其作用是减缓由于空气滤清器阻力增大而引起的空燃比变化。

实践证明，柴油/CNG 双燃料发动机与柴油机相比有许多优点：排气烟色减轻，微粒排放量减少，噪声降低，润滑油使用期可延长一倍以上，活塞磨损小，在低转速时也可获得较大的转矩等。

五、CNG 发动机燃料供给系统维护

1. 日常检查

日常检查应当每日进行。

① 检查气瓶、CNG 高压电磁阀、减压器、喷射共轨等部件安装完好紧固情况，紧固已经松动的紧固件。

② 检查供气软管，喷射分配管。

③ 检查气量，接通全车电源，打开点火开关，检查气量显示器指示的气量。

④ 检查供气系统管路等是否泄漏，如发现有损伤应及时到专业维修服务站修理。

2. 一级维护

一级维护每行驶 8000～10000km 进行作业。

① CNG 气瓶固定装置检查与紧固。检查气瓶固定装置有无变形、损伤；紧固固定装置。

② CNG 气瓶阀门检查。用漏气检测仪或检测液，检测多功能阀充气阀是否泄漏，如有应及时处理。检查出液手动阀，应开关灵活，管接头应无泄漏。检查充液阀及管接头与管路卡箍，应无松动、无泄漏。

③ 系统各管路及接头检查管体无损伤、龟裂现象。用检测仪或检测液检测无泄漏，检查管接头及阀门连接牢固无松动、无泄漏。

④ 稳压蒸发器检查与紧固。用检测仪或检测液检测稳压蒸发器及接头有无泄漏，检查装置支架有无松动，并予以紧固。

⑤ 稳压蒸发器循环水管及接头检查。检查温水管有无污垢堵塞，如有应予以清除。检查水管有无老化、龟裂、破损及泄漏。检查供气软管有无老化、龟裂、破损及泄漏。

⑥ 电磁阀动作及安全检查。检查各电磁阀是否正常、灵敏、可靠，有无泄漏，电源接口是否稳固、接触良好。检查并紧固电磁阀支架。

⑦ 电源系统检查。低压电路连接可靠，无绝缘损坏，接触良好，无短路、断路现象。熔丝盒的熔丝齐全、可靠，符合要求，无私自搭接线。清洁检查火花塞，必须使用气体燃料专用机油。

3. 二级维护

在两个一级维护后达到第三个一级维护时进行。

① 所有一级维护项目。

② 检测标定减压器。

六、CNG汽车气体燃料供给系统使用注意事项

1. 出车前的例行检查

① 检查充气量：接通全车电源，打开点火开关，将油气转换开关按至"气"的位置，检查气量显示器指示的气量。

② 检查密封性：在出车前除执行通常例检外，还必须对CNG供给系统供气管路、接头组件是否泄漏进行检查；并闻有无臭味（天然气已加臭）。

2. 发动机启动

① 用CNG启动：将油气转换开关置于"气"的位置，按一般操作程序用CNG启动汽车。起步时发动机冷却液温度应在60 ℃以上，挡位以低挡为宜。

② 用汽油启动：将转换开关按到"油"的位置，可按一般操作程序启动。

3. 行驶中的燃料转换

① 建议启动后使用同一燃料进行行驶。

② 进行燃料转换时，将会出现燃料供给的过渡期，此时发动机将出现转速下降或轻微的停顿现象。所以若在行驶中进行燃料的转换，不得在交通拥挤、上下坡、转弯或视线不好的地方进行。

4. 驾驶注意的事项

① 双料汽车停车时，应选择阴凉通风处，防止暴晒，且远离火源、热源。

② 双料汽车在行驶中如发现天然气有泄漏现象，应立即靠边停车，关闭天然气储气瓶阀，并让管道中的天然气用完；然后改用汽油将汽车开到加装厂进行处理，泄漏排除后方可继续使用天然气行驶。

③ 如在行驶中发生火灾，应迅速关闭电源、天然气储气瓶阀，并隔离火源，立即用灭火器灭火。此外，应迅速将现场人员疏散到安全地方（向上风方向撤离）。排放高压天然气时严禁现场明火。

5. 车辆的充气与停放

（1）充气　充气前让乘客在加气区外下车，不能载客加气；检查有无泄漏，是否符合加气条件。充气结束，先关闭充气阀手动截止阀，再拨出充气枪接头，插入防尘塞。检查高压管路、接头有无漏气现象。天然气充装气瓶内的压力不得超过20MPa。

（2）停放　车辆停放时，必须检查系统有无漏气、损坏等现象。必须关闭电源开关，关闭天然气储气瓶截止阀。用完管道里的余气。

长期停放必须关闭电源开关、天然气储气瓶开关。应将天然气用完，按汽油车的停放规定对车辆进行停放。停在停车场或车库里，保证通风效果良好，必须有防火、防爆等安全设备和措施。严禁在封闭的车库、厂房内拆卸、维修天然气供气系统。

任务三　LPG气体燃料汽车的结构原理

一、LPG燃料的物理化学性质

液化石油气是石油炼制过程中的副产品或对油田伴生气处理过程中的轻烃产品。LPG的主要成分为丙烷、丁烷，另外含有少量丙烯、丁烯及其他烃类物质。LPG大部分组分在

常温下为气态，经过加压处理后，气态 LPG 可被液化，加压的大小取决于各组分的含量。虽然不同的厂家生产的 LPG 的组成有差异，但在常温下，都能在 1.6MPa 的压力下被液化，因此 LPG 具有储存容器压力等级低、重量轻、便于储存等优点。LPG 的主要成分为丙烷和丁烷，因此丙烷和丁烷决定了 LPG 的主要性质。

1. 密度

① 液态密度：15℃时液态丙烷、丁烷的密度分别为 0.508kg/L 和 0.584kg/L，LPG 的密度约为 0.55kg/L，而汽油的密度为 0.66～0.75kg/L。

② 气态密度：15℃时气态丙烷、丁烷的密度分别为 1.458kg/m³ 和 2.07kg/m³，均大于空气密度。因此，当 LPG 从储存容器中泄漏出来后，将挥发成气态，在地表附近积聚，缓慢扩散。

2. 色、味、毒性

LPG 无色、无味、没有毒性，但是，过量吸入时，会对人体中枢产生麻痹作用。为确保安全使用，要求 LPG 具有特殊臭味，一般加入硫醇、硫醚等硫化物配制的加臭剂，以便漏气便于察觉。

3. 沸点

汽油的沸点为 25～232℃，常温下呈液态。丙烷和丁烷的沸点分别为 −42.7℃ 和 −0.5℃，因此丙烷和丁烷以气态存在。LPG 有较好的挥发性，更容易和空气混合。

另外可将 LPG 冷却到沸点以下，转变成液体，储存在隔热的容器内，既经济又方便。

4. 蒸发潜热

液体燃料蒸发成气体时，将从周围吸收热量，这就是蒸发潜热。在沸点时，丙烷和丁烷的蒸发潜热分别约为 425.5J/kg 和 385J/kg。LPG 汽车在工作时，LPG 在蒸发器内蒸发、气化成气态，将使 LPG 温度急剧下降，严重时将使 LPG 凝固、冻结蒸发器。为此，需要利用具有较高温度的发动机冷却液为蒸发过程提供热量。

5. 蒸气压

LPG 被注入密闭容器内后，其中一部分液体蒸发成气体，同时，少部分气体转变成液体，随着密闭容器内压力的升高，蒸发量逐渐减少、液化量逐渐增多，最终蒸发和液化达到平衡，容器内压力稳定在固定值，此时的蒸气压力即为蒸气压。20℃时汽油的蒸气压几乎为零，丙烷、丁烷的蒸气压分别为 0.8MPa 和 0.2MPa。

6. 自燃温度

自燃温度是与空气接触的燃料在此温度下将会点燃并连续燃烧，它对一种燃料来说并不是物理化学常数。汽油的自燃温度约为 427℃，丙烷、丁烷的自燃温度分别约为 470℃ 和 365℃。

7. 热值

热值（calorific value），又称卡值或发热量，是燃料燃烧时发出的热量。

在燃料化学中，热值是表示燃料质量的一种重要指标。热值是单位质量（或体积）的燃料完全燃烧时所放出的热量。通常用热量计（卡计）测定或由燃料分析结果算出。有高热值（higher calorific value）和低热值（lower calorific value）两种。前者是燃料的燃烧热和水蒸气的冷凝热的总数，即燃料完全燃烧时所放出的总热量。后者仅是燃料的燃烧热，即由总热量减去冷凝热的差数。常用的热值单位为 J/kg（固体燃料和液体燃料）或 J/m³（气体燃料）。正确使用微机量热仪、升降式微机全自动量热仪可以测试出煤炭的发热量。在食品化学中，热值是表示食物能量的指标。指 1g 食物在体内氧化时所放出的热量。

按质量计算，丙烷、丁烷的低热值分别为 45.77MJ/kg 和 46.39MJ/kg，而汽油为 43.90MJ/kg；按体积计算，（液态）丙烷、丁烷的低热值分别为 27.00MJ/L 和 27.55MJ/L，汽油为 32.05MJ/L。因此单位质量 LPG 的热值高于汽油，而单位体积的 LPG 的热值只是汽油的 80%～90%。

8. 点火极限

燃料和空气混合后形成的混合气的浓度过浓（燃料过多）和过稀（燃料不足）是难于被点燃的。浓度在一定的范围内，燃料与空气混合气才能够被点燃，这一浓度范围的上、下限值分别是燃料的点火极限的上限和下限。按照燃料在空气中的体积分数，汽油的点火极限的上下限分别为 1.3% 和 7.6%，丙烷为 2.2% 和 9.5%，丁烷为 1.9% 和 8.5%。点火极限之间的浓度范围为燃料的燃烧范围。LPG 的燃烧范围比比汽油宽，可在大范围内改变混合比。采用稀薄燃烧技术后，可提高发动机的经济性、改善排放性能。

9. 理论空燃比

燃料和空气混合后形成的可燃混合气，其中所含空气和燃料的质量比称为空燃比。按理论上 1kg 燃料完全燃烧需要的空气质量（kg）数混合后形成的混合气的空燃比称为理论空燃比。实际的空燃比和理论空燃比的比值称为过量空气系数。

汽油的理论空燃比为 14.7，丙烷、丁烷的理论空燃比分别为 15.65 和 15.43。可以看出，使相同质量的燃料完全燃烧，LPG 需要的空气量稍多于汽油。按照体积计算，丙烷、丁烷的理论空燃比分别为 23.81 和 30.95。

10. 辛烷值

燃料的抗爆性是指燃料在发动机气缸内燃烧时避免产生爆燃的能力，亦即抗自燃能力，是燃料的一个重要指标。抗爆性用燃料的辛烷值表示，辛烷值越高，燃料的抗爆性越好，LPG 的辛烷值高于汽油，可适应更高的压缩比。

11. 受热膨胀

温度升高时，LPG 体积有较大的膨胀，其单位温度的膨胀量是水的 15～20 倍，约为铁金属的 100 倍。

12. 气/液容积比

15℃时，丙烷、丁烷的气液容积比（单位质量的丙烷、丁烷的气态容积和液态容积的比）分别为 273 和 236。因此，当液态 LPG 从储存容器或管道内泄漏出来时，其体积迅速膨胀并蒸发成气体。

13. 腐蚀性

LPG 对天然橡胶、油漆等有腐蚀作用，因此，LPG 的储存、输送、减压等设备中的膜片、密封圈、软管等必须采用耐腐蚀的橡胶。

二、汽油/LPG 两用燃料发动机

1. 汽油/LPG 供给系统的组成及原理

LPG 供给系统与 CNG 供给系统有很多相同之处。目前，国内外大多数厂家生产的车用 LPG 供给装置与 CNG 供给装置的基本部件都可以通用，但 LPG 供给系统的车用气瓶及其附件、管阀件有些特殊的要求。CYTZ-100 型混合器式闭环控制 LPG 供给系统，如图 5-24 所示。

当汽油/LPG 转换开关 13 置于 LPG 位置时，LPG 电磁阀 9 开启，LPG 从车用气瓶 7 流入蒸发调压器 10，并在其中蒸发减压，然后进入混合器 11，在混合器中与空气混合后进入发动机气缸。电控单元（ECU）16 根据氧传感器 17 和发动机转速传感器 15 的信号，通过改变通向真空电磁阀 12 的脉冲信号占空比来调节蒸发调压器 10 膜片室的压力，以控制蒸发调压器的输出压力和供气量，从而实现供气量的闭环控制。

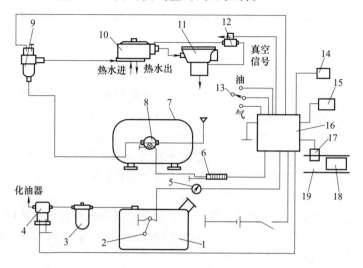

图 5-24　CYTZ-100 型混合器式闭环控制 LPG 供给系统

1—汽油箱；2—油位传感器；3—汽油滤清器；4—电动汽油泵；5—汽油表；6—辅助液面显示器；
7—车用气瓶；8—集成阀；9—LPG 电磁阀；10—蒸发调压器；11—混合器；12—真空电磁阀；
13—汽油/LPG 转换开关；14—节气门位置传感器；15—发动机转速传感器；
16—电控单元（ECU）；17—氧传感器；18—三元催化转换器；19—发动机排气管

充装液化石油气的充装口设在车用气瓶上方，充液时车用气瓶不能充满，当充装到车用气瓶容积的 80％ 时，限量充装阀自动关闭充装口。限量充装阀、手动截止阀、液位计、安全阀以及出液限流阀等附件全部集成在一个集成阀 8 中。出液口设在车用气瓶的下方。车用气瓶内液面上方是 LPG 蒸气，借助饱和蒸气压将液化石油气从出液口压出。不从车用气瓶上方直接输出 LPG 蒸气原因有两个：一是 LPG 蒸发需要吸收大量的热，如果直接从车用气瓶输出 LPG 蒸气，则即使在夏天通过车用气瓶由大气传来的热量也不足以使 LPG 大量蒸发，如果车用气瓶外壁结冰，则传热更差，将导致车用气瓶内的蒸气压力低到不能维持供给的程度；二是 LPG 是由物化特性不同的多种组分构成的混合物，各组分的蒸发速度不同，先后蒸发出来的气体各有不同的化学当量比，因此，从车用气瓶上方直接输出 LPG 蒸气就意味着在同一混合器的调整下，相同工况的空燃比在不断变化，这将使发动机不能稳定工作。

2. 蒸发调压器

蒸发调压器的作用是使 LPG 蒸发和减压。由于 LPG 的饱和蒸气压最大不超过 1.43MPa（气温为 38℃时的表压力），比 CNG 气瓶内的压力低得多，一般只需要一级减压或二级减压。CYTZ-100 型 LPG 蒸发调压器的结构示意图如图 5-25 所示。

这是一个二级减压装置，它与 CYTZ-100 型 CNG 减压调节器的二级减压和三级减压部分的结构相同，零部件可以互换，工作原理也相同，只是参数调整不同，在蒸发调压器的一级底盖的下方设有水套，发动机的冷却液在其中循环，对 LPG 加热以使其蒸发汽化。

3. 混合器

LPG 供给系统混合器的结构及工作原理与 CNG 供给系统混合器的结构相同。

4. 气瓶附件

气瓶附件包括各种阀门和液面计等。在轿车用气瓶上，多将这些附件集成一体构成集成阀，它具有限量充装、储量显示、出液、手动截止和安全防护等多项功能。在车用气瓶充液时，当 LPG 达到车用气瓶容积的 80% 时，集成阀内的限量充装阀自动关闭，停止充液。集成阀内的液面计指示气瓶内 LPG 的储存量。集成阀上装有安全阀，该阀能在 2.5MPa±0.2MPa 的压力下自动开启放

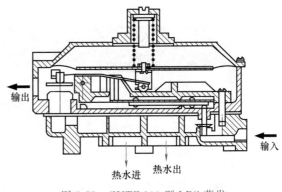

图 5-25　CYTZ-100 型 LPG 蒸发调压器的结构示意图

气。另外，在出液口还装有一个安全阀，当发生供气管路破裂而有大量 LPG 泄漏时，只要该阀两侧的压力差超过 0.1MPa，该阀就自动关闭出液口。

5. 电控 LPG 喷射系统

如果取消混合器式闭环控制 LPG 供给系统中的混合器，代之以气体喷射器，再将蒸发调压器的出口压力调节到 0.5MPa，就构成了电控 LPG 喷射系统。

三、LPG 汽车燃料供给系统主要部件和工作过程

1. LPG 汽车燃料供给系统主要部件

（1）储气瓶　储气瓶是一种高压容器，额定压力为 2.2MPa。轿车的储气瓶安装在后行李厢内（图 5-26）。储气瓶由瓶体、防护盒、支架和组合阀组成，在燃料加注阀 5 上设有过量安全装置，当加注燃料至规定液面高度时，安全装置自动关闭，以防止燃料加注过量，为保证安全，规定燃料加注极限为储气瓶容积的 85%。

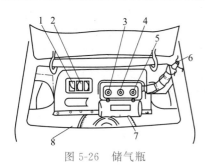

图 5-26　储气瓶

1—液面观察窗；2—液面计；3—气体输出阀；4—液体输出阀；5—燃料加注阀；6—燃料加注口；7—阀门室盖；8—后行李厢

液体输出阀 4 具有自动限流功能，当输出流量超过规定值或压差超过 50kPa 时，输出阀将会自动关闭。钢瓶与组合阀组装后，应按规定进行气密性检测，不允许自行拆卸或更换。储气瓶组合阀由进气口单向阀、自动限充阀、出气口手动阀、超流阀、安全阀（限压阀）、气量表及电子显示器接头组成，有些还装有电磁控制阀（见图 5-27）。

组合阀的功能如下。

① 组合阀上安装电子转换器，由指针指示 LPG 容量。利用电光/磁感应原理，将指针在仪表上指示，由显示器显示气瓶 LPG 容量。

② 具有限量充装功能。在加气过程中，LPG 由喷嘴流出，经组合阀进入钢瓶。为确保充装限额，配有一个机械装置，该装置连有一个浮子，在达到充装限额时，自动切断流体，终止充装。装置中的单向阀，确保单向充装及钢瓶间任何状态下都不能相互充装。

③ 具有流量过渡控制功能。流量控制阀位于阀体内部与吸气管连接，当流量超过正常规定限度，瓶内与出气口气压差大于 0.35MPa 时，过流供给阀自动断开，从而切断流体，停止液体泄漏。

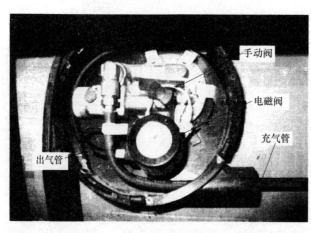

(a) 组合阀顶部

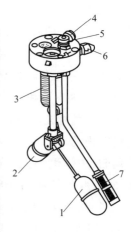

(b) 组合阀结构

图 5-27　组合阀

1—LPG 液位传感器浮子；2—限充阀浮子；3—安全释放阀；4—充装单向阀；

5—手动关闭阀；6—出液口；7—滤网

④ 组合阀配有两个旋塞开关，分别切断与阀体连接的加气管与出气管，一般情况下，这两个开关保持打开状态，但在维修、保养时需关闭。

⑤ 当气瓶内部压力大于额定工作压力 1.5 倍或温度高于 100℃时，安全卸荷阀将自动开启，卸荷瓶内压力，保持系统安全。安全卸荷阀一经卸荷开启，组合阀将不能继续使用，待钢瓶卸压后由专业人员更换组合阀，由有关专业厂家重新校核卸荷压力。

（2）高压电磁阀　高压电磁阀（见图 5-28）是发动机气体燃料控制系统的第一个部件，从液化气瓶过来的液态 LPG 首先到高压电磁阀下部的滤清器，滤清器内部有一个纸质滤芯，需要定期清洗，使用满一定周期后要进行更换。

电磁阀的开闭受发动机 ECU 控制，在发动机启动时启动转速超过 200r/min 时才打开，高压电磁阀出口通过铜管连接到减压蒸发器的入口，LPG 经高压电磁阀进入调压器。

图 5-28　高压电磁阀

在液化石油气 LPG 供气管路中，通常安装有 2～3 个电磁阀。当发动机熄火时，它切断气体燃料供应管路。有的电磁阀还具有限制发动机转速作用。

（3）减压蒸发器

① 减压蒸发器功能　减压蒸发器（图 5-29）又称蒸发调压器，其功能如下。

a. 将高压气体燃料压力调整至工作压力。

b. 利用发动机循环热水，提供液态气体燃料进行气化所需的汽化热。

c. 依据发动机负荷，提供适量的气态气体燃料。

d. 紧急状态或发动机熄火时，自动切断气体燃料供应。

② 减压蒸发器功能及结构原理　减压蒸发器主要由初级气室 11 和次级气室 7 组成（图 5-30）。发动机工作时，来自燃料控制电磁阀的燃料经主控制阀 3、初级气室 11、次级气室 7 供给混合器。

图 5-29　减压蒸发器（一）

　　a. 初级气室（图 5-31）功用是使燃料减压汽化，并保持压力稳定。由储气瓶经燃料控制电磁阀输送来的燃料经主控制阀 1 减压汽化后进入初级气室，当初级气室内的压力达到一定值时，压力平衡膜片 4 被推向右移，并带动推杆 3、主控制阀臂 2 使主控制阀 1 关闭；而初级气室内压力下降时，平衡膜片向左移动，主控制阀打开，使燃料继续进入初级气室。这样可保持输送给次级气室的压力（即初级气室的压力）基本稳定。此外，由于液态燃料汽化时温度会降低，为保证工作中维持一定的温度，在初级气室一侧设有与冷却泵连通的水道。

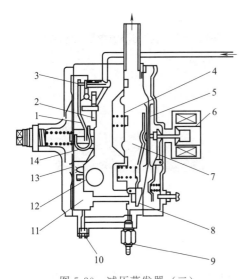

图 5-30　减压蒸发器（二）

1—主控制阀臂；2—压力平衡膜片；3—主控制阀；
4—锁止膜片；5—次级气室膜片；6—启动电磁阀；
7—次级气室；8—次级气室控制阀；9—燃料切
换阀；10—怠速调整螺钉；11—初级气室；12—水
道；13—初级气室膜片；14—U 形卡子

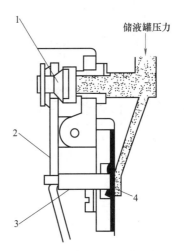

储液罐压力

图 5-31　初级气室工作原理

1—主控制阀；2—主控制阀臂；
3—推杆 ；4—压力平衡膜片

　　b. 次级气室（图 5-32）功用是计量和调节燃料供给量。由初级气室来的燃料经次级气室控制阀 4 进入次级气室，次级气室控制阀 4 的开闭受锁止膜片 1 控制。锁止膜片 1 的左侧与进气管相通，当发动机停止工作时，锁止膜片 1 在其弹簧 3 作用下移到右侧极限位置，并

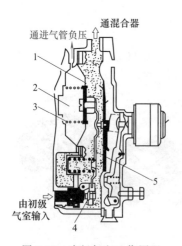

图 5-32　次级气室工作原理

1—锁止膜片；2—真空气室；3—弹簧；
4—次级气室控制阀；5—控制阀臂

通过控制阀臂 5 使次级气室控制阀 4 完全关闭；发动机工作时，进气管真空度将锁止膜片吸向左移，使控制阀 4 打开，燃料进入次级气室并输送至混合器。发动机工作中，进气管真空度变化可改变锁止膜片的位置，从而影响控制阀开度，使燃料供给量得到调节。

（4）混合器　混合器（图 5-33）的功用是使减压蒸发器输送来的气态燃料与空气混合，并送往气缸。怠速空气调节螺钉 1 与节气门开度调节螺钉配合，用来调节发动机怠速。燃料主量孔调节螺钉 4 用来调节主供给装置的燃料供给量，一般是在季节或使用环境变化时调节。在调节器内，由于主控制阀和次级气室控制阀的节流减压作用，使次级气室内的燃料压力等于甚至小于大气压力，这样可保证混合器主供给装置的燃料供给量随节气门开度而变化。当节气门开度增大时，发动机进气量增加，同时主喷嘴处的真空度增加，主供给装置的燃料供给量也随之增加；反之，节气门开度减小时，发动机进气量和燃料供给量均减少。

不同的 LPG 所具有的结构有所不同，有的还有功率阀，其作用是自动调节 LPG 的输气量和调整发动机最大功率时的供气量，以满足发动机的需求。

（5）油/气转换开关　油/气转换开关（图 5-34）安装在仪表板上，其功能是驾驶人通过此开关来选择使用 LPG 或汽油，有的还能够显示储气瓶中存气量的多少。

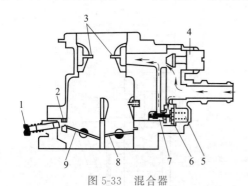

图 5-33　混合器

1—怠速空气调节螺钉；2—怠速空气量孔；3—主
喷嘴；4—燃料主量孔调节螺钉；5—弹簧；
6—空燃比调节膜片；7—加浓阀；8—主
腔节气门；9—副腔节气门

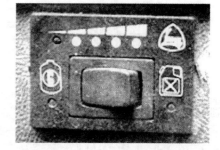

图 5-34　油/气转换开关

左挡：LPG 工作，汽油启动方式。在该位置启动时，自动转换用汽油来启动，当发动机转速加速到 2000r/min 以上，再减速至预定转速 2000r/min 时自动转换到 LPG 燃料工作，这种方式称为减速预定值转换。转换开关转换速度预定值可以通过开关背面的调整旋钮调整，一般为 2000r/min 左右。

当从汽油转换至 LPG 时，LPG 高压电磁阀开启，并将转换信号输入电喷模拟调节器，关闭喷嘴，模拟喷嘴正常工作信息并把信息传给发动机的电喷计算机，使之像汽油工作一样生成点火信号，汽油喷射系统仍按原有工作方式工作。此时汽油泵不能工作，否则，汽油泵将烧毁。一般的处理方法是通过油泵继电器将汽油泵断掉。

右挡：汽油工作方式。LPG 电磁阀关闭，汽油泵工作，发动机以汽油机模式工作。

（6）喷嘴电磁阀　喷嘴电磁阀（图 5-35）安装在 LPG 气体燃料分配室（也称气轨）上，由 ECU 控制，电路接通时，喷嘴电磁阀打开，LPG 经喷嘴（喷气嘴）喷入进气歧管内的混合室，与空气混合后进入气缸燃烧。

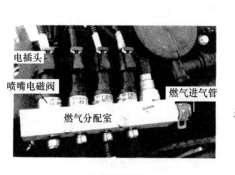

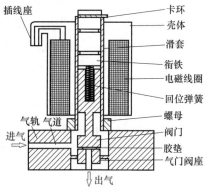

(a) 电磁阀位置　　　　　　　(b) 电磁阀结构

图 5-35　喷嘴电磁阀

（7）LPG 电控系统　LPG 电控系统（图 5-36）配合发动机的电控系统工作，也是由各种传感器采集 LPG 的温度、压力、流量等各种参数，送给 ECU 进行分析计算和判断，再去控制执行器动作。对于 LPG 主要是控制喷气量的多少和安全控制，以适应发动机要求。

（8）LPG 汽车电控燃料供给系统　LPG 汽车电控燃料供给系统的总体组成如图 5-37 所示。LPG 汽车燃料供给系统已经由以前的机械式改为电控式，主要有燃料供给系统和和电控系统两大部分。前者主要由储气瓶、充气阀、高压电磁阀、减压蒸发器、油气转换开关、混合器、喷嘴等组成，实现燃料压缩天然气的随车储存、在各种管路内输送、充装和向发动机喷射

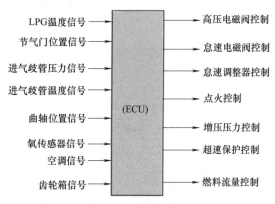

图 5-36　LPG 电控系统

等功能；后者主要由各种传感器、控制器和执行器组成，与原车的 ECU 配合，实现燃料 LPG 的定时定量喷射。

2. LPG 汽车燃料供给系统工作过程

图 5-38 为 LPG 燃料供给系统工作原理图。液化石油气以液态储存在储气瓶中，发动机工作时，储气瓶和供液管截止阀打开，由储气瓶流出的液化石油气经调节器调压、计量后以气态输送到混合器，与空气混合后被吸入气缸，经火花塞点火燃烧。

（1）加气过程　将加气站加气枪和 LPG 充气阀连接（本车用转接头），打开加气枪加气开关，LPG 经加气枪、充气阀、加气管路、组合阀流入 LPG 钢瓶内。当钢瓶内 LPG 液面达到钢瓶容积 80% 位置时，组合阀上的限充装置自动切断 LPG 进气通道，加气枪加气开关自动跳开，完成加气过程。

（2）LPG 工作过程　将油/气转换开关置于 LPG 位置，打开点火开关钥匙，启动发动机，当转速超过转换界限，LPG 截止阀打开 LPG 管路，同时，电喷模拟器控制喷嘴处于关

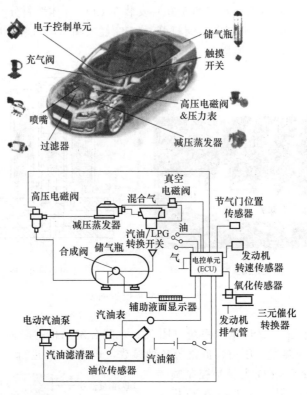

图 5-37　LPG 汽车电控燃料系统的总体组成

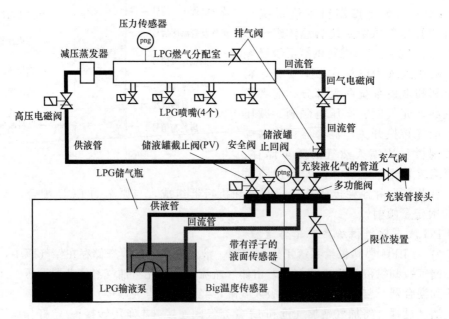

图 5-38　LPG 燃料供给系统工作原理图

闭状态，停止汽油供给，LPG 蒸发减压后进入混合器。当启动发动机后，油/气转换开关得到转速信号输入，条件达到时输出控制 LPG 电磁截止阀的开启信号，LPG 电磁截止阀打开 LPG 管路，储气瓶内 LPG 在压力作用下经过组合阀、LPG 管路、LPG 电磁截止阀输送到蒸发减压器。以液态的、具有一定压力的 LPG 在蒸发器内被蒸发减压成接近常压的气态 LPG，气态 LPG 经低压管路、功率调节器输送至混合器，与来自空气滤清器的空气混合，形成可燃混合气，可燃混合气通过进气歧管进入各个燃烧室，被点燃、完成做功过程。

（3）汽油工作过程　将油/气转换开关置于汽油位置，电喷模拟调节器接通汽油喷油器电路，同时，LPG 电磁截止阀处在关闭位置。发动机按正常电喷方式工作。

（4）汽油至 LPG 的转换　使用汽油时，如果需要将燃料转换到 LPG，首先将油/气转换开关从汽油位置转换到 LPG 位置，此时电喷模拟调节器控制喷嘴处于关闭状态，同时 LPG 电磁截止阀被打开，LPG 被供给至发动机，从而完成了从汽油至 LPG 的燃料转换。

注意：在发动机启动时，不管油/气转换开关在什么位置，都是汽油启动，在超过预定的转速后再降到预定转速时才自动转到气体燃料状态。

（5）LPG 至汽油的转换　汽车使用 LPG 时，如果要将燃料转换至汽油，将油/气转换开关从 LPG 位置按至汽油位置，此时 LPG 电磁截止阀关闭、电喷模拟调节器接通汽油喷油器电路，汽油被喷射供给发动机。

（6）LPG 的闭环控制　为了实现对空燃比的精确控制，在系统中安装有一个用于控制 LPG 供给量的闭环控制系统。闭环控制系统中的 LPG 空燃比中央控制器读入安装在排气管上的氧传感器测得的尾气中的氧含量信号，然后控制安装在低压管路上的功率调节阀步进电动机动作，对 LPG 供给量进行调节，使进入发动机的混合气浓度始终在理论空燃比附近。

四、LPG 发动机燃料供给系统的维护

1. 日常维护

① 检视气体燃料专用装置各功能部件、系统的工作状态及其连接和密封。要求系统的工作状态正常且连接无松动、泄漏和损坏。

② 检查 LPG 压力或 LPG 储气瓶的储气量，不足时应立即加充，加充最大容量不要超过储气瓶容量的 80%。

③ 每天出车和收车时要进行两种燃料的转换运行，确保 LPG 供给系统和油气转换开关的工作正常。

④ 车辆使用 LPG 时，电动汽油泵仍在工作，汽油箱中应保留 10L 以上的汽油，以防止电动汽油泵损坏。

⑤ 行车中要随时观察气体燃料系统的工作状况，要特别注意气体燃料系统是否出现过热、异响、异味、碰撞（包括车辆底盘）漏电和打火现象，如出现异常情况，应及时关闭 LPG 储气瓶阀门，并及时到有资质的 LPG 汽车维护企业进行维修。

2. 定期维护

（1）LPG 储气瓶和固定支架　检查其外观和固定情况。要求：LPG 储气瓶表面应无严重划伤、凹凸和裂纹，当表面损伤深度超过 1mm 或多处为 0.7mm 以上时，应更换 LPG 储气瓶；LPG 储气瓶应固定牢固，无松动和窜动，LPG 储气瓶的安装应符合 QC/T 2427—1998《液化石油气汽车专用装置和安装要求》的规定；固定支架完好，无裂纹和变形，固定牢固，垫层完好。

（2）LPG 管路　检查各管路及接头，有无破损、泄漏、松动和堵塞。要求：管路无损伤、挤压变形和堵塞，接头牢固且无泄漏；管路与其他物件无摩擦，不干涉，无老化和裂纹，连接可靠，与车体装卡牢固，无脱落，必要时进行管路通透、清洗，乃至更换管路；拆装高压管路时应更换管接头的环形卡箍。

（3）组合阀、LPG 电磁截止阀和充气阀　检测密封和工作性能。要求：各种阀的密封

良好，开闭灵活有效；止回阀工作可靠，无漏气现象；加气口固定牢固。

（4）蒸发减压器　检视外观和工作状况。要求：外观清洁，安装牢固，无泄漏；必要时进行解体清洗，更换一级、二级膜片，调压膜片和水封，试压检漏，并用测试器进行系统调试，调试后其尾气排放要符合相关标准；工作无异常情况。

（5）混合器　检视外观和工作情况。要求：固定牢固，气道通畅，必要时进行清洗；空气滤清器要保持清洁。

（6）油气转换开关和气量表　检查油气转换开关和气量表的使用性能。要求：油气转换开关灵活有效，气量表显示与 LPG 储气瓶内存气量相符，出现不一致时应检修组合阀，检查储气瓶安装位置与气量表，必要时予以更换。

（7）LPG 电磁截止阀　检查线路安装的牢固性和使用性能。要求：接线牢固可靠，开闭性能良好；LPG 电磁截止阀内置滤网应清洁有效，必要时予以清洗或更换。

（8）LPG 供给系统线束　检查线束和接头。要求：线束无干涉、磨损和裸露现象，接地有效，接插可靠，必要时更换线束。

（9）LPG 闭环控制系统　检查系统的工作状况。要求：两种燃料的转换均能保证发动机的正常运转，并可以自由转换；LPG 供给系统工作正常，没有油气混烧现象；油气转换开关在 LPG 位发动机不运转时，气路各种电磁阀均正常有效，适时关闭；空燃比控制器工作正常，排放符合要求；电喷模拟调节器和功率阀工作正常，发动机工作平稳；发动机功率下降不超过 5%。

（10）电喷模拟控制装置　检查线束和工作状况。要求：车辆能在两种燃料模式下独立工作且油气转换过渡平稳，在 LPG 状况下发动机工作稳定，电喷模拟线束和电喷模拟调节器连接牢固，无磨损和干涉现象。

（11）试车　检查发动机启动和工作状况及车辆行驶的动力性。要求：发动机启动顺畅、工作平稳，系统运行安全无泄漏，排放符合相关标准；车辆加速性能、爬坡性能及平顺性能良好，动力损失少。

3. 汽油/LPG 燃料汽车使用注意事项

① LPG 含有非挥发性物质，很容易损坏膜片和密封件，所以每月要将排污口打开一次，清除掉 LPG 沉积物。

② 每天至少用汽油工作 20min，以保持汽油机的良好状态，否则，气门与座的寿命会由于长期得不到润滑而降低。

③ 用汽油启动发动机时，只要将转换开关置于"汽油"位置即可，但用 LPG 启动时应首先将化油器中的汽油燃尽。为此，必须先将转换开关放在中间位置（即既不供气也不供油的位置），待化油器中的汽油燃尽后再将它换到"LPG"位置。

④ 如果准备长期不用 LPG，则必须将管道和蒸发器中的 LPG 燃尽或排尽，还要将蒸发器排液孔打开，放出污液，再对蒸发器做必要的清洗；否则 LPG 中不易挥发的物质会沉淀在密封件和膜片上，腐蚀密封件和膜片。

⑤ 汽车每行驶 2000km 应清洗一次混合器，检查和调整一次发动机的排放，还应在拆下管道过滤器后用压缩空气吹去管道过滤器中的污物，防止气道堵塞。

⑥ LPG 装置的调整方法：在发动机工作后，先将 LPG 调节阀开度由大逐渐关小，直至发动机运转正常；然后调整蒸发器上的怠速调整螺栓，使发动机怠速时 CO 和 HC 的排放（质量分数）分别为 $<1\%$ 和 $<300\times10^{-6}$ 或使混合气在发动机转速为 1200～1600r/min 时的空燃比为 12.5～12.8。

⑦ 必须注意车用 LPG 的质量，无论是进口 LPG 还是国产 LPG，其丁二烯和硫的含量

都应分别小于0.5％和0.015％（质量分数）。

⑧ 在汽车行驶中如果发现LPG泄漏，应立即关闭LPG开关，然后检查各紧固件和管路接头的松、漏情况，并及时检修。在故障未排除的情况下，汽车应用汽油行驶。

⑨ 紧急情况的处理。汽车在行驶过程中如发生LPG泄漏，应立即靠边停车，关闭电源和LPG储气瓶组合阀上的手动截止阀，然后进行处理。如果有大量气体燃料泄漏或无法关闭组合阀上的手动截止阀，应立即切断电源，隔离现场，隔离人员和火源。如发生火灾，应用灭火器进行灭火或报119等待消防部门来处理。

⑩ 事故车的修理。当车辆发生事故后，特别是涉及LPG供给系统损坏时，修车前要关闭LPG储气瓶总阀门，并到有资质的LPG汽车维护企业进行系统的拆装和恢复，以确保LPG供给系统的安全可靠，杜绝安全隐患。

⑪ 双燃料汽车停驶后重新使用的处置。LPG供给系统应经常使用，如果长期停用，应将LPG储气瓶内气体燃料用完；停用半年后再次使用时，应到有资质的LPG汽车维护企业进行LPG供给系统安全检测和调试，确定安全可靠后才可投入使用。

任务四　二甲醚燃料汽车

一、二甲醚燃料汽车概述

1. 二甲醚燃料汽车

二甲醚（DME）是一种优良的清洁能源，是柴油发动机理想的替代燃料，以二甲醚为燃料的汽车称为二甲醚燃料汽车。二甲醚（DME）是一种无色无味的气体，具有优良的燃烧性能，清洁、十六烷值高、动力性能好、污染少，稍加压即变为液体，非常适合作为压燃式发动机的代用能源。与柴油发动机相比，二甲醚发动机优势明显，其功率比柴油机高10％～15％，噪声比柴油机低10～15分贝。更大的优势是，它能实现无烟燃烧、超低排放，使用该燃料的车辆可达到美国加州的超低排放标准。

2. 二甲醚燃料特点

二甲醚（又称木醚、甲醚，英文dimethylcther，简称DME），可以用天然气、煤、石油、焦炭或生物质为原料制取。其理化特性见表5-3。

表5-3　二甲醚理化特性

项　目	内　容	项　目	内　容
分子式	C_2H_6O	颜色、气味	在常温下为无色、有轻微醚香味、无毒气体
分子量	46.07	溶解性	溶于水、汽油、四氯化碳、笨等
密度(20℃)/(g/cm³)	0.67	气化潜热/(MJ/kg)	467
沸点/℃	−24.9	十六烷值	55～66
闪点/℃	−41.4	低热值/(MJ/kg)	28.43

二甲醚燃料汽车特点如下。

① 十六烷值大于55，比柴油还高，滞燃期短，自燃温度低。

② 污染少。其本身氧的质量分数为34.8％，能够充分燃烧，不析碳，无残液，汽车尾

气无需催化、转化处理，即可达到高标准的欧洲Ⅲ排放标准。二甲醚重型商用车，CO排放能减少 20%，HC 减少 30%，NOx 减少 60%，PM（微粒）排放为 0，在大气中，二甲醚在短时间内分解为水及二氧化碳，不会污染环境。

③ 高热值。二甲醚理论混合气热值为 3066.7kJ/kg，而柴油的理论混合气热值为 2911kJ/kg。因此柴油机燃用二甲醚的功率会升高 10%～15%，热效率可提高 2%～3%，噪声可降低 10%～15%。

④ 按等放热量计算，二甲醚的汽化潜热为柴油的 2.53 倍，因此会大幅度降低柴油机最高燃烧温度，减少 NO_x 的排放量。

⑤ 低沸点的特点使得二甲醚在喷入气缸后即可汽化，其油束的雾化特性将明显优于柴油。

⑥ 资源较为丰富，二甲醚可以从来源丰富的煤、天然气和生物质中提炼，如大规模生产时其成本低于柴油。更适合我国"贫油、少气、多煤"的国情。

⑦ 低热值，只有柴油的 70%，动力不如柴油。

⑧ 储气瓶占用空间大、携带不便、润滑性较差。

二甲醚与柴油燃烧性质对比度列于表 5-4。

表 5-4　二甲醚与柴油燃烧性质对比

项目	十六烷值	点火温度/℃	低热值/(MJ/kg)	理论空燃比	可燃烧范围
二甲醚	55～60	235	28.4	9.0	3.4～1.8
柴油	45～55	250	42.5	14.6	0.6～6.5

3. 二甲醚燃料汽车的发展与现状

1995 年，丹麦技术大学和 Tops-be 公司首先将二甲醚用做柴油机燃料，接着世界著名的 AVL 公司及 AMCO 公司等对二甲醚燃料发动机特性做了较系统的研究。

2000 年，欧洲 VOLVO 汽车公司也已研制出了二甲醚大客车示范样车。

2004 年，国外二甲醚产量在 20 万吨左右，以甲醇气相脱水法生产为主。生产主要集中在美国、德国、日本、澳大利亚。

2007 年，VOLVO 汽车公司展开了 7 种可替代能源的货车项目。

2013 年，VOLVO 汽车公司宣布在美国生产销售二甲醚燃料货车。

2014 年 2 月，美国推出二甲醚燃料替代柴油卡车发动机的应用标准。

我国二甲醚燃料的研究与国外处于同一起跑线。上海交通大学自 1997 年承担了我国首项有关二甲醚燃料的国家项目，2005 年，研制成功首台二甲醚城市客车。2006 年 11 月 20 日，国务院替代能源会议上就已经提出搞好二甲醚的试验示范和开发应用要求。

2007 年，上海市首批投放了 10 辆二甲醚公交车，并建设了首个二甲醚加注站。

2008 年年底，国内二甲醚产能已达 409.65 万吨。

2012 年，全国二甲醚总产能超过 1500 万吨，二甲醚的用量约 600 万吨。

产业信息网发布的《2015—2020 年中国新能源汽车市场运行态势与投资前景评估报告》显示，二甲醚不仅是清洁的车用替代燃料，而且还在替代城市气体燃料领域有较大的发展空间。二甲醚是良好的液化石油气替代燃料，虽然混掺严查事件频发，但不能因此否定二甲醚的清洁能源地位。

二甲醚可以用在中国能源中占绝对优势地位的煤炭来生产。因此，发展二甲醚汽车，可彻底改变能源结构，对缓解我国石油资源相对贫乏、减轻环境污染有积极作用。二甲醚汽车作为一项新生事物，除了显著的社会效益和环境效益外，还具有明显的经济效益。

以煤为原料、年产 20 万吨级规模制取二甲醚，生产成本在 3000 元/吨以下。二甲醚作为柴油的替代燃料，在价格上具有很强的竞争力。今后若采取煤的多联产系统，将使二甲醚生产成本以及过程能耗进一步下降。我国具有自主知识产权的二甲醚公交车已成功地在上海147路公交线上示范运行，累计运行已达50万公里。

选择二甲醚车用新能源，一是符合我国能源资源条件和国家能源替代战略，二可改善大气环境，三有利于解决汽柴比问题，四是燃料成本和发动机成本具有竞争优势。二甲醚车用新能源对发展具有中国资源特色的汽车代用燃料、缓解石油供需矛盾、保证我国能源安全及环境保护具有重大战略意义。

二、二甲醚燃料汽车原理

二甲醚燃料汽车燃料供给系统主要由二甲醚罐、输油泵、滤清器、压力表、蓄能器、喷油泵、喷油器、冷却器和各种阀门等组成（图5-39），与传统柴油汽车燃料供给系统结构与工作原理基本相同。不同之处包括以下几项。

① 二甲醚常温下为气态，需在0.5MPa压力下实现液化，所以必须使用专门的二甲醚罐加压储存。

② 二甲醚的热值低，只有柴油机的70%，为了达到原柴油机的动力水平，必须增大二甲醚发动机的每循环供油量，可以采取加大喷油泵中柱塞直径和柱塞有效行程，加大喷油器中喷孔直径等方法来解决，使用喷油泵、喷油器的技术参数是不同于原来柴油机的。

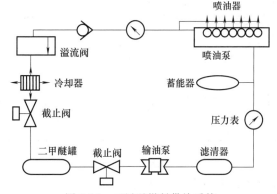

图 5-39　二甲醚燃料供给系统

③ 由于二甲醚的黏度低，这就使得燃油润滑效果较差，柴油机上的柱塞、出油阀与喷油器三对精密偶件会因为润滑不良而产生磨损。因此，必须在二甲醚燃料中加入适当的润滑剂，以保证柴油机运转的可靠性与耐久性。

④ 在环境温度和压力下，二甲醚的爆炸极限范围比较宽。因此，在使用二甲醚时要注意防止二甲醚蒸气的逸出。同时，二甲醚的黏度低也容易使其泄漏汽化。另外，二甲醚虽然对金属没有腐蚀性，但对一些弹塑性密封件来说，如长期暴露在二甲醚中会使其密封性能恶化，并逐渐腐蚀剥落下来。所以在柴油机上燃用二甲醚，必须要解决好密封问题。

任务五　氢气汽车的结构原理

一、氢气燃料的物理化学性质

1. 物理性质

① 无色、无味、无毒的气体。

② 密度比空气小（H_2 是密度最小的气体）。

③ 难溶于水，不和水反应。

2. 化学性质

① 可燃性。氢气是高能燃料（注意：点燃氢气之前必须验纯）。

纯净的氢气在空气中燃烧，燃烧时发出淡蓝色的火焰，放出热量生成水。

$$化学方程式：2H_2 + O_2 \longrightarrow H_2O$$

② 还原性。冶炼金属，与氧化铜反应，生成铜和水。

$$化学方程式：H_2 + CuO \longrightarrow Cu + H_2O$$

3. 氢气汽车的优点

氢气汽车的燃料是氢气，通常情况下是一种无色、无味、无毒的气体。相比其他燃料，它具有下列优点。

① 资源丰富。氢可采用多种方式制取。如可从天然气中提取，可由再生物质制取，可电解水制氢等。

② 环保。氢气燃烧后无一氧化碳、二氧化碳、硫化物、炭烟和颗粒物排放，只产生氮氧化物和水，稀混合气燃烧时氮氧化物也可降低到比其他燃料少得多，真正实现零排放。

③ 燃烧热值高。氢的燃烧热值高于所有化石燃料和生物质燃料，见表5-5。

表5-5　几种物质的燃烧值

名称	氢气	甲烷	汽油	乙醇	甲醇
燃烧值/(kJ/kg)	121061	50054	44467	27006	20254

④ 热效率高。其理论循环接近奥托循环，在相同的测试条件下，氢气发动机的热效率比汽油机提高15%～50%。

⑤ 燃烧稳定、充分。氢在空气中的可燃比非常高（体积分数范围4%～75%），而汽油（体积分数范围1%～7.6%）和甲烷（体积分数范围5.3%～15%）相比却较低，这一特性在氢的燃烧中起了很大的作用。加上氢的燃烧在气体中传播速度很快，因此氢燃料发动机的燃烧非常清洁。

⑥ 燃料混合比的浓度调节方便。氢发动机可以靠空气－燃料混合比的浓度调节动力输出，不需要节流阀。这样做最大的好处是提高了发动机的整体效率，因为不存在燃料泵中流量的损失，稀薄燃烧的效率较高也起了一定的作用。

⑦ 辛烷值高。氢的辛烷值高达130，而高级汽油的辛烷值只有大约93，因此它的自燃温度很高，抵抗爆燃燃烧的能力强，也就是说可以采用较高的压缩比。据福特公司的研发统计数据，1台压缩比为14.5∶1的氢发动机最大效率可达到52%。

⑧ 点火能量低。点火能量不到汽油最低点火能量的1/10，并且火焰传播特性很好，可在空气过量系数较大的范围内稳定燃烧。沸点低（约－253℃），冷启动好。

⑨ 稀燃能力强。发动机能在稀混合气下稳定工作，具有很好的热效率。

4. 氢燃料的缺点

① 难以储存。氢是最轻的元素，易泄漏，从高压储气罐中泄漏会达到声速，泄漏速度是天然气的3倍。远程输运时损耗大。

② 制取成本高。与传统动力汽车相比，成本至少高出20%。

③ 易燃。氢/空气混合物燃烧的范围是4%～75%（体积分数），着火能仅为0.02MJ，而其他燃料的着火范围要窄得多。氢燃料低点火能量所导致的进气管回火和缸内早燃，以及经由活塞环渗漏到曲柄箱的氢气产生爆炸等问题，使得氢气发动机正常工作遭到破坏。

④ 氢脆。锰钢、镍钢以及其他高强度钢容易发生氢脆。这些钢长期暴露在氢气中，尤其是在高温高压下，其强度会大大降低，导致失效。因此，如果与氢接触的材料选择不当，就会导致氢的泄漏和燃料管道的失效。

二、氢气汽车

氢气汽车（Hydrogen Internal Combustion Engine Vehicle，简称 HICEV）使用的燃料是氢气，它是一种环保高能燃料，是航天飞机、火箭发射器等用的燃料，燃烧热能是汽油的 3 倍，排放物是水，没有任何污染。

1. 氢气汽车燃料供给系统组成

氢气汽车与传统汽车的不同主要在燃料供给系统。氢气汽车燃料供给系统的结构示意图如图 5-40 所示。主要由氢气储存装置、高压电磁阀、过滤器、减压阀和压力表、氢气流量计量装置、电控单元和传感器、氢气喷射器，以及输送氢气的氢气无缝金属管等组成。其中电控系统由各种传感器如发动机转速、加速踏板位置、氢气压力和温度等传感器及控制 ECU 组成。

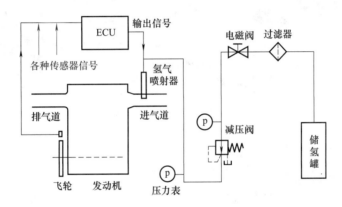

图 5-40　氢气汽车燃料供给系统的结构示意图

2. 氢气发动机工作原理

工作时，氢气电磁阀打开，氢气从储氢罐出来，经过过滤器、电磁阀到减压器减压，再通过氢气喷射器喷入进气歧管，与空气混合后，进入燃烧室燃烧（图 5-41），推动活塞做功，将动力输出，排气生成的水从排气管排出。

氢气喷射器喷氢的时间和数量由 ECU 控制，取决于外部各种传感器输入的信号，如加速踏板位置、进气量、温度等，基本控制原理与电控汽油机类似。

3. 氢气发动机零部件特殊要求

（1）氢气发动机　图 5-42 为宝马 7 系列的氢气发动机，除了燃料供给系统不同外，对发动机的许多零部件都有特殊要求，包括气门和气门座，需要采用特殊硬化的材料以补偿氢相对汽油或氢气润滑性能的下降，火花塞采用铱金材料以提高寿命，点火线圈采用高能线圈，与火花塞做成整体式，喷油器与燃油轨要专为氢进行设计，气缸垫、活塞、连杆与活塞环采用高强度设计以适应氢燃烧较高的燃烧压力。

（2）储氢罐　储氢罐用于储存液态氢，如宝马 7 系氢气发动除配有一个容量为 74L 的普通油箱外，还装备一个额外的储氢罐，可容纳约 8kg 的液态氢。由于高压，储氢罐对安全性能要求特别高，其基本结构如图 5-43 所示。

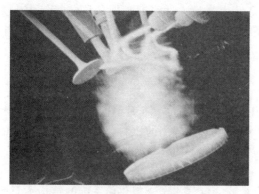

图 5-41　氢气发动机工作原理

图 5-42　宝马 7 系列的氢气发动机

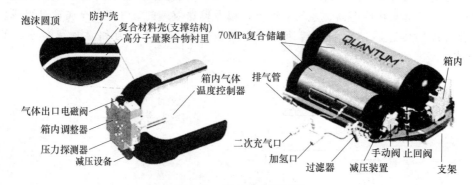

图 5-43　氢气汽车储氢罐

图 5-44　燃料切换按钮

　　双燃料氢气发动机的氢气与汽油的切换十分简捷，如宝马 7 系氢气发动机在多功能方向盘上有一个单独的按钮（图 5-44），可以手动完成从氢动力到汽油动力模式的转换。如果一种燃料用尽，系统将会自动切换到另一种燃料形式，保证燃料的供应持续而可靠。

　　（3）宝马 7 系氢气汽车部分技术参数　如表 5-6 所示。

三、氢气发动机的使用与维护

1. 氢气发动机存在的问题

　　氢气作为很有前景的一种代用燃料，由于其特殊性质，使得作为发动机燃料时会出现氢燃料低点火能量所导致的进气管回火和缸内早燃，以及经由活塞环渗漏到曲柄箱的氢气产生爆炸等问题，使得氢气发动机正常工作遭到破坏。

2. 解决方法

　　根据氢气发动机自身存在的问题，可采用以下主要措施予以解除或缓解。

　　① 采用特殊的喷射技术，尽可能地减少进气行程期间在进气管中残存的氢气，以抑制回火。

　　② 各缸独立点火，降低点火能量并降低火花塞的热容值，以抑制早燃。

　　③ 控制曲柄箱的压力，将含氢气体适时导出，以避免曲轴箱氧压过高导致爆炸。

表 5-6　宝马 7 系氢气汽车部分技术参数

项　目	技术参数	项　目	技术参数
车长/mm	5179	综合油耗,汽油/(L/100km)	10.8
车宽/mm	1902	综合氢耗,液氢/(kg/100km)	3.6
车高/mm	1489	开放达标	EU4
动力系统	发动机形式 V12 缸汽油/氢双燃料模式	汽油模式续航里程/km	500
驱动形式	前置后驱	液氢模式续航里程/km	200
排气量/mL	5972	总续航里程/km	700
每缸气门数	4	0~100km/h 加速时间/s	9.5
最大功率/kW(r/min)	191(5100)	最高车速/(km/h)	230
最大转矩/N·m(r/min)	390(4300)	压缩比	9.5
缸径×冲程/mm×mm	80.0×89.0	变速器形式	6 前速自动变速

④ 采用高性能的电子控制系统对控制参数和运行参数进行优化控制。

3. 氢气汽车发展中存在的问题

要使氢气燃料在汽车上大量使用,使氢能得以广泛推广,还面临两个主要问题:一是使用氢能的设备价格昂贵,制取氢气的成本太高;二是车上储带氢不方便,使用气态储氢,能量密度较低;使用液态储氢,要求超低温、储罐成本高,且蒸发损失大。

当前,氢的制造通常有两种方法:一种是利用煤炭、石油、天然气提取碳氢化合物;另一种是直接利用水制取。利用我国丰富的水电资源以电解水制氢,可以达到制氢成本与汽油成本大体相当,达到低成本、规模化制氢要求。

关于氢的储存方法,最简单的是使用高压氢气瓶,但体积太大,只能在大客车上应用,较先进的办法是应用含钛合金板制成的储氢箱,用以储存液态氢。而最先进的储氢技术是利用纳米碳纤维罐来储存氢气,目前该技术只有在日本的 Toyota Mirai 氢燃料电池汽车上得以应用。

任务六　气体燃料汽车检修与故障诊断

一、 CNG 发动机燃料供给系统检修

以捷达汽油/CNG 双燃料汽车为例,其总体结构如图 5-45 所示。

（一）　减压器拆装

1. 从汽车上拆卸减压器总成

① 关闭储气瓶手动截止阀。

② 启动发动机,将高压管路及减压器内残存的燃料使用完毕直至发动机自然熄火。

③ 断开蓄电池接地线。

④ 拔下减压器上电磁阀线束插头。

⑤ 拔下压力表和温度传感器线束插头。

⑥ 松开固定真空管的卡箍,拔下减压器上真空管。

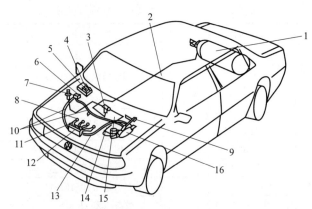

图 5-45　捷达汽油/CNG 双燃料汽车

1—天然气瓶；2—高压钢瓶；3—三通（插销式充气阀无此部件）连接件；4—控制器；5—点火提前角调节器；
6—压差传感器；7—充气阀；8—喷嘴弯头；9—减压器出水管；10—真空管；11—分配气管；
12—高频电磁阀组；13—低压气管；14—减压器进水管；15—压力表；16—减压器

⑦ 拆下减压器出水管。松开减压器出水口处紧固喉箍，将水管从减压器出水接头上拔下，将管路中冷却液放入接水盘中。

⑧ 拆下高压管路。松开紧固螺母，将高压管从减压器高压进口中拆下。

⑨ 将低压管路从减压器出口上拆下。

⑩ 松开并拆下减压器与支架间的固定螺母和螺栓，将减压器从车上取下。

2. 减压器拆解

（1）高压部分拆卸（图 5-46）

① 高压进口（过滤部分）拆卸。依次拆卸连接螺母 1、密封双锥 2、高压进口座 3，从压力表接头 8 上拧下，依次取出铝密封圈 4、过滤芯 5 和滤网 6。

② 高压调节部分拆卸。拧下高压进口压帽 7 和高压进口体 10，依次取下压力表接头 8 和 O 形圈 9，从中间体 17 上依次取下 O 形圈 11、12、高压阀座 13、高压柱塞座 14、高压柱塞 15 和调节杠 16。

③ 压力表拆卸。从压力表接头 8 上拧下压力表 18，取出铝密封圈 19。

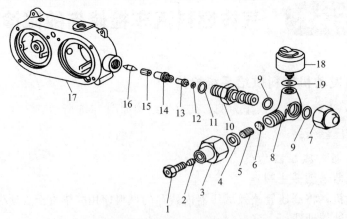

图 5-46　减压阀高压部分拆解

1—连接螺母；2—密封双锥；3—高压进口座；4—铝密封圈；5—过滤芯；6—滤网；7—高压进口压帽；
8—压力表接头；9,11,12—O 形圈；10—高压进口体；13—高压阀座；14—高压柱塞座；
15—高压柱塞；16—调节杠；17—中间体；18—压力表；19—铝密封圈

（2）减压器一级腔拆解（图5-47） 对角松开4个六角螺栓1，从中间体13上依次取下一级腔盖2、一级腔调压弹簧3、弹簧定位螺母4，用一字旋具插在一级膜片连杆11的槽内，用开口扳手将其从一级膜片连杆11上拧下，依次取下一级腔膜片弹簧5、一级腔膜片弹簧座6、调压膜片7，拆卸2个螺钉8，从中间体13依次取下一级摇臂9、摇臂柱销10、一级膜片连杆11、连杆弹簧12。

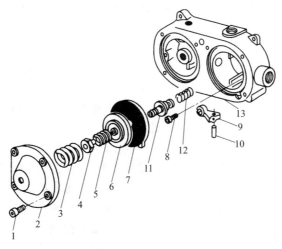

图5-47 减压器一级腔拆解

1—六角螺栓；2—一级腔盖；3—一级腔调压弹簧；4—弹簧定位螺母；5—一级腔膜片弹簧；

6—一级腔膜片弹簧座；7—调压膜片；8—螺钉；9—一级摇臂；10—摇臂柱销；

11—一级膜片连杆；12—连杆弹簧；13—中间体

（3）减压器二级腔拆解（图5-48）

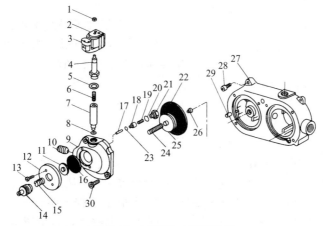

图5-48 减压器二级腔拆解

1—螺母；2—线圈护板；3—电磁阀线圈；4—电磁阀套；5,8,20,23—O形圈；6—电磁阀弹簧；

7—电磁阀芯；9—稳压腔盖；10—六角螺栓；11—辅助调压弹簧座；12—辅助调压座；

13—内六角螺栓；14—压力调节盖母；15—辅助调压弹簧；16—辅助调压膜片；

17—辅助调节杠；18—辅助调节阀芯；19—辅助调节弹簧；21—辅助调节压帽；

22—稳压膜片；24—稳压弹簧；25—稳压膜片座；26—安装螺栓；

27—中间体；28—紧固螺栓；29—稳压旁通孔；30—内六角螺母

① 电磁阀拆卸。从电磁阀套4中拧下螺母1，依次取下线圈护板2、电磁阀线圈3，从稳压腔盖9上拧下电磁阀套4，依次取下O形圈5、电磁阀弹簧6、电磁阀芯7、O形圈8。

② 压力调节腔拆卸。从辅助调压座 12 上依次取下压力调节盖母 14、辅助调压弹簧 15、内六角螺栓 13，从稳压腔盖 9 上依次取下辅助调压座 12、辅助调压弹簧座 11、辅助调压膜片 16。

③ 稳压腔拆卸。依次对角松开 4 个内六角螺母 30，并从中间体 27 依次取下稳压腔盖 9、稳压弹簧 24，取下由稳压膜片 22、稳压膜片座 25、安装螺栓 26 组成的稳压膜片总成。

④ 辅助调节机构。从稳压腔盖 9 上拧下辅助调节压帽 21，并依次取下 O 形圈 20、辅助调节弹簧 19、辅助调节阀芯 18、O 形圈 23、辅助调节杠 17。

（4）减压器低压腔拆解（图 5-49）

① 低压腔体拆卸。依次对角松开中间体 2 上的 4 个内六角螺栓 1，移开端盖 6，依次取下密封膜片 3、安装口 4、O 形圈 5 和 7。

② 环水弯头拆卸。拆卸水弯头 9，取下 O 形圈 8。

③ 出气接头拆卸。拧松弯头螺母 11，依次取下减压器弯头 12、弯头螺母 11、O 形圈 10。

④ 温度传感器拆卸。从中间体 2 上拧下温度传感器 13。

3. 减压器组装

按拆卸相反顺序组装减压器，注意不要漏装 O 形圈，按照要求的转矩拧紧各连接螺栓、螺母。

（二）高频电磁阀组的拆装

1. 高频电磁阀组的拆卸

① 松开紧固低压气管的喉箍，拆下低压气管。

② 拆下温度传感器线束插头。

③ 拆下高频电磁阀组支架固定螺栓；拆下固定高频电磁阀组的两颗 M6 螺母。

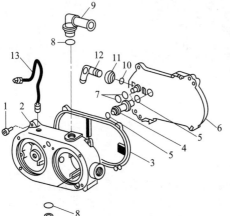

图 5-49　减压器低压腔拆解

1—螺栓；2—中间体；3—密封膜片；4—安装口；5,7,8,10—O 形圈；6—端盖；9—水弯头；11—弯头螺母；12—减压器弯头；13—温度传感器

④ 取下高频电磁阀组支架。

⑤ 拔掉电磁阀线束插头（4 组）。

⑥ 松开 4 根分配气管的卡箍，拆掉 4 根分配气管。

⑦ 拆掉与高频电磁阀组传感器堵头连接的气管。

2. 高频电磁阀组拆解（图 5-50）

（1）解体高频电磁阀芯　将弹性挡圈 16 和弹性垫片 15 从电磁阀套 13 上取下；使电磁阀线圈 14 松开，将电磁阀线圈 14 从电磁阀套 13 上取下；拧下螺钉 12，用手压住压板，同阀体 5 一起翻转，将压板 11 和电磁阀套 13 从阀体 5 中取下，将电磁阀芯 8 从电磁阀套 13 取出，从阀体 5 中取出阀芯弹簧 9 和 O 形圈 7 和 10。

（2）解体高频电磁阀机座　将低压接头 1 从阀体 5 上拧下，取下 O 形圈 2，将 4 只分配器接头 3 拧下，取下 O 形圈 4，将传感器堵头 6 拧下，取下 O 形圈 2。

3. 高频电磁阀组装配安装

（1）高频电磁阀基座安装（图 5-51）　在分配器接头 3 螺纹处涂抹适量密封胶，将 O 形圈 4 套在分配器接头 3 上，旋入阀体 5 的安装孔内（紧固力矩为 4N·m），将 O 形圈 2 套在低压接头 1 上，并旋入阀体 5 的安装孔内（螺纹处涂抹适量密封胶，紧固力矩 5N·m），将 O 形圈 2 套在传感器堵头 6 上，并旋入阀体 5 上的安装孔内（螺纹处涂抹适量密封胶，紧固

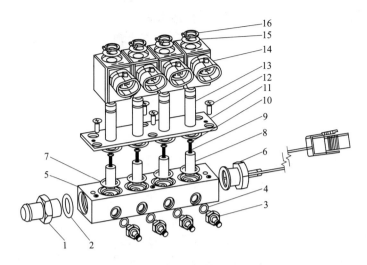

图 5-50　高频电磁阀组拆解

1—低压接头；2,4,7,10—O形圈；3—分配器接头；5—阀体；6—传感器堵头；
8—电磁阀芯；9—阀芯弹簧；11—压板；12—螺钉；13—电磁阀套；14—电磁阀线圈；
15—弹性垫片；16—弹性挡圈

力矩 5N·m）。

（2）高频电磁阀芯安装（图 5-51）　用一只手握住专用工具［图 5-51（a）］，食指轻微用力下压推杆，另一只手将 O 形圈 10（图 5-50）套在推杆上，然后拿起电磁阀套 13，将专用工具伸入电磁阀套 13 内部，至压杆底面与阀套顶部接触，松开推杆，轻轻取出专用工具，将 O 形圈 10 压入阀套凹槽内，注意不能装偏，让 O 形圈 10 进入阀套定位槽内［图 5-51（b）中的 A］，将阀芯弹簧 9 装入电磁阀芯 8 后一并放入阀套 13 中（注意安装方向），将四组电磁阀套 13 连同电磁阀芯 8 一并装入压板 11，应保证四组阀芯顶部在同一水平线上［图 5-51（c）］；将 O 形圈 7 放入阀体 5 相应安装孔中，轻轻倒置阀体 5 扣在压板 11 上，用手压住压板和阀体一起翻转，依次用 4 个螺钉 12 将压板 11 紧固在阀体 5 上（紧固力矩 3N·m）；将电磁阀线圈 14 装在电磁阀套 13 上，依次将弹性垫片 15 和弹性挡圈 16 套入电磁阀套 13，压入至电磁阀套 13 凹部，使电磁阀线圈 14 被固定。

（3）高频电磁阀组解体、组装注意事项

① 解体、清洗

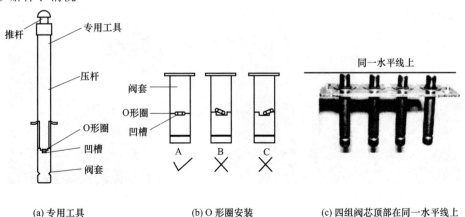

(a) 专用工具　　　　　　　(b) O 形圈安装　　　　　(c) 四组阀芯顶部在同一水平线上

图 5-51　高频电磁阀安装

a. 使用卡簧钳拆卸高频电磁阀组顶部弹性挡圈。

b. 压板与阀体之间的紧固螺钉比较紧固，需用冲击扳手拆卸（注意保护阀套，不要使阀套变形）。

c. 用中性清洗剂（不能具有腐蚀性）对各零件进行清洗，清洗完毕，用纱布将零件表面和内部擦拭干净。

d. 清洗阀芯时不能用砂纸打磨。

e. 每次清洗时，4 组阀芯弹簧 9 和 O 形圈 10 必须统一更换。

f. 阀套 13 出现裂纹、弯曲或其他异常时必须更换。

g. 阀芯 8 磨损严重不能正常工作时必须更换。

② 组装

a. 阀体腔内和阀套内部不能留存颗粒等异物。

b. 安装阀芯 O 形圈 10 需使用专用工具，以保证阀芯 O 形圈安装正确。

c. 阀芯弹簧放入阀芯顶部的孔内，应轻微拧动弹簧，使其套在孔内凸台上。

d. 将安装有阀芯弹簧的阀芯向下装入阀套内后，应转动阀芯，并按动几下阀芯，使阀芯弹簧进入阀套顶部的凹槽内。

e. 阀芯、阀芯弹簧、O 形圈、阀套组装后的状态应正常。

f. 4 组阀芯、阀套组装后，保持压板处于水平位置，外露的阀芯顶部端面应在同一水平线上。

4. 高频电磁阀组及支架的安装

① 将 4 根气管对应接在高频电磁阀上，并用卡箍固定。

② 用高频电磁阀组支架固定螺栓将高频电磁阀组支架固定（紧固力矩 8N·m）。

③ 用固定螺母将高频电磁阀组固定在高频电磁阀组支架上（紧固力矩 8N·m）。

④ 连接低压气管，用喉箍固定（紧固力矩 2.5N·m）。

⑤ 将气管对应接在高频电磁阀组传感器堵头的管接头上。

⑥ 将传感器堵头上的温度传感器插头与来自控制器端的线束对应接好。

（三）钢瓶的拆装

（1）钢瓶的拆卸

① 拆卸高压钢管。松开波纹管卡箍［图 5-52（a）］，退下波纹管；拧松钢瓶阀与高压钢管连接的连接螺母、密封双锥，拔下高压钢管［图 5-52（b）］。

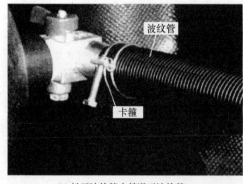
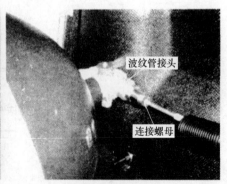

(a) 松开波纹管卡箍退下波纹管   (b) 拔下高压钢管

图 5-52　钢瓶的拆卸

② 分别拧下连接钢带和钢瓶支架连接件的两个 M8×70 螺栓上的螺母，取下螺栓，松开钢带，即可取出钢瓶（注意检查钢瓶与钢瓶支架和连接钢带间的柔性胶垫，必要时更换）。

注意：拆卸钢瓶前必须先关闭钢瓶上的手动截止阀门，燃尽高压管路内剩余的气体燃料（见减压器拆卸部分），然后拆卸与气瓶阀门相连的高压钢管。拆卸地点及周围严禁烟火。

（2）钢瓶的安装　将钢瓶装入钢瓶支架，注意钢瓶的位置和方向；绑好钢带，用两个 M8×70 的螺栓紧固好钢带（紧固力矩 10N·m）。

二、CNG 气体燃料汽车的故障诊断与排除

CNG 气体燃料汽车的故障诊断与排除方法与传统的汽车故障诊断与排除方法基本相同，首先要非常熟悉 CNG 气体燃料汽车的原理和组成结构，然后再根据故障的现象分析原因，从简到难地检查有关部件判断出故障原因予以排除。

CNG 汽车燃料供给系的组成如图 5-53 所示。

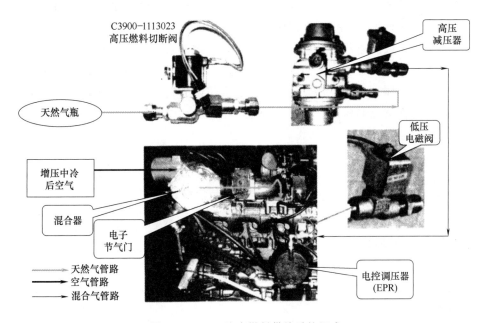

图 5-53　CNG 汽车燃料供给系的组成

1. 启动困难

CNG 汽车分别以汽油和天然气作燃料工作时，启动性能有所不同，原因是：

① 天然气燃点比汽油高，其燃点为 650℃。

② 天然气的火焰传播速度较汽油慢。CNG 燃烧时间长，所以要求启动机工作正常，点火电压不低于 18kV，点火时间正时，混合气混合比适宜。

启动困难常见故障原因如下。

① 启动系统故障。启动机转速低、无力，运转不连贯。应检查：蓄电池存电量，电压不能低于 9V，蓄电池搭铁是否良好；启动控制电路是否存在短路、断路和接触不良故障；如启动机有故障，需检修或更换启动机。

② 燃料转换系统故障。当燃料转换开关转换到"气"位时，点火开关置于"电源"位置，应能听到高压电磁阀发出"咔哒"的响声。若无"咔哒"响声，可用万用表检测高压电磁阀线圈及燃料转换开关。若高压电磁阀及燃料转换开关均正常，但仍无响

声，则是高压电磁阀芯有故障。若有响声，则检查燃料转换开关感应线是否接好，视情况检修或更换开关。

③ 点火系统故障。以天然气作燃料不易启动，用汽油启动后再转换到以天然气体燃料工作，发动机出现怠速不稳、加速不良、排气管放炮等现象，应检查点火线圈、点火控制器、高压线、火花塞等是否正常及点火正时是否准确，视情况更换或调整。

④ 混合气混合比失常。以天然气作燃料不易启动，用汽油启动后再转换到以天然气体燃料工作，发动机出现怠速不稳、加速不良、回油门排气管放炮等现象；慢加速易熄火，加速时发动机振动，无高速或高速不稳定，在点火系统正常的情况下，应检查空气滤清器芯是否过脏、怠速电磁阀、三级减压电磁阀、减压调节器等部件，视情况检修或更换。

2. 动力性差

CNG 汽车以天然气作燃料比使用汽油作燃料的动力性有所下降，这是由天然气体燃料本身特性决定的，其功率下降 5%～10% 左右。本节所指动力性差是指 CNG 汽车以天然气作燃料时的动力输出低于发动机正常工作的动力输出值。

发动机无高速，或高速不稳、怠速、中速不稳，尾气排放中的 HC 值偏高且排气放炮。排除故障时应首先检查储气瓶内 CNG 量，在检查各气缸压力和点火系统均正常的前提下，检查进排气系统是否漏气，如正常应检修怠速电磁阀调节旋钮，三级弹簧手动旋钮及动力阀和混合器等部件，视情况调整或更换。如故障不能排除，应该考虑以下原因。

① 压差传感器损坏。

② 减压器水循环系统堵塞。

③ 电磁阀滤芯过脏。

④ 高压管路堵塞。

⑤ 减压器堵塞。

⑥ 低压管路漏气或破损。

⑦ 火花塞老化。

⑧ 点火提前角调节器有故障。

⑨ 分缸线老化。

⑩ 空气滤清器过脏。

⑪ 氧传感器信号不正确。

⑫ 减压器膜片破损或老化、稳压腔旁通孔堵塞。

3. 经济性下降

CNG 燃料气耗太高，汽油燃料油耗超标过高。如伴随动力性差，按动力性能差故障排除方法处理；如果气缸压力明显低于标准值，应当维修发动机；如各缸缸压都正常，则应当检查减压调节器一、二级压力是否过高，天然气系统是否漏气，汽油压力是否过高、喷油器雾化是否良好、电控系统是否正常等，视情况维修和更换故障部件。

4. 怠速不稳

发动机怠速不稳故障原因如下。

① 温度过低。

② 节气门过脏。

③ 高频电磁阀组过脏或部分损坏。

④ 分配气管脱落。

⑤ 减压器膜片破损或老化造成供气不稳。

⑥ 减压器稳压腔旁通孔堵塞。

5. 运转不稳

发动机运转不稳除考虑以下原因外，还可参考怠速不稳和动力性差的故障原因。

① 进气压力信号不正确。

② 减压器温度过低。

③ 高频电磁阀组过脏或部分损坏。

④ 分配气管漏气或脱落。

⑤ 火花塞老化；高压线漏电。

⑥ 减压器膜片破损或老化造成供气不稳。

⑦ 减压器稳压腔旁通孔堵塞。

6. 排放不合格

1）氧传感器信号不正确。

2）控制器接地线接地不实。

3）火花塞老化或使用非原厂配件。

4）分缸线老化或使用非原厂配件。

5）高压管线堵塞。

6）高频电磁阀关闭不严。

7）三元催化器转化效率下降。

7. 储气瓶天然气烧不完

储气瓶 CNG 燃料气不能用到 1kPa 以下。检查高压电磁阀，一、二级减压阀等部件的调整间隙是否正常，按规定进行调整或更换。检查 CNG 燃料气质量是否达标，由充气站进行检测，使之达标。

8. 行驶中熄火、自动转油

在 CNG 燃料行驶中状态下自动熄火或自动转汽油燃料状态工作的故障有如下原因。

① 电源线接触不实。

② 系统接地线接触不实。

③ 控制器至转换开关连线插接不实。

④ 高压线、火花塞漏电干扰系统。

⑤ 储气瓶气体压力过低。

⑥ 减压器出口压力过低。

⑦ 使用劣质的火花塞。

9. 压力显示不正常

压力表指示不准或漏气，压力显示器显示不正常。检查相关的部件，视情况维修或更换压力表或者压力显示器。

10. 汽油电磁阀工作不正常

油气混烧，发动机工作不正常；使用汽油燃料时，油路供应不畅；手动开关不能开启油路或手柄漏油。检查汽油电磁阀和手柄开关，视情况维修或更换。

11. 转换开关显示烧气实际在烧油

转换开关显示烧气但实际上在烧油，这种故障通常原因是：减压器电磁阀线圈损坏（短路）、减压器电磁阀线圈控制蓝线对地短路或系统控制器损坏。

12. 运行中突发故障

发动机突然断电、断气；发动机突然运转不正常；燃料转换开关有杂音。应检查电路的保险、搭铁及转换开关的印刷电路板等部位，视情况维修或更换相关部件；检查水循环加热部件，看是否有堵塞现象；检查高压电磁阀阀芯胶垫是否膨胀堵塞；检查减压调节器膜片是否破裂，空滤器是否堵塞，混合器是否堵塞，低压管路截面是否变小；检查燃料转换电磁阀的搭铁情况是否良好；视情况维修或更换。

13. 系统断电（转换开关无显示）

系统断电并且转换开关却无显示，应检查下列几项。

① 电源熔丝烧坏。

② 电源线接触不实。

③ 系统接地线接触不实。

④ 控制器至转换开关连线损坏或插接不实。

⑤ 系统控制器坏。

14. 无法转换到 CNG

发动机在工作中无法转换到 CNG，可检查下列几项。

① 进气压力信号不正确。

② 高频电磁阀内腔气体压力信号不正确。

③ 熔丝烧坏。

④ 控制器至转换开关连线接触不良。

⑤ 控制器损坏。

⑥ 压差传感器处两个真空管接反。

⑦ 真空管路堵塞。

⑧ 压差传感器插头连接不实。

15. 转换至 CNG 灭火

发动机在工作中转换到 CNG 状态工作时就熄火，可检查下列几项。

① 储气瓶内无 CNG。

② 储气瓶上手动截止阀关闭。

③ 减压器上电磁阀接线不实。

④ 减压器上电磁阀损坏。

⑤ 进气压力（MAP）信号不正确。

⑥ 线束插接不实。

16. 油气混烧

发动机在油气混烧状态下工作的故障原因有下列几项。

① 控制器内部故障。

② 汽油喷油器关闭不严。

17. 停车时减压器出口有 CNG 流出

停车时减压器出口有 CNG 流出的故障原因有下列几项。

① 电磁阀芯 O 形圈关闭不严。

② 稳压膜片阀口密封不严。

③ 一级进口密封不严。

18. CNG 消耗量增大

CNG 消耗量增大与发动机耗油量过高原因类似，主要检查下列几项。

① 空气滤清器过脏。

② 火花塞老化。

③ 分缸线老化。

④ 氧传感器信号不正确。

⑤ 高压管线堵塞。

⑥ 低压管线破损导致漏气。

⑦ 高频电磁阀关闭不严。

19. CNG 储量显示不准

CNG 储量显示不准与汽油表显示不准同理，应检查下列几项。

① 压力传感器信号线接触不良。

② 压力传感器接地线接触不良。

③ 传感器指针与外壳磨蹭（发卡）。

④ 液位（压力）传感器损坏。

⑤ 传感器与压力表相对角度不准。

20. 无法充装 CNG

无法充装 CNG 的故障，可检查下列几项。

① 储气瓶阀手动截止阀关闭。

② 充气管路堵塞。

③ 充气阀故障。

④ 加气站充压力不够。

21. 减压器发响

减压器发响主要原因如下。

① 减压器内部膜片不正常振动。

② 辅助调节阀芯与辅助调节压帽摩擦出声。

③ 高压柱塞与高压柱塞座摩擦出声。

三、LPG 发动机气体燃料供给系统检修

以桑塔纳 3000LPG 双燃料发动机为例，其气体燃料供给系统的拆卸步骤如下，安装按相反步骤进行。

1. 高压气管拆卸与检修

① 关闭点火开关，断开蓄电池接地线。

② 启动发动机，将高压管路及减压器内残存的 LPG 燃料使用完毕直至发动机自然熄火。

③ 拆卸高压气管与储气罐组合阀接头螺钉和与截止阀接头螺钉（图 5-54），取下高压气管。

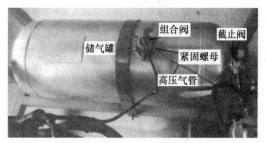

图 5-54　储气罐高压气管拆卸

④ 拆卸高压气管与截止阀接头螺钉［图 5-55（a）］和与汽化调节器接头螺钉［图 5-55（b）］，取下高压气管，拆卸截止阀。

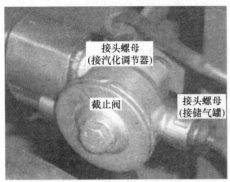

(a) 截止阀

(b) 气化调节器

图 5-55　截止阀-气化调节器高压气管拆卸

2. 减压蒸发器拆卸与检修

（1）减压蒸发器拆卸

① 拆卸减压蒸发器上的真空管、低压气管和进出水管。

② 拆卸减压蒸发器固定螺钉，取下减压蒸发器。

（2）减压蒸发器检修

① 检漏　泄漏是减压蒸发器的主要故障之一，通常泄漏能嗅到气味，也可用电子检漏仪检测气路中是否有泄漏，如果有泄漏应更换减压蒸发器。

② 分解检修

a. 检查主控制阀臂是否变形和灵活。

b. 检查压力平衡膜片、初级气室、次级气室膜片和锁止膜片是否变形和裂纹。

c. 检查主控制阀和次级气室控制阀是否灵活有效。

d. 检查水道是否畅通无阻。

e. 检查燃料切换阀是否灵敏，关闭和接通是否完全彻底。

f. 检查启动电磁阀线圈电阻是否符合标准，电路有无断路和短路现象。

g. 检查怠速调整螺钉是否稳固，锁紧是否有效。

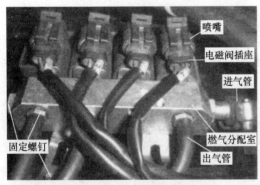

图 5-56　拆卸 LPG 气体燃料喷嘴

h. 检查支架是否紧固。

3. LPG 气体燃料喷嘴拆卸与检修

① 拆卸 LPG 气体燃料喷嘴，如图 5-56 所示。

② 拆卸气体燃料分配室进气管和出气管。

③ 拆卸 LPG 气体燃料喷嘴电磁阀线圈插座。

④ 拆卸气体燃料分配室各固定螺钉，取下气体燃料分配室和各气体燃料喷嘴。

⑤ 对喷嘴电磁阀进行检测。关闭点火开关，拔下喷嘴电磁阀插头，用万用表电阻挡在电磁阀插座上检测。测量喷嘴电磁阀电磁线圈电阻值，与标准值比较，如果电阻无穷大，说明该电磁阀断路，如果比标准值低，说明内部线圈短路。再把万用表一个表笔与发动机机体接地，要求电阻应该无穷大，如果电阻值为零，说明内部线圈接地。出现上述问题，都应该更换该缸的喷嘴电磁阀。

大众捷达 LPG 喷气阀的结构如图 5-57 所示，主要是检测电磁线圈的状况，用万用表检测电阻值应符合要求（12Ω 左右），也可以通电检测，在电磁阀送通、断电过程中，注意听线圈动作的"嗒嗒"声是否清脆，是否有噪声或颤动、发热等现象。如果有这些异常现象，可判为不合格。

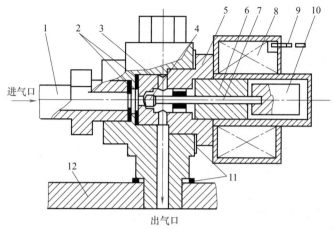

图 5-57　大众捷达 LPG 喷气阀的结构

1—LPG 管路接头；2—密封垫；3—阀座；4—球阀；5—阀体；6—极靴；
7—推杆；8—电磁线圈；9—导线；10—衔铁；11—隔热垫；12—缸盖

4. 油气转换开关的检测

转换开关其实就是电磁阀，用万用表检查线路的通断，再检测电磁阀的电阻大小应符合要求（12Ω 左右），也可以通电检测，在电磁阀送通、断电过程中，注意听线圈动作的"嗒嗒"声是否清脆，是否有噪声或颤动、发热等现象。如果有这些异常现象，可判为不合格。

四、LPG 气体燃料汽车的故障诊断与排除

LPG 气体燃料汽车的故障主要是点火、气路、控制机构等故障。各车系故障诊断与排除方法基本相同，本节以桑塔纳 3000LPG 汽车为例阐述 LPG 气体燃料汽车的故障诊断与排除方法。

桑塔纳 3000LPG 汽车燃料供给系统如图 5-58 所示。LPG 汽车发动机常见故障与排除方法见表 5-7。

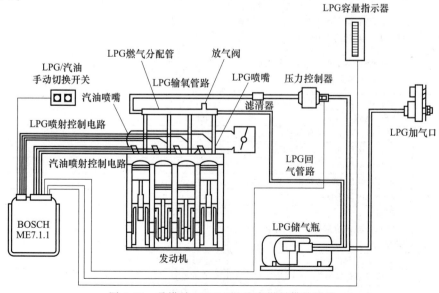

图 5-58　桑塔纳 3000LPG 汽车燃料供给系统

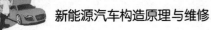

表 5-7　LPG 汽车发动机常见故障与排除方法

序号	故障现象	故障原因	故障诊断与排除方法
1	使用 LPG 时发动机启动困难	点火能量不足	检查点火系各零部件,调整或更换失效零件,可用车用示波器检测点火高压及诊断故障
		点火时间不正确	用正时枪测试点火时间,并予调整
		蓄电池电量不足,使电火能量不够,以及启动机转速过低	检查蓄电池电量、电液高度,不足予以补充。检查、清洁电源接头、桩头、接触情况,并予以清洁、紧固
		启动机故障	检修启动机,使之达到规定的输出扭矩与转速
		空气滤清器过脏	清洁空滤器或更换空滤芯
		油气转换开关延迟时间过长	调整截止阀持续时间螺钉,使延迟时间缩短
		高压管路堵塞	检查、清洁 LPG 电磁阀下部的滤清器,检查 LPG 阀门流量控制连线是否开路或接触不良,如连线无故障则更换流量控制器。检查、清洁高压管路。检查减压器加热循环冷却液温度
		低压管路破损	作泄漏检查或检视,更换破损、损坏部件
		低压管路弯折过度致使气路切断	检查、处理弯折过度处,保证气路畅通
		急速调节阀与功率调节阀失调	按生产厂家规定规范重新调试
2	怠速不稳	原车基础故障,如气门间隙变化,气门座漏气,气缸垫漏气,进气歧管垫、化油器座、真空吸力管漏气,空滤器过脏,缸压不够,水温过低,个别缸点火不良,个别分缸线漏电或电阻值过大等	按照常规汽油机检查、修理
		LPG 系统故障混合气调整不当,过浓或过稀,怠速调整不当,怠速转速低,空滤器堵塞,进气量不足	按原部件设计规范重新调整
			重调怠速
			清洁空滤器或更换空滤芯
3	发动机动力不足	发动机本身故障,如缸压不足,真空度不够,点火系统故障,蓄电池电量不足,空滤器堵塞等	按照常规汽油机检查、修理
		LPG 系统故障	检查低压管路、元件及泄漏,并修理
		① 低压管路及元件有损坏	重新按原件技术要求调整
		② 功率调节阀失调	从新调整点火正时
		③ 点火时间失准	清洁或更换
		④ LPG 电磁阀过滤器堵塞	
4	LPG 燃料消耗过高	发动机原机故障,如发动机基础性能不佳,汽车行驶阻力过大,滑行性能差,发动机冷却液温度低,驾驶操作不当	按照常规汽油机检查、修理
		LPG 燃料系统故障空滤器堵塞功率调节阀失调或提前角失调	清洁空滤器或更换空滤芯
			重新按原厂技术要求调整
			重新检修、调整点火提前角
5	使用 LPG 时发动机工作不正常	组合阀上的手动截止阀关闭	检修
		LPG 电磁阀损坏	更换
		蒸发调节器上电磁阀损坏	更换
		电源电压过低,打不开电磁阀	检修电源电路或更换蓄电池
		系统电源熔丝(片)损坏	更换熔丝(片),但应排除短路故障
		电源接线插(接)头接触不良	检修
		接地线接触不良	检修
		管路堵塞	清洁管路
		LPG 电磁阀过滤器堵塞或 LPG 电磁阀内杂质过多	清洁或更换过滤器
		高压管路中有泄漏	泄漏检查,处理泄漏点
		低压管路有破损	泄漏检查,更换或修理泄漏点零件
		汽油电磁阀关闭不严,形成油漆共烧	更换汽油电磁阀

续表

序号	故障现象	故障原因	故障诊断与排除方法
6	蒸发器表面结霜,使LPG不能正常工作	发动机冷却系统冷却液不够(或冷却系统内部有空气)	添加冷却液,并排除系统空气
		减压器循环水管路堵塞或损坏	检修或更换损坏件
		暖车时间不够	增加暖车时间

总　结

1. 气体燃料汽车是以可燃气体为燃料的汽车。目前常用的气体燃料汽车有压缩天然气汽车、液化天然气汽车、液化石油气汽车、二甲醚汽车,氢气汽车则是正在研发的最有前景的气体燃料汽车。

2. 气体燃料汽车的特点是有害气体排放低、热效率高、冷启动性和低温运转性能良好、可以燃用稀混合气,但是储运性能较差,一次充气的续驶里程短,动力性能有所下降。

3. CNG汽车燃料供给系统主要有燃料供给系统和电控系统两大部分。前者主要由天然气瓶、充气阀、高压燃料切断阀、减压阀、混合器部件、压力表、高压电磁阀等组成,实现燃料压缩天然气的随车储存、在各种管路内输送、充装和向发动机喷射等功能;后者主要由气体压力传感器、温度传感器、电子节气门等组成,与ECU配合,实现燃料CNG的定时定量喷射。

4. CNG汽车减压器上电磁阀接线松动或电磁阀线圈断路、短路或接地,会引起CNGV汽车发动机换气熄火,可以通过万用表直接检测。

5. LPG汽车燃料供给系统主要由储气瓶、充气阀、高压电磁阀、减压蒸发器、油气转换开关、混合器、喷嘴等和各种传感器、控制器和执行器组成。

6. LPG汽车喷嘴电磁阀线圈断路、短路或接地,会引起某个缸不工作,使整个发动机工作不均匀,可以通过万用表直接检测。

7. 要高度重视CNG汽车和LPG汽车的正确使用和维护,严格按照使用说明书要求进行,以确保人身和财产安全。

8. 二甲醚燃料汽车是以二甲醚为燃料的汽车。它具有节能、环保、十六烷值高、热值低、自燃温度低、资源较为丰富,携带不便、润滑性较差等特点。其基本结构原理与传统柴油机类似,只是零部件材料要求应该适应气体燃料要求。

9. 氢气汽车的燃料是氢气,它具有资源丰富、环保、热效率高、抗爆性强等优点,缺点是储存困难、制取成本高、易燃。

10. 氢气汽车主要由氢气储存装置、高压电磁阀、过滤器、减压阀和压力表、氢气流量计量装置、电控单元和传感器、氢气喷射器,以及输送氢气的氢气无缝金属管等组成。目前的储氢罐有高压氢气瓶、钛合金储氢箱、纳米碳纤维储氢罐三种形式。

11. 氢气作为很有前景的一种代用燃料,由于其特殊性质,使得作为发动机燃料时会出现氢燃料低点火能量所导致的进气管回火和缸内早燃,以及经由活塞环渗漏到曲柄箱的氢气产生爆炸等问题。使得氢气发动机正常工作遭到破坏。

根据氢气发动机自身存在的问题,可采用以下主要措施予以解除或缓解。

① 采用特殊的喷射技术,尽可能地减少进气行程期间在进气管中残存的氢气,以抑制回火。

② 各缸独立点火,降低点火能量并降低火花塞的热容值,以抑制早燃。

③ 控制曲柄箱的压力,将含氢气体适时导出,以避免曲轴箱氧压过高导致爆炸。

④ 采用高性能的电子控制系统对控制参数和运行参数进行优化控制。

课 程 训 练

1. 正确给一辆 CNG 汽车做日常维护。
2. 正确给一辆 LPG 汽车做日常维护。
3. 认识氢气发动机的各零部件组成。

项目六

醇燃料汽车结构原理与检修

 知识目标 >>>

1. 认知了解醇燃料的种类和性能。
2. 认知了解醇燃料发动机的结构特征。
3. 认知了解醇类发动机使用过程中的注意事项。

 技能目标 >>>

1. 掌握醇燃料的使用方法。
2. 掌握醇类发动机的维护方法。
3. 掌握醇类发动机的故障诊断的方法。

 相关知识点 >>>

1. 醇燃料的来源。
2. 乙醇燃料的制作方法。
3. 哪些醇燃料具有毒性。

任务一 　 醇燃料认知

一、醇燃料的来源及分类

1. 醇燃料的来源

甲醇（木醇或木酒精）可以由一氧化碳和氢气合成，为无色透明的液体，具有高挥发性，易燃。它主要从天然气（占 78％）、重油（占 10％）、石脑油（占 7％）、液化石油气（占 3％）、煤炭（占 2％）、油页岩、木材和垃圾等物质中提炼。

乙醇（俗称酒精）其工业生产方法主要有发酵法、乙烯水合法等方法。我国一直以发酵法为主。其生产原料有三类：第一类是含糖作物与副产物，如甘蔗、甜菜、甜高粱和糖蜜等；第二类是淀粉质作物，如玉米、高粱、小麦、红薯和马铃薯等；第三类是纤维素原料，如木材、木屑和谷物秸秆等。目前主要是利用发酵法生产乙醇。其所用的原料基本上是属第一类、第二类。这些原料不仅储量较大，而且大都可以再生，这就保证了醇燃料的稳定生产。值得指出的是从大多数植物中提取乙醇时消耗的能量过大，如由土豆、小麦、玉米、甜菜中提取乙醇时所消耗的能量与获得的能量之比分别为 1.32、1.28、1.15、0.96，并且在乙醇的制造过程还要消耗大量的水，增加水污染。每生产 1L 乙醇要消耗水 11L 左右，可见廉价的、对水污染低的乙醇的制造技术并未成熟。

2. 醇燃料的分类

（1）按组成成分和性质分类　按组成成分和性质的不同，醇燃料主要有甲醇（CH_3OH）和乙醇（C_2H_5OH），它们都是相对分子质量较小的单质，燃烧产物中基本没有炭烟，NO_x 的排放浓度也很低，是一种低污染性燃料。醇燃料汽车是指以甲醇汽油、乙醇汽油、甲醇、乙醇作为燃料的汽车，以甲醇作为燃料的汽车称为甲醇汽车，以乙醇作为燃料的汽车称为乙醇汽车。醇燃料可以与汽油或柴油按一定比例配制成混合燃料，也可以直接采用醇燃料作为发动机的燃料。醇燃料汽车与电动汽车、天然气汽车一样，都是新能源和清洁代用燃料汽车。

（2）按在汽车上的应用分类　按在汽车上应用的不同，醇燃料主要有三种类型：掺烧、纯烧和改质。

① 掺烧类型是醇燃料在汽车上的主要应用方式。为使内燃机燃用甲醇时能有良好的效果，可采用不同的掺烧方式，调整混合燃料的性质，改进内燃机结构和设计良好的掺烧及控制装置。掺烧主要是指醇燃料（甲醇或乙醇）以不同的体积比例掺入汽油（柴油）中。

掺烧的主要方法有三种：混合燃料法、熏蒸法和双供油系统法，前两种方法既可用在柴油机上，又可用在汽油机上，而双供油系统法仅用在柴油机上。醇燃料易于自然吸水且相对密度小于柴油，故与柴油的互溶性较差，一般情况主要针对醇燃料与汽油的掺烧。

最常用的方法是混合燃料法，甲醇（或乙醇）与汽油的混合燃料称为甲醇（或乙醇）汽油或称汽醇。甲醇、乙醇与汽油的混合燃料分别用 MX 和 EX 表示，X 表示醇燃料在燃料中的含量（体积分数）。例如，甲醇汽油混合燃料有 M5（含甲醇 5%）、M10（含甲醇 10%）及 M85（含甲醇 85%），纯甲醇燃料用 M100 表示。实际甲醇的含量最多为 85%～90%，其他都是添加剂。通常掺烧 3%～5% 甲醇发动机无需作出任何变化。乙醇汽油混合燃料有 E10（含乙醇 10%，现在我国主要推广）、E20（含乙醇 20%），纯乙醇燃料用 E100 表示。研究表明，如果掺烧的乙醇少于 10%，则发动机不必进行改造，只要作适当的调整，汽车性能即可与燃烧汽油时相当。掺烧比例加大时，可通过适当增大压缩比增加发动机预热装置来保证汽车的各种使用性能。同时，在混合燃料中添加助溶剂，以防止醇燃料与汽油分层。

② 纯烧类型是指单纯燃烧甲醇或乙醇燃料，主要方式有六种：裂解法、蒸气法、火花塞法、电热塞法、炽热表面法、加入着火改善剂法。其中，后三种方法仅用在柴油机上，其他方法既可用在柴油机上，又可用在汽油机上。

这种类型的优点是发动机可以根据燃料的特点进行改造。如按醇燃料的理论空燃比设计和调整供油系统，加装发动机预热装置，加大油泵的供油量，改善零部件的耐腐蚀性等。通过改造发动机，纯烧类型汽车的动力性和燃料经济性可比烧汽油时有较大的提高。

③ 改质类型现在主要是指醇燃料的改质。甲醇利用发动机的余热将甲醇生成为 H_2 和 CO，然后输送到发动机内燃烧。采用甲醇改质需要对发动机进行较大的改造，最好重新设计发动机，变性燃料乙醇是指乙醇脱水后再添加变性剂而生成的以乙醇为主的燃料。

二、醇燃料主要特性

甲醇和乙醇均是无色透明、易挥发的可燃液体。甲醇和乙醇与汽油相比，热值低、蒸发热大、抗爆性好、含氧量高。甲醇略带酒精味，有毒，进入人体会引起胃痛、肌肉痉挛、头昏、乏力等症状，严重时可导致失明甚至死亡。乙醇又称酒精，有强烈的气味，对人体的大脑神经有麻痹作用。甲醇和乙醇性质类似之处很多，与汽油相比，它们的优、缺点几乎相同，只是在程度上略有差别。另外，醇燃料吸水性强、化学活性高、容易发生早燃。甲醇和乙醇与汽油和柴油的理化性质的比较见表6-1。

表 6-1 甲醇和乙醇与汽油和柴油的理化性质比较

项目	汽油	柴油	甲醇	乙醇
分子式	C_4～C_{12}烃化合物类	C_{16}～C_{23}烃化合物类	CH_3OH	C_2H_5OH
相对分子质量 M	100～115	226	32	46
物理状态	液态	液态	液态	液态
车上的存储状态	液态	液态	液态	液态
液态下的密度(20℃)/(g/cm³)	0.72～0.75	0.82～0.88	0.7914	0.7843
沸点(常压)/℃	30～220	18～370	64.8	78.3
饱和蒸汽压/kPa	62.0～82.7		30.997	17.332
低热值/(MJ/kg)	44.52	43	20.26	27.20
混合气热值/(kJ/m³)	3750	3750	3757	3660
汽化热/(kJ/kg)	297		1101	862
辛烷值(RON)	90～106		112	111
辛烷值(MON)	81～89		92	80
十六烷值	27	40～60	3	8
闪点/℃	−43	60	11	21
自燃点/℃	415～530		470	420
理论空气量/(kg/kg)	14.9	14.5	6.52	9.05
最低点火能量/mL	0.25～0.3			
在空气中可燃范围体积比/%	1.3～7.6			

醇燃料汽车的特点主要有以下几项。

① 醇燃料中含氧量大、热值低，所需要的理论空气量比汽油或柴油少，从而保证发动机的动力性能不降低。

② 醇燃料的辛烷值比汽油高，是点燃发动机好的替代燃料，作为提高汽油辛烷值的优良添加剂，采用高压缩比提高热效率。普通汽油与15%～20%的醇燃料混合，辛烷值可以达到优质汽油的水平，但是醇燃料的抗爆性敏感度大，中、高速时的抗爆性不如低速时好。

③ 常温下为液体，操作容易，储运方便。

④ 可燃界限宽，汽油的着火极限为1.4～7.6；甲醇的着火极限为6.7～36，燃烧速度快，火焰传播速度比汽油快，可以实现稀薄燃烧，利于排气净化和空燃比控制。

⑤ 与传统的发动机技术有继承性，特别是使用汽油-醇类混合燃料时，发动机结构变化不太大，减少了燃烧室表面的燃烧沉积物，改善了发动机的排放性能。

⑥ 由于十六烷值低，着火性差，着火延迟期长，在压燃式发动机中采用醇燃料要困难得多，在点燃式发动机中应用较广。

⑦ 蒸发热大，使得醇燃料低温启动和低温运行性能恶化。但在汽油中混合低比例的醇，由燃烧室壁面给液体醇以蒸发热，这一特点可成为提高发动机热效率和冷却发动机的有利因素。

⑧ 热值低，甲醇的热值只有汽油的48%，乙醇的热值只有汽油的64%。因此，与燃用汽油相比，在同等的热效率下，醇的燃料经济性低。

⑨ 沸点低，蒸气压高，容易产生气阻。

⑩ 腐蚀性大。醇具有较强的化学活性，能腐蚀锌、铝等金属。甲醇混合燃料的腐蚀性随甲醇含量的增加而增加。另外，醇与汽油的混合燃料对橡胶、塑料的溶胀作用比单独的醇

或汽油都强，混合 20％的醇时对橡胶的溶胀最大。

⑪ 醇混合燃料容易发生分层。醇的吸水性强，混合燃料中进入水分后易分离为两相。因此，醇混合燃料要加助溶剂。

⑫ 甲醇有毒，会刺激眼结膜，也会通过呼吸道、消化道和皮肤进入人体，刺激神经，造成头晕、乏力、气短等症状。

任务二　醇燃料汽车种类

一、甲醇燃料汽车

上海通用别克 M85 甲醇燃料汽车的燃料系统如图 6-1 所示。

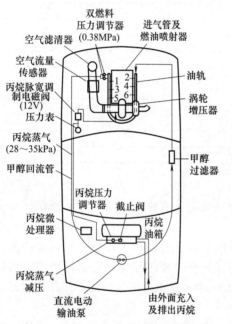

图 6-1　上海通用别克 M85 甲醇燃料汽车的燃料系统

（1）燃料系统　发动机采用博世公司的多点燃油喷射装置。向 6 个喷油器提供足够的燃油；调节喷油器的压力；使喷油器能安装到进气管上。油轨用不锈钢制造，直径由原来汽油机用的 19mm 加大到 25.4mm。燃料箱用不锈钢制造，容积为 106L。燃料箱内有一些隔板，以减少燃料的晃动。

（2）发动机　汽车采用排量为 3.8L 的 6 缸发动机。原汽油机的压缩比为 8，通过改变活塞结构将压缩比提高到 10.6，将原来使用的 ACR44TS 型火花塞改为 AC436TS 较冷型火花塞，以防止甲醇燃料早燃现象的发生。

（3）汽车性能　别克汽油汽车改用 M85 后，性能有了明显的提高。其燃料系统如图 6-1 所示。

① 动力性。与原来汽油汽车相比，功率及转矩增加，如图 6-2 和图 6-3 所示。甲醇发动机的最大功率为 182kW，发生在发动机转速为 4000r/min 时，比使用汽油时的功率增加了 22％，而最大转矩发生在转速为 3000r/min 时，比汽油机增加了 11％。

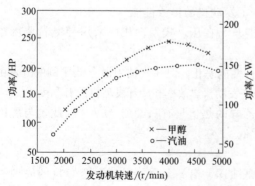

图 6-2　甲醇燃料汽车与汽油汽车的功率比较

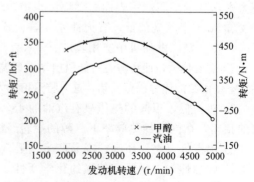

图 6-3　甲醇燃料汽车与汽油汽车的转矩比较

② 燃料经济性。按每单位热值汽车行驶的里程数计算，根据市区燃料经济性（FTP）及高速公路燃料经济性（HWFET）试验程序，甲醇燃料汽车比汽油车的行驶里程数分别增加了 11％和 13％，这表明 FTP 及 HWFET 都得到了改善。汽车在道路上实际使用的燃料经济性也表明，甲醇汽车比汽油汽车的行驶里程增加了 21％。

③ 汽车加速性及驾驶驱动性能。由四辆甲醇车及两辆汽油车进行由零加速到 96.6km/h 的加速性比较，甲醇汽车比汽油汽车平均快 1.8s。

二、灵活甲醇燃料汽车（FFV）

德国大众公司在装用排量为 2L、功率为 85kW 汽油机的 Golf Ⅲ/Jetta Ⅲ汽车的基础上，开发了新型的灵活燃料汽车，其布置图如图 6-4 所示。

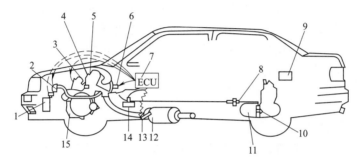

图 6-4　在 Jetta Ⅲ型汽车基础上开发的灵活燃料汽车布置图

1—活性炭罐过滤器；2—空气泵；3—敲缸传感器；4—火花塞；5—喷油器；6—废气再循环阀；
7—电控单元（ECU）；8—燃料过滤器；9—灵活燃料；10—燃料泵及油面传感器；11—氟化高密度聚乙烯燃料箱；
12—三元催化器；13—氧传感器；14—甲醇传感器；15—甲醇发动机用润滑油

灵活燃料汽车的核心部分是电控喷射系统及醇-汽油混合燃料传感器。大众 FFV 的电控喷射系统是在简洁高效的 DIGI-FANT 系统基础上改进的；以便能适应改变燃料及醇燃料所需的空燃比及点火时间等的控制，同时增加醇-汽油混合燃料传感器。它是根据混合燃料中成分不同则介电常数也不一样的原理工作的。它能以一定的精度确和灵敏度，根据燃料成分的变化及时地向电控系统提供连续变化的信息，使电控系统调整发动机的有关参数，保证发动机在满足汽车要求的最佳状态下工作，灵活燃料电控系统原理图如图 6-5 所示。

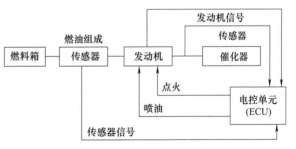

图 6-5　灵活燃料电控系统原理图

甲醇的热值不到汽油热值的一半，使用甲醇的喷油量比使用汽油时约增大一倍。DIGI-FANT 电控系统以汽油供油量为基准，根据混合燃料成分的变化相应地增加供油量，用一个多项式函数可以准确地表示该增量。发动机点火提前角的调整，也基于同样原则进行处理。DIGI-FANT 系统可以存储多达 8 组不同燃料配比的发动机特性曲线，可根据燃料成分的变化对发动机进行更细的调整。

为了满足低排放法规的要求，该汽车采用了三元催化转化器、废气再循环以及使用活性炭罐控制蒸发排放等措施，而且在发动机暖机阶段向排气口喷射额外的空气。大众汽车公司在进一步发展这种灵活燃料汽车以便达到超低排放法规要求时，准备采用蓄热器及电加热催化器，前者是将冷却水的热能储存起来以便供冷启动及暖机时使用，这样可以明显地降低非甲烷有机气体的排放（NMOG）及形成臭氧的潜在可能；后者是在三元催化转化器前加一个电加热催化器，这是为了在冷启动后暖机期间，由于排气温度低，主要催化转化器的催化剂不能起催化作用，而此阶段排放物又较高，于是通过电加热提高催化剂温度，促使其起到催化作用。

灵活燃料汽车既要使用不同醇含量的混合燃料，又要能使用汽油，因此在参数及一些相关零件特性的选择上要采取折中方案兼顾两方面的需要。在压缩比的选择上，可使用原汽油机压缩比，或者再高一些。同时，安装敲缸传感器，当发生敲缸现象时，推迟点火时间，以避免敲缸。前面提到醇燃料汽车为了避免火花塞温度过高而引起醇自燃，需采用较冷型的火花塞。对于灵活燃料汽车，则采用比原汽油机汽车火花塞稍冷一些的火花塞，而不能用过冷型，因为这对使用汽油时不利。

灵活燃料汽车的最大功率及转矩随着混合燃料中醇含量的增加而增加。灵活燃料汽车的关键部件是醇燃料传感器，安装在供油管路中尽可能靠近发动机的部位。在汽车行驶时，随时测定混合燃料中甲醇或乙醇的含量，通过输出电压的变化将甲醇含量的信息输送给电控单元（ECU），同时也在驾驶室仪表板上显示。主要改动措施有：供油系统，如需要加大喷油器直径、燃油泵最大供油量；提高压缩比等。

三、乙醇汽油汽车

中国汽车技术研究中心对乙醇汽油进行了大量的试验研究，选用两种车型（分别采用1.8L电喷发动机和1.6L电喷发动机）对三种乙醇汽油进行实验，其掺烧比例分别为：7.7%（E7.7）10%（E10）和15%（E15），并与燃用93号汽油的结果进行了比较。

1. 动力性

以车速从40km/h加速到120km/h所用时间作为加速性的评价参数，E7.7、E10、E15与93号汽油的加速性对比见表6-2。

表6-2 E7.7、E10、E15与93号汽油的加速性对比

车型		加速时间/s		变化率	加速时间/s		变化率	加速时间/s		变化率
		汽油	E7.7		汽油	E10		汽油	E15	
1.8L	4挡	22.3	22.7	1.8	23.2	23.1	−0.4	22.8	23.9	4.8
	5挡	30.0	29.3	−3.3	31.5	31.4	−0.3	30.0	30.5	1.7
1.6L	4挡	26.0	6.5	1.9	27.5	25.2	−8.4	27.1	24.7	−8.8
	5挡	37.3	38.5	3.2	37.3	37.7	1.1	38.0	36.4	−4.2

试验表明，当乙醇的掺烧比例小于15%时，加速性没有明显的变化。乙醇的混合气热值等于3.66MJ/m³，比汽油低4.2%，其动力性应比汽油低，不过15%以下的掺烧比例带来的影响最大只有0.63%；乙醇含氧高达34.8%，有利于燃烧完全，效率较高，乙醇潜热比汽油多，进气温度较低，有利于增加进气量和提高动力性；乙醇的分子变更系数也较大，有利于提高动力性。当然，由于掺烧比例小，这些有利于提高动力性的因素的影响同样很小。如果不作任何调整，乙醇汽油的动力性与基础汽油变化不大。

2. 燃料经济性

由于乙醇的混合气热值比汽油的低，因此以体积计的燃料消耗大于汽油，三种方案的平均增幅达5.3%、7.8%和9.3%，考虑到以容积计量的乙醇售价比汽油高，燃料费用会有所增加，如果充分发挥乙醇辛烷值高的优势，合理地调整点火提前角，则效果会好一些。仅仅从燃料经济性考虑，掺烧乙醇的比例也不宜太大。

3. 排放

试验表明，燃用乙醇汽油与燃用汽油相比，由于含碳比例减少以及含氧燃烧较为完全，

怠速排放的 CO 和 HC 有所下降。三种方案的 NO_x 排放与燃用汽油相比，大体相近，有高有低。这是由于：一方面乙醇的热值低，燃烧温度低，使 NO_x 排放减少；另一方面，乙醇含氧有利于 NO_x 的生成，又使 NO_x 排放增多。

任务三　醇燃料汽车的结构原理

巴西是世界上唯一不使用纯汽油作为汽车燃料的国家，其发动机结构专门为醇燃料设计，而在我国发动机专为汽油或柴油而设计，混合比低于 10％ 的醇类混合燃料可以直接使用，发动机的基本结构与传统燃料发动机基本相同，我国现在主要采用混合比为 10％ 的醇类混合燃料。但由于醇燃料本身特性和与传统燃料有所不同（见表 6-1）以及混合比不同，所以在结构上需要有所改进或变化。

一、醇燃料在汽车上的应用方式

醇燃料在汽车上的应用方式主要要有以下 4 类。

（1）掺烧　指甲醇或乙醇和汽油混合形成混合燃料燃烧。以"E"表示醇燃料的体积分数，如乙醇占 15％，则用 E15 来表示，目前，掺烧乙醇在醇类汽车中占主要地位。

（2）纯烧　即单烧甲醇或乙醇，可用 E100％ 表示，目前应用并不多，属于试行阶段。

（3）变性燃料　指乙醇脱水后，再添加变性剂而生成的乙醇，这也是属于试验应用阶段。

（4）灵活燃料（FFV）　指汽车燃料既可用汽油，又可以使用乙醇或甲醇与汽油比例混合的燃料，还可以用氢气，并随时可以切换。如福特、丰田汽车均在试验灵活燃料。

由于灵活燃料汽车能根据发动机运行工况的需要，"灵活"选择最佳的燃料进行优化组合，使发动机在整个运行范围内实现良好的动力性、经济性及排放性。试验研究结果表明，含有 85％ 甲醇或乙醇及 15％ 汽油的混合燃料的综合性能较好。国家已于 2005 年批准了"车用甲醇汽油 M85"，即国标 M85 醇基燃料，作为汽油的替代品可直接使用。

二、醇燃料汽车燃料供给系统组成与工作原理

醇燃料汽车电控燃料供给系统主要由油箱、燃油泵总成（燃油泵、粗细滤清器等）、油管、喷油器等组成（图 6-6），与传统汽油汽车电控燃料供给系统结构与工作原理基本相同。不同之处有以下几项。

① 油箱需用采用与甲醇或乙醇相容的材料制造，如不锈钢、钝化或阳极氧化处理的铝合金、氟化高密度聚乙烯、氟丁橡胶或者其他与甲醇相容的合成橡胶、纤维加强塑料等。由于醇燃料的比容积热值低，为了使甲醇燃料汽车一次加油后的续驶里程和原汽油车基本一样，油箱的容积应该加大。醇与汽油的混合燃料在低温状态会出现分离情况，解决的办法之一是在油箱中设置一电动搅拌器，需要时用机械搅拌法使其不分离。

② 由于醇燃料的润滑性差，所以需要向喷油泵供给专用润滑油，或在醇燃料加入 0.5％～1％（体积分数）的蓖麻油。

③ 需要增加一个燃料切换控制器，用以切换燃料供给模式，同时应智能改变发动机点火系统参数，使醇燃料在气缸内充分燃烧，一般是与发动机 ECU 集成在一起。

④ 喷油器采用电磁阀式，其结构如图 6-7 所示。用不锈钢制造喷油器本体，各处密封

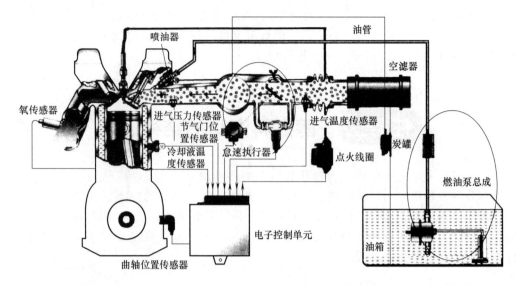

图 6-6 醇燃料汽车电控燃料供给系统组成

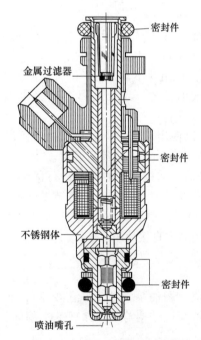

图 6-7 醇燃料汽车燃油喷油器

件的材料是氟化橡胶，而其中小型甲醇过滤器则是用能与甲醇相容的金属粉末烧结而成，孔隙甚小。喷油器的流量范围既要能满足全负荷时甲醇循环供应量的要求，又要满足使用汽油时，运转小流量要求。其工作原理与电喷汽油机类似。

1. 混合燃料法的醇燃料汽车发动机结构

（1）在点燃式内燃机上掺烧甲醇 在点燃式内燃机中掺烧甲醇不仅可以以醇代油，而且与燃用纯汽油相比，还具有如下优点：辛烷值提高，可以在无铅汽油中加甲醇，达到含铅汽油所具备的抗爆能力；可以扩大混合气的着火界限，燃用稀混合气，提高燃油经济性；可以提高压缩比，从而提高内燃机的动力性和燃油经济性；减少燃烧室表面的燃烧沉积物；改善排放性能等。

汽油发动机使用低比例（M3～M5）甲醇汽油，不需使用任何添加剂，发动机不作任何改动，车辆可以正常使用。汽油机使用 M15 甲醇汽油，发动机不作大变动，使用技术成熟，气阻、腐蚀、溶胀、互溶等技术故障可解决。

我国在点燃式内燃机中掺烧 15％的甲醇（M15）的试验研究工作进行得较多，因为 M15 是内燃机稍作变动的最高可接受的掺烧比极限。国外正式成为商品的是 M3，使用这类混合燃料，内燃机结构不需要改变，材料也是相容的。我国 M15 甲醇汽油已生产 20 万吨，加注车辆超过 1000 万辆次。

（2）在压燃式发动机中掺烧甲醇 醇燃料易于自然吸水且相对密度小于柴油，故与柴油的互溶性较差。醇燃料的十六烷值很低，着火性能差，使得醇燃料用作压燃式发动机燃料比用作点燃式发动机燃料困难，不是醇燃料应用的主渠道。现在发动机主要采用的改进方法有：加入点火促进剂，改善点火性能；高压缩比及废气再循环；电热塞法；柴油引燃法；高能电火塞法；乳化甲醇柴油。使用较多的是前两种方法。柴油机燃用甲醇应用较多的国家有美国、德国、日本等，使用的汽车多为城市公交客车和载货汽车。但因点火促进剂或发动机制造成本较高，未能使甲醇燃料在柴油机上普遍使用，同样乙醇柴油也存在类似问题，因此研究工作及应用较慢。

（3）车用掺烧乙醇汽油发动机结构　掺烧是乙醇燃料在汽车上的主要应用方式。掺烧后的乙醇汽油的辛烷值比汽油高，燃用乙醇汽油发动机的压缩比可以提高。我国主要应用的掺烧比例比较小时（小于10%），发动机的结构基本不变。

2. 熏蒸法的醇燃料汽车发动机结构

熏蒸法是利用醇燃料表面张力及黏度低的特点，通过不同方式将醇燃料雾化、汽化后从进气管送入燃烧室。可利用流动的空气流、机械部件等使醇燃料雾化，或者利用冷却水或排气的热量加热醇燃料，使其汽化。采用熏蒸法掺烧醇燃料都要在发动机上增加一些零部件。尽管目前在汽车上实际应用的并不多，但在将含水醇燃料用作内燃机燃料又不采用价格贵的助溶剂时，掺烧方法更有参考的价值，主要方法有两种：低压喷嘴法和甲醇蒸气法。

（1）低压喷嘴法的醇燃料汽车发动机结构改进　在气缸盖进气道上安装喷油器，如图6-8所示，在进气行程将甲醇喷入进气道，与空气雾化混合后进入气缸。也可对着气流的方向喷入甲醇，增加甲醇油束与空气流动的相对速度，促进甲醇颗粒的细微化及雾化。这种方法可掺烧70%的甲醇，每缸要安装一个喷油器，而且需要有控制喷甲醇的时间及喷醇量的装置。

（2）甲醇蒸气法的醇燃料汽车发动机结构改进　利用内燃机排气或冷却循环水的热量，将醇燃料变成气体后送入燃烧室，这种方法可以掺烧不同比例以及100%的醇燃料。甲醇蒸气可用于汽油机及柴油机，可以掺烧甲醇或者纯醇燃料燃烧。

利用废气热量使甲醇变成蒸气的装置如图6-9所示。其工作原理是：电动泵将甲醇送到加热器，使甲醇温度升高，而后送入蒸发器，使甲醇变成稍微过热的气体，送入与空气混合的混合器，形成混合气进入气缸。通过阀门调节流入蒸发器的废气量，从而改变甲醇的蒸发量。当蒸发器离发动机进气管较远时，布置中间加热器，使甲醇蒸气不会在与空气混合流入气缸前部分冷凝成液态。

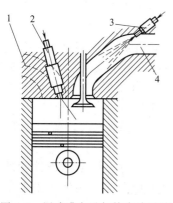

图6-8　用喷嘴向进气管中喷甲醇

1—排气道；2—柴油喷油器；
3—甲醇喷油器；4—进气道

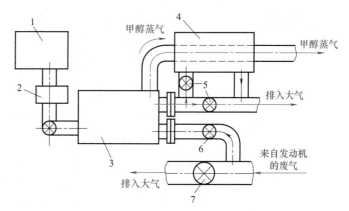

图6-9　利用废气热量使甲醇变成蒸气的装置

1—甲醇油箱；2—电动油泵；3—加热器；4—蒸发器；5～7—阀门

利用循环水热量的甲醇蒸发器示意图如图6-10所示。其工作原理是：甲醇的沸点为65℃，而冷却水的温度一般都在70～90℃，因此可以用冷却水的热量使甲醇变成气态。蒸发器中蒸气表压达到两个大气压，乙醇也可使用。当真空压力管处的真空度较大时，膜片在弹簧作用下向上移动，从而通过压力调节杆的移动使阀门关闭。这样通过甲醇蒸气出口处输出的醇蒸气量减少。当真空压力管处的真空度小时，则通过压力调节杆的移动使阀门打开，于是输出的甲醇蒸气量增加。这样可以改变混合气中的甲醇蒸气量，即改变混合气的空燃比，实现了质的调节。如有需要，还可以向进气管中喷入液态甲醇。当蒸发器中输出甲醇蒸气的阀门开度一定时，则通过发动机进气总管中的阀门，调节进入发动机燃烧室中的混合气数量，实现量的调节。在高负荷时，通过与点火提前调节机构一起的真空度控制机构减少膜片上的真空度，从而向进气管提供浓混合气。在低负荷时，则增加膜片上的真空度，向发动机提供稀混合气。

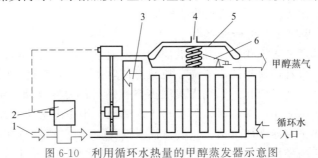

图 6-10 利用循环水热量的甲醇蒸发器示意图

1—甲醇燃料入口；2—控制甲醇液面阀门；3—循环水出口；4—真空压力管；5—膜片；6—压力调节杆

在暖机期间冷却水的温度上升得较慢，升高后与甲醇沸点之间的温差较低，但可以控制得较为稳定，而排气温度却随着负荷的变化而变化，不太稳定。利用冷却水的热量使甲醇汽化，可以使冷却系统设计得容量稍小，较为紧凑，并减小风扇消耗功。在有的甲醇蒸发装置中，使用排气热量加热水，再利用冷却水的热量使甲醇变成气态。发动机启动时，可以用丙烷或甲醇燃烧器来加热蒸发器，使蒸发器达到一定温度后才使发动机启动。这个过程只需几分钟。在发动机冷态运转时，还可以向进气管喷射补充的甲醇。

3. 双燃料喷射系统的醇燃料汽车发动机结构

双燃料喷射是指柴油机具有两套分开的喷油泵-喷油器系统、或者一套喷油泵-喷油器系统，但能向气缸内喷射两种不同的燃料。采用双燃料喷射系统的目的是能在柴油机上燃用大比例的醇与柴油的混合燃料或者用少量的柴油引燃大量的醇燃料。

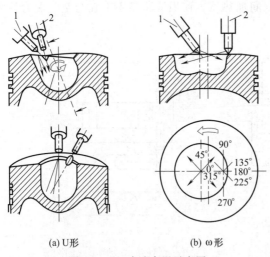

图 6-11 双喷油布置示意图

1—甲醇喷油器；2—柴油喷油器

（1）两套喷油泵-喷油器系统 其中一套喷射醇燃料，而另一套则喷射引燃柴油。在 U 形和 ω 形两种燃烧室上，喷油器布置方案之一如图 6-11 所示。全负荷时甲醇喷射量（体积比）达到 90%，而引燃柴油为 10%。

影响双燃料喷射系统柴油机性能的主要因素有引燃油束的喷射角度、喷射定时和引燃油量。

（2）供油管及喷油器的结构 将现行的喷油器前的高压油管稍加改装，利用喷油泵出油阀回位时，在出油阀上部至喷油器之间的高压油管内产生负压，醇燃料或其他替代燃料在此负压作用下，通过单向阀被吸入喷油器。被吸入的替代燃料在高压柴油紊流作用下形成乳化液后喷入燃烧室。

（3）双燃料汽车用新型供油系统 为了使引燃柴油可靠着火，同时又能将甲醇点燃，必须创造两个条件：一是甲醇油束紧靠着柴油油束；二是引燃柴油必须集中，形成能可靠着火的较浓混合气。如果能共同利用原来柴油机的喷油泵及喷油器系统，那就更为理想了。日本丰田公司根据这一设想，在原来柴油机用的喷油泵、喷油器的基础上开发了单一的喷油泵、喷油器供应双燃料的新型供油设备，如图 6-12 所示。

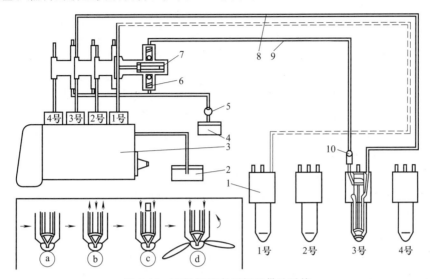

图 6-12　双燃料汽车用新型供油系统

1—喷油器；2—甲醇油箱；3—喷油泵；4—柴油油箱；5—电动输油泵；

6,10—止回阀；7—加油器；8—甲醇油管；9—柴油油管

改造原来的喷油器即在原喷油器针阀中心加工出供应柴油的孔道，另外增加一个柴油加油器，分别设置柴油及甲醇油箱。现以发火（供油）次序为 1-3-4-2 的四缸发动机为例，说明其工作原理：原来的柴油喷油泵用来供应主要的燃料——甲醇，而引燃柴油则由对应四个气缸的加油器供应。它们是由甲醇喷油泵供油管分支油管中的甲醇压力推动其中小柱塞进行工作的，另外由一个电动输油泵将柴油油箱中的柴油供应到各个加油器中。

甲醇喷油泵中 1 缸柱塞将甲醇通过油管压送到 1 缸的喷油器时，油管分支管路将一部分有压力的甲醇送到下一个发火的 3 缸柴油加油器中，推动其中小柱塞。将一定量的引燃柴油压送到 3 缸喷油器的喷油器针阀中心孔道中，等待下一次 3 缸喷油器喷甲醇时，和甲醇一起喷入气缸中。而 1 缸喷油器针阀中心孔道中已有上一次发火的 2 缸喷油泵的高压甲醇，通过对应的柴油加油器送来的柴油和甲醇一起喷入气缸。甲醇油束处于中心部位，而柴油油束包围在外面，二者并不混合，周围的柴油形成的混合气首先被压燃，然后引燃甲醇混合气。

柴油集聚及甲醇柴油喷射的情况如图 6-12 中左下角的小图所示。柴油是通过喷油器针阀中间孔道流入的，中间孔道上方设有一个单向的球形止回阀。图 6-12 中左下角 a 表示紧接着刚喷过油后的情况，此时在剩余压力作用下柴油与甲醇处于压力平衡状态，中间孔道中的柴油被周围油路中剩余的甲醇包围着；图中 b 表示由柴油加油器送来的柴油将周围油路中的甲醇稍许向上压去；图中 c 表示由喷油泵送来的甲醇，将柴油向上压，使单向球形止回阀关闭，使柴油留在止回阀与针阀座空腔之间；图中 d 表示喷油泵供应甲醇，针阀抬起，甲醇及柴油一起喷入气缸，形成了外面是柴油、中间是甲醇的油束喷雾。

三、车用高比例和纯醇燃料发动机结构

1. 甲醇点燃式发动机原理

这种发动机主要指甲醇（M85～M100）点燃式内燃机。当燃用甲醇含量超过容积的

85％时，内燃机需进行一系列设计修改。

① 提高电动汽油泵的供油压力，以避免产生气阻、影响供油。例如，有的汽油泵采用大于 3.0MPa 的压力。

② 混合气的形成装置必须与甲醇较低的热值以及较少的空气需要量相适应。

③ 采用高压缩比以充分利用甲醇高辛烷值的特性，压缩比可提高到 9～11。

④ 采用更合适的混合气形成装置。对混合气形成装置进行改进设计。

⑤ 选择合适的火花塞和火花塞间隙。压缩比提高后，宜采用冷型火花塞。

⑥ 解决冷启起动不利的因素。例如：辅助汽油喷射、电加热、火焰启动装置、热分解燃油、催化分解燃油、增加点火能量、燃油雾化、燃油中添加低沸点的添加剂。

⑦ 改善有关零件的抗腐蚀性和抗溶胀性等，尤其是提高供油管路的金属件、橡胶件和塑料的性能，如油压调节器的膜片。

⑧ 加大燃料箱，以保证必要续驶里程；或采用双油箱结构。

⑨ 提高发动机的压缩比，为充分利用醇燃料高辛烷值的特点，应加大点火提前角调整 2°～5°。

2. 车用甲醇改质发动机原理

将含水甲醇分解为 H_2 及 CO 称为改质甲醇。甲醇/汽油混合气易分层，纯甲醇燃料冷启动困难，而且它们的热效率也不是很理想。人们试图寻求一种新的应用方式，以期达到更好的效果。甲醇改质是利用发动机排气的余热将甲醇改为 H_2 及 CO，然后输往发动机。改质甲醇的最大火焰传播速度仍然高达 215cm/s，远远大于汽油。这个特性有利于热效率的提高。

3. 车用纯乙醇汽油发动机原理

用纯乙醇作为燃料应对发动机进行必要的改动，以提高压缩比（9～11），充分发挥乙醇辛烷值高的优势。压缩比提高后，宜采用冷型火花塞；加大输油泵的供油能力，以避免气阻；用附加供油系统及加强预热等措施，改善冷启动；加大燃料箱，以保证必要续驶里程，改善有关零件的抗腐蚀性和抗溶胀性等。

4. 车用纯醇燃料柴油机结构与原理

在柴油机中燃烧纯醇燃料，首先要解决能稳定着火及实现较好工作过程的问题。应用和研究的方案有：火花塞法、电热塞法、高温表面着火法、裂解甲醇法、醇燃料蒸汽法、醇燃料加着火改善剂法、大幅度提高压缩比。

除醇燃料加着火改善剂法外，每种方法都要改动柴油机的结构，或者增加一些零部件。原则上这些方法都适用于甲醇及乙醇，由于乙醇产量少，价格偏高，过去主要在柴油机上采用这些方法进行甲醇试验研究。

（1）火花塞法 在汽油机上本来就有火花塞，因此实现纯醇燃料奥托循环较方便。在柴油机上安装火花塞及点火系统，用火花能量点燃纯醇燃料主要考虑以下几点。

① 燃料喷射时间及点火时间。由于醇的热值低，在相同的功率条件下，喷入气缸内的甲醇在数量上比传统燃料多一倍多，因此要改变喷射速率及喷射时间，否则喷射结束得过迟就会降低燃烧效率。燃料喷射及点火时间不当，火花塞可能受到过多的燃料喷注的浸湿，从而使燃料不能着火，产生丢火现象，因此要注意改变喷射速率，寻找最佳的喷射时间、点火时间及其相互配合。

② 火花塞的位置及电极长度。火花塞的位置要慎重选择，同时要采用较长的电极，使火花塞的电极接触到较多的油雾，而又不受到过多的液体燃料的冲洗和污染。加长电极既可以使火花塞伸入燃烧室内，又因一部分凸出在壳体之外，使得受热面积加大，从而提高了低

速、低负荷时的电极温度，而在高速、高负荷时，空气流动增加，凸出部分受到较好的冷却。

在国产 195 涡流燃烧室柴油机上，保持喷油器位置不变，在气缸盖水平方向布置火花塞，采用较长的火花塞使其电极达到 B 或 C 位置，可使该发动机燃用甲醇时能连续、稳定地运转。当火花塞电极跳火缝隙处于 A 或 D 位置时，则启动困难，着火也不稳定，如图 6-13 所示。

（2）电热塞法　在传统的石油燃料发动机中，电热塞是用于改善冷启动性能的。醇燃料的自燃温度高，着火性能差，但容易受高温炽热表面的作用而着火。在燃烧室中安装电热塞是使醇燃料着火并实现较为稳定燃烧的有效措施。这对中等负荷及部分负荷是更为必要的。电热塞在统一燃烧室和分隔燃烧室中安装位置的比较如图 6-14 所示。

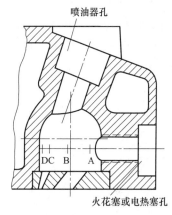

图 6-13　在涡流燃烧室气缸盖上布置火花塞的位置示意图

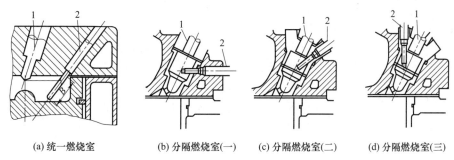

(a) 统一燃烧室　　(b) 分隔燃烧室(一)　　(c) 分隔燃烧室(二)　　(d) 分隔燃烧室(三)

图 6-14　电热塞在统一燃烧室和分隔燃烧室中安装位置的比较

1—喷油器；2—电热塞

（3）裂解甲醇法　将无水或含水很少的甲醇分解成 H_2 及 CO 称为裂解甲醇。裂解甲醇燃料发动机的基本组成如图 6-15 所示。其工作原理是：甲醇先在蒸发器中变成气体，然后在裂解反应器中被分解为 H_2 及 CO，再经过冷却与空气混合进入发动机。蒸发器可以采用管式换热器，用 $90\%\sim100\%$ 的循环冷却水或废气余热加热。裂解后气体可用水冷却。裂解反应器通常用废气加热。催化剂可用铂、铑、铜、锌、铝或铬等。

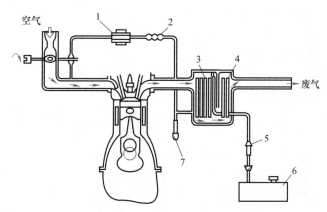

图 6-15　裂解甲醇燃料发动机的基本组成

1—压力调节器；2—裂解气冷却器；3—裂解反应器；4—蒸发器；

5—燃料泵；6—燃料箱；7—安全放气阀

（4）表面着火法　在汽油机中，由于高温点火引起的可燃混合气的早燃是一种不希望有的异常燃烧现象。甲醇的抗爆燃性虽较高，但相比于汽油，它在较低的表面温度下更容易着火。而甲醇在柴油机中又难于着火，于是便产生了在柴油机燃烧室中用外源能量形成高温表面使甲醇着火的方案。

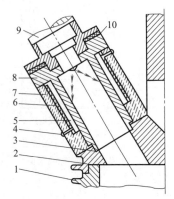

图 6-16　甲醇表面着火柴油机
燃烧室部分的方案

1—气缸；2—气缸盖；3—铜密封热；
4—电极；5—空气间隙；6—电热带；
7—陶瓷套管；8—不锈钢套燃烧室；
9—轴针式喷油器；10—绝缘材料制的垫片

甲醇表面着火柴油机燃烧室部分的方案如图 6-16 所示。电热带所产生的热量使不锈钢套燃烧室内表面的温度高于甲醇的着火温度，由喷油器喷出的甲醇油雾接触到高温表面后便自行着火。发动机启动运转一段时间后，便不再消耗电能加热表面。

（5）采用着火改善剂　在柴油机中使用加了着火改善剂的纯醇燃料，就无需对柴油机做大的变动，并且随时可以改用柴油，是一种较简便、理想的方法。其关键是要研究出优良的添加剂，如环己基硝酸盐、三乙基铵硝酸酯、异丙基硝酸酯等。

（6）高压缩比压燃法　从理论上分析，要使醇燃料在原柴油机的基础上不用任何助燃措施，只用压燃方式组织燃烧过程，压缩比要达到 26 以上。如此高的压缩比会使发动机的机械负荷及热负荷增加，发动机容易发生零件强度等方面的问题。这种方法适用于部分负荷工况下工作的时间较多的公共汽车的醇燃料发动机，主要的技术是高压缩比加助燃剂。

任务四　醇燃料汽车检修与故障诊断

一、醇燃料的正确使用

1. 车用乙醇汽油

（1）车用乙醇汽油的组成　车用乙醇汽油由车用无铅汽油、变性燃料乙醇和改善其使用性能的添加剂组成。变性燃料乙醇是以玉米、小麦、薯类、甘蔗、甜菜、纤维素等为原料，经发酵、蒸馏制得乙醇，脱水后再添加变性剂变性的燃料乙醇。变性剂是车用无铅汽油，添加到燃料乙醇中主要是为了防止人们以为是食用酒精误食。

国家质监总局组织制定了 GB 18350—2013《变性燃料乙醇》国家强制性标准。该标准要求燃料乙醇与变性剂的体积混合比为 100∶2～100∶5，即变性剂在变性燃料乙醇中的体积含量为 1.96%～4.76%，且变性剂的质量应符合 GB 17930—2016《车用汽油》的要求。

（2）车用乙醇汽油的牌号　按 GB 18351—2015《车用乙醇汽油 E10》规定，我国车用乙醇汽油目前有三个牌号，分别是 90 号、93 号和 97 号，与车用汽油一样，其牌号是按研究法辛烷值大小来划分的，数值越大，表示车用乙醇汽油的抗爆性越好。

（3）车用乙醇汽油的正确选用　车用乙醇汽油的选用与车用汽油一样，主要是根据发动机的压缩比。发动机的压缩比越高，所需使用的乙醇汽油牌号就越高，可在汽车的使用说明书中查到发动机的压缩比和汽车生产厂家推荐的乙醇汽油牌号。车用乙醇汽油的基本选用原则是：压缩比在 8.0 以下的发动机，应选用 90 号车用乙醇汽油；压缩比在 8.0～8.5 之间的发动机，应选用 93 号车用乙醇汽油；压缩比在 8.5～10.5 之间的发动机，应选用 97 号车用乙醇汽油。

2. 车用甲醇汽油

车用甲醇汽油没有相应的国家标准，但其牌号应达到 GB 17930—2016《车用汽油》的相关要求，其使用可参照车用乙醇汽油的有关规定进行。

二、使用醇燃料的注意事项

1. 使用前需要对车辆进行相应的调整

（1）彻底清洗燃料系统和燃料箱 这是首次使用乙醇汽油前所必须做的一项工作。醇燃料具有较强的清洗作用，在使用初期，会把原来附着在燃料箱壁上或沉积在燃料箱底部的胶质颗粒、铁锈等杂质清洗下来，混入燃料中，由油管吸入油路，造成汽油滤芯、化油器雾化喷油器、电喷车的喷油器等被杂质阻塞而熄火。同时，甲醇和乙醇具有亲水性，可以任意比例与水混合。在首次加入甲醇汽油或乙醇汽油时，积存在燃料箱底部的水就会与甲醇汽油或乙醇汽油混合，造成油品分层，出现不易点火现象，影响发动机的正常工作。

（2）更换泡沫塑料件和橡胶件 对汽油泵的泵膜要及时检查、更换；橡胶垫圈要选用材质好、耐溶胀的，或备足配件，发现有溶胀、变形时及时更换。

（3）调整点火时间 对低比例掺烧的乙醇汽油或甲醇汽油，因不提高发动机的压缩比，为充分利用醇燃料高辛烷值的特点，应根据车型车辆的不同特点，对点火时间略作提前调整，一般调整量为 2°～5°。

（4）调整怠速 根据车型车辆的不同使用特点，进行实车调整。

（5）调整可燃混合气的混合比 醇燃料的热值比汽油和柴油低，甲醇、乙醇、汽油和柴油的低热值见表 6-1。而且，醇燃料理论混合气的热值比汽油和柴油低，甲醇空气、乙醇空气、汽油空气和柴油空气的理论混合气热值见表 6-1，若不加大燃料供给量，不仅动力性下降，其他性能也会受影响。因此，应适当调浓可燃混合气的混合比，以提高车辆的动力性和燃料经济性。

2. 在使用初期应加强车辆的保养和维护

在使用乙醇汽油前对油路的清洗未必十分彻底，仍可能有残存的少量杂质进入油路。因此，在用完第一箱乙醇汽油后，要对车辆再进行一次检查和清理。

① 对油路系统再进行一次清洗，去除杂质。

② 对汽油泵进行清洗。汽油泵为齿轮泵结构，制造精密，齿轮泵对侧间隙要求极为严格。电动汽油泵的进油口滤网是油品进入供油系统的第一道关口，如果油品中杂质含量过多，汽油泵的滤网就有先被堵塞的可能，造成吸不进油，使油泵空转。油泵长时间空转，会使汽油泵齿轮侧向间隙磨损超标，从而使油泵失去泵油作用。

③ 检查燃料箱盖上的空气阀。燃料箱盖上的空气阀的作用与呼吸阀的一样。当燃料箱内的油料逐渐用掉时，随着燃料箱内油面的下降，燃料箱内的压力降低，这时燃料箱盖上的空气阀打开，吸入空气，平衡燃料箱内的压力。反之，当天气较热时，燃料箱内的部分油料挥发成气态，压力升高，超压的气体又经燃料箱盖上的空气阀自动打开而排出，保持燃料箱内气压的稳定。如果燃料箱盖上的空气阀堵塞，或橡胶密封垫的材质不适应，而引起溶胀、粘连现象，使空气阀不能自动打开而出现负压，就有可能发生不供油的现象。

排除故障的方法是：打开燃料箱盖，使空气进入消除负压；检查燃料箱盖上的空气阀，保持其畅通。

三、醇燃料存在的问题

1.混合燃料的分层问题

甲醇与汽油在常温下不能互溶，混合燃料存在分层。乙醇既有亲水性又有亲油性。乙醇有较强的吸水性，混有水分越多，分层越明显，使汽油和乙醇互溶性变差，影响燃油的品质。由于混合不均匀，导致燃料供给实际失控，发动机性能下降，运转不稳。因此，分层问题是醇燃料发动机必须解决的首要问题。

甲醇与汽油的互溶性取决于温度、甲醇的含量和水的含量。在同一配比下，甲醇与汽油的互溶性随温度升高而改变，反之亦然。当甲醇含量较小时，随着甲醇含量的增加，甲醇与汽油的互溶性下降，分层区域扩大。当甲醇含量达到一定比例时，互溶性最差。继续增大甲醇含量互溶性回升，分层区域减小。当混合燃料中水的含量增加时，甲醇与汽油的互溶性下降，分层区域扩大。例如当含水量从0.05％增加到0.5％时，M15发生分层的温度增高7～8℃。试验表明，在20℃、−5℃和−20℃时不分层的甲醇最大加入量分别为5％、2％和1％。北方冬季的使用环境下，可以认为甲醇与汽油是不相溶的。

乙醇与汽油可以互溶，但抗水性较差，乙醇汽油一旦遇水就会发生分层，影响使用效果。当然这种分层并不意味着截然分开，而是造成燃料箱上、中、下各部乙醇与汽油的比例不同。试验表明，乙醇汽油的分层温度随乙醇汽油中含水量的增加而增高。以E10为例，当调和汽油含水量小于3‰时，分层温度为−30℃。

因此，应当严格限制基础油的含水量。在相同含水量的情况下，分层温度随乙醇含量的增加而降低。

2.腐蚀问题

甲醇和乙醇对汽车燃料系统的许多金属都有腐蚀性，腐蚀铜、铁、铝、铅、锌、镁及其合金。它们在生产过程中一般会含有一定量的酸性物质，加之醇有吸水性，在储存过程中难免会含有水分，这些酸性物质受到空气的氧化或细菌发酵也会产生少量的有机酸。醇燃料在燃烧过程中会形成对金属有腐蚀作用的甲醛及硫化物等，醇类汽油对供油系统和进气系统的金属元件（如燃油箱、输油管）有腐蚀作用。

混合燃料中即使含有3％的醇也会使燃料腐蚀性大大增强，醇含量越高，腐蚀性越大。防止醇燃料腐蚀发动机金属的基本途径有两个：一是改变发动机金属材料，使用耐腐蚀的金属制造发动机；二是在燃料中加防腐蚀添加剂。相比之下，前者成本高，而且只适用于新发动机的制造；而后者则更简便，成本低，效果好。实践证明，在燃料中加入少量防腐剂就能有效防止金属被腐蚀。

3.溶胀问题

醇燃料还对橡胶和塑料部件有腐蚀作用，发动机燃料供给系统中的许多零部件都是由橡胶、塑料等材料制成的，在醇燃料中会出现溶胀、变粘或龟裂等问题进而失效；油路供给系统中燃油压力调节器的膜片和燃油软管是橡胶制品，在醇燃料中会发生溶胀、变硬、变脆或软化等现象，纤维垫片会逐渐软化而导致漏油。

当使用混合燃料或用汽油作为改善醇燃料冷启动性能的添加剂时，对橡胶和塑料部件的腐蚀性更强。这是由于混合燃料中的醇能增强燃料在橡胶和塑料表面的润湿作用，从而有利于汽油组分向其内部渗透。

应该注意的是，不同橡胶或塑料在汽油、混合燃料和纯的甲醇或乙醇中的溶胀作用有明显的差异，因此在使用醇燃料或混合燃料时，应选择合适的橡胶或塑料材料作为燃料系统部件。当混合燃料中的甲醇比例较低（如小于10％）时，腐蚀和溶胀的作用很小，可以直接应用而不必采取相应的措施。当采用高比例醇燃料时，应配以耐油性好的橡胶材料。据研究氟橡胶、氟硅橡胶、聚硫橡胶、改性丁腈橡胶、氯丁橡胶、氯磺化聚乙烯和均聚氯醇橡胶等耐醇、汽油和混合燃料的能力较好。塑料件（如一些发动机的滤芯用泡沫塑料制成）可以更换成陶瓷或尼龙材质。

4. 发动机磨损问题

醇燃料发动机在使用中，气缸和活塞环的磨损加重。由于醇燃料的汽化潜热高，易因汽化不良而以液态形式冲刷气缸壁，润滑油膜被洗掉而破坏气缸油膜，而且稀释润滑油或使润滑油乳化，导致润滑环境恶化，使活塞环和气缸壁等发动机机件的腐蚀磨损增加。另外，醇燃烧时会生成有机酸（甲酸或乙酸），能直接腐蚀金属，造成腐蚀磨损。进入润滑油中的甲酸或乙酸还能与润滑油中的抗氧防腐剂发生反应而使其失效，从而增大各摩擦部位的腐蚀和磨损。

5. 启动问题

醇燃料低温启动和低温运行性能恶化，发动机热态停车后启动困难。甲醇和乙醇的闪点比汽油高，甲醇在5℃以下、乙醇在20℃以下在进气系统中很难形成可燃混合气，如果发动机不加装进气预热系统，燃烧全醇燃料时汽车难以启动（在高温和高海拔地区更明显）。醇燃料的汽化潜热比汽油高两倍多，在寒冷地区会使混合燃料难以汽化，不易启动。试验表明，醇燃料发动机在不低于−22.5℃时均能顺利启动。

6. 气阻问题

醇燃料的沸点比汽油低，蒸气压比汽油高，在夏季使用时，容易产生醇燃料在燃料供给系统中大量蒸发而使供油量下降，甚至供油中断的气阻现象；其解决方法是加强发动机与燃料供给系统间的隔热。此外，还可采用提高油泵的泵油能力来解决产生气阻的问题。

7. 动力性与燃料经济性问题

使用醇类汽油后，汽车的燃料经济性和发动机动力性略有所下降，可适当提高压缩比和增大点火提前角，对电喷发动机进行匹配，延长喷油时间。

8. 安全性问题

安全性包括对人体的危害程度、对环境的影响以及在生产、供应、使用过程中的安全性。

（1）醇燃料的毒性及对人体的影响 甲醇有毒，会刺激眼结膜，也会通过呼吸道、消化道和皮肤进入人体，刺激神经，造成头晕、乏力、气短等症状。

（2）醇燃料对生态的影响 醇燃料在生产、供应和使用过程中难免蒸发和泄漏，污染局部地区的空气、水和土壤，影响水域和陆地的生态。

（3）醇燃料的安全性 醇燃料的闪点较汽油高，在生产、供应和使用过程中的着火危险性较汽油小，但其闪点仍然偏低，在生产、供应和使用过程中的着火危险性仍然较大，与汽油的生产、供应和使用一样，应着重预防火灾的发生。

（4）醇燃料在使用过程中的排放 在使用方面，由于醇燃料含氧量高，燃料燃烧完全，排气中的NO_x、HC、CO含量较使用汽油时低，虽然排气中的醇燃料不完全燃烧产物甲醛、乙醛、甲醇含量较高，但通过在排气管中采用适当的催化剂即可将排气中的甲醛、乙醛、甲醇含量大大降低。醇类发动机排放的光化学反应性低于汽油机，大气中未燃甲醇、乙醇的光化学反应性也比烃类要低，产生光化学烟雾的可能性较汽油小。因此，从安全性分析，醇燃料对人体、生态的影响较汽油要小，在使用中的排放污染也比汽油少。

综上所述，醇燃料来源丰富，作为发动机燃料使用在动力性上与使用汽油接近，虽对发动机的使用性能有一定影响，但可采取相应的措施而予以解决。从替代的经济性来看醇燃料不如汽油，但由植物生产的醇燃料是再生能源，若国家出台相应的优惠政策给予支持，则醇燃料在经济性上也是可行的。醇燃料对人体、生态的影响较汽油要小，在使用中的排放污染也比汽油少，是一种清洁替代燃料，应大力推广使用。

四、正确使用醇燃料汽车

1. 首次使用前要对车辆内部进行清洗

由于醇燃料具有较强的溶解清洗特性，会将油箱、油路中沉淀、积存的各类杂质，如铁锈、污垢、胶质颗粒等软化溶解下来，混入油中，造成油路不畅。因此，一般行驶里程在3万公里以上以及确认供油系统较脏的车辆在使用乙醇汽油前都应当进行清洗。清洗作业应当在具有二类以上资质的汽车维修厂，严格按照规范进行，重点对油箱、燃油滤清器、油泵、化油器、喷油器、油路及油路滤网逐项进行清洗，排出油箱底部积存的水分。对一些与醇燃料不相适应的橡胶、塑料部件进行更换。

2. 防止醇燃料吸水

醇燃料是亲水性液体，易与水相溶，而且能将潮湿空气中的水分吸入，因此甲醇油箱要注意密封。

3. 夏季使用需注意

夏季气温较高，醇燃料的挥发性增大，易造成油路气阻，使油路不畅，所以夏季加油时不要将油箱加得太满，要留有一定的膨胀和气化空间。

4. 醇燃料对橡胶有影响

试验表明，绝大多数橡胶件均能适应醇燃料，有少数几种不适应，改装醇燃料的汽车应该予以更换。

5. 按压缩比选择醇燃料

一般情况下，压缩比在7.5～8.0的应选用E90号车用乙醇汽油；压缩比在8.0～8.5的应选用E93号车用乙醇汽油；压缩比在8.5～9.0的应选用E95号车用乙醇汽油；压缩比在9.0以上的应选用E97号车用乙醇汽油。

掺烧是醇燃料在汽车上的主要应用方式，为使内燃机燃用醇燃料时能有良好的效果，可采用不同的掺烧方式，调整混合燃料的性质，改进内燃机结构、设计良好的掺烧及控制装置。

总　结

1. 醇燃料汽车是使用醇基燃料（甲醇、乙醇等）的汽车统称。

2. 具有节能、安全、环保、原料来源广泛、抗爆性好的特点，缺点是冷启动困难、易产生气阻、动力性能有所下降、发动机磨损大。

3. 醇燃料在汽车上应用方式主要有掺烧、纯烧、变性燃料和灵活燃料4类。掺烧是醇燃料在汽车上的主要应用方式。

4. 醇类发动机结构原理与传统汽油机类似，只是零部件材料要求更高，能适应醇燃料要求，使用中也应该注意相应问题。

5. 醇燃料存在的问题有混合燃料的分层问题、腐蚀问题、溶胀问题、发动机磨损问题、启动问题、气阻问题、动力性与燃料经济性问题和安全性问题。

6. 醇燃料首次使用前要对车辆内部进行清洗。

7. 防止醇燃料吸水、夏季使用需注意气温的影响。

8. 醇燃料对橡胶有影响，应当注意对橡胶件的选择。

9. 按发动机压缩比选用醇燃料。

课 程 训 练

1. 认识裂解甲醇燃料发动机的基本组成。
2. 做一次醇燃料初次使用前的车辆内部清洗。
3. 认识灵活燃料发动机燃料供给系组成。

太阳能汽车结构原理与检修

知识目标

1. 认知了解掌握太阳能汽车的结构原理。
2. 认知了解掌握太阳能电池的种类和性能。
3. 认知了解掌握驱动电动机的种类和性能。

技能目标

1. 掌握太阳能汽车使用和维护的要点。
2. 掌握太阳能汽车的驾驶控制系统。
3. 掌握太阳能汽车的电力、驱动及机械系统。

相关知识点

1. 太阳能电池的发电原理。
2. 太阳能电池还有哪些应用？
3. 太阳能汽车为什么需要蓄电池？

任务一　太阳能汽车认知

太阳能是一种有利于生态、清洁的能源，太阳能汽车可以说是真正"零排放"交通工具。但是，汽车能够从太阳能电池组中获得的功率，取决于太阳照射的比功率和太阳能电池组面积的大小。

当阳光垂直照射到太阳能电池组表面上时，照射的比功率为 $1kW/m^2$，在一般情况下，平均比功率只有它的 1/3。考虑到太阳能汽车必须沿城市公路行驶，车上太阳能电池组的面积不可能太大，一般都限制在 $6m^2$ 以下，再考虑到现代化光电转换装置的效率约为 14%，即使在最为有利的气候条件下，太阳能电池组的瞬间功率也不会趈过 $1kW$。

将太阳光转换成电能是利用太阳能的一个重要途径。人们早在 20 世纪 50 年代就制成了第一个光电池。将光电池装在汽车上，用它将太阳光不断地转换成电能，再用电能启动汽车，即太阳能汽车是以太阳能作为动力源的汽车。它利用太阳能电池，将太阳能转换为电能，由电能带动电动机运转，再由电动机驱动汽车行驶。

一、太阳能电池的发电原理

太阳能电池的发电原理是基于半导体的光生伏特效应将太阳辐射能直接转换为电能。在晶体中电子的数目总是与核电荷数一致，所以 P 型硅和 N 型硅是呈电中性的。如果将 P 型硅或 N 型硅放在阳光下照射，光的能量通过电子从化学键中释放出来，由此产生电子空穴对，但在很短的时间内（在微秒范围内）电子又被捕获，即电子和空穴"复合"。P 型材料和 N 型材料相接时，将在晶体中 P 型和 N 型材料之间形成界面，即 P-N 结。此时在界面层 N 型材料中的自由电子和 P 型材料中的空穴相对应。由于正、负电荷之间的吸引力，在界面层附近 N 型材料中的电子扩散到 P 型材料中，而空穴扩散到 N 型材料中与自由电子复合。

这样在界面层周围形成一个无电荷区域，通过界面层周围的电荷交换形成两个带电区，即通过电子到 P 型材料的迁移，在 N 型区形成一个正的空间电荷区和在 P 型区形成一个负的空间电荷区。

对不同材料的太阳能电池，尽管光谱响应的范围是不同的，但光电转换的原理是一致的。如图 7-1 所示，在 P-N 结的内静电场作用下，N 区的空穴向 P 区运动，而 P 区的电子向 N 区运动，最后造成在太阳能电池受光面（上表面）有大量负电荷（电子）积累，而在电池背光面（下表面）有大量正电荷（空穴）积累。如果在电池上、下表面引出金属电极，并用导线连接负载，在负载上就有电流通过。只要太阳光照不断，负载上就一直有电流通过。

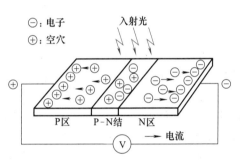

图 7-1　硅太阳能电池的发电原理

二、太阳能电池材料技术

单晶硅太阳能电池转换效率最高，技术也最为成熟，转换效率为 $15\%\sim17\%$。它在大规模应用和工业生产中仍占据主导地位，但由于单晶硅成本价格高，大幅度降低其成本很困难，为了节省硅材料，发展了多晶硅薄膜和非晶硅薄膜作为单晶硅太阳能电池的替代产品。

多晶硅薄膜太阳能电池与单晶硅比较，价格低廉，而且效率高于非晶硅薄膜电池，其转换率为 $12\%\sim14\%$。因此，多晶硅薄膜电池将在太阳能电池市场上占据主导地位。非晶硅薄膜太阳能电池成本低，重量轻，转换效率为 $6\%\sim10\%$，便于大规模生产，有极大的潜力，但受制于其材料引发的光电效率衰退效应，稳定性不高，直接影响了其实际应用。如果能进一步解决稳定性问题及提高转换率问题，那么非晶硅太阳能电池无疑是太阳能电池的主要发展产品之一。

硫化镉、碲化镉多晶薄膜电池的效率较非晶硅薄膜太阳能电池效率高；成本较单晶硅电池低，并且也易于大规模生产，但由于镉有剧毒，会对环境造成严重的污染，因此，并不是晶体硅太阳能电池最理想的替代产品。

砷化镓化合物电池的转换效率可达 28%。砷化镓化合物材料具有十分理想的光学带隙以及较高的吸收效率，抗辐照能力强，对热不敏感，适合于制造高效单体电池。但是砷化镓材料的价格不菲，因而在很大程度上限制了砷化镓电池的普及。

铜铟硒薄膜电池适合光电转换，不存在光衰退问题，转换效率和多晶硅一样，具有价格低廉、性能良好和工艺简单等优点，将成为今后发展太阳能电池的一个重要方向。但是由于铟和硒都是比较稀有的元素，资源较少，因此这类电池的发展又必然会受到限制。

三、太阳能电池的结构

图 7-2 所示为太阳能电池的结构和太阳能电池板。在 N 型半导体的表面形成 P 型半导体，构成 P-N 结，即形成太阳能电池，形成的 P 区仅仅有 $1\sim3\mu m$，太阳光照射到它的表面，透过 P 区达到 P-N 结处就能够产生电动势，产生的电压约为 0.5V。太阳能电池电流的大小与太阳光照射强度的大小、太阳能电池面积的大小成正比。

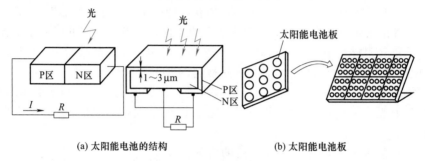

(a) 太阳能电池的结构   (b) 太阳能电池板

图 7-2　太阳能电池的结构和太阳能电池板

太阳能电池的形状有圆形和方形，将很多个太阳能电池排列组合成太阳能电池板，就能产生所需要的高电压和大电流。太阳能电池的转换效率约为 10%。太阳能电池对能量的转换效率较低，需要进一步采用新材料和新技术来提高。例如，在美国加利福尼亚阳光充足的海滩就设有太阳能充电站，能够同时为 7 辆电动汽车同时充电，太阳能充电站已经得到了广泛的推广。太阳能电动汽车除太阳能电池外，还需要配置电池组、电动机、控制器和自动阳光跟踪系统等。

太阳能电池有非晶硅、单晶硅和多晶硅 3 种，一般在太阳能电动汽车的顶棚上装置转换能力较强的单晶硅电池板组，电池板组光电转换率可达到 14.99%～15.2%，可产生 166～175V 的电压、2.3～2.5A 的电流和 360～380W 的功率。每天按 8h 的日照，太阳能电动汽车可获得 2.5～3kW·h 的电能。可供太阳能电动汽车行驶 40～60km，最高车速可达到 60～80km/h。

太阳能汽车至今为止在世界上还没有被普遍实际应用，现有的太阳能汽车只是一些显示科研成果的概念车和比赛车。然而尽管如此，这种"绿色"汽车对人类的吸引力实在是太大了，以致世界上所有的汽车生产国都在致力于太阳能汽车的研究和开发，为的就是有朝一日让太阳能汽车真正服务于人类。

任务二　太阳能汽车的结构原理

太阳能汽车主要由车身和底盘、驾驶控制系统、电力系统、驱动器系统以及机械系统五个部分构成。

一、车身和底盘

1. 车身

太阳能汽车最具魅力的部分就是车身，光滑而又具有风情的外观是吸引人们眼球的重要部分，太阳能汽车是由若干主体部件组成的，由于没有统一的标准，每一辆太阳能汽车都各具特色。除了车辆长度强制性要求的限制外，设计太阳能汽车的主体时要让阻力达到最小值，而使太阳能与阳光的接触比达到最大值，并且质量要尽量小，但安全系数尽量达到最高。在这些方面有很多理论作为支撑，如在车子的形状和尺寸上花费大量的时间进行试跑测试，进而测出试图得到的最佳的外形效果。一个好的太阳能汽车外形能够节省几百瓦的能量，这也是制造一辆好的太阳能汽车所必需的。

2. 底盘

最初的挑战是如何制造出一个高效的太阳能汽车底盘，从而使其强度和安全性达到最佳，并且质量最小。每千克的质量都需要足够大的能量使其在路面上移动，这就意味着要力求使车辆的质量减到最小，而这个关键部位就是汽车的底盘。然而，安全是一项基本的要求，底盘必须具有严格的强度和安全系数要求。

太阳能汽车的底盘通常有三种类型：空间框架结构、半单体横造或碳纤维、单体横造。

① 空间框架太阳能汽车的底盘使用一个焊接或保护管结构用于支撑装载或车体。这种车体质量小，但不能装载，合成的外壳可以将分离的底盘组装起来。

② 半单体横造或碳纤维太阳能汽车的底盘，使用合成横梁和空间隔开达到支撑装载的能力，而整合就不能支撑装载并承受一个整体的腹部底盘了。在太阳能汽车的顶部每段经常是分割成片状，从而能够附加到腹部底盘的上面。

③ 单体横造太阳能汽车的底盘使用躯体结构并用来支撑装载。

这三种类型的太阳能汽车底盘都能制造出强劲而又轻量型的太阳能汽车，许多太阳能汽车使用上述三种底盘结构的组合方法。

3. 所用材料

太阳能汽车中的复合材料得到了广泛的应用。这种复合材料由像三明治夹层一样的结构材料构成。碳纤维、凯夫拉（KEVLAR）纤维和玻璃是普通的合成建筑材料，蜂窝状和泡沫塑料是常用的合成填充材料，这些材料用环氧基树脂保护起来，组合在具有 KEVLAR 和碳纤维的材料中，能够使人们获得需要的强度材料（相当于钢的强度）且是非常轻质的材料。

二、驾驶控制系统

1. 发动机控制器

发动机控制器控制发动机的启动，而发动机启动信号来自驾驶人的加速装置。对发动机控制器的电力管理是通过程序来完成的。发动机的启动需要配备不同型号的发动机控制器，当然也能够根据发动机工作原理设计图样来买一台控制器，这里都使用多种型号的发动机控制器，并且使用的工作效率超过 90％。很多太阳能汽车使用精确数据检测系统来管理整个太阳能汽车的电力系统，其中包括太阳能光伏阵列、蓄电池组、发动机控制器和发动机。

2. 其他控制

大多数太阳能汽车是单座，这对驾驶人来说没有多少乐趣可言，但有的太阳能汽车也可搭乘一位乘客。驾驶人和乘客必须有安全装备，主要有护腕和头盔。另外，驾驶汽车时，驾驶人更为重要的职责是注意汽车的系统安全和观察仪表是否出现异常问题。在极少数太阳能汽车上，乘客会帮助处理太阳能汽车系统的问题，太阳能汽车跟普通的汽车具有相似的测量方法，而这些信息主要来源于太阳能汽车驾驶控制系统。

三、电力、驱动及机械系统

1. 电力系统

太阳能汽车的"心脏"部位是电力系统，它由蓄电池和太阳电能组成。电力系统控制器管理全部电力的供应和收集工作。

在太阳能汽车里最高级的组件部分就是电力系统，它们包括峰值电力监控仪、发动机控制器和数据采集系统。电力系统最基本的功能是控制和管理整个系统中的电力。

峰值电力监控仪的工作条件中电力来源于太阳能光伏阵列，光伏阵列把能量传递给另外的蓄电池，用于储存或直接传递给发动机控制器来推动发动机。当太阳能光伏阵列正在给蓄电池充电的时候，电池组电力监控仪会保护蓄电池组不因过充电而被损坏。电池组电力监控仪的号码数值随设计而被使用在太阳能汽车上。峰值电力监控仪是由非常轻质的材料制成的，而且一般效率能达到95％以上。

有些时候需要控制电池的电压和电流，从监控系统获得的数据通常用来指定相关的应对策略，从而解决制造太阳能汽车时出现的问题。这些数据都是由驾驶人在太阳能汽车实际运用（如无线数据通信）中所收集到的。

（1）蓄电池　蓄电池是一种最轻便的电力资源，蓄电池组就相当于普通汽车的燃油箱。一个太阳能汽车使用蓄电池组来储存电能，以便在必要时使用。太阳能汽车启动装置控制着蓄电池组，但是当太阳能汽车开动后，是通过太阳能阵列提供能量，再充到蓄电池组内的。由于各种原因，大量的蓄电池作为能量被使用是有限的。

太阳能汽车所使用的蓄电池主要有如下几种：铅酸蓄电池、镍镉蓄电池、锂电池、锂聚合物电池。镍镉蓄电池、镍氢蓄电池和锂电池比普通的铅酸蓄电池蓄电能力高很多，质量也比普通电池要小得多。但它们很少在太阳能汽车上广泛使用，主要是因为维护起来很麻烦，而且很昂贵。电池组是由几个独立的模块连接起来的，并形成系统所需的电压。可以使用的系统电压在84～108V，依靠它的电力系统，有时在太阳能汽车运动时降低系统电压。

（2）太阳电能　人们在生活中对电力的需求是有限的，但电力却是生活的必需品。太阳能汽车通过太阳能光伏组件给蓄电池充电。高效的电力经太阳能汽车阵列，通过蓄电池的储存，可获得最大的能量。把一个及多个太阳能光伏电板串联起来，即可将电能转换成化学能储存电力，按照同样的方式可将所有光伏电池板连起来。电极通常采用不同的材料，电极中含有电磁的材料，这种物质引导离子运动。当两个电极通过一个长的导线连接起来后，一个环形的电路就形成了。

太阳能汽车的电池组电压必须达到启动发动机的电压，组合起来的电池组就形成了一个"电池包"，通过额外的能量使其达到最高峰值。当太阳被云层遮盖时电池包就为太阳能汽车提供电力，电池组则通过光伏阵列补充能量。

① 太阳能光电板。一个太阳能光电板能将太阳能转换为电能。光子在日光下产生能量带动电子从一个半运动金属粒子的一层转移到另一个层面，电子的运动产生了通用的电力。目前，主要有两种类型的光电板：硅和砷化合物。在这里有几个不同的等级，并且有不同的效能。环绕地球卫星的是砷化合物，而硅则更普遍地为地球（陆地）上的基础设备所使用。

一般等级的太阳能汽车通常使用陆地级硅电池板。许多独立的硅片（接近1000个）组合形成太阳能阵列，依靠电动发动机驱动太阳能汽车。阵列的这些硅片通常工作电压为50～200V，并能提供1000W的电力。其能量的大小受到太阳、云层的覆盖度和温度的影响。

超级太阳能汽车可以使用通常类型的太阳能光电板，但更多的是使用太空级光电板。这种光电板很小，但是比普通的硅片电池板要贵得多，然而它们的使用效率非常高。光电池板具有很强的技术性，它们的发展和使用是随着技术的发展而进行的，而且有一部分用于太空旅行和卫星输送系统中。

② 太阳能阵列。太阳能阵列是太阳能汽车的一种资源，阵列由许多PV光电池板（通常有好几百个）组成。太阳能光电池板通过电线连接，由若干个电线串、并联在一

起，连接光电池片，从而达到蓄电池规定的电压。有多种方法使得太阳能光电池组合在一起，但是一个最基本的目标就是在有限的空间内能够尽可能地装上更多的太阳能光电池板。太阳能光电池板很脆弱，并且很容易被损坏。这些光电池板损坏的主要表现形式为因天气和空气压缩而出现裂口。有几种方法可以压缩光电池板，目的是增加最小质量来保护太阳能光电池板。

在白天，电力是通过太阳能光电池阵列依靠天气和太阳的位置变化而得到能量，并通过太阳能阵列的转换变成动力。在阳光普照的正午，一个好的太阳能汽车太阳能阵列能产生超过1000W的能量。这些能量经过太阳能阵列通过发电机被使用或者被蓄电池储存起来以备日后使用。

太阳能汽车上太阳能电池板的有效面积为$8m^2$，太阳光照射到电池板每平方米电池上的辐射功率为1kW。在晴天，电池产生的电压为120V，可以对车上的电动机提供10A的电流。

太阳能电池将太阳能转换为电能的效率为

$$120\times10/(8\times1000)=15\% \tag{7-1}$$

如果这辆汽车的电动机将电能最终转换为机械能的效率为75%，当汽车受到的牵引力为150N并在水平面上匀速行驶时，汽车的行驶速度为

$$120\times10\times15\%=900(W) \tag{7-2}$$

$$900/150=6(m/s) \tag{7-3}$$

在太阳能汽车上装有密密麻麻像蜂窝一样的装置，就是太阳能电池板。人造卫星上的"铁翅膀"也是一种供卫星用电的太阳能电池板。

依据所用半导体材料的不同，太阳能电池通常分为硅电池、硫化镉电池、砷化钾电池等，其中最常用的是硅太阳能电池。

硅太阳能电池有圆形、半圆形和长方形多种。在电池上有像纸一样薄的小硅片。在硅片的一面均匀地掺进一些硼，在另一面掺入一些磷，并在硅片的两面装上电极，就能将光能转换成电能了。

通常，硅太阳能电池能把10%～15%的太阳能转换成电能，既使用方便、经久耐用，又很干净、不污染环境，是比较理想的一种电源，只是光电转换的效率太低。近年来，美国已研制成光电转换效率达35%的高性能太阳能电池。澳大利亚用激光技术制成的太阳能电池，其光电转换效率达24.2%，而且成本与柴油机发电相当。这些都为光电池在汽车上的应用开辟了广阔的前景。我国汉能公司利用砷化镓材料制成的太阳能电池，其能源转化率达到了31.6%，已经和普通汽车发动机的35%左右很接近了。

2. 驱动系统

在太阳能汽车上使用什么类型的发动机没有限制，一般额定的功率是2～5HP（1HP＝0.75kW）。大多数太阳能汽车使用的发动机是双线制交流无刷发动机，这种交流无刷发动机由相当轻质的材料制成在额定转速下达到98%的使用效率，但它的价格比普通有刷型交流发动机要贵得多。由于在太阳能汽车上多齿轮传送装置使用很少，双线制发动机是常用的传力装置，在双线圈之间转换改变了发动机的速度和频率。低速线圈为太阳能汽车的启动和减速提供了高的"转力矩"，而高速线圈则为太阳能汽车运行提供了高效率和最佳的运行效果，类似于电力系统。大多数人不愿意购买现有的发动机，有些是按照客户或自己按太阳能汽车的要求制造。

太阳能汽车有三种基本驱动类型：单级引导式驱动、变频履带式驱动和轴式驱动。以前，大多数使用直接引导式驱动传送动力。发动机是通过一个链条或一个履带和一个单一的

齿轮传送装置与车轮连接。如果组件定位准确并且小心安装，那么维护传力装置是很可靠且容易实现的。当整个设计全部完成，使用效率应超过75％。很少有人使用变频履带式驱动传送动力给车轮。传动比的改变引起发动机转速的增加，在低转速下引起发动机启动速率的增大，但仍能保持太阳能汽车高速度、高效率的行驶效果。变频履带式发动机需要精确的安装和有效、精细的配置。

自1995年以来，当有些人使用轴式驱动设计太阳能汽车时，高速和舒适的驾驶受到人们的欢迎。轴式发动机去除了许多外加的传送设备，这大大提高了驾驶车辆的效率，缩减了用于驱动车轮所需要的能量。轴式驱动使用低转速的原因是齿轮传动装置的减少会轻微地降低其效率，但是仍能够达到95％的高效率运行。

3. 机械系统

机械系统在太阳能汽车概念里是很简单的，但在设计中应尽量减少摩擦力和质量，根据不同的路况来设计需要的强度。轻质金属（如铝合金和合成金属）是最常用的材料，可使质量和强度达到最优。一般针对质量和强度的比例制造高效率的组件。机械系统包括制动、转向盘和轮胎等。美国太阳能挑战赛规则设定最低标准中，机械组件必须是可见的，但是也有些太阳能汽车在设计中没有任何的标准。

典型的太阳能汽车一般有3个或4个车轮，一般3个车轮的配置是两个前轮和一个后轮（通常是驱劫轮）。4个轮子的太阳能汽车一般跟普通的机动车是一样的（其中后面2个轮子是驱动轮）。另外，四轮太阳能汽车的两个后轮并排靠近中央位置（类似于普通三轮机动车的配置）。

在整个行驶中，太阳能汽车的安全是重中之重。太阳能汽车必须有高效的制动性能并符合标准，这是每一辆太阳能汽车所必须具备的，一般有两个独立的制动系统。在太阳能汽车中，圆盘制动是普遍采用的一种方式，因为很适合并且有很好的制动力。有些爱好者使用机械型制动，利用的是水力学的原理。机械制动比水力制动的制动力要小，而且轻，但是不需要提供多的制动阻力，而需要相互协调。为了达到最好的效果，制动被设计成通过制动操作杆自由移动，从而使制动垫摩擦制动表面进行制动。

四、太阳能汽车实例

下面以俄罗斯里姆施塔特高等技术学校研制的太阳能汽车和美国密歇根（Michigan）大学设计的 Sun runner 太阳能汽车为例，介绍太阳能汽车的构造。两种太阳能汽车的基本性能参数见表7-1。

表7-1　两种太阳能汽车的基本性能参数

参数	密歇根大学设计的 Sun runner 太阳能汽车	里姆施塔特高等技术学校 研制的太阳能汽车
长×宽×高/mm	6000×2000×1270	4700×1800×1000
轴距/mm	2430	2500
满载质量(不计驾驶人)/kg	229	309(电池组质量1 25)
电动机形式	带有三相脉冲宽度调制换流器的特制电动机	异步电动机
最大功率/kW	16	12
中等功率/kW	4.47	3
最小功率/kW	0.6	0.54
太阳能电池组	单晶硅	单晶硅
面积/1TI2	8.3	5.6
蓄电池	银锌蓄电池	铅酸蓄电池
蓄电池组比能量	10 个 20.5V 电池为一组,2.8kW·h/kg	10 个 12V 电池为一组,4.8kW·h/kg

（一）太阳能汽车的典型结构

在太阳能汽车上，太阳能电池组收集太阳能，并通过光电转换器把它转换成电能。功率跟踪器监视太阳能采集格板和负荷之间的阻抗，使得在不同的天气或不同的负荷等各种工况下，汽车的驱动系统始终能工作在最佳效率状态。能量从功率跟踪器输入电动机，电动机通过直接减速驱动后轮把那些剩余的能量储存在蓄电池中。蓄电池在这里起到极其重要的作用，它可以保证太阳能汽车加速或坡道行驶以及达到负荷峰值时所需要的补充能量，可以保证太阳能汽车在不利的天气条件（如多云、深夜、雨天）下正常行驶，可以使用制动系统储存能量，还可以在停车时补充太阳能。考虑到简化传动机构、减小质量和增大传动效率的需要，一般太阳能汽车都不配备离合器、手动变速器等装置。

为了充分利用太阳能，太阳能汽车应有尽可能大的车身表面，以便安装更多的太阳能电池板来采集太阳能；而从另一方面看，为了减小行驶阻力中的主要成分——空气阻力，太阳能汽车又应有最小的迎风面积，所以太阳能汽车的车身外形应该是宽而扁平的，不得不凸出的驾驶人座舱，仅考虑驾驶人的生理需求，并不强调乘坐和驾驶时如同轿车一样的舒适性。

由于太阳能电池组提供的能量较少，因此要求达到最小的行驶阻力和最大的动力传动效率，应从空气动力学、效率、整备质量、能量采集能力等方面着手，采用最先进的材料、电池和电动机技术进行合理的布置，使太阳能汽车能够达到乘坐舒适和经济实用的要求，并根据太阳能汽车在城市道路上的行驶工况，对安全性、稳定性和制动装置提出要求。

轻量化的要求使得一些太阳能汽车的座椅被设计成吊床式，采用具有足够强度的抗拉网状织物制成。座椅安装在车架上，根据驾驶人的生理条件设计座舱盖。为了进一步减小空气阻力，还舍弃了传统的后视镜，而采用水管粗细的光学纤维束。

仪表板上有速度表、转速表、电流容量显示器、太阳能电池电流强度表、定速巡航键、转向灯键、前进/倒车转换键、风扇按钮、喇叭等。显示器由驾驶人手动控制，加速和制动是由操纵踏板控制的。所有的控制件都严格按照手伸及界面原则，经多次试验后进行合理布置。

座舱的通风口是经风洞试验后设置在车身正压力最高处的，以保证座舱的新鲜空气量符合国际标准。另外，在座舱前安装风扇，对电动机和电动机控制器进行强制通风。图7-3所示为里姆施塔特高等技术学校研制的太阳能汽车的装备平面示意图。

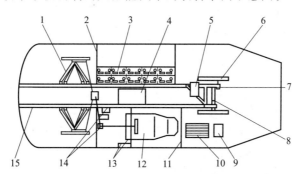

图7-3　里姆施塔特高等技术学校研制的太阳能汽车的装备平面示意图

1—前桥与车身的横向连接支条；2,11—隔板；3—蓄电池；4—动力系统转换装置；5—异步电动机；
6—从动带传力轮；7—盘式制动器；8—后桥；9—太阳能电池组转换装置；10—充电器；12—驾驶人座椅；
13—微处理控制装置（ECU）；14—操纵踏板；15—车架

为了最大限度地减少太阳能汽车对能量的需求，太阳能汽车没有考虑更多改善驾驶人舒适性的措施。为了提高传动效率，还要尽可能简单地将电动机的转矩直接传递给驱动桥。许多比赛用的太阳能汽车采用三轮驱动链传动布置形式。表 7-2 列出了太阳能汽车几种布置方案的优缺点。

表 7-2　太阳能汽车几种布置方案的优缺点

项目	三轮	四轮(前、后轮距相同)	四轮(前轮距大于后轮距)
侧倾稳定性	0	++	+
行驶性能	−	+	+
调整方便性	−	++	++
传动损耗	++	−	+
驱动装置	0	−、+ *	++

注：* 表示差速器处于工作状态/锁止状态；++ 表示很好；+ 表示较好；0 表示一般；− 表示较差。

（二）太阳能汽车的关键技术

1. 太阳能采集格板

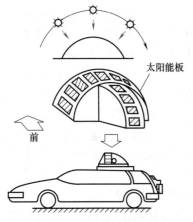

图 7-4　太阳能采集格板

热塑料制成的太阳能采集格板如图 7-4 所示，太阳能电池就布置在格板中。目前，在太阳能汽车上使用的太阳能电池一般有非晶态电池、地面硅电池、太空级硅电池和砷化锡电池等。由于太阳能汽车对能量的采集是有限的，必须严格控制能量的损失，因此在选择太阳能电池时应该考虑的是效率最大的那种。然而，太阳能电池的效率是与它的造价成正比的，上述四种电池的效率由 10%、12%、16% 到 19% 递增，它们的价格也从 100 美元、1000 美元、100000 美元到 1000000 美元（覆盖 $8m^2$ 面积的价格）递增。因此，在太阳能电池的选择上不仅要考虑效率，也要考虑成本，这样才能使太阳能汽车具有实用性。

太阳能采集格板只有让其倾斜一定的角度，经常保持有一部分表面能与太阳光线的垂直，才能采集到更多的能量。不过这样的车身造型，其空气气动力学性能很差，而流线型的车身造型又会使得格板的布置非常复杂。设计时只能是协调这一矛盾，二者兼顾。图 7-5 所示为 Sun runner 汽车所采用的倒 U 形布置的太阳能采集格板，应该说它是最为合理的。电池被布置在 5 个狭长的平面内，平面可以防止坚硬的电池断裂，而且倒 U 形有利于全天候的采集太阳能。

2. 蓄电池

由俄罗斯里姆施塔特高等技术学校研制的太阳能汽车，蓄电池组果采用了 10 个串联的 I2V 铅酸蓄电池，容量为 40A·h，能量储备为 4.8kW·h，质量为 125kg。由于比能量大的电池即便是隔热措施好，也会释放出较多的热量，所以一般在太阳能汽车上不予采用。

行驶方向

图 7-5　Sun runner 汽车所采用的倒 U 形布置的太阳能采集格板

3. 电动机

为了实现所需的牵引功率以及保证太阳能汽车能够在 25% 的坡道上行驶，要求电动机的最大功率不低于 2kW。电动机的效率取决于所采用异步牵引电动机的功率和转速，当转速低于 3000r/min 时，相应的功率低于 2kW、在功率范围为 2～6kW、转速大于 3000r/min 的情况下，电动机的效率高于 80%。在回收制动能量的再生工况下，异步电动机是作为发电机使用的。

4. 车身轻量化

减轻重量对于太阳能汽车动力性的提高是至关重要的，太阳能汽车车身材料的选择原则是轻量并能吸收碰撞能量。如 Sun runner 汽车的车架用铝合金制成，车身外覆盖件使用碳纤维玻璃钢，它的相对密度为 $0.93kg/m^2$，表面覆盖层是光滑的精细织物；采用结实的织物用作内饰；在外覆盖件和内饰之间是厚度为 $9.5 \sim 12.7mm$ 的蜂窝状夹层，其密度为 $28.9kg/m^2$。

俄罗斯里姆施塔特高等技术学校研制的太阳能汽车的车身蒙皮是用碳素纤维制成的，厚度为 8mm，带有驾驶人座椅和增加结构强度的横向隔板，车身质量只有 30kg。

若按年平均太阳照射能量密度为 $1kW/m^2$ 计算，太阳能汽车在一年中可累计获得 $540kW \cdot h$ 的能量。如果按每 100km 平均消耗 $4kW \cdot h$ 的能量计算，太阳能汽车仅依靠太阳能一年就能够行驶 1350km。所以说，太阳能汽车的动力性是可以达到实用的要求的。

任务三 太阳能电池的检修

太阳能电池是一种特殊的半导体器件，基本结构是由一个大面积的二极管阵组成，所以太阳能电池本身就是一种长寿命的器件，实测和科学推算：制作精良，封装可靠的太阳能电池，工作寿命可达 $20 \sim 30$ 年。目前我们所用的太阳能电池及其组件，生产厂家的保证寿命一般为 $10 \sim 15$ 年。

太阳能电池的早期损坏，是指电池或组件的寿命期内，电池失去了光电转换功能，组件在光照下无电功率输出。太阳能电池的早期损坏，大致分为功能性损坏和非功能性损坏两种，由于单体太阳能电池 PN 结特性劣化，电极脱落或电池本身破碎导致的损坏，是一种破坏性的无法修复的功能性损坏。太阳能电池组件中某一个或数个互联金属条脱焊或断裂，组件引出导线锈蚀或断裂等引起的组件损坏，一般是一种可以修复的非功能性损坏。

根据以上结论，通过对太阳能电池板损坏的情况分析，因 PN 结特性劣化而导致的早期损坏是很少见的；因电极接触不良、互联金属条断裂造成的故障，是可以修复的非功能性损坏。太阳能电池板电极与引出线断裂及互联金属条断裂的维修，一般采用的方法是：首先将无电功率输出的太阳能电池板对着明亮处，从背面拿放大镜观察电极与引出导线及电池片与片之间的金属连接条。若断裂，可看到非常细小的裂缝，这就是断点，找到断点后用手电钻（$\phi 4mm$ 玻璃钻头）打孔，打孔时一定要仔细，打通一层玻璃就可以了，因太阳能电池板为双面夹胶玻璃封装，千万不能把金属连接条打碎。然后把金属连接条上的透明封装胶清理干净，清理时要细心认真，不要损坏金属连接条。因金属连接条多为铝材料，且又细又薄，无法焊接。把 $\phi 4mm$ 的圆孔清理干净后，就露出金属连接条（即断点），用铜粉或铝粉进行填充（铜、铝导电性能好且粉状金属与金属连接条能很好地接触），用一个 $\phi 4mm$ 的铜皮紧紧地压在圆孔上，然后用玻璃胶密封，这样就修好一个断点。有些太阳能电池板拿放大镜也无法找到断电，就要采用 1/2 法打孔逐个测量电压，找到断点，再采用上述方法修复。太阳能发电系统如图 7-6 所示。

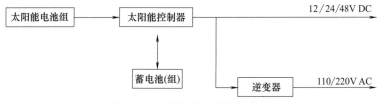

图 7-6 太阳能发电系统示意图

总 结

到目前为止，太阳能在汽车上的应用技术主要有两个方面：一是作为驱动力；二是用作汽车辅助设备的能源。

全用太阳能为驱动力代替传统燃油，这种太阳能汽车与传统的汽车不论在外观还是运行原理上都有很大的不同，太阳能汽车已经没有发动机、底盘、驱动、变速箱等构件，而是由电池板、储电器和电动机组成，利用贴在车体外表的太阳电池板，将太阳能直接转换成电能，再通过电能的消耗，驱动车辆行驶，车的行驶快慢只要控制输入电动机的电流就可以解决。目前此类太阳车的车速最高能达到 100km/h 以上，而无太阳光最大续行能力也在 100km 左右。

太阳能和其他能量混合驱动汽车，太阳能辐射强度较弱，光伏电池板造价昂贵，加之蓄电池容量和天气的限制，使得完全靠太阳能驱动的汽车的实用性受到极大的限制，不利于推广。复合能源汽车外观与传统汽车相似，只是在车表面加装了部分太阳能吸收装置，如车顶电池板，用于给蓄电池充电或直接作为动力源。这种汽车既有汽油发动机，又有电动机，汽油发动机驱动前轮，蓄电池给电动机供电驱动后轮。电动机用于低速行驶。当车速达到某一速度以后，汽油发动机启动，电动机脱离驱动轴，汽车便像普通汽车一样行驶。

太阳能电池的故障诊断与维修有两种情况，一是太阳能电池本身损坏，需要更换；二是太阳能单体电池之间的连接金属链断裂，这种损坏可以视情况手工钻孔修复。

课程训练

1. 正确识别一辆太阳能汽车。
2. 用万用表检测一辆太阳能汽车的发电量。
3. 用手工方法维修断裂的太阳能电池金属链。

参 考 文 献

[1]　陈社会. 混合动力汽车构造与维修 [M]. 北京：中国劳动社会保障出版社，2013.

[2]　赵振宁，王慧怡. 新能源汽车技术 [M]. 北京：人民交通出版社，2013.

[3]　陈全世. 先进电动汽车技术 [M]. 第 2 版. 北京：化学工业出版社，2013.

[4]　田方，二甲醚汽车发展现状研究及前景分析 [J]，新能源汽车，2012，(9).

[5]　崔心存. 醇燃料与灵活燃料汽车 [M]. 北京：化学工业出版社，2010.

[6]　黄大星，蔡兴旺. 车辆怠速停止起动系统及其关键技术研究 [J]. 韶关学院学报，2009.

[7]　孙晓轩，王晓东. 世界二甲醚应用开发现状 [J]. 中外能源，2008.

[8]　傅玉杰. 生物柴油 [M]. 北京：科学出版社，2006.

[9]　毛宗强. 氢能 21 世纪的绿色能源 [M]. 北京：化学工业出版社，2005.

[10]　高山. 当前汽车新技术集锦 [J]. 汽车之友，2003，(2).

[11]　衣宝廉. 燃料电池的原理、技术状态与展望 [J]. 电池工业，2003，(1).

[12]　刘昊，张浩，罗新法等. 压缩空气动力汽车集成技术 [J]. 机电工程，2003，20 (5).

[13]　陈鹰，许宏，陶国良等. 压缩空气动力汽车的研究与发展 [J]. 机械工程学报，2002，38 (11).

[14]　杨振中. 氢燃料发动机燃烧与优化控制 [D]. 杭州：浙江大学，2001.

[15]　何洪文等. 电动汽车原理与构造 [M]. 北京：机械工业出版社，2012.

[16]　麻友良，严运兵. 电动汽车概论 [M]. 北京：机械工业出版社，2012.

[17]　胡骅，宋慧. 电动汽车 [M]. 第 3 版. 北京：人民交通出版社，2012.

[18]　王文伟，毕荣华. 电动汽车技术基础 [M]. 北京：机械工业出版社，2010.

[19]　王贵明，王金懿. 电动汽车及其性能优化 [M]. 北京：机械工业出版社，2010.

[20]　崔胜民，韩家军. 新能源汽车概论 [M]. 北京：北京大学出版社，2011.

[21]　崔胜民. 新能源汽车技术 [M]. 北京：北京大学出版社，2009.

[22]　张金柱. 混合动力汽车结构、原理与维修 [M]. 第 2 版. 北京：化学工业出版社，2011.

[23]　张金柱. 新能源汽车技术. 北京：化学工业出版社，2014.

[24]　赵航，史广奎. 混合动力电动汽车技术 [M]. 北京：机械工业出版社，2012.

[25]　吴基安，吴洋. 新能源汽车知识读本 [M]. 北京：人民邮电出版社，2009.

[26]　李兴虎. 电动汽车概论 [M]. 北京：北京理工大学出版社，2005.

[27]　陈清泉，孙逢春. 混合电动车辆基础 [M]. 北京：北京理工大学出版社，2001.

[28]　陈全世. 先进电动汽车技术 [M]. 北京：化学工业出版社，2007.

[29]　李兴虎. 混合动力汽车结构与原理 [M]. 北京：人民交通出版社，2009.

[30]　王震坡，贾永轩. 电动汽车蓝图 [M]. 北京：机械工业出版社，2010.